法律尽职调查

完全手册

THE LEGAL DUE DILIGENCE COMPLETE HANDBOOK

第三版

李俭 编著

法律出版社 | LAW PRESS

北京

图书在版编目(CIP)数据

法律尽职调查完全手册 / 李俭编著. -- 3版. -- 北京：法律出版社，2024（2024.10重印）
ISBN 978-7-5197-9185-8

Ⅰ. ①法… Ⅱ. ①李… Ⅲ. ①律师业务—中国 Ⅳ. ①D926.5

中国国家版本馆CIP数据核字(2024)第105880号

法律尽职调查完全手册(第三版)
FALÜ JINZHI DIAOCHA WANQUAN SHOUCE(DI-SAN BAN)

李 俭 编著

策划编辑 张心萌
责任编辑 张心萌
装帧设计 鲍龙卉

出版发行 法律出版社
编辑统筹 学术·对外出版分社
责任校对 郭艳萍
责任印制 胡晓雅 宋万春
经　　销 新华书店

开本 710毫米×1000毫米 1/16
印张 34 **字数** 562千
版本 2024年10月第3版
印次 2024年10月第2次印刷
印刷 三河市兴达印务有限公司

地址：北京市丰台区莲花池西里7号(100073)
网址：www.lawpress.com.cn
投稿邮箱：info@lawpress.com.cn
举报盗版邮箱：jbwq@lawpress.com.cn
销售电话：010-83938349
客服电话：010-83938350
咨询电话：010-63939796

书号：ISBN 978-7-5197-9185-8 **定价**：128.00元
凡购买本社图书，如有印装错误，我社负责退换。电话：010-83938349

序　言

七年前的三月，当我收到刚刚出版还带着墨香的《法律尽职调查完全手册》时，一阵阵的激动，有种历经磨难终于心想事成的兴奋，但同时还有些诚惶诚恐，在高手如林的律师界出版这么一本尽职调查手册并冠之以完全手册之名，是不是有点太过自信和高估了自己。

在随后的日子里，不断有律师、企业法务加我微信、电话联系我，一句“我买了你的尽调手册”“我是你的读者”让我受宠若惊，也顿感亲切。我也惴惴地问起了他们读后对尽调手册的评价和感受，总体的反馈是很实用，帮他们开启了尽调业务之门。甚至有一次我前往中银外地的兄弟分所时来接我的年轻律师很兴奋地告诉我自从买了我的尽调手册后已经接获并顺利完成了三个发债业务，感谢我在书中详细的指导，让他受益匪浅。至此，我才慢慢感觉到市场似乎已经接受了我的这本书。自己的第一本专著能得到市场和广大读者的认可，甚感欣慰！

法律是一门实践性很强的科学，需要在频繁的实践中不断积累经验、不断突破，而尽职调查涉及很多方面的综合性知识、经验与技巧，对尽调律师有很高的要求，更何况非诉业务的法律风险全部在于尽调是否操作合规、是否专业且全面，判断是否有根有据，因此，作为作者，一方面，我还在不断学习新的法律法规、积累非诉及诉讼方面的经验；另一方面，还要在尽调操作过程中不断地梳理和反思如何做得更好、更专业，并把自己的所思所得跟广大的读者分享，共同提高整个行业的尽调水平。

随着社会发展和科技进步，新的法律法规不断颁行，带动了新的律师业务，也对法律尽调提出了新的课题、新的要求，我也在与时俱进地为尽调手册不断增添新的内容，在本次新版中适时增加了“企业合规尽职调查”和“涉外业务合规尽职调查”相关内容，以飨读者。

前几日，与一位远在肯尼亚的中国律师通了很长时间电话，这也是一位尽调手册的读者。据他讲已经把第一版尽调手册翻烂了，边学边用，他们团队已经在非洲成功完成了十几个有关矿业、电网、农业及制造企业的尽调案子，买的第二版尽调手册也翻得很旧了，学以致用在他身上得到了完美的诠释。作为作者，对此感到由衷的高兴，也希望更多的读者能和我分享他们的阅读心得和收获、办理尽调的成功案例和不足之处。

出版一本尽调专著能有这样的收获，岂不快哉、乐哉！

李俭

2024年5月6日于中银南京分所办公室

目录

第一部分

法律尽职调查前的准备

第一节

尽职调查的概念

一、尽职调查及法律尽职调查的概念

什么是尽职调查？尽职调查又称"审慎调查"，英文"due diligence"，其原意是"适当的或应有的勤勉"，是指尽调机构或人员接受委托人的委托，在企业或尽调对象的配合下，采取书面审查、现场查验、面谈、查询、函证、查验、查证、实地调查、计算、复核、访问、网络查询等多种方式，对历史和现实的数据、资料、信息、文件和档案等涉及企业的主体资格、经营情况、财务状况、股权结构、管理架构、控股股东及实际控制人情况、资金情况、知识产权、劳动人事等各方面或某些方面进行全面深入的了解，多发生在企业首次公开募股（Initial Public Offering，IPO）、新三板挂牌、债券发行及企业并购重组、资产重组、融资等业务中。随着企业对风险的重视度不断提高，适用尽职调查的情况越来越广泛，甚至在企业开拓市场、寻求合作伙伴时都会被列为前期必要的准备工作，而尽职调查本身也逐渐发展成为律师或其他中介机构的一项独立业务，为企业老板、管理层就投资及业务合作提供决策依据。

实践中，尽职调查的形式和种类多种多样，主要可以分为财务尽职调查、税务尽职调查、技术尽职调查、商业尽职调查、行业尽职调查、法律尽职调查、环境尽职调查、知识产权尽职调查和人力资源尽职调查等专项尽职调查。

法律尽职调查，是指在公司并购、证券发行、融资及对外投资等重大公司行为或经济活动中由律师或证券保荐人进行的对目标公司及其关联企业、并购对象或者发行人的主体资格、公司设立及其历史沿革、经营资质、资产和负债、对外担保、重大合同、同业竞争及关联交易、纳税、环保、知识产权、劳动关系等各方面进行的一系列资料、信息的收集及法律问题的调查，有时甚至还包括对尽职调查中发现的法律问题发表律师的规范性意见和建议，并提出合法性、规范性调整和完善的

法律服务方案等。

"尽职调查"一词最初起源于英美法系中的案例法，随后被编入了成文法中。《布莱克法律词典》中"尽职调查"一词的定义为"通常一个人在其调查过程中寻找合适的法律要求或解除义务时应保持的合理谨慎"。尽职这一概念最初还可追溯到罗马法概念中的"勤勉"。罗马法将尽职分为两种主要的类型。

1.一般人在管理其事务中应持有的谨慎；

2.家族首领管理事务中的绝对谨慎。

那么，尽职调查中究竟应该保持什么程度的谨慎呢？对此，美国法遵循的一般原则认为：交易中越谨慎，后面面临的风险越低，为了安全起见，应采取"罗马法的绝对谨慎"标准。但是，考虑到客观条件和现实情况的限制，买方不可能发现可能存在的每一个风险，要求绝对的尽职调查可能会使买方或卖方陷入破产，或存在现实的不可行性。公司在一个复杂的环境里从事复杂的经营活动，没有一种调查能穷尽地揭示所有的潜在风险，以完全解决信息不对称的问题，因此，尽职调查的限度应当是"必须是合理的，但不是绝对的"，这一观念逐渐发展成为美国法中一个普遍接受的原则。

法律尽职调查最早用于对证券市场上投资人（股东）的保护，后来被移植到公司并购等交易上来。美国《1933年证券法》关于尽职调查的规定，如果当事人没有进行尽职调查，则有可能要对第三人（投资者）承担民事损害赔偿责任；而在并购交易中，如果当事人没有进行或没有做好尽职调查，则要自己承担未彻底了解企业状况所产生的风险。可见，就"尽职"的对象而言，既包括第三人（投资者），也包括收购方自己。按照英美公司并购交易的法律实践，如果没有对企业状况的特别担保，出卖人只有义务交付一个符合"所看到的"或者"所检查的"情形的企业，俗称"现状交付"，从而迫使购买人在购买企业之前采取相应的调查措施以避免遭受损害，以及出现遭受实际损害后无法补救的情形。

我国最早出现法律尽职调查的规范性文件是2001年3月6日中国证券监督管理委员会发布的《公开发行证券公司信息披露的编报规则第12号——律师法律意见书和律师工作报告》（编报规则第12号），该规则第5条中规定："律师在律师工作报告中应详尽、完整地阐述所履行尽职调查的情况，在法律意见书中所发表意见或结论的依据、进行有关核查验证的过程、所涉及的必要资料或文件。"遗憾的是，该规则并没有对律师尽职调查给予具体的或基本的工作指引和规范，而当时律师行业内部也对尽职调查缺乏足够的认识和研究，缺少基本的工作规范和实际操作指引，在一些重大资本项目中，委托人也往往只重视财税尽职调查而忽视律师的法律尽职调查工作的重要性，因而承担了不必要的法律风险，甚至出现了许多收购、投资和上市失败的案例，为此付出了不必要的代价。

无论是IPO还是企业并购中的尽职调查，目的都是解决信息的真实性及信息不对称的问题。每一种尽职调查都必须遵循一定的规范及操作流程，采取各种必要及可能的手段、方法和途径，通过收集有关信息和数据，并对之按照该方面合法合规性的要求进行分析、判断和评估，发现并提出专业性的处理意见及解决方案，为相关的经济活动提供支持。

近些年，在中国海外并购案例中，作为并购主体的中国企业70%的并购项目都以失败而告终。对于中国的企业而言，如何“走出去”，以什么样的一种方式“走出去”，怎样并购才能避免不必要的法律风险并发挥最大价值，的确是一个严峻而又值得深思的课题。一则数字让中国企业甚为惊叹而又触目惊心：中国平安并购荷兰—比利时富通集团，8个月净亏157亿元；TCL并购汤姆逊，3年净亏40亿元；中投集团投资美国黑石集团，20亿美元不到一年就缩水70%以上……

据全球知名的咨询机构麦肯锡的研究表明，在过去二十年中，全球大型的企业并购案中，取得预期效果的比例低于五成，而中国则有六七成的海外并购失败案例，这说明在全球范围内并购都是一项复杂而艰巨的工作，但中国企业过高的失败率让我们不得不静下来叩问和反思，其中的原因很多，缺乏有效战略、整合能力欠缺，但其中忽视事先、事中的尽职调查，信息不对称，对目标企业缺乏足够了解是并购失败的一个非常重要的基础原因。

【案例】2001年，华立集团收购飞利浦位于美国的CDMA项目。本想打破CDMA技术垄断的华立集团后来才发现，他们反倒陷入了尴尬之中。

首先，飞利浦与美国高通公司关于CDMA芯片有一些交叉协议和授权协议，双方承诺不对第三方公开，华立在并购前对此状况一无所知。这就决定了华立虽完成了并购，但事实上只拿到了飞利浦CDMA95A和200001X等阶段的技术，最核心的3G技术依旧掌控在美国高通公司手里，最终，华立的研发依旧停留在从飞利浦承继过来的没有太大用处的2G标准上，而欧美大多数国家早已进入了3G时代，所以说由于忽视深入的尽职调查最终导致了华立集团并购目的落空。

并购中，一些目标公司通常都是垃圾资产、亏损企业，或存在隐性负债、潜在隐患，因此，他们大多愿意以非常低廉的价格出售，或者经过一番包装体面地出售。由于信息不对称，并购方往往不能够对被并购方的资产状况、财务状况和隐性风险进行准确的了解和评估，这无疑加大了并购的风险。同样，对并购目标所在国的政治环境、文化背景、法律环境等方面缺乏足够的了解和研究，也是导致并购失败的重要原因之一。中国企业海外并购往往不太重视尽职调查，对企业并购涉及的方方面面了解不够深入，仅仅停留在表面，特别不重视事中的尽职调查及尽职调查的及时更新，往往导致后来一系列决策的失误，并最终影响并购目的的实现或者使并购方为此付出了惨重的代价。

【案例】今日资本是一家专注于中国市场的国际性投资基金公司，资金和背景都异常雄厚，但令人称奇的是，其大量的投资项目却频频出现问题，今日资本官方网站投资案例中共挂出了16家公司，而这些被今日资本相中的公司几乎每家都被麻烦和争议缠身，唯一一家成功上市的土豆网也难逃被优酷吞并的命运。

细数今日资本四大问题，其中一个重要原因就是“尽调”报告未做到位。投资项目频出状况，也说明创投机构在投资前考察存在问题，尽职调查报告未做到位。尽职调查通常在交易发生之前，是买方对目标公司的资产和负债情况、经营和财务情况、法律状况以及目标企业面临的机会和存在的风险进行的调查。一般来讲，专业机构所做的尽职调查包括财务尽职调查、管理尽职调查、市场尽职调查和法律尽职调查。因此，前期考察到位，做透“尽调”是保障投资项目成功的先决及必要条件。

2012年4月18日消息，研究机构《经济学人》智库在上海称，尽职调查缓慢是中国企业在海外并购失败的主要因素。

该机构首席经济学家罗宾·布（Robin Bew）分析称，进入要约阶段的交易中，约有13%最终失败，主要受阻于外国监管机构。而对于许多未能进入要约阶段的企业，尽职调查缓慢和风险评估成为最大的问题。

据该机构公布的数据，中国海外收购中，26%为了获得资源，21%为了取得知识产权或品牌。但82%的公司认为，他们缺乏处理海外投资的管理专长。

2016年，中国企业海外并购创下交易总金额逾2210亿美元的历史纪录，超过2012～2015年中企海外并购交易金额总和。相较于2016年中企海外并购数量与金额的集中爆发，2017年中国企业海外并购开始回归理性，且由民营企业集中的高科技领域收购向国有重资产及能源领域转移。

经济转型的背景下，政策宽松、庞大外汇储备、全球范围内经济危机以及人民币国际化，特别是自2013年9月的“一带一路”倡议，经过中国倡议以及共建国家的热烈响应与积极参与，已经初步取得了丰硕的成果，这一切都在助推海外并购驶入“快车道”。另外，中国供给侧结构性改革也成为过剩产能企业出海的必然选择。同时，中国国家发改委与税务总局也在不断为中企出海提供政策保障与税收红利。普华永道预计，2018年中国的跨境并购市场将会变得更加合理有序。但与此同时，我们又不得不对海外并购中频频出现的失败案例进行不断的反思与总结。

二、法律尽职调查的分类

根据法律尽职调查分类方法的不同，可以分为以下几种情况。

第一，按照尽职调查的地点不同，可以分为现场尽职调查和非现场尽职调查。现场调查包括要求提供书面凭证、调取资料、现场核查、谈话、走访、面谈、查询、咨询、实地调查等方式；非现场调查包括计算、复核、书面审查、查询和函证、网络检索、公开媒体的查询、政府部门、行业协会官方网站的查询、电话沟通、委托调查及寄送询证函等方式。

为了尽可能保证信息及资料的真实性，律师应尽量采用现场尽职调查的方法，如在尽调对象职工的陪同下携带公司的介绍信亲自前往工商局查询、复制工商档案信息；亲自前往银行、不动产局等查询、复制土地及房产证书及相关信息等；亲自去生产车间、仓库走访，了解生产全流程，眼见为实，通过跟生产第一线的技术人员、管理人员甚至跟工人交流，可以了解、判断、核实相关信息的真实性、准确性，发现疑点，追踪确认；亲自前往楼盘销售中心，了解项目去化的真实进展情况、销售情况、客户反映及评论，包括客户对于该楼盘的评价以及跟相邻楼盘的销售情况、价格的比较；亲自进行原件与复制件的核对，亲自扫描权利证书、法律文书的原件等。一般只有在客观上比较困难，或者尽调成本实在太高的情况下，才会以非现场尽职调查作为补充。

第二，根据法律尽职调查服务的目的和解决的问题不同，一般可分为股权融资尽职调查和债权融资尽职调查，两者涉及的方面及侧重点有所不同。一般来说，股权融资尽职调查的目的是对公司股权的内在价值有个准确的评估，挖掘公司股权的准确估值，因此，尽职调查的内容会涉及企业经营的方方面面，从企业的合法

成立到有效存续，从所有权到债权债务，从知识产权到人力资源，从纳税情况到抵押担保，从经营团队到未来发展规划等，事无巨细都得进行详细的了解和审核，如IPO、新三板、并购、私募股权投资时；而债权融资尽职调查则侧重于企业的资产状况、财务状况，主要关注企业的业务情况、资产、经营情况及财务状况、有无抵押担保等方面，侧重于企业在借贷期间的债务偿还能力和偿债保障的评估和判断，如信托尽职调查、发债尽职调查等。

第三，根据尽职调查所涉及的企业不同方面、部门及解决的具体问题不同，可以将尽职调查分为不同的专项尽职调查，如知识产权尽职调查、人力资源尽职调查、环保尽职调查等。如企业间针对知识产权开展合作，就需要对合作方的知识产权方面有比较详尽的了解，如合作方知识产权的权属情况、证书情况、研发情况、涉讼情况等，以便准确评估合作的可行性及未来的前景；针对重污染企业，随着国家越来越加大对环保问题的重视及整治力度，环保问题成为企业的一项绕不开的重点关注问题，不但会产生较高的治污成本，而且有时会直接影响企业经营的连续性、合法性，必须予以高度重视。而人力资源涉及企业用工的合法性、留住核心人才以及职工的社保等问题，不但关系到企业的持续经营，也会关系到并购后的成本问题。

三、法律尽职调查的目的、作用及意义

企业合作、并购好比谈恋爱、结婚。恋爱期间，双方都会尽可能地向对方展示自己的优点和好的卖点，如英文“put your best foot forward”所表示的那样，所谓“报喜不报忧”，被并购方为了达成被并购的目的或者为了获取更高的出售价格，一般都会尽量隐瞒自己的问题、缺点及瑕疵，以避免交易的失败或合作的流产，追求自身利益的最大化，这种价值取向必然导致被并购方在并购中的消极应对甚至故意隐瞒真实情况，从而为并购留下了大量的隐患和未知的瑕疵；而一旦交易完成，各种潜在的风险和问题迟早都会暴露出来，让人防不胜防，从而大大增加并购的实际成本，甚至可能完全背离并购方的并购目的，或者至少付出了大量额外成本和代价。

而在IPO中，《律师证券业务尽职调查工作指引》也对律师从事IPO企业尽职调查提出了全面、严格的要求，目的是让将来的公众公司能确保各种信息公开、透

明、真实、可信及完整，从而保证投资人基于此作出的判断的正确性、准确性，有效保护广大中小股东的利益，保证二级市场的正常、有序及合规地运行，避免各种隐含的法律风险。

无论在企业并购或IPO中，由于信息的不对称，存在诸多的陷阱，对于其中的一方来说始终是不公平的，如信息陷阱、同业竞争陷阱、负债陷阱、财务陷阱、制度陷阱，而其中大部分的陷阱和问题最终都会归结为法律风险问题，因此，法律的尽职调查显得尤为重要和迫切。

（一）法律尽职调查的目的和意义

法律尽职调查的目的和意义主要包括以下几个方面。

1.确认企业是否依法设立、有效存续，历史沿革、公司治理结构（"三会"股东会、董事会、监事会是否建立与正常运转）、经营等方面的合法合规性，避免历史问题的瑕疵演变成现实的法律风险。

这也涉及企业是否合法规范运作的问题。如在IPO和新三板挂牌业务中，企业的合法规范经营是挂牌要求的一个重要方面，如果经过尽职调查发现企业在这些方面存在法律上的瑕疵，就要对企业设立的相关程序、法律文件进行规范、梳理，以避免将来可能产生的争议和纠纷。如很多企业的土地、房产因历史原因还没有办理相关权证；有的是在集体的土地上建设的大楼，无法办理国有土地使用权证，仅有房产证。

【案例】笔者在安徽接触的一家企业，当初因政府招商引资入驻当地的工业园，政府给予特别的优惠政策，土地证、房产证都拿到了，但因为当时政府没有兑现其给企业的两年免交房产税的优惠政策而在支付了部分土地使用权出让金后拒绝支付其余大部分的出让金，导致该土地的权属存在瑕疵，该问题就构成了企业挂牌新三板的实质性障碍。

2.对企业存在的法律问题和法律风险进行相应评估，以确定企业股份的准确估值。

在并购尽职调查中，对目标公司进行尽职调查，就是要发现潜在的法律风险及可能带来的并购隐性成本，以便在将来并购成功后减少后续的成本支出；同时，也为了在并购价格的谈判中对目标公司的股权价值作出准确的估值，也是并购谈判的要素之一，从而避免并购后风险和成本的大幅度增加。

一个企业的实际价值，不是由其注册资本或者净资产决定的，它是一个有机整体，是各种生产要素及资源的有效组合，它包含了多方面的内容，需要综合考虑多方面的因素，是一个综合评判的结果，并且也与并购者在并购时的价值取向有关。其中会涉及财产权利、债权债务、对外担保、人力资源、知识产权、管理团队、未来发展前景及由此而组合而成的企业的自我发展、盈利能力及未来的成长性，而通过全面、专业、细致的尽职调查，可以挖掘企业潜在的价值，发现潜在的法律风险，从而帮助投资人作出理性的判断，而不是仅仅根据交易对手的主观陈述，因为从表面上所看到的往往是交易对手愿意让你看到的，但不一定是企业真实的面貌，尽职调查正是为了各种经济活动的开展及经济交往提供支持而进行的。

3.帮助投资人判断能否实现投资目的及评估投资的合理性及其风险成本对目标公司存在的法律风险和瑕疵进行准确的量化分析和评估，以确定达成并购目的需要支出的最终成本，包括规范需要的成本、补救需要的成本以及重新形成生产能力需要的成本等，有时甚至决定是否进行并购的前提和决定性因素。

（二）尽职调查的作用

尽职调查几乎是进行所有重要经济活动、业务合作的前提和基础，支撑着其他工作的开展，其具体作用主要体现在以下几点。

1.帮助投资者尽可能地了解公司的真实情况，解决信息不对称的问题

投资者通过阅读律师在尽职调查后所出具的《尽职调查报告》，可以从法律层面掌握拟投资公司的主体资格、历史沿革、经营状况、财务状况、资产权属、债权债务等重大事项的当前法律属性，评估其投资风险。特别是通过尽职调查，挖掘企业或有风险或潜在的法律瑕疵，对企业现状和准确价值作出客观、科学的评估。

2.从法律层面对拟投资公司是否符合其并购或投资的战略目的作出专业性判断，为企业是否符合IPO或新三板挂牌实质性条件作出判断

律师在尽职调查后，应当就拟投资或并购公司是否符合其战略目的作出独立的判断，提出专业的意见和建议，作为并购公司形成并购决策的依据；对于拟挂牌公司是否符合《全国中小企业股份转让系统业务规则（试行）》规定的挂牌条件、是否存在实质性障碍作出独立的判断。譬如，在新三板挂牌的项目过程中，各中介机构各有分工，且依赖于各方所出具的专业性意见。律师在法律层面对拟挂牌公司尽职调查，通过分析和判断出具公司是否符合挂牌条件的法律意见，是整个

项目推进的法律基础。

3.为律师出具法律意见书提供事实依据

律师出具法律意见书应当“以事实为依据，以法律为准绳”。其中作为依据的法律事实，基本通过法律尽职调查收集、分析和判断获得，所以通过尽职调查所掌握的信息直接构成出具法律意见书的前提和基础。

4.为规避律师执业风险提供保障

根据《公开发行证券公司信息披露的编报规则第12号——律师法律意见书和律师工作报告》第14条、《律师事务所证券法律业务执业规则》第39条之规定，尽职调查所形成的工作底稿是判断律师是否勤勉尽责的重要证据。从投资者角度来看，律师所出具的法律意见书是专业、真实、可靠的，是其作出经济活动或投资决策的重要依据。只有通过审慎的尽职调查，才能保证法律意见书的专业、真实、可靠。因此，要保障律师的执业风险，只有勤勉尽责地做好法律尽职调查。

四、律师进行法律尽职调查应该遵循的原则

法律尽职调查的原则，是指贯穿于法律尽职调查始终的、对尽职调查起指导、规范及统一要求的指导准则，具体包括以下几个方面。

1.客观性原则

根据《律师从事证券法律业务规范（试行）》第30条之规定“律师应当客观、全面、及时地进行尽职调查，坚持尽职调查的独立性和完整性，做到调查内容真实、准确”。因此，律师作为进行尽职调查的主体，首先必须在尽职调查中坚持客观性原则，对于所审核的资料、内容及发现的问题，应当本着实事求是的原则予以披露、提出整改意见，客观地反映企业的真实情况，不得受制于委托人或尽调对象的立场及要求作出虚假的表述和歪曲事实的行为，坚持实事求是的原则，在没有充分依据的情况下不得随意主观猜测或形成主观臆断；否则，将严重背离尽职调查的目的和宗旨，也会误导相关的利害关系方作出错误的判断，严重的甚至会导致律师对此承担法律责任。

2.独立性原则

在美国《1933 年证券法》第10条（b）（3）款中，尽职调查的独立性是以双重标准来界定的——专家和非专家的：如果被告方由专家建议或证明交易，那么他们

的尽职调查意味着他们对事实进行了独立的调查，法庭有理由相信他们的陈述是真实的并且是及时完成的；非专家（如董事和高级职员）可能依赖专家，然而非专家必须证明他们采取了合理的步骤以确认陈述是可信的。这些合理步骤需能证明其独立性。

在我国，法律尽职调查工作通常由律师完成。律师尽管受当事人委托进行法律尽职调查，但是，律师并不从属于委托人，其地位是独立的；律师在开展具体的尽职调查工作及出具尽职调查报告时不受委托人的意志左右，应当尊重客观事实并依据法律作出结论，其意见是独立的。这种独立性并且表现在尽职调查工作中律师尽到勤勉尽职义务之后若仍不能发表肯定性意见时，就应当发表保留意见甚至否定性意见，并说明相应的理由、法律依据及其对发行上市、发债或者并购的影响程度。律师进行核查和验证时，同样必须保持执业的独立性，既不受委托人意志的左右，也不受其他中介机构的干预。律师在不损害委托人合法权益的前提下，独立决定办理法律事务的内容、方法和程序。当然，律师办理法律尽职调查时应注意取得委托人、相关行政部门的理解、配合与支持。

3.全面性原则（又称“完整性原则”）

由于尽职调查涉及的内容庞杂，种类繁多，需要采取多种的方法、途径及手段，目的是形成对企业全面、完整的信息和资料的了解和掌握，根据中国证监会2011年4月29日公布的《信息披露违法行为行政责任认定规则》，律师在从事尽职调查时不得有虚假记载、误导性陈述、重大遗漏以及不正当披露，其中的重大遗漏就是要求对企业的信息披露必须完整，关联的信息要能互相印证，若出现互相矛盾的地方则必须进行进一步查证，追根究底，找出问题的原因所在，特别是一些重要的信息，如涉及企业经营资质、资产权属情况、知识产权等诸多方面，必须完整无遗漏。

4.规范性原则

法律尽职调查作为律师的一项专业性的法律服务工作，其程序、操作流程、方式、法律文书的制作等各方面都有严格的法律规定、执业规则、操作指引及行业规范，从方法、手段及措施方面都有着合法性、规范性的要求，作为从事尽职调查工作的律师首先必须熟悉这方面的法律法规、工作指引及相应法律文书制作的格式及内容要求，并严格按照要求进行，从而保证尽职调查及其报告的合法性和有效性。

5.及时性原则

尽职调查所了解的信息应该是企业迄今为止最新的资料和信息，随着时间的推移，很多情况会发生变化，如合同履行出现争议、借贷无法偿还、担保出现代偿等，所以律师只能对一个相对固定的时间段公司提供的资料及通过其他渠道获得的资料、信息进行如实的披露和描述，并据此得出法律意见。如果尽调的周期较长，经过一段时间后企业情况发生了新的变化，或者出现了新的情况，就像法律规定审计报告的有效期为6个月一样，过了6个月就需要重新更新，出具补充审计报告，尽调律师也需要根据新的情况对尽调报告进行补充、修正，一般更新的周期为3～6个月。而一般情况下，尽职调查应当在一个确定的时间段内完成，不能拖得太久；否则，就应当对相关内容进行及时的更新、补充，以确保信息的准确性。

6.合理审慎原则

在美国《1933年证券法》第11条（c）款下，提出了合理性问题，它为一个人必须确保陈述的准确性和完整性建立了重要的界限范围。该款引入了著名的“谨慎的人”理论，即谨慎调查是由“在其管理权限内非常谨慎的人”执行的。同时，第176条法则认为：在定义“合理性”时，应注意以下几个因素：

（1）证券发行人的类型。在多样化的多国企业中，实际的尽职调查明显地比在单一产品的国内企业尽职调查范围要广泛得多。

（2）证券类型。有些交易不涉及证券；有的收购方支付现金。但多数交易还是涉及证券的，证券类型越复杂，尽职调查的范围应该越广泛。

（3）人的类型。个人期望的尽职调查水平根据人在交易中的角色和其地位不同。很显然，财务总监作为内部有会计专业知识的人员会被期望在交易中比那些外行要更加谨慎。

（4）依赖程度。如果收购方的高级管理人员自己执行尽职调查工作，那么可以控制谨慎水平；如果他们将其委托给其他人做，那么他们就无法控制了。因此，就会潜在地降低谨慎水平。

法庭在认定谨慎质量时，通常认为依据独立的信息来源要好于依据非独立的信息来源，并且依赖有经验的个人要好于依赖没有经验的人。如果尽职调查工作中使用了低层人员，那么这些人应该经过特别培训，并为高级人员的审查准备文件。

我国《证券法》要求律师在法律尽职调查中应尽到勤勉尽责义务。《律师事务所从事证券法律业务管理办法》（证监会司法部令第223号）第12条规定："律师事务所及其指派的律师从事证券法律业务，应当按照依法制定的业务规则，勤勉尽责，审慎履行核查和验证义务。"此义务贯穿于尽职调查的全过程，要求律师尽职调查时以事实为依据，根据相关法律的规定进行调查和判断。需要特别说明的是，虽然律师在出具法律意见时通常要求发行人承诺并保证律师发表法律意见所必需的、真实的、完整的文件或资料已经提供，一切足以影响律师发表意见的事实和文件均已向律师披露，并无任何隐瞒、虚假或误导之处，但是，前述承诺与保证并不能当然免除律师在法律尽职调查中应尽的勤勉尽责义务。对于在法律尽职调查过程中通过专业知识和专业判断能够发现的问题，如有些文件或资料发行人并没有提供完整的信息和资料的，发行人所提供的文件存在虚假的可能，即使有发行人的承诺与保证，律师仍应勤勉尽责地进行独立核查并承担相应的责任。

根据《律师事务所证券法律业务管理办法》第15条、第16条的规定，律师在出具法律意见时，对与法律相关的业务事项应当履行法律专业人士特别的注意义务，对其他业务事项履行普通人一般的注意义务，这就要求律师在为出具法律意见而进行尽职调查时，必须对与法律相关的业务履行法律人士特别的注意义务，具备一定的法律专业知识功底及尽调经验，而对于其他从会计师事务所等中介机构、公共机构获得的文书、材料在核查、验证时也应尽到普通人一般的注意义务，而不是完全将责任推给这些中介机构，一旦涉及虚假的信息，律师也要承担相应的法律责任。

7.穷尽原则

首先，调查方法和手段要穷尽。尽职调查是一项综合、全面的调查活动，为了了解企业的真实情况，应当穷尽一切调查方法，采用尽可能多的手段，包括公开的和非公开的，现场的和非现场的，至少在合理的范围内穷尽律师或其他尽调机构通常采用的方法、手段和途径，但前提必须要合法。

其次，调查内容要穷尽。就企业组织而言，风险投资法律尽职调查涉及企业的成立、历史沿革、合法性、股东的构成与变更、内部治理结构、下属机构以及关联企业等；就企业权利而言，其涉及企业财产的所有权、用益物权、担保物权、知识产权及债权等；就企业义务而言，其涉及银行贷款、借款或有负债、正在进行或者面临的诉讼、仲裁或行政处罚以及税收等；就劳动人事而言，其涉及所有关键职工的劳动合同的年限、竞业禁止、是否存在与原单位未了的纠纷；就股东而言，其是否从事与被投资企业的类似业务、其是否涉及重大的诉讼、仲裁或者行政处罚、其股权是否被质押或查封等。

再次，调查材料要穷尽。调查者必须调集所有材料，单就拟投资对象的股权结构而言，除了查阅拟投资对象当前的工商执照之外，还要查阅公司章程、股东出资证明书、股东名册、出资协议、验资报告、资产评估报告、股份转让协议、股权变更登记等一系列文件。

最后，应穷尽全部细节。所谓“细节决定成败”，以专利为例，投资者不仅需要了解其是否拥有专利权，还要了解其是专利权还是专利申请权、权利说明书、是否存在权属上的瑕疵或纠纷、有效期间、专利权的地域范围以及专利许可情况、正在申请的专利处于哪个阶段、专利年费是否已缴纳等内容。再以应收账款为例，投资者不仅需要了解其应收账款的数额，还要调查应收账款的性质、产生原因、账龄、债务人资产负债情况以及债权人已经采取的措施等。调查者不仅对有关的文件资料要进行详尽的审核，还要求调查者与相关当事人、政府机构和中介机构等进行实地调查和沟通，通过沟通印证材料的真实性，发现存在的问题。如若关键职工属于从同行业其他单位跳槽过来，则需要了解其与原单位的劳动合同关系是否已经了结，是否与原单位有竞业禁止的约定等。单凭职工个人提供的信息显然不能确保真实，因此还有必要向原单位进行调查和了解，通过互相印证来辨别信息的真伪和确定性。

另外，发现问题时还应当进一步查证。律师在尽调中发现存在虚假记载、误导性陈述或重大遗漏情形时，应当进一步查证、核实有关的事实、数据及信息，而不是简单地得出结论，置以上问题于不顾，这样往往可能导致得出错误的结论。

8.针对性原则

当开始一项专项尽职调查时，调查方应当有明确的调查目标，以及通过尽职调查需要达到的目的，所有的尽调工作必须围绕这条主线和核心展开，因此，在尽职调查中应该针对需要了解和解决的问题进行重点核查。如新三板重点关注的问题，通过前期沟通，若企业存在的时间比较久，而且股权经过了多次变更，或者涉及国有股权的变更，则要严格审查当时转让的手续是否合法合规，有无进行资产评估，是否通过产权交易中心挂牌的方式转让等，以确认当时的转让是否存在法律瑕疵；如果有，是什么样的问题，应该采取什么补救的措施来解决历史遗留问题。如果是高新技术企业，则须重点审查企业知识产权方面的权属证书、权利来源及其完整性、年费缴纳情况、保护情况、对公司主营业务的贡献率等。如果涉及一些特殊行业，则要审查其行业资质、经营资质是否有效，期限是否已届满等。

9.重点原则

针对不同的尽调目的、不同的企业、不同的行业以及企业的不同发展阶段，法律尽职调查应该有所侧重。

首先，对处于不同发展期的企业的调查重点不同。众所周知，风险资本的投资对象可以分为种子期、创业期、成长期、成熟期及衰落期，因此不同时期的投资对象尽职调查侧重应该有所不同。就种子期的企业而言，因为其法律关系十分简单，所以重点应集中于其创业团队、知识产权、行业前景、商业模式分析等领域；而对于比较成熟的企业，尤其是Pre-IPO项目，因为其成立时间相对较长，其牵涉的法律关系更加复杂，隐藏的风险点也就更多，因此就应该全面调查，但重点是应比照拟上市地的上市规则开展调查。

其次，行业不同也决定了风险投资法律尽职调查的不同。在高科技领域，知识产权、人才是决定企业发展的核心问题。若知识产权归属不清或者存在权属争议，则可能导致整个企业的核心竞争力缺失，甚至连企业存在的基础也可能因此而丧失。曾有一企业为归国留学人员所创办，而所用技术均为其曾经工作单位的专有技术。待公司产品一经面世，国外公司立即提起侵权之诉，公司随之倒闭，风险投资机构的投资也付诸东流。另外，涉及掌握核心技术的人才，也是高科技企业尽职调查的重点所在，人才的学历、资历、拥有的技术、专利情况、人才结构，是否职务发明等。对于化工企业，可能导致的环境污染必须高度重视，如是否进行过环评、环保措施是否到位、环保设施是否有效运行和是否因污染被提起民事诉讼或者受过行政处罚等。

企业背景不同同样要求调查的重点不同。企业设立之初即为股份制企业的，其股权结构相对清晰，因此其重点应集中于公司治理结构、是否规范运作；对于那些改制为股份公司的企业，改制是否规范、改制文件是否齐全、相关利益主体的利益是否已经妥善解决则是必须关注的；而对于民营企业，则要重点关注其内部制度的规范性、公司的股权架构、公司与自然人之间的借贷、资金占用、关联交易等因素。

第二节 尽职调查的工作流程

作为一项专业的律师业务和法律服务项目，法律尽职调查应遵循一定的规律和流程，从而保障该项工作的有条不紊以及准确、高效，笔者经过多年的尽职调查实务操作，总结出如下法律尽职调查一般工作流程（见图1-1）。

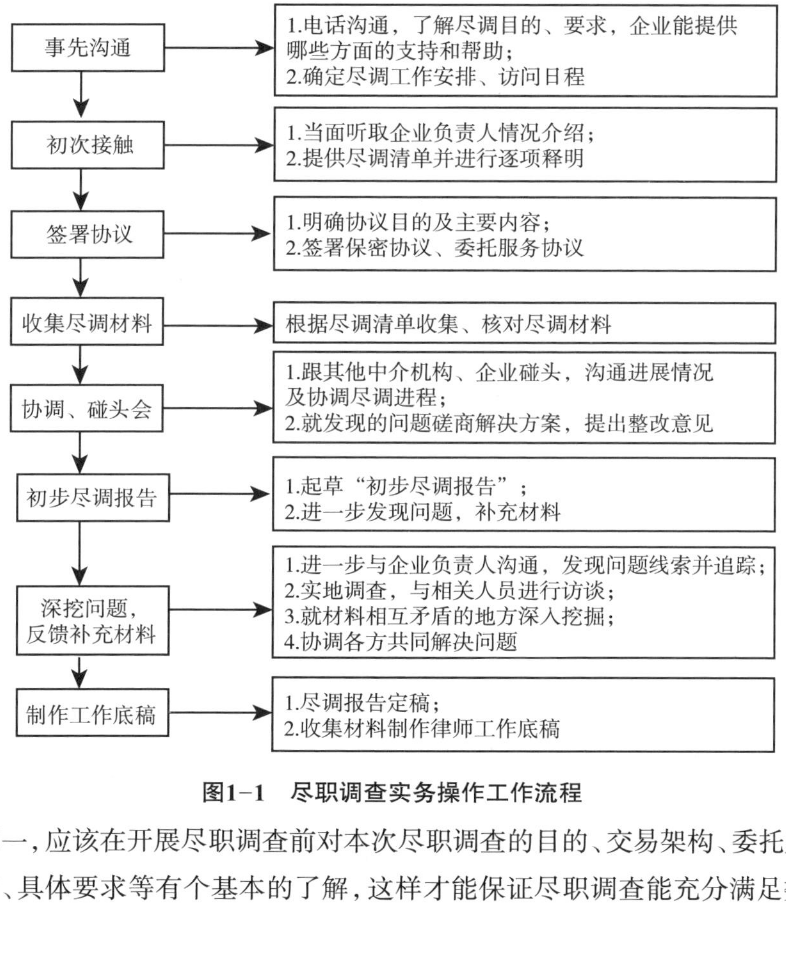

图1-1　尽职调查实务操作工作流程

第一，应该在开展尽职调查前对本次尽职调查的目的、交易架构、委托人的尽调目的、具体要求等有个基本的了解，这样才能保证尽职调查能充分满足委托人的要求，保障尽职调查工作紧紧围绕其目的和任务展开。

第二，律师需要在出发尽调前对目标企业的基本情况有个大致的了解，包括通过电话沟通、网络查询、审阅委托人提供的初步资料等多种方式，做到心中有数。

第三，出发前，应根据目标企业的情况和尽调目的拟订详尽的、针对性的“尽职调查清单”和“尽职调查问卷”，最好制作成表格形式，让企业在已经备妥的材料空格中以画“√”的方式确认已备妥，并且提醒企业在提供相应材料时必须全部加盖公司公章和骑缝章。同时，在出发前必须跟被调查企业的联系人（一般为财务负责人）电话确认其是否已经备妥了大部分“尽职调查清单”要求的材料，还欠缺哪些材料以及能否当场提供等情况；确认企业已安排律师当天到达后负责查询工商档案、银行打印征信报告、不动产登记中心、规划局等办理查档需要的手续、介绍信及相关情况等；查实目标企业注册所在地工商局、不动产登记中心、规划局等的电话、地址、作息时间，落实企业陪同人员、交通工具、介绍信是否已经都开具等，确保律师一到就能有效地开展工作，以提高工作效率。

第四，出发前，应准备好“专项法律服务委托协议”以及“保密协议”的范本。在开展尽职调查工作前，为了明确双方的权利义务以及本着对当事人的商业秘密负责，也是为了让被调查对象能够放心地配合并支持律师的尽调工作，应首先签署“保密协议”，这是律师开展尽调工作规范操作的一个必要步骤。

第五，达到被调查企业后，首先，应要求企业安排人员陪同律师前往工商、银行等政府部门收集企业的相关信息，复印相关资料，并对照“尽职调查清单”进行仔细核对，保证无一遗漏；其次，安排尽调人员对企业提供的主体资格证书、材料核对清单，是否已全部提供，按内容梳理、分类；最后，将复制件跟原件进行核对，待确认无误后开始第一遍阅读全部的材料。

为了节省时间，保证尽调工作的效率，可以对尽调人员分工负责，每人负责审阅一个类别，然后汇总。在初次审阅材料时，应对发现的问题和疑问及时做好记录，对于遗漏的部分或者不确定的部分做好标记，将这些内容汇总后在团队集体讨论时每个成员应对自己核查的部分负责。

第六，尽职调查的初期一般根据工作量及工作的复杂程度需要安排2～3人甚至更多人组成一个尽调团队。如果一切安排得科学合理的话，一般的尽职调查需要3～4天，像新三板、IPO或者涉及多个尽调对象的话，则可能需要4～5天；同时，根据尽调内容及进展，可能需要多个回合。每天尽调下来应及时召开小组碰头会，汇总发现的问题及疑问，提出解决方案，并对已经完成的工作进行及时的评估，提出下一阶段的工作和任务，并核对工作进度，进行工作总结，保证工作计划得到顺利、及时并圆满地完成。

第七，在按以上步骤开展尽调工作的同时，还应同步制作“律师尽职调查报告”。律师尽职调查报告作为律师尽职调查的工作成果，是对企业尽职调查后所获取的资料、信息经过筛选后的汇总、整理。尽职调查报告是要式法律文书，有着严格的形式及内容要求，并且应该按照其制作要求在核实相关内容和信息的基础上制作，对于其中存在的法律风险应从专业的角度出发进行法律分析，得出相应的结论和判断，为该项业务提供指导。

从事证券法律业务的律师在制作股票发行、上市（含配股）的法律意见书时，必须同时制作“律师尽职调查工作底稿”。工作底稿是指律师在为股票发行人制作法律意见书的过程中形成的工作记录和获取资料、信息、数据等相关情况记录。工作底稿应当就《法律意见书》中涉及的每一项法律意见所依据的事实、法律及律师的判断，作出详尽、完整的阐述。工作底稿一般在尽职调查的后期进行，以保证资料的及时性、完整性和律师结论及工作成果的有据可查。

工作底稿应当内容完整、记录清晰、结论明确，并标明索引编号及顺序编号，而且应当是经两名以上执业律师及其所在律师事务所主任签字、盖章的正式文本。证监会对工作底稿的要求是存放在制作人所在的律师事务所内，而且保存期限至少七年，证监会根据需要可以随时调阅、检查工作底稿，有关律师及律师事务所应当及时提供。工作底稿是判断律师是否勤勉尽责的重要依据，律师应当及时、准确、真实地制作。如果律师不制作或不如实制作工作底稿、律师事务所不妥善保存或不如实提供工作底稿的，应当承担相应的法律责任。与工作底稿有相似作用的是以前的“律师工作报告”。

第八，在初步尽调并梳理当事人提供的资料后，律师应进行及时的全面审核并制作“初步尽职调查报告”，遇到欠缺的材料和信息部分，应当明确标记，同时纳入需要当事人进一步补充材料的“补充尽职调查清单”中。经过2～3天的审核及尽调报告制作后，将需要补充的材料、信息及问题汇总后及时发给当事人、被调查对象，并及时跟踪其提供材料的情况及进度。

第九，需要注意的是，在收集、审核尽调资料及制作尽调报告和律师工作底稿的同时，应保持跟券商、委托人的密切联系，核实需要被调查人提供的材料是否券商、会计师等已获取，若已获取，则可以要求共享；若尚未获取，则获取后应当根据需要跟券商、会计师共享，这样尽量减少被调查人的重复工作；同时，中介机构之间也可以实行材料的互补与共享，并就共同关注的问题及其方案开展可行性研讨。

第十，由于律师跟被调查人之间存在严重的信息不对称问题，所以即使采取了各种措施，穷尽了一切手段，仍然很难保证发现企业所存在的各种法律风险，在这种情况下，必须通过一些其他兜底的方式来降低甚至避免律师的法律风险，譬如对一些无法了解的事实通过访谈笔录、被调查人声明以及承诺与保证书的方法，以及询证函的方法，要求被调查人对此作出明确的答复与保证，一方面，对于这些无法通过其他手段了解的事实真相进行书面确认；另一方面，让被调查人承担诚信的责任，从而弥补其他尽职调查手段的缺憾与不足。

第三节
法律尽职调查的途径与方式方法

法律尽职调查的途径和方法有很多种，总体来说有以下几种（见图1-2）。

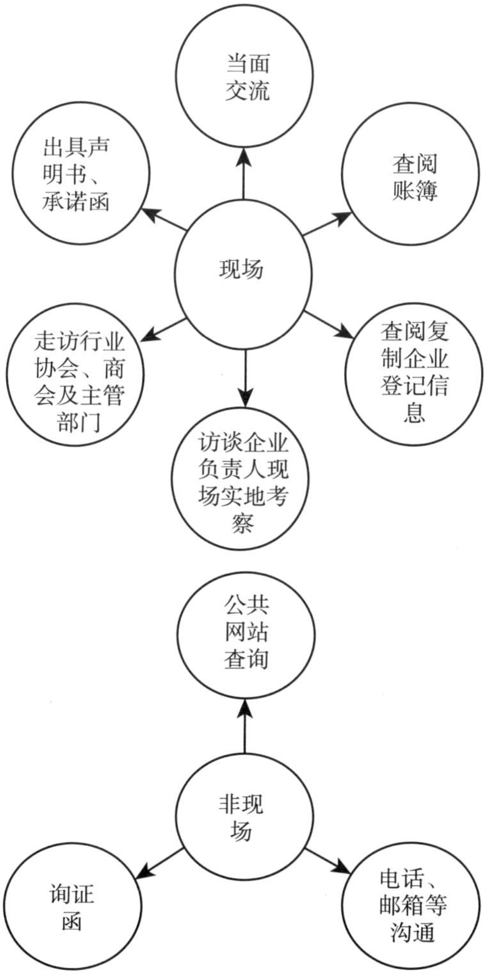

图1-2　法律尽职调查的途径和方法

为了掌握及了解企业的真实情况和详细信息，需要律师从多方面、多角度去调查、收集资料、信息，并通过各种材料及信息的对照、比较，发现存在的问题，印证律师的判断，并检验被调查对象的诚信及提供资料的真实性，所以尽职调查所采取的方式方法应是多样的、多维度及多角度的，避免单一方式所带来的遗漏及缺陷。

律师在尽职调查中采用的调查方式多种多样，包括查阅文件、档案，与相关人员面谈或通过电话沟通，进行问卷调查，向相关管理部门或行业协会咨询、核实信息，从政府登记机关查阅、复制登记资料，进行实地调查或现场考察，通过公开信息渠道了解线索等，一般尽职调查律师常用的几种调查方式如下。

（一）初步提供

首先，通过向企业提供“尽职调查清单”和“尽职调查问卷”的方式，要求企业提供主体资格相关材料、所有权的权属证书、经营资质、公司章程、知识产权权属证书、重大合同等各方面初步资料，“尽职调查清单”和“尽职调查问卷”是律师在法律服务中履行初步尽职调查职责所普遍采用的一种基本方法。

律师在收到被调查企业按“尽职调查清单”和“尽职调查问卷”提供的证照、股东会决议、董事会决议、验资报告、重大合同、完税凭证、支付凭证和答卷等资料后，要按照时间顺序和内容进行分类和编号，然后仔细查阅，编制查阅清单，作为尽职调查报告的附件及律师工作底稿的附件。

（二）公开资料的收集与核查

通过分析性程序对各种渠道，如银行、税务、会计师事务所、业内专家、同行业上市公司的公开报表以及行业研究报告等取得资料的分析，发现异常及重大问题，如趋势分析、结构分析等。查询查阅行业协会等的会议、业内期刊、行业报告等资料作比较。

律师开展尽职调查，应当认真审核、对比相关资料，如发现相关资料存在矛盾或不一致的情况，应当要求被尽调对象予以核实，进一步追查，或商请其他中介机构协助调查，或由律师再次补充调查，以保证尽职调查的准确性；应当注意收集完整的调查资料，对于因客观原因无法获得的与本次尽调目的有重大关系的文件资料和证据，应当在有关法律文件中明确说明，以防范执业风险；对尽职调查工作中获悉的委托方或调查对象的相关信息资料，应明确仅用于完成该次尽职调查工作，不得对外泄露，应遵循保密协议的规定，严格履行保密义务。

（三）查阅、复制企业登记资料

向政府登记机关查阅登记资料是律师进行独立性调查的常用方法，其目的是核实公司提供的相关资料的合法性、准确性和完整性。根据我国现行的公司工商登记管理制度的规定，公司成立时必须在工商行政管理部门进行注册登记，公司登记事项如发生变更，也必须在一定的期限内及时到登记部门办理变更登记。因此，可以到公司所在地工商登记机关进行查询，了解公司的设立情况、历史沿革、及公司性质、公司章程、公司的注册资本和股东、公司的法定代表人等基本信息以判断公司是否合法成立、有效存续。但是，目前中国各地政府登记机关在公开登记资料方面做法各有差异，有的地方甚至禁止非诉讼相关律师查阅公司工商档案，这样一来，就给律师尽职调查造成很大的不便，律师只能请求公司出具介绍信并陪同律师前往政府登记机关、主管部门查阅、复制其登记信息、资料。有些律师为了省事，往往要求企业自己派人去工商部门打印登记信息，不亲自前往，一旦遇到个别企业为了自身的利益故意造假或更换其中的部分内容，就难以保证所提供档案全部内容是真实的，而尽调律师必定难辞其咎。

根据我国现行法律、法规的规定，不动产的转让或抵押也必须进行相应的登记。从不动产登记机构处，律师可以了解有关公司的土地及房产权属情况、合同、各种物权担保和抵押、限制性保证和法定负担等情况。

通过政府职能管理部门获取或调取企业的相关资料，其他如海关、税务机关、金融管理机关、外汇管理部门、环保管理部门、建设、安全、卫生管理部门、质量监督管理部门、供电部门、供水部门、土地及城建管理部门、行业主管部门等。相对而言，企业在政府登记的信息、留存的档案，经过政府部门的初步形式审查，基于当时的情况而言，具有相当的公信力和真实可信度，是值得尽调律师信赖的资料和信息，也可以作为印证其他渠道获得的信息和资料的依据。但由于现实情况的局限性，往往政府有关部门不会配合律师的调查工作，而且各地的情况也不尽相同，但在IPO及新三板的情况下，由于各地政府的重视，可以通过协调取得各地的金融办或称上市办的协助达到调查及收集资料的目的。

(四)访谈公司相关负责人

在审核企业的基础资料的同时,还要根据尽职调查的进展及要求,准备好相应的问题,通过跟企业实际控制人、法定代表人、财务负责人、技术负责人等的当面沟通,一方面,可以印证已提供资料及信息的来源、真实性;另一方面,也可以发现遗漏、缺失的资料和信息,再者,通过访谈解决目前无法获得的资料、信息以及相关内容的缺失,也为进一步要求企业提供补充资料提供线索。

访谈一般是为了解决某个具体的问题,获得对某个具体问题的答案,就相关问题与企业内部各层级、各职能人员以及其他相关内外部人员的当面交流,充分沟通;到项目公司下游客户、上游供应商、竞争对手走访及咨询,并在取得访谈对象同意的前提下对访谈对象做好访谈笔录,形成书面的记载以固定访谈成果。

现场会谈时,应当分别约见尽可能多的、不同层次的成员,包括财务负责人、市场销售部门、行政部门、生产部门及研发部门的主管,从企业各个方面、不同角度全面了解企业的情况。会谈主要了解企业经营战略和发展思路、企业文化、团队精神、企业的内部管理及控制、企业涉讼及行政处罚、控股股东及董监高诚信情况等,通过会谈获取对企业高管的感性认识。很多问题往往需要通过面对面的谈话发现问题的线索所在,如表情、动作、语气等,再通过顺藤摸瓜的方法深入挖掘事实的真相。有时企业也不了解我们尽职调查人员究竟需要了解哪些信息,需要他们如何配合调查,或者说他们对于尽调人员每个问题、每个具体要求的目的到底是什么也不清楚,这样的话有利于我们通过这种方式去接触到真实的事实,防止尽调对象为了达到某种目的造假或故意隐瞒真相。

以下就我们尽调律师在访谈中准备的一些常见的访谈问题清单以供参考:

1.管理层访谈

(1)公司的股权结构。董事会的组成。

(2)公司的短、中、长期的战略规划是什么?

(3)您认为公司的发展方向是什么?公司未来的市场定位和业务组合应该是什么样的?对于企业未来发展的构想和建议。

(4)您认为公司在市场上的地位是什么样?如何看待公司目前的发展状况?成功与不足之处有哪些?

(5)我们目前采取的是什么样的公司战略?(差异化、低成本、集中)

(6)目前,我们的主要竞争对手有哪些?跟我们的竞争力比较各自利弊如何?

(7)你认为未来五年行业的发展前景及方向如何?哪些因素构成影响行业发展的重要因素?

(8)公司的核心竞争力是什么?如何保持并充分发挥公司的核心竞争力?

(9)目前是否有策略联盟?有哪几家?如何看待策略联盟或合作伙伴?

(10)公司成本控制的策略,实施的效果如何?

(11)公司目前涉足领域有哪些?怎么看待它们的经营情况?对它们下一步的发展公司有何规划?

2.采购部访谈

(1)公司的主要采购模式、近两年各种采购模式所发生的采购金额及占采购总金额的比重。

(2)公司近两年采购的主要原材料的名称、各自的采购金额及分别占采购总金额的比例。

(3)公司原材料的主要供应商名称、区域分布及向其采购的金额占公司采购总金额的比重及其变化。

(4)公司主要原材料的供应情况、前十大的供应商、是否存在替代品、价格变动情况及对本公司产品价格的影响及公司的对策。

(5)公司近两年主要产品成本中原材料所占比重。

(6)公司在采购方面有哪些优势?

(7)公司如何进行品质管理?

3.质控部访谈

(1)公司产品的质量控制措施及相应的质控制度。

(2)公司主要客户对公司产品的品质有何要求?

(3)公司主要产品品质的国家标准、行业标准及公司产品目前执行的标准。

(4)公司主要产品品质所达到的水平。

(5)近三年公司产品质量纠纷及其处理结果。

(6)公司在产品品质控制方面的优势。

(7)公司在产品质量控制方面有何风险。

(8)公司产品售后服务情况。

（9）部门内部的相关文件（包括但不限于品质制度规划、目标及要求）。

（10）品质部与其他部门的业务合作。

（11）公司的特色及核心竞争力。

4.研发部访谈

（1）描述公司研发体系的设置、研发模式及研发流程。

（2）公司研发部门设置及其职责。

（3）公司现有的技术水平及技术优势。

（4）公司主要技术的取得方式、核心技术介绍及其来源。

（5）公司的技术储备情况。

（6）公司主要产品所处的技术阶段。

（7）主要产品的技术含量、可替代性。

（8）公司的研发优势、技术成果、研发方面存在的风险。

（9）公司针对研发团队采取的激励措施、研发团队的人才结构及其稳定性。

（10）公司现有的技术开发平台及设施。

（11）公司现有的专利的保护期、到期后对公司的影响；商业秘密保护状况。

（12）与其他公司开展的技术合作情况（技术合作协议、合作成果的分配、保密措施）。

（13）公司拥有的非专利技术情况。

（14）公司如何介入主要客户的研发、双方的合作及合作成果的共享。

（15）公司的技术创新机制是否有稳定、连续的新产品以保持公司利润的稳定增长。

（16）公司与上下游产业的合作。

（17）公司新产品的研发周期如何。

（18）如何界定公司的主要技术所处的环节。

（19）公司的主导产品如何进行更新换代。

（20）进入本行业的技术壁垒。

（21）近三年的研发费用占公司销售额的比重。

（22）研发团队的人才培养、培训。

（23）评价主要竞争对手的技术水平、与本公司的差异。

（24）公司的商标、发明、认证、许可、特许经营权、无形资产软件等情况。

5.销售部访谈

(1)公司所处行业的市场容量及近三年的变化趋势。

(2)公司在行业中的市场占有率、行业排名及近三年的变化。

(3)进入本行业的主要障碍。

(4)行业发展的有利因素和不利因素。

(5)行业的周期性、区域性和季节性特征。

(6)行业的管理体制、行业协会。

(7)行业内主要企业的业务模式,本公司的业务模式。

(8)公司的主营业务、主要产品、主要产品的销售群体及销售区域。

(9)公司主要产品的产能、产量、销量、销售价格及其变动情况;主要产品销售额占公司年度销售额的比例(近三年)。

(10)行业及本公司主营业务的利润水平、近三年的变化及其未来变动趋势。

(11)行业的主要客户、公司的主要客户、客户的市场份额、客户的地理分布情况。

(12)产品的可替代性。

(13)公司产品的出口情况及未来的设想。

(14)公司主要竞争对手及竞争优势分析。

(15)公司产业上下游产业的发展前景及其分析及与上下游的关联度。

(16)公司主要客户的简单介绍、与主要客户各个方面建立的合作关系。

(17)产品的定价策略(定价原则、定价的依据及与主要客户的议价能力与主要客户之间是否存在差价补偿)。

(18)公司的其他业务领域以及对联想等其他主要客户以外的客户开拓情况。

(19)近三年是否收到客户的评级、奖励及书面评价。

(20)从客户角度分析公司产品的优势、公司在客户采购中的比例。

(21)请说明公司与合作对象在框架性协议下采取订货单、提货单形式开展业务的原因和优点,该模式在行业内是否通行。

(22)本部门的主要职能与公司其他部门的业务合作和权限划分。

6.财务部访谈

(1)公司会计报表合并范围、流程、原则及方法。

(2)公司现行会计政策及近三年跨级政策的重大变更:

①收入确认和计量方法；

②发出存货的计价方法；

③长期股权投资的核算方法；

④固定资产的分类和折旧计提政策；

⑤投资性房地产的各种类和计量模式；

⑥无形资产的计价摊销方法；

⑦借款费用的依据及方法等。

7.人事部访谈

（1）职工总数及按教育程度的分类；

（2）公司人员的招聘程序及招聘渠道；

（3）职工的考核方式及程序；

（4）职工的激励机制及奖惩措施；

（5）职工流动的比率及原因；

（6）职工的培训计划和培训措施。

8.生产部访谈

（1）公司的生产模式介绍。

（2）公司生产流程、生产的关键环节介绍。

（3）描述公司的生产工艺（工艺流程图）、生产技术及其在行业中的领先程度并举例说明，主要产品生产技术的成熟程度。

（4）公司主要产品图片、近三年的产能、产量、产能利用率。

（5）公司生产的季节性，是否存在生产“瓶颈”。

（6）公司在产品生产制造环节的弹性制造能力。

（7）公司如何在生产过程中进行品质控制和成本控制。

（8）主要生产设备、厂房的取得方式，主要设备的先进程度、使用年限、成新率等。（租赁协议）

（9）公司在产品制造过程中掌握的专有技术或工艺、公司在制造方面的优势和不足。

（10）公司制造部门的设置及其主要职责，公司业务重组前后公司制造部的变化。

（11）生产人员的组织、班次的划分（主要产品的生产人员如何安排）、交接；生产人员的流动性、熟练程度及职工培训情况。

（12）行业针对生产环节、生产工艺、生产技术的要求；公司客户对生产环节、生产工艺、生产技术的要求。

（13）公司执行的“精益生产”项目对制造部的要求和影响。

（14）制造部与公司其他业务部门之间的业务衔接。

（15）请介绍shopfloor、just in time、VMI仓库、SFC系统建设等相关情况。

（16）公司的安全生产、环境保护情况。

（17）介绍公司保税产品生产的相关情况。

（18）制造部6S行为规范、当年工作规划。

（19）主要设备、房产是否存在抵押贷款，是否购买保险。

（20）公司房产的所有权情况（租赁合同的签署与公证）。

（21）公司的特色及核心竞争能力。

访谈管理层及采购部门和销售部门负责人，计算从前十名供应商的采购品种、采购额及其占当期采购总额的比例、对前十名客户的销售额及其占当期主营业务收入的比例，关注企业对供应商和客户的依赖程度，以及供应商和客户的稳定性，以此来判断对于企业连续经营的影响。

（五）查阅账簿

访谈管理层及采购部门和销售部门负责人。计算从前十名供应商的采购额及其占当期采购总额的比例、对前十名客户的销售额及其占当期主营业务收入的比例，关注企业对供应商和客户的依赖程度，以及供应商和客户的稳定性。

（六）现场实地考察

实地走访生产车间了解生产情况，跟现场的生产车间负责人进行充分的沟通，了解产品从原材料到成品的生产流程、生产工艺及运行、技术使用及革新情况、生产管理情况；走访技术研发部门，向技术研发负责人了解技术研发情况、进度及突破方向；查看仓库，了解企业原材料及成品的库存情况，获得第一手的信息和资料；走访商品房销售现场，通过跟现场销售人员、买房人的交流，了解真实的销售情况、卖点、去化率等。

实地考察应侧重调查企业的生产设备运转情况、生产组织情况、生产流程及工艺水平、实际生产能力、产品结构情况、订单、应收账款和存货周转情况、固定资产维护情况、周围环境状况、用水、用电、排污情况、职工的工作态度及纪律、现场管理、安全生产制度及执行情况等，通过直接去生产现场走访、对话、察看，获得企业生产第一现场的相关信息。

（七）寄送“询证函”

询证函（Confirmation）是由审计师（或其他鉴证业务执行人）以审计者的名义向被询证人发出的，用以获取被询证人对于被审计者相关信息或现存状况的声明。

函证是指审计人员为印证被审计单位会计记录所载事项而向第三者发函询证的一种方法。银行询证函是向银行发函询证银行存款、银行借款、托管证券、应付票据等情况，金融机构应当按照财政部、中国人民银行有关文件要求作出确证答复。

律师也可以通过发送“询证函”的方式向公司所属政府各职能部门核实情况，这也是尽职调查极为重要的信息来源。通过发函询证可以了解公司目前是否享受的当地政府所给与的各种优惠政策，特别是税收方面的优惠，公司在劳动人事、环境保护方面是否存在违规行为以及是否曾经受到过行政处罚，是什么性质的行政处罚等。通常，律师都会要求该等政府部门出具相应的证明文件，如完税证明、在劳动人事、环境保护方面未曾受到行政处罚的证明等，作为制作尽职调查报告的重要基础性文件。

（八）走访行业协会、商会及行业主管部门

走访当地的行业协会，可以对该行业的现状和发展情况充分了解，同时也可以了解该企业在本行业的地位及真实经营情况，从而可以有效地印证企业所陈述或提供资料信息的真实性及企业的诚信度。

（九）出具“声明书”“承诺函”

对于有些无法仅通过企业提供资料予以核实的问题，或者穷尽了当前可能的手段仍无法了解其事实的真实情况的问题，则可以通过取得公司及其管理层出具的、表明其提供文件和资料内容属实且无虚假记载、误导性陈述或重大遗漏的“谈话笔录”“声明书”“承诺函”方式来解决，但这些只能在无法收集相关资料的情况下作为一种兜底的调查方法使用，律师绝不能以此来替代其应从事的调查、验证工作。

律师要求公司及其管理层出具的、表明其提供文件和资料内容属实且无重大

遗漏的“声明书”也是防范自身风险的重要方式。因为律师依据经验要求公司提供的文件无法穷尽一切，难免会有遗漏或不完整、存在信息不对称的客观情况，而公司股东及其管理层最了解自己公司的真实情况，要求其出具声明书，则可以敦促其提供遗漏的重大资料，加强其责任心和法律风险意识，并承担未提供资料及资料真实性保障的责任。

（十）秘密调查

秘密调查指在被调查人不知道的情况下进行的调查方式。主要通过接触客户的关联企业、竞争对手、商业伙伴或个人、行业协会等渠道获取有价值的信息。通过秘密调查，可以摆脱因利益驱动的干扰，获得真实信息的一个重要途径，至少可以作为其他信息来源渠道的印证、验证方法之一。

（十一）委托调查

律师在征得委托人同意的情况下，对于一些非法律方面的问题，也可以通过委托专业的中介机构进行部分或全部信息的调查。如对于客户的财务调查可以委托注册会计师进行，对于租赁物也可以委托资产评估师进行资产评估，形成专业的评估报告，对于交易对手的信用状况，可以委托专业的征信机构等进行信用调查并形成结论。

（十二）其他手段

诸如电话交谈、网络查询等的综合运用，通过各种渠道信息的互相印证，尽最大能力了解涉及尽调目的的重要信息与资料。可以通过互联网公开披露的信息检索到一些情报、资料，进一步了解情况，通过各种媒介物搜寻有价值的资料，这些媒介物包括报纸、杂志、新闻媒体、论坛、峰会、书籍、行业研究报告、互联网资料、官方记录等。搜寻调查应注意信息渠道的权威性、可靠性和全面性。

通过多种渠道、方法及途径进行尽职调查，其中一个目的就是可以对一些重要的内容和信息进行互相印证，保证内容及信息的真实性，发现问题以便验证问题，特别是涉及企业资产、负债、合法性及资质等一些重要的问题，必须确保通过尽职调查全面、真实地了解情况，不得有任何闪失；否则，将对尽职调查的实质性目的产生影响，甚至根本性地影响客户对被调查对象的判断和交易机会的把握。

第四节

律师从事法律尽职调查的要求

法律尽职调查是一项专业的法律服务项目，由于其涉及面广，工作量大，对律师的要求比较高，需要律师有丰富的尽职调查经验；而且法律尽职调查是大部分非诉讼业务的前置业务和基础性工作，法律尽职调查工作的成果直接关系到该项法律业务是否可行和下一步业务的推进，而且企业及项目中存在的所有问题都期待通过尽职调查来揭示，所以对于律师从事法律尽职调查提出了很高的要求。

（一）必须具有丰富的尽职调查经验

很多刚开始从事非诉讼的律师往往会面临这样的困惑，面对尽职调查的清单和一堆材料不知从何下手，收集的材料如何进行有效的分类，如何有条不紊地推进尽职调查工作，在尽调工作中遇到问题和当事人的咨询时如何答复等，因为律师在从事尽职调查工作的同时，还要不断地挖掘问题、发现问题、解决问题，解答当事人提出的各种疑难法律咨询，帮助企业规范、完善其相应的制度、法律文书和手续等，这就要求尽职调查团队的负责人必须是在尽职调查方面拥有丰富经验的律师，对每个重点、关键点及疑难问题能提出指导性的意见和解决方案。

（二）高度的责任心

法律服务是一项非常严谨的工作，不允许律师出现半点差错，哪怕是一个错别字、一个数字或一个标点符号的错误都不行；否则，会因小失大，甚至给当事人造成巨额的损失。而当事人都是用“放大镜”来看待和检验律师的工作成果的，如果发现问题，他们就会认为这个律师不够专业，所以从事尽职调查的律师必须具有高度的责任心，特别不能犯简单或低级的错误，这样很容易就被当事人淘汰出局。

（三）不厌其烦的耐心

由于尽职调查涉及的内容繁杂，特别是股权融资尽职调查涉及面几乎涵盖了企业成立至今的所有方面，经常有企业戏称被查了个底朝天，所以要求律师在从事该项工作时必须具备不厌其烦的耐心，不但要做到心中有数，还得准备好相应的书面清单、提纲随时核对，一轮尽调完成后要及时汇总、反馈，发现遗漏的地方，并及时做好记录，根据尽职调查的工作量及复杂程度，一般建议最好是由两名以上的律师同时配合进行，其中一位全面负责，通过互相审核来达到无缝的覆盖，这就要求律师必须耐心再耐心。

（四）打破砂锅问到底的专业精神

笔者这几年接触的大部分企业都存在这样那样公司治理及管理方面不完善、不规范的地方，包括很多的上市公司，在尽职调查中会发现很多已经存在的违法违规的地方，而往往基于隐私的心理及掩盖问题的目的，被调查企业总是企图隐藏自己的问题，即使在跟律师事务所签订有“保密协议”的前提下，也不愿意将自己的问题充分暴露出来，所以，这就要求律师在从事尽职调查工作时有一双敏锐、细致的慧眼，及时发现疑问并追究到底，直到了解事实的真相，这样也有助于律师作为专业人员为其进行相应的法律风险评估、规范，并提出建设性的解决方案和补救措施，避免问题的长期存在直至演变为真正的法律风险和危机，从而给企业带来实际的损失。

（五）深厚的法律理论功底和丰富的诉讼实践经验

通过尽职调查在于发现企业存在的法律问题，其次评估业务合作、投资活动的可行性，并可以根据企业实际情况对双方合作的交易架构设计提出律师的专业意见与建议，这对律师的法律理论和实践经验也提出了较高的要求和考验。根据笔者这几年尽职调查的经验和经历，尽职调查及其需要解决的问题，往往涉及民法、合同法、公司法、担保法、刑法、劳动法等多方面专业的法律知识和实务经验，这就要求律师不但要熟悉这些领域的法律法规、司法解释，还要大量研究这方面的案例、判例，这样才会在交易架构设计及其可行性时提出合法合规的建设性意见和建议，才会得到企业老板的充分认可。

（六）精益求精的职业精神和敬业精神

尽职调查时精益求精的职业精神主要体现在是否能够事必躬亲、亲力亲为，对于尽职调查工作应该有精细化的要求，制订具体的操作流程指导手册，规范操作的程序和法律文书的撰写要求；对于委托方关注的问题要进行透彻的解读，并提出不同的可比较的方案以供参考，切忌粗略化的操作，发现问题绕着走。对于发现的问题及问题线索，要及时制订查验计划，进一步查验并形成查验报告。

（七）互相配合、分工协作

尽调工作有时仅仅是律师一方的工作，但在操作新三板或IPO业务时，又往往是跟其他中介机构一起协作的，在券商的领导下统筹开展工作，这就需要尽调律师在工作中与其他各方互相配合、分工协作，一方面可以实现信息及资料共享，另一方面也可以实现多角度的论证，并在向企业索取资料、了解信息及挖掘问题时实现分工协作，以最大限度地提高效率及准确性，更好地实现尽调目的。

（八）多层次、多渠道、多方法、多角度

尽调工作的方法多样，应不仅仅局限于向企业索取资料一种，还可以通过在企业配合下向政府主管部门查档、复制获取公开的企业资料，以及通过网络查询、询证、向同行及竞争对手了解情况、咨询行业协会等各种渠道和途径获取信息，不断地开拓思路，除了法律规定的方法，还可以采取其他律师常用的尽调方法与经验，不断突破固有的思路与办法，只要在合法、可操作的范围内皆可。

第五节
律师从事法律尽职调查的优势与特点

法律尽职调查是一项律师的专业性工作，但券商或者其他一些调查机构、咨询公司、会计师事务所也会接受当事人的委托，对企业进行一些其他的专项尽职调查工作，如财务尽职调查、业务尽职调查等；但作为专业的法律人，律师在从事法律尽职调查方面有着得天独厚的优势（见图1–3）。

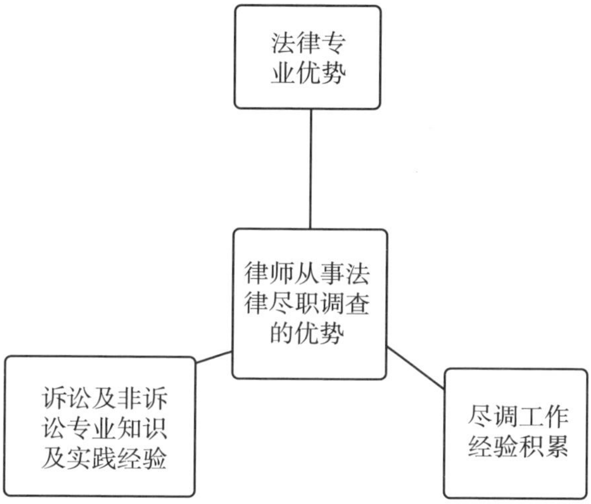

图1–3　律师从事法律尽职调查的优势

首先，大部分律师毕业于大学的法律专业，经过全面、系统的法律理论教育，较好地掌握了系统的法学基本理论并有过大量的案例实践为基础，所以会有着比一般人更强烈更敏锐的法律意识和法律思维，这种法律意识不是一朝一夕就能养成的，也不是短时间就能具备的，是经过多年的法律教育、学习以及大量的法律实践活动、案例研讨及学习、研究中积累起来的，所以律师在从事尽职调查时对于每个具体问题和细节的法律上的认识、思考及其敏感性比一般人要专业得多、深刻得多、考虑得更周到，从而也有助于他们在从事尽职调查工作中发现问题、认识问题并能提出妥善的解决方案。

其次，律师大量的诉讼及非诉讼实践经验的积累，特别是一些资深的律师经过多年的执业，参加过各种专业的培训，使他们对于问题的认识更深刻、更专业，能够在一般人无法发现或者意识不到问题时凭借其敏锐的目光和专业的嗅觉发现问题。多年的诉讼实践，使律师对于企业经营活动及对外交往中哪些节点容易发生法律风险，哪些潜在的法律风险容易且在何种条件下演变成实际的纠纷、诉讼以及发生的概率都有相对准确的判断与意识，同时也具备了对这些法律风险防范和解决的专业技能。

最后，律师大量的尽职调查工作及制作尽职调查报告实践，同行之间的交流与合作，也让他们不断地积累直接经验和间接经验，不断地丰富他们的专业上的阅历，从而保证其尽职调查工作的全面性、规范性、专业性，做到疏而不漏。反复的实践经验使尽调律师可以从企业的一个小问题中发现大问题，窥斑见豹，并通过现在的问题预测将来的法律风险，从而将潜在的风险作为现实的课题予以解决，比起今后形成的实际诉讼来说，防患于未然显然成本更低，效果更好。

第二部分

开展法律尽职调查工作

第一节

律师如何参与尽职调查

法律尽职调查是一项专业性很强的律师工作和业务，需要律师除了具备扎实的法律专业知识和经验外，还应当具备丰富的尽职调查知识和经验，通过认真、细致的工作去收集、整理、辨析及审核公司大量的资料、信息，以便发现企业从设立到变更，以及发展、经营过程中存在的不规范的问题及法律风险和瑕疵。为了达到良好的工作效果，律师从事尽职调查，应当遵循一定的程序、方法，按照一定的步骤进行操作。

一、尽职调查的基本步骤

1.根据尽调对象的情况、目标和任务，组建律师尽职调查班子或中介机构尽职调查小组，包括律师、会计师及券商或者投资公司的人员组成，尽调小组的成员应当进行明确的分工。如果尽职调查涉及的问题专业且复杂，则可能需要多名一专多能的律师参与，如懂财务、懂经济以及懂知识产权的专业律师参与，另外需要总协调、总负责的一名资深律师。如果涉及其他方面的专业问题，也可以根据实际情况的需要由更多的专业律师或其他专业人员共同参与，分工协作。

2.尽调律师应就委托进行尽职调查的目的、任务、工作周期要求、目标企业的基本情况、服务内容等与委托人进行前期的充分沟通，了解企业是否涉及本次经济活动相关法律规定或并购企业的红线，从而作出是否需要正式进入尽职调查程序以及是否接受委托。

3.在初步沟通的基础上，确定好调查目标、调查清单、调查问卷、调查重点内容、调查对象、调查途径等，以确定尽职调查的初步方案和步骤。

4.在向尽调对象发送尽职调查清单、尽职调查问卷的同时签署保密协议，为正式入场从事尽职调查做好前期铺垫。尽职调查清单必须反映本次尽职调查的目的，并根据尽调对象的具体情况作出适当调整，以适应实际的需要；同时，鉴于尽调清单涉及内容庞杂，一些表达不容易理解，尽调律师应在提供尽调清单的同时向企业配合尽调工作的相关人员逐页逐条作出详细的解释说明，并聆听其关于尽调清单的反馈问题和疑惑。

5.根据调查清单，对每项调查内容逐项收集资料、核查、审阅，并详细记载发现的问题、存在的疑点。

在前述步骤完成后，律师就应对前期的工作做好适当部署，如联系尽调对象做好初步电话沟通；以邮件、QQ或其他方式发送尽职调查清单，以便对方有充分的时间提前准备相应的资料；对尽调清单中表达不易理解的部分进行解释，核对已提供的资料及无法获得的资料，总之，尽调律师应在初步达成尽调合作协议后及时做好尽调的前期工作，以保证现场尽调工作的顺利进行和尽调的效率。

二、律师接受尽职调查委托的手续

同时，律师应当在所执业的律所办理以下手续：

1.律师承办尽职调查法律业务必须经由其所在的律师事务所统一接受委托，统一指派；对于疑难、复杂的尽职调查，应当指派专业经验丰富的律师参与或者作为负责人进行把关。根据法律的有关规定，律师个人不得以任何形式或名义私自接受委托。

2.律师事务所同意接受委托的，应由律师事务所负责人或授权代表签订委托合同、办理委托手续。接受委托后，如无正当理由，律师事务所不得随意中途解除委托。

3.委托合同的内容由律师事务所和委托人协商确定，并由双方签署并加盖公章。委托合同应必备的实质性内容为：承办律师、委托事项、服务范围、工作方式、工作成果的形式及交付、双方权利义务、服务期间、律师费用的数额及支付方式、违约责任、合同变更和解除、争议的解决等条款。

4.由于尽职调查工作涉及企业很多方面的经营信息和技术信息，为了解决企业在此方面配合的顾虑，而且也是律师执业纪律的要求，双方应当在开展尽职调查之前签署“保密协议”，确定双方在工作中有关保密的权利义务，以利于被调查对象打消顾虑，积极配合，真实地提供资料并如实地提供律师所需要的信息，从而达成律师尽职调查的目的。

尽职调查既可以作为其他业务中的一部分工作，也可以是其他业务中的前置工作，还可以成为一项独立的法律业务。

律师事务所可以单独就尽职调查法律业务接受委托，也可以在接受其他法律业务的委托中包括尽职调查的内容，或所接受的其他法律业务委托中必然连带产生尽职调查的法律服务内容，或尽职调查为完成所受委托法律服务的前置程序。

第二节

尽职调查中与客户的交流与沟通

一、交流与沟通对于实现尽职调查的目的、作用及意义

尽职调查是为了获得企业经营的真实信息、资料和数据，解决交易相对方在交易过程中信息不对称的问题。由于尽职调查往往涉及公司及其控股股东、实际控制人、董监高的很多隐私问题，如公司真实的经营情况、财务状况、占用资金情况、偷漏税情况、公司违法经营问题、控股股东及董监高的违法犯罪情况等，因此，出于自我保护的目的，或者为了面子问题，被调查对象往往不愿意积极配合，消极应付，羞于或出于某种目的不愿披露这些方面的真实信息和资料，这样就会影响尽职调查所获资料真实性及可能存在漏、缺等瑕疵，无法真实地反映企业的经营现状及财务状况，从而无法达到尽职调查的效果和目的，完成尽职调查的任务，所以，在尽职调查前后跟被调查对象控股股东及其有关方面的负责人的交流和沟通就显得尤为重要，通过晓之以理、明之以法的方式，让被尽调对象充分了解尽职调查的目的、相应法律法规及主管部门的要求，以及对于其开展业务合作、融资或进入资本市场的重要性和必要性，甚至一旦不配合律师开展尽职调查、存在重大遗漏或提供虚假信息可能面临的法律后果和商业风险等。而事实上尽调律师往往需在尽调工作开展前和进行中花费大量的时间和精力去跟尽调对象的实际控制人及有关负责人进行充分、反复的沟通与协调，争取其支持与配合，才能保证尽可能顺利地全面获取尽调所需的资料及信息，从而保证尽职调查的有效开展与顺利推进，圆满完成尽调任务。因此，尽调中的交流和沟通对于尽调的顺利开展及达成尽调目的具有非常重要的意义。

二、尽职调查开始前的交流与沟通

尽职调查，俗称给企业“查户口”，从纵向看，将企业从成立之初的历史演变的内容一直核查至今；从横向看，涉及的内容涵盖了企业生产经营、对外投资、债权债务、抵押担保等人、财、物等各个方面的所有资料与信息，事无巨细，面面俱到，才能从汗牛充栋的材料中发现企业存在问题的端倪及需要掌握的信息，从而对企业进行合规性审查和法律风险的评估。

为了提高尽职调查的效率，保证尽职调查的顺利进行，必须事先跟尽职调查对象进行充分的沟通，以取得尽调对象的理解与支持，因此，在开展全面尽职调查之前首先必须进行以下工作。

（一）与尽调对象负责人的初次电话沟通

初次电话沟通一般都会跟对方的控股股东、总经理或者至少是财务负责人，就尽职调查的目的、意图向对方作出详细的说明，并解答对方的疑问，争取对方的理解，以便对我方需要进行的尽职调查作出适当的安排，特别是在提供材料、人员配合、前往政府部门收集资料的配合等方面，更是离不开企业的支持与配合。

【案例】笔者就曾在一次跟随信托公司经理前往安徽省阜阳市就一个信托项目开展尽职调查，当我们一行人到达企业档案所在的工商局打印资料时被企业职工告知只能看看不能打印带走，当时就感到很疑惑，就电话联系了企业财务总监向其说明信托项目合作的第一步就必须对企业的合法成立及历史沿革进行调查，必须将全部工商档案打印后带回去仔细审查并以此为根据制作尽职调查报告，但企业财务总监就是不理解，声称企业的工商档案信息是企业的“隐私”，不同意我们打印，并要求我们提供查询、打印的法律依据，搞得我们哭笑不得，最终也还是没同意我们打印，导致我们在开展信托业务的第一步就受阻。结果在晚上用餐时，在公司法定代表人在场时我们对尽职调查特别是打印工商档案信息作出了详细的解释，明确这是相关法律法规的要求，也是信托业务流程中的第一步工作，通过查档信息首先确定企业是否符合信托融资主体的基本要求，并为制作尽调报告提供内容支撑，经过现场的一番交流，在推杯换盏之间获得了财务总监的许可，才于次日顺利获准打印了全套工商档案资料，可见事先的沟通多么重要。

（二）与尽调对象负责人的二次电话沟通

在初次电话沟通后，如果获得对方的许可，则可考虑向对方要求提供初步的资料，如企业的营业执照（目前已与税务登记证、组织机构代码证三证合一）、相关的经营许可证、公司经营情况介绍、股权架构、银行开户证明等，并同时向企业发送尽职调查清单，要求企业按照清单载明的材料尽量准备，以便尽调人员在初次前往现场时就可以拿到这些材料，有利于提高工作效率。

三、尽职调查中的交流与沟通

一旦正式开始尽职调查，律师就要进入尽调对象的现场，需要跟尽调对象有关部门及负责人对接，所以主要以当面沟通与交流为主。

当面沟通好处显而易见，通过对尽调对象提供资料的初步审核，律师在做好问题记录的同时可以及时要求其补充，如果有表述比较抽象或模糊的地方，可以当面予以解释说明，方便双方之间的互动，显然大大提高了尽职调查的工作效率。

笔者在多次的尽职调查中充分体会到了跟企业控股股东、实际控制人或主要负责人当面沟通的重要性与必要性，并且总结了以下几个要点以供参考。

（一）与尽调对象实际控制人及相关负责人的第一次面谈

初次见面，由于双方存在陌生感，所以彼此在交流中会有一定的隔阂，应当为双方的交流创造良好的洽谈气氛，很多话题及问题不能急于展开，必须随着不断的熟悉而步步深入。

首先，由对方作为主人先介绍一下公司的基本情况，如业务范围、营业收入、利润情况、债权债务、抵押担保、涉讼情况及未来发展规划等；我方可以介绍我们本次前来尽职调查的目的、任务，需要对方在哪些方面予以配合、支持；也可以了解一下对方对于本次业务的一些想法、期待，以及对尽职调查的看法等，了解对方通过本次业务需要达到的目的、要解决的问题，如解决企业的融资问题、被并购还是拟挂牌新三板，并在此基础上，我方可以针对性解释一下尽职调查在其中所起的作用及其重要性、必要性，如果对方还有疑惑，甚至可以示以相关的法律规定并适当解释。

其次，应当对于我方提供的尽职调查清单逐页逐项解释一下。比如什么叫作重大经营合同、同业竞争及关联交易等。

在进行前期的初步沟通后，就可以切入本次工作的主题了。作为专业的律师业务，尽职调查涉及的内容面广量大，清单中所列的目录就有数页甚至数十页之多，而且很多的描述大多采用专业的术语，或称法言法语，准确理解确实具有一定的难度，这就需要尽调律师逐条解释，向尽调对象进行充分的释明，以便在我们要求对方配合提供资料时能够充分了解，密切配合，保证资料及信息的准确性，沟通的有效性和高效性，所以，对尽调清单逐条解释是尽调律师首次现场工作的重要内容之一，直接关系到后续工作的顺利配合与推进。如果忽略了这一环，尽调对象对于不明白的内容就会搁置一边，选择能理解的部分提供，很多内容需要律师再次到现场解释说明，在律师工作繁忙的情况下，就会影响尽调工作的进度。所以，在这个环节双方要进行充分的沟通，并且责任落实到对接的每个人，明确工作完成的截止日期，以确保整个尽调工作的有序推进，不因个别工作的拖延而延误整体的进度。

很多尽职调查的现实情况是，一见面谈得热火朝天，或就某个问题谈得很深入，但没有对全局的把握和落实，没有对前后工作作出妥善的安排，所以导致一旦尽调律师“人走就茶凉”了，无法有效衔接，尽调工作进展缓慢，整改总也没有结果，久拖不决，没专人负责也就无人过问、无人操心，所以，第一次现场面谈及访问必须做好详细的规划：一要解决上次见面以来尽调工作中存在的问题、研讨解决的方案及收集补充的材料；二要充分交流，做好尽调工作的后续安排，按部就班地落实到人到期限。

最后，再根据双方交流的情况，可以适当深入谈一些有关本次尽职调查的问题，并通过交流发现目标企业存在及可能存在的问题，并在事后通过其他手段进一步追踪了解全部的情况。至少尽职调查将来可能涉及的主要的方方面面都要提及，如控股股东的银行征信报告、新三板业务中涉及的一些红线问题如股权代持、同业竞争与关联交易、控股股东及企业的涉讼情况、近两年企业受过的行政处罚等，不可能一下子通过第一次见面都要挖出来，但至少要让对方有个心理准备和铺垫，并向其说明这样做的必要性，解答企业的疑惑。

（二）与尽调对象实际控制人及相关负责人的第二次或第三次当面交流

首先，应对第一次现场访问及工作所获资料进行全面的整理、审核及消化吸收，及时补充尽调报告，对发现的问题及时整理、记录并针对性地提供整改方案，以符合业务的合规性要求。

比如在新三板业务中，整改的依据主要有两点：

1.必须符合全国中小企业股份转让系统相关法律法规的要求

企业的有些做法，虽然并不违法，但却不符合资本市场的要求，显然资本市场对企业的这些方面提出了更高的要求，确保企业在进入资本市场后不存在潜在的争议和法律风险，以及由此导致的企业经营及股权结构的不稳定性、不确定性，防患于未然，所以仅仅符合一般法律的要求还不行，必须满足这些特殊规定的要求才行。如一般的股权代持，只要不违反法律的禁止性规定（如违反《外商投资产业指导目录》，或者公务员持股等条件）就是有效的，但由于其中存在股东及股权纠纷的潜在法律风险，从而影响股权结构的稳定性而不被资本市场所接受，必须予以全面清理。

2.必须本着为尽调对象节省整改成本的原则，在合法的范围内尽量减少其成本开支

在符合法律要求的前提下，作为尽调律师应该为企业充分考虑，尽量减少其整改的成本支出，在对整改的各种方案进行综合比较、考虑并全面衡量的情况下向企业推荐最优或次优的方案，既符合合法合规性的要求，又能遵从高性价比、低成本的要求，从而容易为尽调对象所认可和接受，并得到其配合。

其次，应对上次尽调的结果进行梳理，对整改方案的实施进展及效果进行反馈，从而确定前面工作的有效性，并进行阶段性总结，确定下一阶段工作的内容和步骤。

【案例】笔者在为一家拟挂牌新三板的公司提供挂牌专项法律服务时，发现公司两位股东中有一位持股40%的股东系南京某知名高校某学院的副院长，同时他因在企业担任高管的职务，根据《中共中央纪委 教育部 监察部关于加强高等学校反腐倡廉建设的意见》中“……（九）加强对领导干部的管理和监督，学校党政领导班子成员应集中精力做好本职工作，除因工作需要、经批准在学校设立的高校资产管理公司兼职外，一律不得在校内外其他经济实体中兼职。确需在高校资产管理公司兼职的，须经党委（常委）会集体研究决定，并报学校上级主管部门批准和上级纪检监察部门备案，兼职不得领取报酬。学校党政领导班子成员不得在院系等所属单位违规领取奖金、津贴等；除作为技术完成人，不得通过奖励性渠

道持有高校企业的股份。要加强对领导干部遵守党的政治纪律、贯彻落实科学发展观、执行民主集中制、遵守廉洁自律规定和执行党风廉政建设责任制等情况的监督”的规定，我们在征求两位股东意见的基础上反复考虑，又研究了数个新三板类似案例的情况，最终确定将其持有的公司股份平价转让给了其刚刚研究生毕业的儿子，同时，将其在公司的高管职位调整为不领薪的公司技术顾问，从而妥善地解决了这个问题，使之符合新三板挂牌的要求，该企业于2016年3月顺利登陆新三板。

（三）与我方合作伙伴如券商、会计师等其他中介机构的碰头会

无论是通过尽调来了解并购对象的情况，还是通过尽调以提供法律意见书解决企业挂牌新三板或者IPO，往往法律尽职调查只是其中的一项工作，同时还会伴有券商、会计师、资产评估机构等中介机构一起工作，或者在并购中我方与财务经理、投资经理等组成一个团队联合开展工作，所以，律师开展尽职调查只是其中的一环，或者是对被尽调对象了解的一个方面，可能同时还会有财务尽职调查、经营尽职调查等工作同时展开，而所有这些工作本身就是一个有机的整体，既互相联系又相互独立、互相区别，其中又存在很多共性的问题或者说交叉的部分，比如在尽职调查中律师和会计师都会要求被尽调企业提供企业历史沿革、资产权属的相关证明、重大合同等资料，只是各方的出发点不同，关注的内容有所不同而已，而券商则从全局的角度把握，也需要在倾听律师和会计师专业意见的基础上形成自己的结论，所以，在尽职调查的不同阶段各方需要召开阶段性的碰头会，就已发现的问题进行论证，发表各自的专业意见，达成共识，以便为下一阶段的工作开展提供指导性意见及明确方向。

这种碰头会没有固定的形式要求或者次数要求，一般会在尽调对象已提供了大部分材料且律师已完成初步尽职调查并发现了问题，并将问题梳理、整理成形之后召开首次碰头会。在会中存有疑惑的问题，通过会后调查，在下次会议中进行解答，如果仍不能作答，则重点在实地考察中求证。最后根据会议讨论结果，编写《企业准备资料清单》《重点考察问题汇总》《尽职调查行程安排》。（可对原分工安排做适当调整）

根据尽职调查推进的情况，就已经发现的重要问题及一般问题，通过碰头会互相印证，共同商讨对策及解决方案，并形成阶段性指导意见，引导被尽调企业进

一步配合工作。

（四）与企业相关负责人的访谈

访谈前要制定访谈提纲，防止遗漏，可参考《重点考察问题汇总》。访谈前要至少提前两天制定日程安排表，并通知目标企业访谈时间、主要内容等，同时提供《材料准备清单》要求目标企业按实际情况准备。

访谈时要保持一种平等合作、谦虚、尊重的态度。在索要准备材料时，要注意把握语气，采取正确的方式方法。

访谈的同时应当制作笔录，笔录内容包括：参加人员和职务、访谈时间、地点和主要访谈内容；内容记录时要注意细节，尤其涉及名称、数据等要经过核实无误再进行记录；对重要内容要做好特别标记。

访谈记录要及时加以整理（尽可能在当天整理）并作为重要文件予以存档。访谈内容整理要全面，逻辑清晰、条理分明，不可简单罗列；收集的资料要归类整理，并登记入册。

访谈涉及内容根据事先人员分工，各自与相关人员谈话。在谈话的过程中，如发现事先没有提出准备的新资料，需及时记录补充。具体谈话内容包括：团队、业务、市场、技术、财务以及法务。

四、尽职调查中沟通的技巧与策略

与客户的交流与沟通，特别是尽职调查中与尽调对象相关人员的沟通需要一定的技巧与策略，才能顺利高效地达到尽职调查的目的，以下是笔者在尽调实践中总结的一些技巧与策略。

（一）渐次推进法

渐次推进法又称“分步推进法”。初次见面时一般主要更多涉及礼节性寒暄、面上的工作安排、企业基本情况及尽调团队双方的介绍、尽调工作的主要内容、基本要求及对接的双方负责人，共同商讨工作流程、步骤及人员和时间的安排，制订工作计划等，对尽调工作进行一个全面的筹划与安排，指导尽调工作稳步有序地展开。

但由于尽调工作的特殊性，必须完成对企业各方面内容及信息资料的收集、梳理，工作量大，内容庞杂，有些内容有时当事人不愿意透露的，这就需要尽调律师进行事先的规划，每一次见面要推进到哪个层次，如何推进，如何挖掘更深层次的内容，所以需要考虑通过第一次推心置腹的沟通至少达成互相之间的基本信任，消除尽调对象对于尽调工作不必要的顾虑，获得尽调对象的配合与支持，从而为第二次、第三次深入挖掘做好铺垫。

一般到第二次、第三次，就要根据前期沟通的情况、双方之间的信任度及熟悉程度和需要解决的问题确定需要了解的内容，比如在新三板企业中，特别需要关注涉及股转系统划定的十大红线等问题，必须通过适当的前期沟通，慢慢切入主题，引导尽调对象主动披露这方面的内容和线索，以便尽调律师顺藤摸瓜地深入企业经营的各方面问题。

（二）单刀直入法

一旦前面第一次、第二次沟通的效果不错，随着双方之间的配合默契程度不断提高和信任不断加深，为了提高工作效率，尽调律师就应该趁热打铁及时单刀直入地了解尽调对象是否存在其他不为我们所获资料记载的信息，如企业及其控股股东及董监高是否存在违法经营的问题、股权代持问题、占用资金问题、三年内遭遇过的行政处罚及其原因等，而不是遮遮掩掩、一拖再拖，这样会造成尽调工作旷日持久，问题越早暴露越好，这样我们也有充分的时间应对并提供整改方案，所以，对于企业尽调中可能存在的问题应当深入挖掘，切勿讳疾忌医，以提高尽调工作的效率。

关于尽调工作中的沟通还有以下方法：

1.先易后难法

我们都有这样的经验，在按部就班地考试做题时，应当先把容易做、能做的题目完成，遇到难题应当先绕开而不是一头扎进去苦苦思索而不得其果，这样太没有效率，在有限的时间里大量题目无法及时完成会导致后面越来越紧张，甚至乱了方寸。因此，在总结多年尽调经验的基础上，笔者建议先解决容易的问题，遇到难题若一时无法解决、尽调对象不配合沟通无果，则可以暂时搁置，继续推进其他工作，不会影响大局。待其他工作都基本完成之时再来攻克难题，晓之以理、动之以情，充分阐明难题与整个尽调工作、当事人尽调目的之间的辩证关系，在让当事人充分认识到难题不解决会造成全盘皆输的结果时，问题往往会迎刃而解。

2.迂回法

常识告诉我们：一条路走不通，就应当考虑另辟蹊径，而不是撞了南墙也不回头。在尽调中，解决问题的方法、手段及途径往往不止一种，一条路走不通应当拓展思路、灵活变通，及时尝试其他方法或途径，直线无法达到的可以采用迂回的方法，用灵活的方法替代刻板的思路，这样才能达到更高的效率和较好的效果。

3.设身处地法

换位思考，设身处地地为对方考虑，站在对方的角度来看待问题、分析问题，更能体现你的善解人意，也容易得到尽调对象的认可，从而得到他们的支持与配合。

4.底线思维法

围绕尽调工作的目的，确定时间底线、任务要求底线、工作方法底线、内容层次底线等，底线是一项尽调工作不能突破的红线所在，一旦突破，将会导致尽调目的无法达成，或无法有效地达成。

5.尽调目的法

尽调是一项目的性很强的工作，当然还需要考虑其合法性、规范性，合法性与规范性也是为尽调的目的服务的，这就要求律师的尽调工作必须紧紧围绕尽调的目的开展，不能偏离、更不能与此背道而驰。

比如尽调的目的是并购，则所有工作必须围绕查清构成企业核心竞争力的要素、债权债务以及知识产权等委托人所关心的重点问题，而不是在一些无关紧要的细枝末节上反复纠缠，“捡了芝麻丢了西瓜”。

6.分工协作法

尽调工作至少需要两名律师参与，存在疑难、复杂内容及拥有众多分支机构的尽调对象往往需要更多尽调律师参与，如何对于尽调工作进行统筹安排、如何在尽调律师之间开展分工协作必须根据尽调工作的内容、步骤及要求进行事前的安排，将具体工作、责任落实到人，确定核对人、总负责人，一个尽调团队是一个有机整体，充分发挥每名尽调律师的能动性，既分工又协作才能更好地完成任务。

第三节

一般法律尽职调查的内容

一、公司主体资格

公司主体资格，是指公司独立经营、对外承担民事责任的资格和能力。独立经营，是指企业具备独立面向市场，自主组织生产和经营，自主销售产品和服务以获取收入及利润，自我生存及自我发展的能力。独立承担民事责任，即以企业法人自己所拥有的财产承担它在民事活动中的债务，以及法定代表人或企业的其他人员在法定代表人委托下所进行的民事活动中给他人造成损害的赔偿责任。"独立"的含义，即任何法人的债务只能由他自己承担，国家、投资者和法人组织内部的成员不对法人的债务负责，因而，企业法人必须拥有必要的财产作为保证。

对公司主体资格的审核，主要审核内容包括公司的（正副本）营业执照（已与组织机构代码证、税务登记证三证合一）、银行开户许可证、贷款卡、财政登记卡（正副本）、企业征信报告、对外贸易经营许可证（如有）、海关登记、外汇登记证及其他批准证书或许可证（如有）；与环境和质量、安全等有关的证件或许可、认证文件；现行有效的高新技术企业认定证书、高新技术产品认定证书、国家重点新产品证书（如有）；与企业生产经营有关的其他授权文件或证明文件；公司已经取得的所有政府许可文件、证书和行业相关资质文件等；生产经营资质等企业自主经营及承担责任所必备的基本条件、资质及相关证书，最新的公司章程等。

通过对公司的主体资格相关资料的审核与了解，可以初步了解被调查公司的基本架构与轮廓，对于公司当前是否合法存续并有效存续形成初步的印象与判断，为进一步开展尽职调查奠定基础。

关于公司主体资格情况的尽调报告内容主要涉及以下几个方面。

1.公司为依法设立的有限责任公司

公司系由×××××、自然人×××、××作为发起人于2006年××月××日发起设立的，现持有南京市工商行政管理局于××××年××月××日核发的注册号为（3201××××××）的《企业法人营业执照》；注册资本和实收资本均为××××万元；法定代表人为×××；住所为江苏省南京市栖霞区××路××号；经营范围为：××××。

根据公司目前持有的《企业法人营业执照》、公司《章程》和工商登记资料记载，公司目前的基本信息，见表2-1。

表2-1 公司基本信息

公司名称	××市××有限公司
注册号	3201××××××
公司住所	南京市栖霞区××路××号
法定代表人	×××
注册资本	××××万元
实收资本	××××万元
公司类型	有限责任公司
经营范围	×××（依法须经批准的项目，经相关部门批准后方可开展经营活动）
成立日期	××××年××月××日
营业期限	××××年××月××日至××××年× ×月××日
登记机关	南京市××区工商行政管理局

2.公司有效存续

（1）根据公司的说明、本所律师核查及控股股东的承诺，公司及其前身××公司自设立以来，在经营过程中不存在违法违规行为，不存在受到工商行政处罚的情形。

（2）根据公司及其前身××公司的工商登记资料及企业年度报告公示文件，并经本所律师核查，公司及其前身××公司已通过了自设立以来的历次工商年检（按照工商年检的要求及时提交了年度报告）。

（3）根据公司说明并经本所律师核查，截至本法律意见书出具之日，公司作为一方当事人的合同、协议不存在可能导致公司主体资格终止的内容；公司不存在营业期限届满、经营资质到期终止或无法获得、股东大会决议解散、因合并或者分立而解散、不能清偿到期债务被宣告破产、违反法律、法规被依法责令吊销营业执照或者关闭等需要终止的情形。

本所律师认为，公司系依法设立并有效存续的有限责任公司，截至本法律意见书出具之日，不存在法律、法规、规范性文件及《公司章程》规定的需要终止的情形，具备本次××××的主体资格。

其他关于公司主体资格的详细情况。

3.公司持有的登记证书及相关经营资质

××××现持有××市质量技术监督局颁发的《中华人民共和国组织机构代码证》，代码为5980××××-3，有效期自××××年××月××日起至××××年××月××日止。

××××现持有××××年××月××日江苏省南京市国家税务局、江苏省南京地方税务局颁发的《税务登记证》，证号为苏地税字32012159803××××号。

××××现持有《开户许可证》，编号为3010-0396××××，开户银行为中国银行南京市秦淮支行，账号为52226093××××。

××××现持有2012年8月30日中国人民银行征信中心颁发的《机构信用代码证》，代码为G103201150369××××S，有效期至××××年××月××日。

××××现持有的《贷款卡》，流水号为320101001305××××。

根据公司生产经营的产品及服务内容，公司已经相应取得了主管部门核发的下列行业资质证书：

××××经营许可证，许可经营范围：××××，经营期限自××××年××月××日起至××××年××月××日止。

经本所律师核查，××公司具备其生产经营产品和服务所需要的相关资质证书，系合法合规经营，并且在后续的营业执照期限内具备相应的条件能获得持续的经营资质许可。

综上所述，通过跟被尽调对象的初步对接，根据其提供的关于公司主体资格的基础资料，可以大致对公司当前的情况有个概括的了解。

二、公司设立与历史沿革

(一)公司的设立

公司是否依法设立，直接关系到公司的产生及存在是否具有合法性的问题。很多公司在设立时聘请专门负责注册公司的公司，将公司设立这么重要的事情全权交给他们去代为办理，包括代为填写相关资料及信息、代为起草（常常是直接购买或下载）公司章程（模板）、代为出资及代为验资（出资后再抽走，按出资金额及周期支付一定比例的报酬）等。每一家公司及其股东都有不同的设立公司的目的、业务发展规划、股东之间关于权利义务的分配，尤其是在一些重要的章节和条款如股东会、董事会的召开、名额的分配与产生、关于重要问题的表决方式以及涉及许多个性化且重要的事项本应当在公司章程——公司最重要的宪章中得到充分体现的内容，却因为一份千篇一律的公司章程模板而根本未有涉及。如果股东之间存在相同或近似的经营理念、经营目标，并且在很多问题存在相同或近似的看法及处理意见，且互相之间能够很好地包容、兼容的话，公司的发展可能或相安无事，但这是对公司应然状态的一种较高的期许，不是每个企业的股东都能达至这种默契与妥协的，一旦若干年后涉及一些在公司章程中未有明确的规定及处理办法的问题且各方又无法达成一致意见时，就会成为股东纠纷甚至导致公司僵局的根源所在，特别是在涉及一些重大利益如融资、担保、并购重组以及挂牌新三板、IPO时才被人发现公司在设立时存在先天的缺陷甚至存在严重的法律障碍，结果被迫补课，费时费力还费钱，一些严重的问题甚至可能无法补救而直接导致无法成功上市，功亏一篑。所以，公司章程是尽调律师重点关注的内容之一。

作为初步尽职调查的开始，几乎所有尽职调查的第一步都是要求公司提供全套的工商登记信息，查阅、复制或扫描这些文件和资料。而对参与尽职调查的律师来说，规范操作的要求是应在企业相关人员的陪同下，携带企业开具的介绍信亲自前往企业登记注册所在地的工商行政管理局对其工商登记信息及资料进行查阅、复制，并要求工商局对全部资料加盖骑缝章后取回，一方面可以保证登记资料的真实性和整个查阅过程程序的合法合规，另一方面可以防止企业为了达到非法目的而造假、更换页面等而造成信息不真实。

对于企业工商登记信息的查阅、审核，重点应关注以下内容：

1.调查目的

关注设立程序、工商注册登记的合法性、真实性，相关信息、重要法律文件的完整性，以发现其中存在的问题。

2.公司设立需重点关注的内容

公司设立是否合法，重点应考察以下方面：

（1）公司设立时全体股东的出资是否及时到位，出资方式是否合法，是否存在出资不实、虚假出资、抽逃资金等的情况。

根据《公司法》及其司法解释的规定，公司出资不实，其他股东有权要求其出资到位，否则，可以要求该股东承担违约责任，公司章程对此有相应规定的，按规定处理；另外，股东出资不实的，其他股东应对该股东出资不实承担连带责任，由此可见，一旦涉及出资不实就会给股权结构及股东利益带来不稳定性及不确定性。如果股东存在抽逃资金的情况，则根据法律规定，应及时将抽逃的资金归还公司，并承担由此给公司造成的损失包括按照银行同期贷款利率支付相应的利息。

（2）货币出资是否经过验资并由会计师事务所出具的验资报告。

根据法律规定，股东一旦出资并完成了转移手续，该部分股东资产就此成为了公司资产，以便公司独立对外承担相应的法律责任，股东个人无权再对其进行支配；而验资则可以证明股东已按照公司章程履行了自己的义务，以便取得股东资格的证明，也是股东对其他股东应承担的义务。

根据2024年7月1日最新修改生效的《公司法》对“注册资本认缴登记制度”的完善，规定有限责任公司股东出资期限不得超过五年。根据国家市场监督管理总局的意见,授权国务院制定具体办法，对新法施行前已登记设立且出资期限超过本法规定期限的公司设置过渡期，要求其将出资期限逐步调整至本法规定的期限以内。但涉及一些特殊的行业如需要获取行业特定经营资质的企业，还是根据该行业的部门规章及管理规定进行验资以证明出资到位且符合行业经营资质要求的实到注册资本额，才有权在取得行业经营资质后被允许从事该方面的经营。

（3）对作为出资的非货币财产是否经过了评估作价，审阅评估报告。非货币资产是否已过户到公司名下，是否由公司实际占有并使用。

对于非货币财产出资，首先需要评估作价，出具资产评估报告（对于拟挂牌新三板的企业来说，必须选择具有证券资格的资产评估机构出具的资产评估报告才有效)；其次需要过户至公司名下，这样才算股东完成了出资义务。根据新《公司法》第48条的规定“对作为出资的非货币财产应当评估作价，核实财产，不得高估或者低估作价。法律、行政法规对评估作价有规定的，从其规定。”第49条规定“……以非货币财产出资的，应当依法办理其财产权的转移手续。”

另根据2011年2月16日生效的《最高人民法院关于适用〈中华人民共和国公司法〉若干问题的规定(三)》第9条规定：“出资人以非货币财产出资，未依法评估作价，公司、其他股东或者公司债权人请求认定出资人未履行出资义务的，人民法院应当委托具有合法资格的评估机构对该财产评估作价。评估确定的价额显著低于公司章程所定价额的，人民法院应当认定出资人未依法全面履行出资义务。”第10条规定：“出资人以房屋、土地使用权或者需要办理权属登记的知识产权等财产出资，已经交付公司使用但未办理权属变更手续，公司、其他股东或者公司债权人主张认定出资人未履行出资义务的，人民法院应当责令当事人在指定的合理期间内办理权属变更手续；在前述期间内办理了权属变更手续的，人民法院应当认定其已经履行了出资义务；出资人主张自其实际交付财产给公司使用时享有相应股东权利的，人民法院应予支持。出资人以前款规定的财产出资，已经办理权属变更手续但未交付给公司使用，公司或者其他股东主张其向公司交付、并在实际交付之前不享有相应股东权利的，人民法院应予支持。”

从以上规定可以看出，律师核查公司股东是否已全面、足额并适当地履行了出资义务，特别是根据约定以非货币财产出资的，应从以下几个方面进行审查：

①是否已委托具有合法资格的评估机构评估作价？

②是否已过户至公司名下？

③是否已实际交付给公司使用？

只有股东全部履行了以上义务，才是股东正确地履行了财产的出资义务。

(4)企业出资的国资部分是否经过专门的评估机构评估并出具了评估报告？

企业中存在国资的，则需要对国资的来源进行审核，是发起人还是通过股份转让而来的，包括国资股权转让给其他自然人、法人的，都需要对该部分股权的出资进行审核，如果是非货币资产出资的需要专门的评估机构出具评估报告，货币出资的应该有相应的验资报告，一方面保证不存在国有资产被低估或流失，另一方面也是保证企业股权变动的合法合规性。

（5）外资企业及国有企业的设立应取得相关政府部门的审批，并审阅相关的批准文件。

对于外资企业审批权限的规定，根据《外商投资产业指导目录》有关规定，鼓励类、允许类1亿美元，限制类5000万美元以下（转制企业以评估后的净资产值计算）外商投资股份公司的设立及其变更（包括限额以下外商投资上市公司其他有关变更），由省级商务主管部门负责审批，但涉及外商投资有专项规定的行业、特定产业政策、宏观调控行业以及外国投资者对上市公司进行战略投资的，仍按现行规定办理或按有关规定报商务部审核，所以，首先要审查其设立是否经过了有关部门的审核，以确定其是否有效设立。

外商投资企业从有限责任公司变更为股份有限公司主要是依据《关于设立外商投资股份有限公司若干问题的暂行规定》（以下简称《暂行规定》），其中第7条规定了外商投资股份公司外资持股必须高于25%，注册资本不得低于3000万元人民币。而《公司法》（2013年修订）规定，外商投资的有限责任公司和股份有限公司适用公司法，但作为上位法及新法，其并未强制要求外商投资股份有限公司注册资本的最低限额为3000万元人民币。而且《公司法》（2013年修订）规定能对注册资本最低限额另行规定的，只能由法律、行政法规以及国务院决定。《商务部关于改进外资审核管理工作的通知》（商资函〔2014〕314号）规定，除法律、行政法规以及国务院决定对特定行业注册资本最低限额另有规定外，取消公司最低注册资本的限制。

因此，除法律、行政法规以及国务院决定对特定行业注册资本最低限额另有规定外，外商投资企业改制为股份有限公司，其注册资本无须一定要达到3000万元人民币。若外资的股份比例低于25%的，工商局在发放营业执照时会在上面注明低于25%。

（6）是否存在股东以原本属于公司的资产出资的情况？

笔者于2015年在宝应一家拟挂牌新三板的企业进行尽职调查时就发现，公司4000余万元的注册资本中控股股东实际出资仅600余万元，后来响应政府的内生式招商引资的号召增大注册资本，也为了自身方便向银行申请贷款，采取将资本注入企业后又抽出来重复出资的方式将注册资本虚增至4000余万元，按照新三板挂牌的要求，为了做实注册资本就需要股东对虚增的3000余万元注册资本采用现金补足，而在控股股东这么多年来将企业所有利润全部转化为公司资产的情况下根本没有那么多现金，从而成为其挂牌新三板的实质性障碍而暂停了该项目。

（7）是否存在股东、董监高、关联方占款的情况（其他应收款）。

很多企业老板把自己设立的公司当成自己的钱袋子，对他来说，不同的企业就是自己不同的钱袋子，想用钱时可以随时取现、调拨，但他的这种行为根本违反了公司资产独立原则，即股东的货币、资产一旦以出资的形式投入了公司，就成为公司的资产，股东不再对其享有所有权，股东只能依据公司法和公司章程"依法享有资产收益、参与重大决策和选择管理者等权利"。所以作为尽职调查的一项重要内容，就是要了解公司股东（特别是控股股东）、董监高及其关联企业是否占用公司的资金、财产。如果有，则应及时归还，严格的话对一些占款时间长、金额大的还应按照银行同期贷款利率支付一定金额的利息。

（8）是否存在股东以与公司主营业务无关的无形资产出资的情形，无形资产作为出资是否经过了评估，是否存在评估价格高估的情形。

作为企业资产的一部分，无形资产对构成企业的核心竞争力起着越来越重要的作用，特别是对于一些新兴产业如软件、高端装备制造、生物医药等高新技术企业，无形资产有时比有形资产更重要。但一些企业为了增大注册资本，或者为了取得某种行业资质，通过夸大无形资产的价格或评估价格的方式，或者购入根本没什么实际使用价值的专利等来虚增注册资本，这就需要律师在尽职调查时对无形资产进行仔细的审核。

首先，应了解该无形资产的来源是否合法，是股东出资还是企业购买的，是否有相应的评估报告。其次，应仔细了解用于对公司出资的无形资产与公司实际从事的主营业务有无密切关系，若该无形资产对公司经营而言几乎没有价值或价值很小，或用该无形资产出资后，公司从来没有使用过该无形资产或投入公司后未产生相关效益，该情况可认定为股东并未真正履行出资义务或未足额出资，作为律师，我们建议的解决方案是应该由有资质的评估机构对该无形资产重新评估以确定其实际价值，不足部分应由以该无形资产出资的股东以货币形式替代或补足出资不足部分；如果股东无力以同等金额的货币替代出资，则只能通过法定的程序履行减资手续，以回归其真实的价值。

3.关于公司设立与有效存续需要审查的文件、资料

法律尽职调查的第一步就是对公司的设立情况及相关法律文件进行全面的梳

理与审核，审查的材料应包括但不限于以下部分：

（1）公司（包括其分支机构）名称预核准通知书；

（2）公司设立时的公司章程；

（3）公司设立时的验资报告（有无代验资问题）；

（4）公司（包括其分支机构、子公司）设立时的批复、批准文件（如有）；

（5）公司（包括其分支机构）设立时的企业法人营业执照（正、副本）；

（6）股东以非货币资产出资的，对非货币资产的评估报告（如有）；

（7）以非货币资产（实物、知识产权、土地使用权等）出资的，该等非货币资产过户到公司名下的证明文件（如有）；

（8）以国有性质的实物资产出资（如有），对作为出资的实物所进行的国有资产评估报告以及国有资产管理部门出具的对国有资产评估结果的确认或备案文件（如有）；

（9）公司设立时的出资合同或股东协议、发起人协议（如有）；

（10）公司设立时的股东名册（如有）；

（11）公司设立时法定代表人签发的股东出资证明书（如有）；

（12）公司（包括其分支机构）设立时的其他登记文件，包括但不限于：

①营业执照、组织机构代码证及税务登记证（正、副本，三证合一）

②统计登记证（如有）

③企业国有产权登记证（如有）

④外汇登记证（如有）

⑤财政登记证（如有）

（13）公司设立时的董事会和监事会构成文件；

（14）其他有关公司发展历史的背景文件，包括但不限于公司的前身组建，公司历史上的重大事件的简要说明等（如有）；

（15）公司与其母公司、子公司、关联公司或其前身实体的关系网络图及其清单（如有）；

（16）公司法定代表人、董事、监事的任职资格声明、任职文件及其身份证明；

（17）公司（包括其分支机构）设立至今的所有工商登记档案资料；

（18）当地工商网站上披露的公司（包括其分支机构）基本登记信息资料；

（19）访谈调查笔录和其他有关文件。

由于公司设立时主要通过向各地工商行政管理局提交文件的方式设立，所以该部分的内容及资料保管在工商局，所以了解公司设立情况应通过向企业所在地工商局查询、复制其工商档案全部信息的方式实现。

4.公司设立中存在问题的常见案例

审查公司设立时的文件时，应重点关注企业设立时是否有政府相关主管机构的批准证书，出资是否真实、到位，非实物资产是否有评估报告，是否存在代验资的情况，公司股东会决议的股东签名是否真实等，目的是了解企业设立是否合法以及存在哪些违法的情况，是否可以采取一些补救的措施。

【案例】公司股东以未经评估实物资产出资

厦门蒙发利科技（集团）股份有限公司（以下简称蒙发利），其主营业务为按摩器具的研发、生产和销售，于2011年9月9日在深圳证券交易所挂牌上市。

蒙发利设立时，出资人存在以实物出资的情形：出资人以汽车坐垫、毛巾布、斜纹绷带等实物出资。从上述物资的增值税发票等原始凭证的记录来看，出资人用作出资的实物价格为53.54万元（含税价格），该等物资扣除增值税后的价格为45.76万元，并由出资人约定作价40万元，用于对蒙发利的出资，但未见相应的资产评估报告。

根据蒙发利设立时有效的《公司法》，对作为出资的实物、工业产权、非专利技术或者土地使用权，必须进行评估作价，核实财产，不得高估或者低估作价。为了弥补蒙发利设立时的股东出资瑕疵，蒙发利在设立时的实物出资人于2011年3月31日向公司交付了共计40万元，作为补充出资，公司收款后的财务记录为“借：银行存款40万元　贷：资本公积40万元”，并由会计师事务所对该补充出资事项出具了专项核查报告，确认蒙发利已收到补充出资款。

在本案例中，由于出资人用以出资的实物有增值税发票予以证实其价格，且增值税发票显示的实物总价高于出资人约定的作价金额，股东事后又向公司交付了40万元人民币作为补充出资，故蒙发利设立时非货币财产出资未经评估的瑕疵得以弥补，未对其发行上市构成实质性的法律障碍。

【案例】公司股东以未经评估商标出资

辽宁奥克化学股份有限公司（以下简称奥克股份），主营业务为环氧乙烷衍生精细化工新材料系列产品，包括晶硅切割液、聚醚单体、聚乙二醇的生产与销售，于2010年5月20日在深圳证券交易所挂牌上市。

奥克股份设立时，其法人股东辽阳奥克化学品公司以无形资产“奥克”商标作价出资5万元，占注册资本的5%；28位自然人以现金出资95万元，占注册资本的95%。奥克股份设立时，股东出资经会计师事务所审验并出具了《验资报告》。

在奥克股份设立时，其法人股东辽阳奥克化学品公司以“奥克”商标作价5万元出资的行为事先经过其主管单位辽阳石油化工专科学校产业公司同意，并经过奥克化学设立时其他出资人的共同确认，但未履行评估程序。

根据当时有效的《公司法》，股东可以用货币出资，也可以用实物、工业产权、非专利技术、土地使用权作价出资。对作为出资的实物、工业产权、非专利技术或者土地使用权，必须进行评估作价，核实财产，不得高估或者低估作价。土地使用权的评估作价，依照法律、行政法规的规定办理。以工业产权、非专利技术作价出资的金额不得超过有限责任公司注册资本的20%，国家对采用高新技术成果有特别规定的除外。

由于奥克股份设立时股东用作出资的商标未经评估，奥克股份设立时的股东出资行为存在瑕疵，并且，在该公司申请首次公开发行股票并上市的过程中，该瑕疵引起了证监会审核部门的关注。

在对该问题进行回复时，有关中介机构认为奥克股份设立时出资人以“奥克”商标出资虽未履行评估程序，但此行为已取得了出资人主管单位的同意，并且商标出资所涉及的各方对此均不存在疑义，且未就此产生过争议，因此该瑕疵不会对奥克股份首发上市造成实质性法律障碍，上述解释获得了审核部门的认可。

5.关于代验资的实践问题

有些公司在创业初期存在找中介公司进行代验资的情形，也有一些从事特殊行业的公司，相关法律规定注册资本达到一定的标准才可以从事某些行业或者可以参与某些项目的招投标而找中介公司进行代验资的情形。该等情形涉嫌虚假出资，大部分企业在财务上处理该等问题时，验资进来的现金很快转给中介公司提供的关联公司，而拟挂牌公司在财务报表上以应收账款长期挂账处理。

该等情况的解决方案，一般是公司股东找到相关代验资的中介，由股东将曾经代验资的款项归还给该中介，并要求中介机构将公司目前挂的应收账款收回。如果拟挂牌公司已经将代验资进来的注册资本通过虚构合同的方式支付出去，或者做坏账消掉，则构成虚假出资，该等情形，中介机构需要慎重处理，本着解决问题、规范公司历史上存在的法律瑕疵，在公司没有造成损害社会及他人利益的情况下，公司应当根据中介机构给出的意见进行补足，具体应当以审计师给出的意见做财务处理。

关于代验资问题，由于1994年版的公司法对于公司最低注册资本有50万元的要求，因此很多公司在设立由于资金不足，或者为了经营需要有很高的注册资本，发起人往往会聘请专门的注册公司，由其提供注册资金帮助通过验资、注册公司，待公司注册完成后又将资金抽走的方式来注册公司，该行为明显违反了法律规定，构成抽逃出资；数额巨大、后果严重或者有其他严重情节的，构成《刑法》第159条规定的抽逃出资罪，处5年以下有期徒刑或者拘役，并处或者单处虚假出资金额或者抽逃出资金额2%以上10%以下罚金。虽然2014年最新修改的公司法已经取消了最低注册资本的要求，但是根据公司章程确定的认缴金额及认缴时间已经出资到位的，不得在出资到位再将出资抽逃；否则，仍能构成《刑法》第159条规定的抽逃出资罪，且股东仍应对此承担相应的民事责任，而且一旦因此而受到相关部门处罚的，也会构成公司挂牌新三板及上市的实质性法律障碍，对此的事后补救办法一般最好是由股东用自有资金补足，或者采用减资的方法处理。

综上所述，很多公司在设立时不重视程序上依法设立，通常对于公司章程、注册资本、资产评估、代验资问题及法定代表人的任职资格等问题缺乏足够的重视，如我们审核过的绝大部分企业的公司章程都是从网上下载的，或者是直接在注册的工商局附近的代办公司购买的标准化的公司章程，殊不知公司章程作为公司的宪章，是公司设立和存续最重要的法律文件，其内容构成了公司架构及今后运作的核心内容，对公司的股东、董事、监事和高管有着直接的约束作用，是公司自律性的法律文件，其效力在很多任意性及授权性条款方面以及部分管理型强制性条款方面的效力甚至优先于公司法的相关规定。随着公司法的数次修改，赋予公司股东更大的自治权，而这些内容都必须通过公司章程体现出来，这也是将来股东、董事、监事及高管产生矛盾处理的依据，所以公司必须在成立之初就高度重视公司章程的制订及相关权利义务的平衡与合理配置。

（二）公司的历史沿革

公司的历史沿革，反映的是一个公司成长及历史发展的进程。自公司成立以后，由于存在各种情况的变化，包括主观的及客观的情况变化，需要对公司的有关要素进行相应的变更，如为了扩大市场、引进人才等需要增资扩股，需要引进新的股东，整合外部的战略资源为公司所用；公司办公地址的迁移与变更，公司经营范围、名称的变更等，都需要及时变更工商登记的相关信息，以向社会进行公示。为了验证公司的历史演变是否合法合规以及是否符合公司章程的要求，就需要对相关资料进行审核，对历史沿革的尽职调查如下。

1.调查目的

（1）历次增减资、股东变动的合法、合规性；

（2）股东用以出资的来源是否合法，权属是否清晰，特别关注是否来源于国有资产；

（3）股本总额、股东结构及实际控制人是否发生重大变动。

2.调查的主线

（1）目前的股权结构是怎样形成的；

（2）目前的主营业务及资产是如何形成的。

3.调查内容

主要内容包括以下几点。

（1）公司设立以来的变更情况，如地址、名称、股东、经营范围；

（2）公司成立以来股权结构的变化及增资扩股情况；

（3）公司成立以来主要发展阶段，及每一阶段变化发展的原因。

具体而言，对公司的历史沿革及其相关资料进行审核，具体内容包括：

（1）“三会”文件：公司在变更过程中是否按照《公司章程》召开过股东会，股东会召开是否按照章程规定提前通知全体股东，股东到会人数是否符合章程要求，表决程序是否合规，通过的决议是否过半数或超过2/3，是否存在法定无效的情形。

（2）政府批准文件、评估报告、审计报告、验资报告、股权转让协议等。

（3）重大股权变化：

①关注历次增减资、股东变动的合法、合规性；股本总额、股东结构和实际控制人是否发生重大变动。

②公司增资扩股过程中是否存在违法行为，有无因未考虑其他股东优先权而被撤销的情形；增资控股的股本若非现金是否经过资产评估，相关财产是否已过户到公司名下。

③历次股权转让的背景或原因，受让方资金来源（是否存在股东受让股权的资金直接或间接来自该公司的情形），转让的法律程序是否完备，是否存在纠纷或

潜在纠纷。

④新进入股东(尤其是自然人股东)的身份及背景,投资的合理性,新股东与该公司及其实际控制人、公司高管、相关中介机构的关系。

⑤转让价格或定价依据是否合法,是否属于关联交易或存在利益输送的情形。

⑥股权转让相关损益安排,股权转让款是否已实际支付,股权转让完成后公司股权架构及实际控制权的变化。

⑦股权转让涉及国资或集体企业资产的,应注意是否应履行国资或集体企业资产转让的程序,不规范的要取得省级国资委、省政府的确认。

⑧股权转让还应关注历次股权转让过程中纳税义务的履行情况,是否存在潜在税务风险。

⑨某些情况下还应说明该股权转让对公司财务结构、公司战略以及未来发展方向等方面的影响。

⑩在股权转让后是否相应修改了公司章程和股东名册中有关股东及其出资额的记载,是否履行了相应的工商登记信息变更手续;若未及时履行上述法定义务,可能面临公司股东和目标公司之间的潜在纠纷。

(4)重大资产变化。

①调查目的:判断重组行为是否导致尽调对象主营业务和经营性资产发生实质变更。

②调查内容:“三会”文件、重组协议文件、政府批准文件、审计报告、评估报告、中介机构专业意见、债权人同意债务转移的相关文件、重组相关的对价支付凭证和资产过户文件。

(5)公司变更完成后是否履行了相应的工商变更登记程序及相关文件。

4.调查方法

(1)查阅工商登记信息中关于变更的内容,重点关注历次股权变更时的验资报告和资产评估报告。

(2)访谈相关人员。

5.历史沿革合法合规的总体要求

根据《首次公开发行股票并上市管理办法》的规定,对历史沿革合法合规的总体要求为:

(1)股东历次出资到位,不存在虚假出资、委托持股、信托持股、职工持股会及工会持股的情形；

（2）股权清晰，主要股权没有重大权属纠纷；

（3）最近三年实际控制人没有发生变化；

（4）最近三年主营业务没有发生重大变化。

6.历史沿革调查中常见的疑难杂症

（1）实际控制人的认定及是否发生变更；

（2）发行前重组；

（3）频繁股权变动；

（4）股东历次出资的合法性问题；

（5）集体资产量化及集体资产转民营；

（6）国有资产转民营；

（7）工会持股、职工持股会、委托持股；

（8）其他问题如地方改制优惠政策、重要子公司的变动等。

由于历史的原因，长期以来企业对于设立及历史演变过程中的变更注重的是结果，对于是否依法依规设立及变更重视度不够，但是在涉及并购重组、IPO及挂牌新三板时管理部门对此高度重视，所以，作为尽调律师，应当根据有关规定仔细审核，发现问题后分门别类地予以整改，重新对公司的历史进行梳理，避免潜在的法律瑕疵影响以后的经济活动。

三、公司独立性

（一）公司独立性的概念及判断标准

根据《首次公开发行股票并上市管理办法》、《全国中小企业股份转让系统股票挂牌条件适用基本标准指引（试行）》以及其他相关法律法规的规定，企业上市或挂牌新三板的主要条件之一就是要求企业资产完整，业务及人员、财务、机构独立，具有完整的业务体系和直接面向市场独立经营的能力，与控股股东、实际控制人及其他关联企业间不存在同业竞争以及严重影响公司独立性或者显失公允的关联交易。

独立性问题主要分为两类：

1.对内独立性不够，这是由于改制不彻底造成的，表现为对主要股东的依赖，体现为关联交易、同业竞争、资金占用和资产独立性等问题；

2.对外独立性不够，主要表现为存在对主要客户、原材料、市场等对第三方的依赖。

根据《首次公开发行股票并上市管理办法》第15条至第20条的规定，企业上市或者挂牌新三板必须具有五个方面的“独立性”。

1.发行人的资产完整。生产型企业应当具备与生产经营有关的生产系统、辅助生产系统和配套设施，合法拥有与生产经营有关的土地、厂房、机器设备以及商标、专利、非专利技术的所有权或者使用权，具有独立的原料采购和产品销售系统；非生产型企业应当具备与经营有关的业务体系及相关资产。

2.发行人的人员独立。发行人的总经理、副总经理、财务负责人和董事会秘书等高级管理人员不得在控股股东、实际控制人及其控制的其他企业中担任除董事、监事以外的其他职务，不得在控股股东、实际控制人及其控制的其他企业领薪；发行人的财务人员不得在控股股东、实际控制人及其控制的其他企业中兼职。

3.发行人的财务独立。发行人应当建立独立的财务核算体系，能够独立作出财务决策，具有规范的财务会计制度和对分公司、子公司的财务管理制度；发行人不得与控股股东、实际控制人及其控制的其他企业共用银行账户。

4.发行人的机构独立。发行人应当建立健全内部经营管理机构，独立行使经营管理职权，与控股股东、实际控制人及其控制的其他企业间不得有机构混同的情形。

5.发行人的业务独立。发行人的业务应当独立于控股股东、实际控制人及其控制的其他企业，与控股股东、实际控制人及其控制的其他企业间不得有同业竞争或者显失公平的关联交易。

发行人在独立性方面不得有其他严重缺陷。

(1)发行人业务是否独立于股东单位及其他关联方。

(2)发行人的资产是否独立完整。

(3)如发行人属于生产经营企业，是否具有独立完整的供应、生产、销售系统。

(4)发行人的人员是否独立。

(5)发行人的机构是否独立。

(6)发行人的财务是否独立。

(7)概括说明发行人是否具有面向市场自主经营的能力。

(二)调查目的

对公司独立性调查的目的，就是了解、确认企业具备独立的自主经营能力，没有对股东、单一大客户及其他方面的依赖性，具备自主经营、自负盈亏、自我积累、自我发展的能力，能充分利用企业所有的生产要素持续地为社会提供产品和服务以获取营业收入及利润的能力。

(三)调查程序及内容

1.人员独立

(1)核查公司董事长是否由控股股东及其控股单位的法定代表人、有实质控制权单位的法定代表人、持股5%以上股东的法定代表人兼任。

(2)取得公司总经理、副总经理、财务负责人、营销负责人、董事会秘书、技术负责人等高级管理人员的工资发放表，确认其在公司处领取薪酬；根据董监事高管人员调查表，确认其不在公司与股东单位、关联企业中双重任职，并且不在与其所任职公司经营范围相同的企业或股东下属单位担任执行职务，特别是不得在控股股东、关联企业担任高管及财务负责人的职务并领取薪酬。

(3)取得各股东推荐董事候选人文件、董事会推举高级管理人员的文件或会议记录、股东大会关于董事监事选举的决议和记录、董事会关于高级管理人员任免的决议和记录，检查其会议召集及表决程序是否合法合规，以确认控股股东和政府部门不存在干预公司董事会、股东大会作出人事任免决定的情形。

(4)取得公司采购、销售、财务部门人员名单及工资发放表，确认其不存在兼职情况。

(5)通过查阅股东单位职工名册及劳务合同、公司工资明细表、公司福利费缴纳凭证、与管理层及职工面谈，取得高级管理人员的书面声明等方法，调查公司高级管理人员从公司关联企业领取报酬及其他情况，调查公司职工的劳动、人事、工资报酬以及相应的社会保障是否完全独立管理，判断其人员独立性。

调查文件包括但不限于：

①股东单位职工名册；

②公司总经理、副总经理、财务负责人、营销负责人、董事会秘书、技术负责

人等高级管理人员的工资发放表；

③董事、监事、高级管理人员调查表；

④各股东推选董事候选人的文件；

⑤董事会推举高级管理人员的文件或会议记录；

⑥股东大会关于董事监事选举的决议和记录；

⑦董事会关于高级管理人员任免的决议和记录；

⑧公司采购、销售、财务部门人员名单；

⑨公司采购、销售、财务部门人员的工资发放表。

2.机构独立

（1）确认公司的机构设置是否独立完整，特别是关键部门的设置是否合理、完备，如财务部门、技术部门、采购部门、销售部门及劳动人力资源部门等；

（2）取得公司生产经营场所和办公场所位置布局图，并实地观察生产和办公场所，确认与股东单位不存在混合经营、合署办公的情形；

（3）通过实地调查、查阅股东大会和董事会决议关于设立相关机构的记录、查阅各机构内部规章制度，了解公司的机构是否与控股股东完全分开且独立运作，是否完全拥有机构设置自主权等，判断其机构独立性。

调查文件包括但不限于：

①公司生产经营场所和办公场所位置布局图；

②对高管人员与职工的调查笔录。

3.业务独立

（1）检查公司采购、销售明细账，确认与关联方账务分离。

（2）检查公司与关联方是否存在供应、生产、销售方面的关联交易；若有，是否影响其业务独立性。

（3）通过查阅公司组织结构文件，结合公司的生产、采购和销售记录考察公司的产、供、销系统，分析公司是否具有完整的业务流程、独立的生产经营场所以及供应、销售部门和渠道，通过计算公司的关联采购额和关联销售额分别占公司当期采购总额和销售总额的比例，分析是否存在影响公司独立性的重大或频繁的关联交易，判断公司业务独立性。

调查文件包括但不限于：

①审查公司前五名（或前十名）对外采购合同、销售合同、借款合同、对外担

保合同、技术合同等，确认公司是否存在关联交易；

②审查公司对大客户的依赖程度，并要求公司说明具体原因。

4.财务独立

（1）取得公司财务会计人员安排和定岗定职文件，以确定公司财务人员的独立性；

（2）取得公司各项财务管理制度（包括对子公司、分公司的财务管理制度）和会计核算流程、核算体系，核查财务管理和风险控制等内部管理制度的建立健全情况，确定其独立完整性；

（3）分别取得公司与控股股东的银行开户资料，以及上述账户的银行对账单，确认公司不存在与控股股东共用银行账户的情况；

（4）检查控股股东的财务公司或结算中心账户，检查公司与控股股东的往来账项，确认公司是否将资金存入上述账户；

（5）取得公司的税务登记证明（已与营业执照三证合一）、纳税登记表及税收转账专用完税凭证或税收缴款书，并确认其是否独立纳税；

（6）检查公司财务决策程序，并与公司管理层及财务人员和审计师沟通（口头交流），调查是否存在控股股东干预公司资金使用情况。

调查文件包括但不限于：

①公司的财务会计人员安排与定岗定职文件；

②公司财务会计制度与会计核算流程的说明；

③董事会通过的《关于制定公司财务管理制度等有关内部控制制度的议案》；

④公司与控股股东的银行开户证明；

⑤上述账户的银行对账单；

⑥公司与控股股东的往来账项；

⑦公司的基本存款账户；

⑧《税务登记证明》；

⑨纳税凭证；

⑩原始财务报表；

⑪向公司财务人员、审计师的调查笔录；

⑫关联方占用资金、资产及其他资源调查表。

5.资产完整

（1）检查公司的资产权属是否明晰（土地、房产、主要生产设备等），是否独立于控股股东及其关联方，改制过程中无形资产、固定资产的处置是否独立完整；通过查阅房产证、土地使用权证等权属证明文件，了解公司的房产、土地使用权、专利与非专利技术及其他无形资产的权属情况。

（2）要求公司填报控股股东、关联方占用资金、资产及其他资源调查表，并提供相关证明文件。

（3）取得公司开户银行资金往来明细账，关注公司的大额资金去向，是否存在与控股股东及其关联方的资金往来，其资金往来性质如何，确认是否存在控股股东占用公司资金情况及其归还情况。

（4）通过查阅相关会议记录、资产产权转移合同、资产交接手续和购货合同及发票，确定公司固定资产权属情况；关注金额较大、期限较长的其他应收及应付账款、预收及预付账款产生的原因及交易记录、资金流向等；判断公司资产独立性。

（5）通过向审计师、会计师了解等方法，调查公司最近两年内是否存在资产、资金及其他资源被控股股东、实际控制人及其控制的其他企业占用，或者为控股股东、实际控制人及其控制的其他企业提供担保的情形；调查公司为防止股东及关联方资金占用或者转移公司资金、资产及其他资源的行为所采取的措施和相应的制度安排；对不存在以上情形的，应取得公司的说明，必要时可根据情况要求会计师出具专项说明，并根据调查结果判断公司资产独立性。

通过对以上资料、信息的详细调查与审核，确认公司在五个独立性方面不存在明显的瑕疵与问题，从而保证公司是独立经营的主体，具有独立面向市场的经营能力，否则，应对相关的问题进行整改，以确保符合IPO或新三板挂牌的实质要求。

四、公司股权结构与控股股东、实际控制人

（一）关于股权结构

股权结构是指公司总股本中，不同性质的股份所占的比例及其相互关系。股权结构是公司治理结构的基础，公司治理结构则是股权结构的具体运行形式。不

同的股权结构决定了不同的企业组织结构，从而决定了不同的企业治理结构，最终决定了企业的行为和绩效。股权即股票持有者所具有的与其拥有的股票比例相应的权益及承担一定责任的权力。基于股东地位而可对公司主张的权利，是股权，即根据《公司法》第4条之规定“公司股东对公司依法享有资产收益、参与重大决策和选择管理者等权利”。企业具有什么样的股权结构对企业的类型、发展以及组织结构的形成都具有重大的意义。因此企业家应当考虑在股权结构中各个组成部分的变动趋势。

随着社会环境和科学技术发生变化，企业股权结构也会相应地发生变化。由此，股权结构是一个动态的可塑结构。股权结构的动态变化会导致企业组织结构、经营走向及管理方式的变化，所以，企业实际上是一个动态的、具有弹性的柔性经营组织。

股权结构的形成决定了企业的类型。股权结构中资本、自然资源、技术和知识、市场、管理经验等所占的比重受到科学技术发展和经济全球化的冲击。随着全球网络的形成和大量新型企业的出现，技术和知识在企业股权结构中所占的比重越来越大。社会的发展最终会由“资本雇佣劳动”走向“劳动雇佣资本”“知识雇用资本”。人力资本在企业中以其独特的身份享有经营成果，与资本拥有者共享剩余索取权，这就是科技力量的巨大威力，它使知识资本成为决定企业命运的最重要的资本。

企业股权结构的这种变化反映出这样一个问题：在所有的股权资源中最稀缺、最不容易获得的股权资源必然是在企业中占统治地位的资源。企业的利益分享模式和组织结构模式必须由企业中占统治地位的资源来决定。

股权结构是可以变动的，但变动的内在动力是科学技术的发展和生产方式的转变，选择适合企业发展的股权结构对企业来说具有深远的意义。

从尽职调查的角度来看，对公司股权结构的调查主要是需要了解以下信息：

1.公司的股权构成比例，其中自然人、法人、国资及外国人所占的比例。

2.公司股权的组成形式，其中货币、土地、厂房、无形资产分别占有多少比例。

3.公司股权结构中控股股东占股比例，公司高管、核心技术人才及管理人才占股比例。

4.是否存在公务员、现役军人、高校负责人持股的情况，是否存在上述人员和其他自然人、法人在公司中委托他人代持股的情况及其比例；是否存在违法的代持股行为，如借代持股突破《外商投资产业指导目录》的限制性、禁止性规定的情况。

5.是否存在职工持股会、信托持股、工会持股及其他社团持股的情况等。

6.是否存在其他投资方如私募基金、产业基金等的投资。

（二）股东资格问题

股东的资格问题，涉及公司股权的合法性及稳定性问题，主要通过审阅。

以下材料了解与把握：

1.公司章程；

2.验资报告；

3.股东名册；

4.关于股东背景的情况说明（说明个人股东是否为中共党员，是否为公务员、国有企业领导干部及负责人，是否为国有企业职工，是否为证券公司从业人员、是否为一人公司股东、机构股东，是否为外商投资企业、金融企业、信托公司、融资性租赁公司等，视情况而定）；

5.自然人股东居民身份证、护照或其他合法证件；自然人股东的个人征信报告；

6.中方法人股东的《企业法人营业执照》、《社团法人登记证》（如存在）；

7.外国法人股东的审阅注册证书及对注册证书的公证认证文件（如适用）；

8.关于股权是否存在的股权质押情况的说明，如存在股权质押的，审阅：

（1）关于股权质押情况的简要说明（主要说明股权质押的发生原因、各方为股权质押签署的协议或文件及其履行状况）；

（2）股权质押所担保的主债权文件；

（3）股权质押协议；

（4）记载股权质押的股东名册；

（5）股权质押的工商登记文件（如有）；

（6）其他与股权质押有关的任何文件。

9.关于公司是否存在集资入股情况的说明，如有此类情况，审阅：

（1）关于集资入股情况的简要说明；

（2）有关集资入股所取得的政府批准文件；

(3)参与集资人的人员名册;

(4)集资金额明细;

(5)关于集资用途的书面说明;

(6)其他与集资有关的任何文件。

对于集资入股的问题,要从其合法性方面审查有限责任公司是否股东数突破50人,股份有限公司股东数是否突破200人,是否存在非法吸收公众存款甚至是集资诈骗的问题。

10.关于公司股东是否存在代持股/信托的说明,如有此类情况,审阅:

(1)有关代持股/信托情况的简要说明(主要说明代持股/信托的发生原因、各方为代持股/信托签署的协议或文件及其履行情况);

(2)代持股协议/信托协议和其他履行证明文件;

(3)可转换债募集说明书;

(4)关于可转换债券持有人情况的说明。

(三)关于控股股东、实际控制人

根据《公司法》第265条的规定,“控股股东,是指其出资额占有限责任公司资本总额超过百分之五十或者其持有的股份占股份有限公司股本总额超过百分之五十以上的股东;出资额或者持有股份的比例虽然低于百分之五十,但依其出资额或者持有的股份所享有的表决权已足以对股东会的决议产生重大影响的股东”。

“实际控制人,是指通过投资关系、协议或者其他安排,能够实际支配公司行为的人。”

综上所述,实际控制人可以是公司的控股股东,也可以不是,简言之,实际控制人就是实际控制公司的自然人、法人或其他组织。对公司的实际控制的表现为对股东会、董事会的决议施加重大影响,决定公司经营政策、经营方向和经营行为,控制公司的财务和人事任免等重大事项。

关于公司实际控制人情况的说明,如有实际控制人的,须审阅:

(1)实际控制人与公司之间构成控制关系的结构图;

(2)实际控制人之间签署的一致行动协议(如有);

(3)其他证明实际控制人对公司行政控制关系的法律文件;

(4)其他对股东行使股东权益具有约束性的情况说明及其相关法律文件;

（5）访谈调查笔录和其他有关文件。

由于控股股东、实际控制人对公司具有决定性的影响和作用，因此，对于其的尽职调查还应当扩展至个人的一些情况，以便更好、更全面地对其作出适当的判断，如在企业并购、发债及IPO等业务中，建议进一步了解控股股东、实际控制人的如下基本情况：

（1）个人征信报告（银行）；

（2）涉讼情况，如曾经的涉讼情况、案件结果及执行情况、当前的涉讼情况等；

（3）有无犯罪记录，是否受过证监会的相关处罚等；

（4）个人的性格特征、行为风格等。

（四）新三板案例

【案例】股东签署一致行动协议（芒冠光电 430681）

1.经本所律师核查，赵某某、马某某及孙某为芒冠光电实际控制人，三人现共持有公司4，333，343股股份，占公司股份总额的61.9049%。

2.公司实际控制人的认定依据

（1）根据公司提供的资料以及本所律师核查，自芒冠光电成立之日起，赵某某、马某某及孙某合计持有公司股权比例在50%以上。对于公司的财务、经营政策及人事任免等重大决策事项，三人均在事前通过协商达成一致意见，再在股东会或股东大会行使相关权利。三人股东在历次股东会及股东大会上的表决均保持一致。

（2）赵某某、马某某及孙某能够对董事会的决策和公司经营活动产生重大影响。自芒冠光电成立之日起，赵某某一直担任芒冠光电执行董事兼总经理，孙某任芒冠光电监事。股份有限公司成立后，赵某某继续担任芒冠光电董事长兼总经理，马某某、孙某任芒冠光电董事，三人能够对公司董事会的决策和公司经营活动产生重大影响。

（3）股份有限公司成立后，三人签署了《一致行动协议》，对共同控制公司的情形进行了进一步明确。协议约定，自协议生效之日起，在公司股东会决定公司经营方针和投资计划、选举和更换非职工代表担任的董事、监事等重大事项进行表决时，各方必须保持投票的一致性；并对行使表决权的程序和方式做了约定；任何一方如将其持有的公司的全部或部分股权对外转让时，以受让方同意按照该一致行动协议的条款和条件重新签署一致行动协议作为前提条件。

综上，本所律师认为，公司实际控制人为赵某某、马某某及孙某。

【案例】无实际控制人（菱博电子 430637）

公司既未认定控股股东又未认定实际控制人。请公司补充说明股东参与公司经营管理的情况，公司历史沿革中是否存在控股股东、实际控制人；公司未认定控股股东又未认定实际控制人依据是否充分、合法。

公司在历史沿革中2008年1月至4月，股东张某某曾持有公司60%股权，为公司控股股东，从2008年4月公司引进新股东后，不存在任何一名股东持有公司50%以上股权。截至本补充法律意见书出具之日，公司前两大股东倬影数码和张某某分别持有公司32.5%和28.37%的股份，其余自然人股东均不超过7%，但律师注意到，倬影数码的实际控制人为黄某某，持有公司5%股份的股东朱某某系黄某某的侄女，出于审慎原则考虑，即使把二者视为可能的一致行动人，该2名股东合计持有公司37.5%的股份，仍未达到50%以上。根据公司各股东的承诺，公司19名股东之间不存在一致行动协议或类似安排。

除自然人股东黄某不实际参与公司经营管理外，其他股东均系公司董事、监事、高级管理人员或者公司职工，直接参与公司经营活动或通过股东大会、董事会对公司经营管理进行决策。

综上所述，菱博电子不存在占公司股本总额50%以上的股东；公司第一大股东倬影数码持股32.5%，朱某某持股5%，但由于前两大股东持股比例相近（第二大股东张某某持股28.27%），公司任何单一股东所持有的公司股份均无法控制股东大会或对股东大会决议产生决定性影响，公司的重大事项通过民主决策的方式进行。

（五）认定控股股东、实际控制人的目的和意义

通过对企业的尽职调查，首先要了解公司是否存在控股股东、实际控制人；其次，如果不存在控股股东、实际控制人，则要了解公司经营中重大决策是如何完成的，是否存在障碍，是否存在股东僵局，是否会对公司的持续经营能力产生影响。

实际控制人的存在，决定了企业的经营方向和重大事项由谁决定的问题，同时，实际控制人的稳定，也关乎企业经营的稳定性，在IPO企业中显得尤为重要，按照《首次公开发行股票并上市管理办法》第12条的规定，“发行人最近 3 年内主

营业务和董事、高级管理人员没有发生重大变化，实际控制人没有发生变更”。可见，最近3年内实际控制人没有发生变更是上市的必备条件之一。

相对来说，新三板挂牌则要宽松得多，允许企业在2年的报告期内实际控制人发生变更，甚至是无实际控制人，但需要对实际控制人发生变更的原因、变动情况以及是否会影响公司的持续经营能力进行详细的说明。

五、业务、质量、技术及商业模式

公司的业务、质量和技术，是一个企业最核心的东西，是企业赖以生存和发展的基础，所以也是尽职调查的核心内容。

关注企业的业务、质量和技术，目的是准确了解企业所提供的产品和服务是否有市场，质量是否符合市场及采购方的要求，技术是否先进及符合市场的需要，是否构成企业的核心竞争力而不可替代，或者企业在技术方面有自己专有技术及独特的优势，后续是否还存在较大的发展空间等。更深层次的目的是要了解企业是否确立了一个成熟的为市场所接受的商业模式，并因此而产生一定数额的销售额以及稳定的现金流，公司确定的盈利模式是怎样的，以及以上这些模式是否具有可持续的成长性。

新三板挂牌有很多具体的要求，但其核心问题是通过尽职调查确认企业未来是否具有持续经营能力及可持续的成长性，所有关注的内容都是围绕这个主题展开的。

通过查阅公司业务制度、实地考察企业经营过程涉及的业务环节、对主要供应商和客户访谈等方法，结合公司行业特点，了解公司关键业务流程。包括但不限于：

1.供应链及其管理，公司对供应商的依赖程度及存在的经营风险；

2.主要产品的生产流程或服务流程、生产工艺、质量控制、安全生产等；

3.营销体系，包括销售方式、是否有排他性销售协议等壁垒、市场推广计划、客户管理，公司对客户的依赖程度及存在的风险；

4.公司研发能力及研发投入情况，产品的研发和质量控制体系；核心产品或服务的研发流程、周期以及更新换代计划；

5.根据产业链分工情况，调查公司是否将营运环节交给利益相关者，如有，阐明其合作关系或商业联盟关系以及风险利益分配机制及分配方案；

6.重要资本投资项目（如规模化生产、重要设备投资等）的投资流程，包括投资决策机制、可行性和投资回报分析等；

7.其他体现所处行业或业态特征的业务环节。

具体又可以分为以下几个方面。

（一）业务总体情况

1.公司对目前从事的主要业务的具体说明，包括：

（1）公司所经营的业务种类；公司成立以来业务类型、种类、发展情况、生产能力、盈利能力、销售收入、产品结构的主要变化情况；

（2）各业务在公司盈利中所占比例；

（3）公司的业务流程；

（4）公司所从事的主要业务的主管部门或行业协会（包括地方主管部门和国家主管部门）；

（5）公司是否存在超出核准经营范围经营的情况，如有，请详细说明。

2.载明公司经营业务所需的所有资质（包括但不限于资格、登记、备案、许可、特许经营、同意或其他形式的批准）的清单及对应的文件（包括证书和年检记录情况、年费缴纳情况），该等资质是否存在被吊销、撤销或不被延长情形的书面说明。

3.公司所拥有的特许经营权清单及其相对应的特许经营协议。

4.与公司目前所从事的业务、所进行的项目、项目审批的权限和具体运作等方面相关的特殊政策、行业规定文件。

5.公司持有的全部证照，包括公司最新的营业执照正副本（已与税务登记证、组织机构代码证三证合一）、银行开户许可证；经营及业务资质证书，如特定行业准入证书；荣誉证书；省级或国家级高新技术企业认定证书、高新技术产品认定证书、国家重点新产品证书等；政府批准文件、许可批文等。这些都是企业正常生产经营所必需的法律文件，也是行业门槛和企业跟其他同类企业、其他企业相比的竞争优势，构成了企业生产及经营资质的特定内容和许可，也是企业未来成长性的保证。

6.与进出口经营权有关批文、进出口业务有关文件包括但不限于进出口业务合同、代理商名称及其签订的合同（如有）。

7.详细说明公司采用的主要商业模式、销售模式、盈利模式。

8.关于公司的销售情况的有关文件，包括：

（1）公司关于按照产品分类的销售模式的说明；

（2）按产品分类的物流模式的说明及其证明文件；

（3）按产品分类的资金流模式的说明及其证明文件；

（4）按产品分类的订单模式的说明及其证明文件；

（5）按产品分类的发票模式的说明及其证明文件。

9.公司关于主要材料的说明：

（1）原料名称、类别、规格；

（2）按材料和类别所需供应商名单（前十名），分别占采购额的百分比，公司对该等材料供应商是否具有依赖性的说明；

（3）按照原材料分类，供应量居前十位供应商的合同及其履行情况的说明；

（4）公司的原材料是否需进口环节纳税情况的说明，如有，需抽查进口合同、报关纳税文件的样本。

10.关于生产流程的有关文件，包括：

（1）公司的主要生产设备供应商清单，前十位供应商的合同及是否正常履行的说明；

（2）公司关于对主要设备供应商是否具有依赖性的说明；

（3）公司生产过程中使用的水、电、热、气合同及履行情况说明。

11.如公司对主要客户、供应商存在依赖性或该等客户、供应商存在高度集中情况的，请公司提供对以下事项的说明文件：

（1）存在依赖或高度集中情况的产品类别；

（2）相关营业额、现金流、利润额及所占公司同类数据的比例；

（3）公司在同等条件下寻找类似客户、供应商的可能性。

12.公司出具的关于未来运营模式变化说明及其相关证明文件。

13.审计报告。

14.访谈调查笔录和其他有关文件。

（二）供应

1.公司所需的主要原材料种类及其他辅料，包括用途及在原材料需求中的比重，所需能源动力及其供求关系；公司主要原材料、所需能源动力价格变动对生产成本的影响。

2.公司主要原材料向供应商的采购情况（包括材料名称、年需求量、年采购金额、主要供应商、供应比例和付款方式）。

3.上述原材料主要供应商的情况，公司有无与有关供应商签订长期供货合同；若有，请说明合同的主要条款。

4.请列出各供应商所提供的原材料在公司总采购中所占的比例。

5.公司主要外协厂商名单及基本情况，外协部件明细，外协模具明细及分布情况，各外协件价格及供货周期，外协厂商资质认证情况。

6.公司有无进口原材料；若有，该进口原材料的比重，国家对进口该原材料有无政策上的限制及管制。

7.公司与原材料供应商交易的结算方式、有无信用交易。

8.公司对主要能源的消耗情况。

（三）业务和产品

1.公司所从事的主要业务及业务描述，各业务在整个业务收入中的重要性及占比；

2.该业务的发展前景；

3.公司主要产品（服务）的毛利率，与同类公司数据比较，在成本方面的竞争优势或劣势；

4.主要业务近年来增长情况，包括销量、收入、市场份额、销售价格走势，各类产品在公司销售收入及利润中各自的比重及未来发展趋势；

5.公司产品系列，产品零部件构成细分及明细；

6.公司产品结构，分类介绍公司所生产主要产品情况和近年来销售情况，产品需求状况；

7.上述产品的产品质量、技术含量、功能和用途、应用的主要技术、技术性能指标、产品的竞争力等情况，针对的特定消费群体；

8.公司质量管理的组织设置、质量控制制度及实施情况；

9.上述产品所获得的主要奖励和荣誉称号；

10.公司在提高产品质量、提升产品档次、增强产品竞争力等方面已经或将采取哪些措施；

11.公司新产品开发情况。

（四）销售情况

1.简述公司产品国内外销售市场开拓及销售网络的建立历程。

2.公司产品的主要销售区域、销售对象、采用的销售模式及销售网络分布情况。

3.公司采取的产品定价策略，产品销售价格的变动情况。

4.公司主要产品销售明细。

5.企业位列前十位的采购商名单、采购的材料及产品、所占比例、稳定情况；主要客户在公司销售总额中的比重；对单一客户的依赖情况；主要客户来源及状况分析：公司主要客户的地域分布状况。

6.公司扩大销售的主要措施和营销手段；公司销售策略，包括广告策略；定价策略；销售手段、销售人员；激励措施；销售地域；销售管理及销售网络分布情况。

7.公司是否有长期固定价格销售合同；公司销售合同履约情况，是否存在违约，给公司造成的损失情况。

8.公司为消费者提供哪些售后服务，具体怎样安排，消费者反馈情况及评价。

9.公司最近几年产品返修率、客户诉讼和产品质量纠纷等方面情况统计。

10.销售人员的结构情况，包括人数、学历、资历、工作经验、分工等。

11.公司对销售人员的主要激励措施。

12.公司的广告策略如何，广告的主要媒体及在每一媒体上广告费用支出比例，公司每年广告费用总支出数额及增长情况，广告费用总支出占公司费用总支出的比例。

13.请列出公司在国内外市场上主要竞争对手名单及主要竞争对手主要资料，公司和主要竞争对手在国内外市场上各自所占的市场比例。

14.公司的赊销期限一般多长，赊销部分占销售总额的比例多大；历史上是否发生过坏账，每年实际坏账金额占应收账款的比例如何；主要赊销客户的情况及信誉。

15.公司产品国内外销售比例，外销主要国家和地区分布结构及比例。

16.公司是否拥有进出口权；若无，公司主要委托哪家外贸公司代理，该外贸公司主要情况介绍。

（五）技术、研究与开发

1.公司现在所使用技术和生产工艺的先进程度、成熟程度、特点、性能和优势；公司生产工艺、技术在行业中的领先程度，公司主要产品的设计生产能力和历年产量。

2.公司研究机构的情况，包括成立的时间、研究开发实力、已经取得的研究开发成果以及主要研究设备、研究开发手段、研究开发程序、研究开发组织管理结构等情况。

3.公司技术开发人员的结构、工程师和主要技术开发人员的简历。

4.与公司合作的主要研究开发机构名单及合作开发情况；合作单位主要情况介绍。

5.公司自主拥有的主要专利技术、自主知识产权、专利情况，包括名称、用途、应用情况、获奖情况及年费缴纳情况。

6.公司每年投入的研究开发费用及占公司营业收入比例。

7.公司正在研究开发的新技术及新产品有哪些，新产品的开发周期，未来计划研究开发的新技术和新产品。

8.公司采取的是何种技术标准，如国家标准、行业标准还是企业标准，公司的企业标准与国家标准之间的对照与区别，公司是否参与制定了国家标准与行业标准或者对之产生过什么样的影响等。

（六）商业模式

商业模式（business model），是指公司如何使用其拥有的关键资源、核心要素，通过有效的业务流程形成一个完整的运行系统，并通过这一运行系统向客户提供产品或服务，满足客户需求并向客户提供价值，从而获得收入、利润和现金流。

早在20世纪50年代就有人提出了“商业模式”的概念，但直到40年后的90年代才开始被广泛使用和传播。在分析商业模式过程中，主要关注企业在市场中与用户、供应商、其他合作方的关系，尤其是彼此间的物流、信息流和资金流。有一个好的商业模式成功就有了一半的保证，简单地讲商业模式就是一个企业或公司是以什么样的方式来盈利和赚钱的，构成赚钱的这些服务和产品的整个体系被称为商业模式。换言之，商业模式是企业进行赖以生存的业务活动的方法、体系，决定了企业在价值链中的位置。

商业模式是一种包含了一系列要素及其关系的概念性工具，用以阐明某个特定实体的商业逻辑。它描述了公司所能为客户提供的价值以及公司的内部结构、合作伙伴网络和关系资本（relationship capital）等用以实现（创造、推销和交付）这一价值并产生可持续盈利收入的要素。

关注企业的商业模式，就是关注企业持续经营能力一个重要方面。

（七）关于互联网、移动互联网与商业模式

随着互联网的发展与应用，企业的商业模式也发生了很大的变化，产生很多与传统产业差异很大甚至是截然不同的商业模式，颠覆了人们以往对于商业模式的理解，特别是随着手机的大量普及，移动互联网以其方便快捷及随时随地的上网模式催生了更多新的商业模式。

百度提出了要连接人和技术，阿里巴巴提出要连接人和商品，而腾讯则提出连接一切的概念。其实互联网的本质就是连接，通过互联网把很多的信息孤岛连接起来，特别是苹果开创移动互联网时代以后，互联网链接的移动终端是PC端的几倍，连接的终端多了，智慧就产生了，商业价值和商业机遇也产生了，很多新的商业模式也就诞生了。譬如Airbnb现在的估值200亿美元，它其实就是由两个很年轻的好朋友，他们在旧金山因为找不到酒店，就创立了Airbnb。以前你要到外边去旅游，或者是商务旅行的话，只能住酒店，现在你可以选择住在人的家里，这种舒适度和方便程度是原来的酒店无法比拟的。另外Uber现在已经进入中国了，它的估值已经是400亿美元了。中国类似的企业有大家熟悉的“滴滴打车”。这在PC时代是不可能有滴滴打车的商业模式的，因为出租车是流动的，人也是流动的，没有移动终端，是无法把两个动态的东西连接在一起的。所以互联网的这种连接一切的特性，催生了一个新的商业模式，我们把它叫作连接型企业。

腾讯是连接方，连接移动设备。滴滴打车是连接出租车和打车人的，阿里是连接消费者和商家的，乐视是通过电视终端连接影视剧制作和观众的，全通教育是连接学生和教师的，东方财富网是连接股民和机构的。所有企业都要具备连接一切的互联网思维，适应移动互联网带来的商业模式的改变，否则即使是互联网公司都会被淘汰。只要你的商业模式不能创新，你就落后了，百度和腾讯让互联

网从门户变成搜索和社交，为什么腾讯能够从2004年上市一直到今天，整个市值增长了100倍，就是因为其实它抓住了网络的最本质的特点，就是连接，连接人、连接信息、连接服务。

移动互联网对于传统企业的颠覆更超越了人们的想象。目前移动互联网有App增值、行业定制、电商、广告和个性化定制五种主要商业模式。随着移动互联网产业链的逐步完善，新的商业模式不断被创造出来，为此，也要求律师在对企业的商业模式进行尽职调查时应与时俱进，充分了解该商业模式的本质、特点、运行方式以及由此产生的盈利模式等，更好地把握企业商业模式的内在价值、成长性及未来可能的市场风险、法律风险。

六、公司财务和内部控制制度

财务制度就是企业的神经系统。财务情况，是一个企业经营业绩的具体和集中的反映，也是尽职调查关注的重点，涉及IPO或者新三板挂牌的话一般应当由持有证券资格的会计师事务所完成，尽调律师应当对涉及财务的合法性问题及财务报告的结论性意见予以一定的关注。

俗称“财务三张表”，就是通常所说的：资产负债表、利润表和现金流量表。“三张表”是一个企业财务管理和动态的缩影。

（一）资产负债表

《资产负债表》反映企业的资产、负债和所有者权益。

1.查看注册资本的情况及企业的成长性

首先查看所有者权益。查看“实收资本”数额，将其与企业注册资本数额相比较，检验注册资本是否到位。

用“所有者权益”合计（净资产）除以“实收资本”，再用该“商数”除以企业自注册成立至今的“累计年份”得出净资产的年平均增长率进行分析。而且注意“资本公积”的数额，若过大，将进一步了解其构成。防止企业在不具备法定资产评估条件的情况下，通过虚假评估来虚增“净资产”，借此来调整“资产负债率”，蒙骗债权人或潜在债权人。

“实收资本”是企业承担有限责任的根本保证，也是企业各类债权人高度重视的。所以，中介机构出具的《年度报表审计报告》一般都将“实收资本”的情况首先予以反映和评价。

2.查看企业资产的管理情况

对企业所有资产的管理是否安全和完整，各项管理制度是否健全，特别是《内部会计控制规范——基本规范》以及相关具体规范，内部控制的设计是否合理，执行是否有效等情况进行核实。

3.查看企业资产负债率和各项流动性比率了解企业对各类债权人利益的保障程度

用“负债合计数”除以“资产总额”求出“资产负债率”，可以了解到企业对长期债权人利益的保障程度，该比率越大，表明长期债权人的风险越大。

（二）利润表

《利润表》反映企业的生成经营规模和实现利润的情况。剖析利润表中各相关项目之间的内在钩稽关系，获取有用的决策信息采用结构百分比法分析相关项目之间的钩稽关系，获取企业大量的有用信息。

1.通过比较“主营业务利润”与“主营业务收入”，可以了解企业主营业务的毛利率，借此了解企业的产品或劳务的技术含量和市场竞争力。

2.通过比较“主营业务利润”与“其他业务利润”，可以了解企业的主营业务是否突出，并借此对企业未来获利能力的稳定性作出相应的判断。

3.通过比较“营业费用、管理费用、财务费用”与“主营业务利润”，则可分别了解企业销售部门、管理部门的工作效率以及企业融资业务的合理性。

再通过同类企业之间的横向比较及企业前后会计期间的纵向比较，进一步挖掘企业降低“营业费用、管理费用、财务费用”的潜力，提高其工作效率，并对企业的融资行为作出审慎的安排。

4.通过比较“营业利润、投资收益、补贴收入、营业外收入、营业外支出”与“利润总额”，可以对企业获利能力的稳定性及可靠性作出基本的判断。特别是“投资收益”反映的是建立在资本运营前提下的投资回报，占企业实现利润的比例越大说明企业的主营业务获利能力越差。只有企业的“营业利润”占“利润总额”的比重较大时，企业的获利能力才较稳定、可靠。

有些上市公司为了精心维护、营造“壳资源”，通过政府补贴或关联交易的方式提高上市公司的利润水平，以确保上市公司的配股及融资能力，不断从证券市场募集资金，通过这些方式来增强上市公司的利润水平。由于这样做必定是不稳定、不可靠的。对此，企业股东或潜在股东都是相当关注的。所以，审计人员在审计时特别注意审核企业是否存在这种情况，特别关注“非经常性损益”，注意查看“补贴收入、营业外收入、营业外支出”及会计报表附注等方面的资料。

（三）现金流量表

现金流量对企业至关重要，它是企业运行顺畅、获取竞争力的根本保证。《现金流量表》反映企业现金来源、现金使用和现金库存的情况。

1.现金流量净增加值

该指标表明本会计年度现金流入与流出的相抵结果。

正数表明本期流入大于流出，负数表明现金流出大于流入。正数表明现金流量状况在改善。

2.经营活动产生的现金流量净额

该指标表明企业经营活动获取现金流量的能力。

在正常情况下企业的现金流入量主要依靠经营活动来获取。通过该指标与“净利润”指标相比较，可以了解企业净利润的现金含量，而净利润的现金含量则是企业市场竞争力的根本体现。如果企业的净利润大大高于“经营活动产生的现金流量净额”则说明企业利润的含金量不高，存在大量的赊销行为以及未来的应收账款收账风险，同时某种程度上存在利润操纵之嫌。在了解该指标的过程中，审计人员还可以了解企业相关税、费的缴纳情况。

3.投资活动产生的现金流量净额

该指标反映企业固定资产投资及权益性、债权性投资业务的现金流量情况。其现金流出会“对企业未来的市场竞争力产生影响”，其数额较大时，审计人员会特别关注，他们对企业相关的投资行为的可行性将做相应的了解和评估。

4.筹资活动产生的现金流量净额

该指标一般反映企业从银行及证券市场筹资的能力。

在该指标形成的过程中，会反映企业偿还银行借款本、息及支付股利的现金流出情况，而这正是企业筹资信誉的根本体现。当本期的该类现金流入量过大时，往往会对以后会计期间的现金流量及资金成本产生一定的压力。对此，审计人员特别关注企业的筹资目的及履行情况。如果本期借入的银行借款大部分用来偿还银行借款本、息，则说明企业前期银行借款使用效益不佳，存在"倒贷"现象。对此，审计报告将提出改进企业资金管理的建议。

5.现金流量表附注

现金流量表附注名为"附注"，但其所提供的信息却非常重要，通过该部分相关项目与其他报表相关项目之间的核对，可以对企业所制定的固定资产折旧、无形资产摊销、坏账准备的计提、待摊费用的摊销等会计政策的执行情况做出相应的推断、对企业会计核算及会计信息披露的质量作出相应的判断。同时，通过观察"处置固定资产、无形资产和其他资产的损失（减收益）项目，来了解企业的非正常损益的发生情况及其对企业利润水平的影响。而通过比较"投资损失（收益）"与主表中"分得股利或利润所收到的现金"、"取得债券利息收入所收到的现金"，可对企业投资收益的现金含量做出分析和判断。

通过以上对企业"财务三张表"的仔细审阅与解读，可以对企业经营情况有直接和概括的了解，另外，除了"财务三张表"以外，还需对以下具体内容进行尽职调查：

（1）业务收入情况、成本结构及其变动情况和变动原因，分析资产的毛利率及其变动趋势和变动原因、分析公司的现金流情况、利润来源及其构成等；

（2）公司主营业务成本构成情况，主营业务收入占总收入的比例，公司管理费用构成情况；

（3）最近三年公司的审计报告，公司近三年来独立审计师就财务管理制度、会计制度、外汇支出及其他有关公司或子公司重大财务问题的信函，以及公司相应的回复（如有）；

（4）公司最近三年会计政策的变化及原因（如有）；公司销售费用构成情况；

（5）公司主要支出的构成情况；

（6）公司前三年应收账款周转率、存货周转率、流动比率、速动比率、净资产收益率、毛利率、资产负债比率等财务指标；

（7）公司前三年资产负债表、利润及利润分配表、损益表及现金流量表；

（8）公司的重大资产（包括主要生产设备、机器设备、办公设备、备品、备件、主要运输工具、存款等）的清单，内容应包括：所有权人、取得方式、使用地点、设备原值、已用年限、累计折旧、设备净值，该等重大资产的购买合同及付款发票，权属登记证明文件；

（9）公司的设备簿中，处于海关监管状态的设备清单、购买合同、付款凭证、纳税及减免税收凭证等；

（10）公司拥有的其他重要资产的证明文件；

（11）公司拥有的非经营性资产的种类、数量、剥离计划；

（12）公司以融资租赁、回租赁、分期付款等方式取得的重大资产清单及其相关合同；

（13）公司因租赁（或者无偿占用）取得的重大资产清单、租赁（无偿占用）合同及有关履行情况说明；

（14）列载于公司财务记录上但因特殊原因（如出租、出借、出质、留置、被查封、冻结、扣押或者采取其他强制措施等）不在公司掌握和控制范围内的资产清单及其相关文件；

（15）债权人和债务人名单，及相关的债券、债权数量清单、债权、债务合同或者证明发生债务关系的其他文件；

（16）关于公司是否存在拖欠任何情况下应偿还的债务，或者被拖欠任何无法收回的债务的情况说明，及相关文件；

（17）公司接受债务人担保/反担保的有关的法律文件，包括抵押、质押或其他担保清单，有关设置任何抵押权、质权或其他担保权的任何协议，及其相应的公证、登记证明，提供担保方的章程、与签订担保合同有关的内部授权审批决议、审计报告和其他相关文件；

（18）公司出具的关于记载于其财务账簿和财务记录上以外应承担的其他重大责任或债务的说明及其相关文件；

（19）对公司未来主要收入和支出的有重大影响的因素；

（20）公司执行的各种税率情况。

但需要注意的是，作为尽调律师，我们建议应该能够读懂“财务三张表”，并在读懂的基础上引用其结论性意见，并且在引用的同时明确声明：涉及财务、审计方面的数据、信息，律师依赖专业机构作出的报告和专业结论，律师只是引用，并不对此承担法律责任。

【案例】北京一中院就欣泰电气IPO律所诉中国证监会行政处罚案公开宣判

2018年6月27日下午，北京一中院就欣泰电气IPO律师事务所及律师诉中国证监会行政处罚三案一审公开宣判。北京一中院一审认定北京市××律师事务所及其律师郭某某、陈某某相关违法行为成立，中国证监会作出的行政处罚并无不当，一审判决驳回了三原告的诉讼请求。

案情简介：2017年6月27日，因在为欣泰电气首次公开发行股票并上市（以下简称IPO）提供法律服务过程中未勤勉尽责，违反依法制定的业务规则，出具含有虚假记载的文件，北京市东易律师事务所（以下简称东易所）被中国证监会予以处罚。在法律意见书上签名的经办律师郭某某、陈某某，作为对××所违法行为直接负责的主管人员，亦被予处罚。

2018年3月15日、4月16日，北京一中院公开开庭对该案进行了审理。三位原告均请求撤销被诉处罚决定中针对自己的处罚决定，并在法定期限内申请法院针对《律师事务所证券法律业务执业规则（试行）》（中国证监会、中华人民共和国司法部公告2010年第33号，以下简称《执业规则（试行）》）及《公开发行证券公司信息披露的编报规则（第12号）——公开发行证券的法律意见书和律师工作报告》（以下简称第12号《编报规则》）进行合法性审查。

庭审中，三原告主张：

其一，律师事务所不属于《证券法》第223条所指的"证券服务机构"，东易所亦无《证券法》第223条所规定的违法事实。

其二，被诉处罚决定存在超过追责期限、先调查后立案等程序违法情形。

其三，东易所出具的法律意见书是依据欣泰电气提供的相关文件及审计报告而作出，欣泰电气相关申请文件中含有虚假记载的原因是审计报告、保荐机构报告等材料中含有虚假记载，而非东易所的行为。审计报告具备法定的证明效力，律师事务所依法只有直接采用的义务，没有对审计报告进行查验的权力，也不具备查验的能力。东易所出具法律意见书没有过错，被诉处罚决定对原告施加了超越法律的义务和责任。

其四，《律师事务所从事证券法律业务管理办法》（以下简称《管理办法》）、《执业规则（试行）》及第12号《编报规则》违法。上述规范没有任何法律、行政法规的依据，故意混淆注册会计师与律师业务的界限，自行增加了律师事务所在IPO业务中的义务。

其五，陈某某系受东易所指派协助郭某某工作的现场负责人员，并非直接负责的主管人员，且没有违反从事证券业务规则的情形，不应受到处罚。

裁判要点：

1.关于东易所是否属于《证券法》所指的“证券服务机构”

对于证券服务机构范围的理解，应当结合证券法及相关法律规定进行体系解释及历史解释。《证券法》第45条第1款规定，“为股票发行出具审计报告、资产评估报告或者法律意见书等文件的证券服务机构和人员，在该股票承销期内和期满后六个月内，不得买卖该种股票”，第一百七十三条也规定，“证券服务机构为证券的发行、上市、交易等证券业务活动制作、出具……法律意见书等文件，应当勤勉尽责，对所依据的文件资料内容的真实性、准确性、完整性进行核查和验证”，上述规定中所称“证券服务机构”显然包含出具法律意见书的律师事务所。

除此之外，在《证券法》第74条第6项、第78条第2款以及第84条等规定中的“证券服务机构”，基于相关条款的立法目的显然也应当包含从事证券业务的律师事务所。

而且，早在1993年《禁止证券欺诈行为暂行办法》中，律师事务所就已经明确作为证券服务机构之一予以管理，虽然这一办法已经废止，但这一管理标准至今并未变化。《证券法》只是对必须经国务院证券监督管理机构和有关主管部门批准的证券服务机构的列举，其中未规定律师事务所并不意味着律师事务所就不构成证券服务机构。

2.关于律师事务所勤勉尽责的认定标准

《证券法》第173条规定，“证券服务机构为证券的发行、上市、交易等证券业务活动制作、出具审计报告、资产评估报告、财务顾问报告、资信评级报告或者法律意见书等文件，应当勤勉尽责，对所依据的文件资料内容的真实性、准确性、完整性进行核查和验证”。

欣泰电气欺诈发行的主要手段是通过外部借款等方式虚构收回应收账款，因此相关虚假记载涉及的是公司的财务问题。在IPO过程中，律师事务所承担的工作是进行法律尽调。所谓法律尽调，是指律师事务所通过对公司进行全面调查，充分了解公司的整体情况及其面临的法律风险，并在此基础上从法律角度确认公司的申请文件和公开发行募集文件真实、准确、完整，以及公司是否符合证券法等法律法规及中国证监会规定的发行条件的过程。

由于法律尽调是从法律风险的角度对公司整体情况进行评估，因此对于与公司经营相关的重要事项，律师事务所均应当予以充分关注并进行审慎查验。公司的财务状况无疑是律师事务所在进行尽调过程中必须包含的内容，而且应当作为查验的重点事项。在法律尽调的过程中，律师事务所应当在合法的范围内，充分利用各种方法对包括公司财务状况在内的公司整体情况展开全面调查，并在综合分析所有材料的基础上，从法律风险评估的角度出具意见。

法律尽调与商业尽调、财务尽调的主要区别在于各自评估的角度不同，各中介机构对自己出具的报告均应独立承担责任，既非相互监督的关系，也不能以其他中介机构出具的报告作为免除自己尽调责任的依据。

尽调与财务报表审计在法律性质上存在实质差别。从事尽调的中介机构与财务审计机构之间不是平行分工的关系。尽调是针对公司的整体情况，分别从商业、财务或者法律风险等角度进行评估，而审计报告则是注册会计师根据审计准则的规定，在实施审计工作的基础上对公司财务报表发表审计意见的书面文件，其只是作为包括法律尽调在内的各中介机构尽调的基础材料之一。

在尽调过程中，律师事务所应当对包括审计报告在内的相关材料进行全面综合分析，并在审慎查验的基础上针对公司整体情况独立出具法律意见书并对结论负责。法律尽调与财务报表审计属于不同层面、不同性质的工作，尽调不是针对审计报告本身的复核，审计报告也不能成为免除律师事务所勤勉义务的依据。

应收账款属于律师事务所在进行法律尽调过程中应当予以充分关注和专门查验的事项。应收账款是影响公司财务情况的重要因素之一，而虚构收回应收账款又是公司进行财务造假的常用手段。

因此，律师事务所在对公司的财务情况进行法律尽调时，不仅应当关注应收账款事项，而且应当将应收账款的收回是否存在法律风险，包括应收账款余额的真实性、到期收回的法律风险等问题，作为专项问题予以审慎查验。原告认为应收账款的收回是财务会计问题，因此律师事务所没有义务也没有能力进行查验的主张，不符合法律尽调的基本要求。

由于勤勉尽责是律师事务所承担的积极作为义务，未勤勉尽责则是消极事实状态，因此如果有证据证明律师事务所出具的法律意见书存在证券法所规定的虚假记载、误导性陈述或者重大遗漏等情形，则应当由律师事务所举证证明其已经尽到了勤勉义务，否则即应认为律师事务所未勤勉尽责。

3.关于本案中律所是否尽到勤勉义务

本案中，没有证据证明该律所在开展法律尽调之前编制过专门的查验计划，更无证据证明其针对欣泰电气应收账款事项制定过专项查验方案。在律所的工作底稿中，其只是将应收应付账款凭证简单汇总，并无证据证明其进行了审慎查验，其复印的兴业证券的访谈笔录更进一步证明律所对于应收账款问题并未予以充分关注。

即便在三原告诉讼中才提交的且真实性尚难确认的证据材料中，同样也无法体现律所对应收账款进行过审慎查验，东易所未尽勤勉义务的事实毋庸置疑。直至诉讼阶段，三原告仍坚持主张对公司应收账款余额的核查属于财务会计内容，不属于律师事务所应予查验的事项，足见三原告对于律师事务所的勤勉义务缺乏正确的认知。

该律所出具的法律意见书中关于欣泰电气“在最近三年内无重大违法行为，上市申请人在最近三年财务会计报告中无虚假记载……”的表述，显然已经违反了《证券法》第20条第2款关于“为证券发行出具有关文件的证券服务机构和人员，必须严格履行法定职责，保证其所出具文件的真实性、准确性和完整性”的规定，也违反了《证券法》第173条关于证券服务机构应当“对所依据的文件资料内容的真实性、准确性、完整性进行查验”的规定，该律所应当为其未尽勤勉义务承担相应的法律责任。

4.关于相关规范性文件的合法性

中国证监会作为证券监管的主管机关，中华人民共和国司法部作为律师行业的主管机关，有权就律师从事证券法律业务制定相应的具体规定。《执业规则（试行）》、第12号《编报规则》是关于律师事务所在从事证券法律业务以及出具公开发行证券的法律意见书时应当遵循的具体规则的规定，相关规定并无违反上位法之情形，并未对律师事务所课以法外义务。

经审查，《执业规则（试行）》、第12号《编报规则》亦无其他违法之情形，上述两个文件可以作为本案的适用依据。而且，就本案而言，仅基于《证券法》第20条第2款、第173条及第223条等规定即足可定案，其他规范性文件只是对律师事务所查验及报告编写准则的进一步具体规定，对本案结论并不产生实质影响。

5.关于被诉处罚决定是否超过处罚时效

《行政处罚法》第29条第1款规定，“违法行为在二年内未被发现的，不再给予行政处罚。法律另有规定的除外”。如果能够证明违法行为的线索已经进入到国家公权力机关的视野，即可认定违法行为已被发现，无须以查明具体违法事实或者对违法行为准确定性为前提。该律所的违法事实属于欣泰电气欺诈发行违法事实中的一部分，发现欣泰电气违法行为即可认定已经发现该律所违法行为的线索，被诉处罚决定并未超过处罚时效。

三原告认为必须是以原告作为被调查对象正式立案调查才能认定为发现，系对法律规定的错误理解。被告针对不同违法主体的违法行为分别立案调查，并无违反法定程序之处。至于被告在对该律所正式立案之前已经开展调查，行政处罚法并未对此予以禁止，而且行政机关在正式立案调查之前对违法线索先行初步确认核实，亦符合行政执法的基本规律。

6.关于郭某某、陈某某是否应当承担个人责任

郭某某、陈某某作为在法律意见书上签字的经办律师，是该律所为欣泰电气IPO项目提供法律服务过程中的主要参与者之一，依法属于《证券法》第223条规定的“直接负责的主管人员”，应当承担其作为直接负责的主管人员的法律责任。

律师解读：

通过以上案例可见，律师对于财务相关信息及问题并不是如我们在开篇中声明的那样：本尽职调查报告仅引用财务报告、审计报告、评估报告等相关内容，并不对于其真实性、合法性发表任何意见，也不承担任何责任。《证券法》第173条明确规定，“证券服务机构为证券的发行、上市、交易等证券业务活动制作、出具审计报告、资产评估报告、财务顾问报告、资信评级报告或者法律意见书等文件，应当勤勉尽责，对所依据的文件资料内容的真实性、准确性、完整性进行核查和验证”。因此，我们总结认为：

律师在尽职调查过程中应当对所引用、所依据的所有文件资料的真实性、准确性、完整性及合法性进行审慎的核查和验证，编制专门的查验计划，制定专项查验方案，特别是一些重点问题如应收账款、不良资产、业务及业绩，审验财务报表、审计报告及评估报告中的重要数据，确定其是否真实？是否与其他数据互相矛盾？并且在此过程中要跟会计师、审计师及评估师进行交流，深入挖掘其中可能存在的问题以及可能的法律风险，才算是做到了法律要求“勤勉尽责”，同时，还应保留相关的证据并制作工作底稿。

七、同业竞争与关联交易

（一）关于同业竞争

1.什么是同业竞争

同业竞争是指公司所从事的业务与其控股股东（包括绝对控股与相对控股，前者是指控股比例50%以上，后者是指控股比例50%以下，但因股权分散，该股东对上市公司有控制性影响）或实际控制人的企业，或控股股东、实际控制人所控制的其他企业所从事的业务相同或近似，双方构成或可能构成直接或间接的竞争关系。目前法律上尚没有一个明确的界定和标准，而且我国的法律和行政法规并不禁止同业竞争。禁止或者限制同业竞争相关规定，多出于专门的部门规章和规范性文件（如原银监会、原保监会、证监会的部门规章）。

对于同业竞争主体的判断，应从实际控制角度来划分，第一类包括公司的第一大股东、通过协议或公司章程等对上市公司财务和经营政策有实际控制权力的股东、可以控制公司董事会的股东、与其他股东联合可以共同控制公司的股东；第二类包括上述股东直接或间接控制的公司，也就是上市公司的并行公司。

2.如何判断同业竞争

对于同业竞争内容的判断，不应仅局限于从经营范围上做出判断，而应遵循“实质重于形式”的原则，从业务的性质、业务的客户对象、产品或劳务的可替代性、市场差别、地域范围等方面进行判断，同时应充分考虑对拟上市企业及其股东的客观影响。例如，华润集团下的华润超市和深万科下的万佳百货，一个是立足于生活小区的小型超市，另一个是综合性的商场，从市场定位、客户对象等还是有区别的，并且华润集团和深万科一直以来就在各自的商品零售业发展，无论谁要兼并谁都有一定的困难，因此深万科在公告中这样表述：“华润万方和万佳业务虽然同处零售行业，但因双方业态和经营模式及商品种类存在很大差异，并没有构成直接对立的利益冲突，华润将按照有利于万科长远发展和有利于万科中小股东利益的原则避免在零售业务方面与万佳发生冲突，并将就零售业务的发展与万科探讨多种合作的可行性。”因此，不能简单判断同业竞争关系，也不能一味简单地要求避免任何层面上的同业竞争关系。在能够通过解释、说明的方式取得监管机构认可的情况下，可以避免花大量的精力去解决同业竞争的问题。

3.同业竞争的影响

在企业实际经营中，同业竞争的存在必然使相关联的企业无法完全按照 完全竞争的市场环境来平等竞争，控股股东利用其表决权可以决定企业的重大经营，如果其表决是倾向于非上市公司，则有可能使上市公司的利益受到影响，这样对中小股东来说是不公平的。

各国立法例均规定了禁止同业竞争，以防止控股股东利用控股地位在同业竞争中损害上市公司的利益。这样一来，如果一个拟上市公司与其发起人存在同业竞争的事实，那么在证监会便很难获得通过，同业竞争构成企业IPO或新三板挂牌的实质性障碍。

4.同业竞争的解决方式

彻底解决同业竞争问题，目前一般采用以下几种方式：

（1）消除两者经营范围中重合的产品或服务部分。

（2）通过业务重组避免同业竞争。

首先必须确定拟上市公司的生产经营业务范围，然后将拟上市公司控股股东本身的和下属的与上市公司生产经营业务性质相同的经营机构的资产全部投入到上市公司中，但不得运用首次发行的募集资金来收购；如果不能全部投入，则由控股股东将该部分与上市公司的业务具有相同性质的资产、业务转让给其他企业（通常是与上市公司没有关联关系的第三方）。

（3）拟上市或挂牌公司将竞争业务转让给无关联的第三方，或放弃存在同业竞争的业务。

（4）拟上市公司与竞争方股东协议解决同业竞争问题，竞争方股东作出今后不再进行同业竞争的书面承诺。

（5）拟上市或挂牌公司应在有关股东协议、公司章程等文件中规定避免同业竞争的措施，并在申请发行上市前取得控股股东同业竞争方面的有效承诺，承诺将不以任何方式直接或间接地从事或参与和拟上市公司竞争的任何业务活动。

有些业务之间是否存在同业竞争，其判断标准并不是绝对的，而且即使在业务重组过程中已经采取了尽量避免同业竞争的方案，但随着控股股东今后业务的进一步发展，出现同业竞争的可能性依然很大。甚至在控股股东保留部分业务和资产的情况下，同业竞争的现象仍很难避免。实践中，为了防止这种现象的发生，使上市公司在同业竞争问题上符合有关法律的规定并顺利上市，通常采取由控股股东出具承诺函的方式实现此目的。

控股股东的承诺主要包括以下内容：

(1)在上市公司成立后，将优先推动该上市公司业务的发展。

(2)将其与上市公司存在竞争的业务限制在一定的规模之内。

(3)在可能与上市公司存在竞争的业务领域中出现新的发展机会时，给予上市公司优先发展权。

实践表明，解决同业竞争问题的最好方式就是在企业重组过程中，对拟上市公司的业务进行合理重组并选择合适的控股股东。

在实践中，特别是在国有企业改制上市中，对同业竞争的处理主要有以下几种方式：

(1)将发起人所有与拟上市公司有同业竞争的资产全部重组到拟上市公司。这是采取的较多且效果最好的一种。

(2)将发起人所拥有的与拟上市公司有同业竞争，但又不准备投入拟上市公司的资产转让、变卖给其他公司、企业，这主要是适用于这部分资产并不优良、不适合投入拟上市公司的情况。在实践中采用得较少。

(3)将发起人所拥有的与拟上市公司存在同业竞争，但又不准备投入拟上市公司的资产托管给拟上市公司成功上市后将这部分资产转让或托管给上市公司。在实践中也不少采用，但证监会对此的审查往往比较严格。

在采取以上方式后，为了保证公司上市申请能够顺利地得到通过，证券商与律师往往帮助企业制订避免同业竞争协议或以承诺函的形式来要求发起人保证其与上市公司不构成同业竞争。

法律对上市公司同业竞争和关联交易问题进行规制的重要意义不仅在于能够保障上市公司的合法利益，更在于还可以公平地维护全体股东，尤其是小股东和境外股东的合法利益。

当然，在少数情况下，股东可以在取得豁免的前提下与其所投资的上市公司存在同业竞争关系。在这种情况下，为了调解和制约控股股东与上市公司之间的同业竞争关系，解决的办法主要有：在公司中设立足够数目的独立董事，以保证董事会通过的经营决策不致受控股股东的操纵。此外，在所进行的业务交易中，如属金额巨大、须经股东大会批准者，在交易中有重大利益的股东不得参加表决投票。

(二)关于关联交易

1.什么是关联交易

关联交易(connected transaction)简单地说就是企业关联方之间的交易,包括业务及资金的交易、往来。而什么是关联方呢?根据财政部2006年颁布的《企业会计准则第36号——关联方披露(2006)》的规定,在企业财务和经营决策中,如果一方控制、共同控制另一方或对另一方施加重大影响,以及两方或两方以上同受一方控制、共同控制或重大影响的,构成关联方。这里的控制,是指有权决定一个企业的财务和经营政策,并能据以从该企业的经营活动中获取利益。所谓重大影响,是指对一个企业的财务和经营政策有参与决策的权力、但并不决定这些政策。参与决策的途径主要包括:所持有的股份在股东会中产生实质性的影响;在董事会或类似的权力机构中派有多数代表,参与政策的制定过程,互相交换管理人员等。凡以上关联方之间发生转移资源或义务的事项,无论是否收取价款,均被视为关联交易。

关于"关联关系",根据《公司法》第265条第4款的规定,关联关系是指公司控股股东、实际控制人、董事、监事、高级管理人员与其直接或者间接控制的企业之间的关系,以及可能导致公司利益转移的其他关系。

综上所述,可以看出关联交易的以下几个基本特征:

(1)发生在存在股权或协议安排的关联方之间;

(2)一方能对另一方企业财务和经营决策施加重大影响;

(3)可能导致公司利益转移。

关联交易是公司运作中经常出现的而又易于发生不公平结果的交易。关联交易在市场经济条件下广泛存在,关联交易本身具有两面性,从积极的角度看可以节约大量商业谈判等方面的交易成本,具有高效、优质、持续、稳定等优点;而从消极的角度看,由于关联交易方可以运用行政力量撮合交易的进行,从而有可能使交易的价格、方式等在非竞争的条件下出现不公正情况或财务扭曲,易导致债权人利益受损,又往往沦为利润转移、粉饰业绩、侵害中小股东权益、影响公司独立性的工具,这也直接导致无论是对上市公司还是非上市公众公司的关联交易的总体要求是规范而非绝对禁止。

根据财政部颁布的《企业会计准则关联方关系及其交易的披露》中,关联方交易是指在关联方之间发生转移资源或义务的事项，而无论是否收取价款。

我国香港联交所《上市规则》中，关联交易是指：

(1)上市发行人与关联人士的任何交易；

(2)或与非关联人士之间的某些涉及收购或出售公司权益、以特别优惠的条款认购一家公司股份，以及控权人(或其联系人)认购一家公司的股份的交易；

(3)上市发行人向关联人士或符合一定条件的上市发行人及关联人士均持有股份的一家公司提供的财务资助，以及关联人士或符合一定条件的上市发行人及关联人士均持有股份的一家公司向上市发行人提供的财务资助；

(4)沽出、接受、转让、行使或不行使涉及上市发行人及关联人士的选择权；

(5)上市发行人与关联人士就成立任何形式的合营实体而达成任何安排或协议。

2.关联交易的制衡机制

利用公司股东权益制衡机制规范关联交易行为，可以更好地维护公司股东的合法权益不受损害。这里的制衡机制主要包括独立董事制度和关联方回避表决制度。独立董事制度在规范关联交易中发挥着积极作用。中国证监会关于独立董事的职权规定中也把独立董事对关联交易的事前认可作为董事会、股东大会决议的前提条件。《上市规则》要求，上市公司披露关联交易事项时，必须提供独立董事事前认可该交易的书面文件。

《公司法》第139条规定："上市公司董事与董事会会议决议事项所涉及的企业或者个人有关联关系的，该董事应当及时向董事会书面报告。有关联关系的董事不得对该项决议行使表决权，也不得代理其他董事行使表决权。该董事会会议由过半数的无关联关系董事出席即可举行，董事会会议所作决议须经无关联关系董事过半数通过。出席董事会的无关联关系董事人数不足三人的，应将该事项提交上市公司股东大会审议。"《上市规则》对关联董事明确进行了界定。《上市规则》还规定，交易金额在3000万元以上，且占上市公司最近一期经审计净资产绝对值5%以上的关联交易，除应当及时披露外，还应聘请具有证券、期货业务资格的中介机构，对交易标的进行评估和审计，并将该交易提交股东大会审议。上市公司股东大会审议关联交易事项时，关联股东应当回避表决。

3.关联交易的分类

(1)根据关联交易的发生频率，可分为日常性关联交易和偶发性关联交易两种。

其中日常性关联交易指某公司和关联方之间发生的购买原材料、燃料、动力，销售产品、商品，提供或者接受劳务，委托或者受托销售，投资（含共同投资、委托理财、委托贷款），财务资助（挂牌公司接受的）等的交易行为；公司章程中约定适用于本公司的日常关联交易类型。日常性关联交易之外的关联交易即为偶发性关联交易。简言之，其关联交易只是偶尔发生，非常态。

（2）根据关联交易是否公允，可分为公允的关联交易与非公允的关联交易。

公允的关联交易，是指一个具体关联交易的实质内容主要是交易结果，对交易的相关权益人特别是交易所涉及的非关联方，都是公平合理的。

非公允的关联交易，是指一个具体关联交易的实质内容主要是交易结果实质上是不公平的，有损于交易的相关权益人特别是交易所涉及的非关联方的权益。

这是最常见的分类，因为非公允性是关联交易最容易出现的问题，也是法律规制关联交易的原因与重点。一方面要保证公允关联交易积极作用的发挥，另一方面要让非公允关联交易者承担一定的法律责任，并为受害者提供一定的救济。

（3）实际的关联交易与虚构的关联交易。

实际的关联交易，是指在经济生活或者企业的经营活动中，确实发生了关联交易。

虚构的关联交易，是指在经济生活或者企业的经营活动中并未实际发生而只是虚构文件并在企业财务报表中有记载的关联交易。

如此区分的主要意义，在于对会计报表进行调校。实际上，有的公司为了粉饰业绩，虚构出一些实际并未发生的关联交易，也就是缺乏经济实质的交易。

（4）重大的关联交易与非重大的关联交易。

这种区分一般是以交易金额为判断标准的，其主要目的是在进行关联交易的披露、批准时参照不同的要求。例如，零星的关联交易可以不经股东大会批准程序，且有的零星关联交易不需要披露；又如，上市公司对普通关联交易和重大关联交易的披露要求也不相同。

4.关联交易的信息披露

正是由于关联交易使关联者之间在定价过程中具有一定程度的灵活性，公司的控股股东、实际控制人或影响者可能利用关联交易转移利益。因此，全面规范关联交易及其信息披露便成为保障关联交易公平与公正的关键。关联交易信息披露的根本目的在于使之具备相同于无关联交易的公开与公平性质，确保关联者没有获得在无关联状态下无法获得的不当利益，以确保该项交易对公司及股东是公平和合理的。同时为投资者对该项交易行使表决权提供信息基础，使投资者在了解关联交易真实内容的基础上作出理性的投资决策，增强对证券市场透明度的信心。

上市公司关联交易披露规则的核心是界定关联交易和关联人的范围，将可能利用关联关系实现在无关联者之间不可能发生的交易活动的人士都包括在内，以维护公平交易秩序。我国沪深证券交易所《上市规则》规定，上市公司的关联交易是指上市公司或其控股子公司与上市公司关联人之间发生的转移资源和义务的事项。关联人包括关联法人和关联自然人，在《上市规则》中对关联法人和关联自然人的范围给予了明确定义。同时，规定了潜在关联人的条件，即因与上市公司的关联人签署协议或作出安排，在协议生效或安排生效后，或在未来12个月内具有前述关联法人或关联自然人的规定情形之一的；以及过去12个月内，曾经具有前述关联法人或关联自然人的规定情形之一的，都被视为潜在关联人。《上市规则》还规定，中国证监会、交易所或上市公司根据实质重于形式的原则，可以认定其他与上市公司有特殊关系，可能造成上市公司对其利益倾斜的自然人和法人为关联人，从而应履行相应的关联交易决策和披露程序。

《上市规则》对关联交易须及时披露的数额、计算标准和披露内容都进行了详细的规定。

（三）对同业竞争与关联交易的尽职调查

1.调查目的

是否影响公司的独立性及持续经营能力；是否存在同业竞争及其解决方法；关联交易及其决策程序。

2.调查内容

根据证监会颁布的《公开发行证券的公司信息披露内容与格式准则第1号——招股说明书》中，发行人应披露的关联交易主要包括：

（1）购销商品；

（2）买卖有形或无形资产；

（3）兼并或合并法人；

（4）出让与受让股权；

（5）提供或接受劳务；

（6）代理；

(7)租赁；

(8)各种采取合同或非合同形式进行的委托经营等；

(9)提供资金或资源；

(10)协议或非协议许可；

(11)担保；

(12)合作研究与开发或技术项目的转移；

(13)向关联方人士支付报酬；

(14)合作投资设立企业；

(15)合作开发项目；

(16)其他对发行人有影响的重大交易。

根据中国证券业协会颁布的《股份转让公司信息披露实施细则》中，关联交易是指公司及其控股子公司与关联人之间发生的转移资源或义务的事项包括但不限于下列事项：

(1)购买或销售商品；

(2)购买或销售除商品以外的其他资产；

(3)提供或接受劳务；

(4)代理；

(5)租赁；

(6)提供资金(包括以现金或实物形式)；

(7)担保；

(8)管理方面的合同；

(9)研究与开发项目的转移；

(10)许可协议；

(11)赠与；

(12)债务重组；

(13)非货币性交易；

(14)关联双方共同投资。

在根据中国证监会发行监管部(2001)第1号令中，关联交易主要包括：

(1)购销商品；

(2)买卖有形或无形资产，收购兼并；

(3)提供或接受劳务,代理,租赁,管理方面的合同(如委托经营等)等;

(4)提供资金,许可协议;

(5)担保抵押;

(6)研究与开发项目的转移;

(7)关键管理人员报酬;

(8)合作投资建立企业、开发项目等。

关联交易与同业竞争的其他调查内容包括:

(1)公司是否存在持有公司股份5%以上的关联方;如有,说明公司与关联方之间存在何种关联关系;

(2)公司与关联方之间是否存在重大关联交易;如有,应说明关联交易的内容、数量、金额,以及关联交易的占比;

(3)上述关联交易是否公允,是否存在损害公司及其他股东利益的情况;

(4)若上述关联交易的一方是公司股东,还需说明是否已采取必要措施对其他股东的利益进行保护;

(5)公司是否在章程及其他内部规定中明确了关联交易公允决策的程序;

(6)公司与关联方之间是否存在同业竞争,如有,说明同业竞争的性质;

(7)有关方面是否已采取有效措施或承诺采取有效措施避免同业竞争;

(8)公司是否对有关关联交易和解决同业竞争的承诺或措施进行了充分披露,以及有无重大遗漏或重大隐瞒,如有,说明对本次挂牌的影响。

3.调查程序

(1)对(法人)控股股东(或主要股东)情况调查:

①要求控股股东填报控股股东基本情况调查表,取得控股股东的营业执照、工商登记表及其他相关文件,取得经当地税务部门和财务部门书面确认为上报的其三年一期的财务报告(或审计报告),对调查表内容进行核实验证;

②与控股股东的管理层进行会谈(会谈笔录),重点关注控股股东是否存在人员、历史包袱过重、财务状况不良、盈利能力不足及发展前景暗淡等问题,取得控股股东拟采取措施和发展规划的说明,确认其独立生存能力;

③调查控股股东组织机构设置及对外投资情况,了解其控股子公司和参股公司(公司除外),以及通过托管、输出管理、意向收购或投资的企业的基本情况。

(2)若控股股东存在实际控制人(政府除外),调查其基本情况。

（3）调查其他股东的基本情况。

（4）了解公司的合营企业、联营企业情况。

（5）了解关联个人情况：

①要求控股股东的法定代表人及其实际控制人（或法定代表人）、主要投资者个人（持股比例5%以上）、公司的高级管理人员、核心技术人员、核心技术提供者填写关联人情况调查表，取得其控制企业的营业执照、工商登记表、财务报告（一年又一期）及关于其业务和产品的书面说明；

②确定公司的董事、监事、其他高级管理人员及核心技术人员是否在关联方单位任职，或上述人士是否由关联方单位直接或间接委派。

（6）关联关系：

①根据以上调查情况，取得公司董事会关于关联方关系的书面说明，明确各关联方与公司的实质关联关系，包括但不限于与关联方存在的股权关系、人事关系、管理关系及商业利益关系；

②通过上述调查，并与公司管理人员会谈（会谈笔录），共同确认上述关联方对公司进行控制或重大影响的方式、途径及程度；

③根据以上调查情况，分别编制关联交易关联方及关联关系表和同业竞争关联方及关联关系表。

（7）是否存在同业竞争：

根据上述调查内容，检查、判断公司与关联方在经营范围、经营业务、产品（或服务）方面是否相同或相近。

（8）若公司与竞争方存在相同、相似的业务，应请公司作出解释，并提供充分依据，确认公司与竞争方从事的业务有不同的客户对象、或不同的市场区域、或产品的不可替代性等；如果存在明显细分市场差别，而且该市场细分是客观的、切实可行的，不会产生实质性同业竞争的，则请公司说明并提供相关依据，并对公司与竞争方在产品（服务）的类型、市场定位、销售渠道、销售地域等方面的市场差别的各项依据进行核查。

（9）如存在或可能存在同业竞争，公司与竞争方是否采取了有效措施避免同业竞争：

①若公司与关联方客观存在同业竞争，并且公司或关联方采取了或承诺采取相应的措施，应对已采取或承诺采取措施的方式、方法、措施实施的过程和结果，

及承诺采取措施的可行性等进行调查；收集相关文件和资料，并填写消除同业竞争措施实施情况表。

②请公司说明有无其他有效避免同业竞争的措施和安排，并调查其可行性；取得公司书面承诺，确认公司对解决同业竞争的承诺或措施进行了充分的披露，不存在重大的遗漏或重大隐瞒。

③查阅有关避免同业竞争的协议、书面承诺及有关决议和公司章程等，审查其中是否存在损害公司利益的条款。

（10）对不存在同业竞争的，取得各主要关联方（主要为控股股东及实际控制人）避免潜在同业竞争的书面承诺。

（11）根据上述调查结果，对公司与关联方之间可能产生同业竞争的风险因素进行分析、判断，对解决同业竞争措施不力的风险因素进行分析、判断，并作为特别风险列示。

（12）关联交易决策程序：查阅公司章程、股东会、董事会议事规则，检查公司章程中有关关联交易决策的权力与程序的规定，是否规定关联股东或利益冲突的董事在关联交易表决中的回避制度或做必要的公允声明。获取有关关联交易执行程序、批准程序的规章制度，并检查其内容是否与法律、法规、公司章程及中国证监会有关规定相冲突；确认公司关联交易的决策程序全面、合理，符合国家法律、法规有关规定。

（13）关联交易调查：

①要求公司填报关联交易调查表，并取得关联交易协议、定价依据、决议等相关文件和资料；

②抽查公司各类合同，并与审计师沟通（口头交流，笔记），检查是否存在未报或遗漏的关联交易；

③审查关联交易的必要性、合理性及可替代性：审核关联交易发生的背景资料（包括可行性研究报告、独立财务报告等）、品种、内容，了解协议内容及履行情况，判断该等关联交易的必要性、合理性，是否存在替代方案；

④审查关联交易的公允性：审查关联交易协议的条款，审查其定价的依据、标准，参照同类产品或服务的市场价格，审查其内容是否公允合理，有无侵害公司利益的条款；

⑤检查关联交易是否履行了法定批准程序：检查上述关联交易是否按公司章

程、规章制度履行相应规定的决策程序、审批程序，重点关注需股东大会批准关联交易的决议内容，及向关联方累计年度购买量占其同类业务采购量5%以上或对关联方年度销售收入占其同类业务销售收入5%以上的关联交易，是否存在董事会或管理层越权现象，关联股东在作出股东大会决议时是否回避；

⑥对发生的重大关联交易（指公司与其关联方达成的关联交易总额高于人民币一定金额或高于最近经审计净资产值5%的关联交易）。

（14）调查公司为控股股东及其他关联股东提供担保的情况：审查公司章程中关于对外担保的条款和规定，审查公司对外担保是否通过股东会决议，关联方是否回避；获取所有担保合同，检查为控股股东及其他关联股东提供担保的有关协议，审查其是否存在不合理、不合规的条款。

（15）获取公司与关联方为避免或减少关联交易所签订的协议、承诺和采取措施的说明，检查该等协议、承诺和措施的可行性和实际履行情况。

（16）查阅公司就与各关联方签订的且仍然有效的重大协议或合同期满后的处理方式所作出的说明，与公司负责人会谈（会谈笔录），讨论其可行性及可能给公司造成的影响。

（17）取得公司书面承诺（全体董事签字），确认公司对关联交易进行了充分的披露，不存在重大的遗漏或重大隐瞒。

（四）调查文件

法人控股股东基本情况调查表，见表2-2；

关联人情况调查表，见表2-3；

调查笔录：公司与其控股股东或实际控制人及其控制的企业有无同业竞争；

避免同业竞争承诺函：公司控股股东或实际控制人和重大关联方；

关联交易与同业竞争管理办法；

关联交易协议；

关联交易决策程序（董事会、股东会会议资料）；

定价依据；

关联方的相关资料（自然人身份证复印件；法人营业执照、章程及股权结构）；

以上材料需公司加盖公章（骑缝章）。

表2-2 法人控股股东基本情况调查

公司名称	
公司类型	
住 所	
法定代表人	
经营范围	
注册资本	
实收资本	
工商注册号	
组织机构代码	
开户许可证	
贷款卡	
税 字	
成立日期	
营业期限	
公司主营业务	
公司对外投资及其所占股份	

表2-3 关联人情况调查

关系	姓名	直接控制法人或其他组织	间接控制法人或其他组织	担任董事的法人或其他组织	担任高管的法人或其他组织
本人					
配偶					
年满18周岁的子女					
年满18周岁子女的配偶					
父亲					
母亲					
配偶的父亲					
配偶的母亲					

续表

关系	姓名	直接控制法人或其他组织	间接控制法人或其他组织	担任董事的法人或其他组织	担任高管的法人或其他组织
兄					
兄的配偶					
弟					
弟的配偶					
姐					
姐的配偶					
配偶的兄					
配偶的弟					
配偶的姐					
配偶的妹					
子的配偶的父亲					
子的配偶的母亲					
女的配偶的父亲					
女的配偶的母亲					

注：本人承诺上述信息均为真实、准确、完整，不存在重大遗漏、误导性陈述和虚假陈述，特此说明。

（五）涉及同业竞争与关联交易的法律法规

1.《公司法》

第22条第1款明确规定，“公司的控股股东、实际控制人、董事、监事、高级管理人员不得利用关联关系损害公司利益”。这一强制性规定，体现了法律对关联交易的基本态度，即对不公正关联交易给予禁止。

2.《首次公开发行股票并上市管理办法》

第19条规定，发行人的业务独立。发行人的业务应当独立于控股股东、实际控制人及其控制的其他企业，与控股股东、实际控制人及其控制的其他企业间不得有同业竞争或者显失公平的关联交易。

第42条规定，募集资金投资项目实施后，不会产生同业竞争或者对发行人的独立性产生不利影响。

3.《上市公司证券发行管理办法》

第6条规定，上市公司的组织机构健全、运行良好，符合下列规定：……（四）上市公司与控股股东或实际控制人的人员、资产、财务分开，机构、业务独立，能够自主经营管理。

第10条规定，上市公司募集资金的数额和使用应当符合下列规定：……（四）投资项目实施后，不会与控股股东或实际控制人产生同业竞争或影响公司生产经营的独立性。

4.各国对于限制同业竞争的立法

鉴于上述原因，各国在法律上一般都限制同业竞争，要求控股股东避免出现与上市公司之间同业竞争关系。例如，《日本商法》第二编第74条规定：

“（1）股东非有其他股东的承诺，不得为自己或第三者进行属于公司营业部类的交易或成为以同种营业为目的的其他公司的无限责任股东或董事；

（2）股东违反前项规定进行为自己的交易时，可依其他股东过半数的决议，将其视为为公司所作的交易。”

《德国股份公司法》第88条规定：“未经监事会许可，董事会成员既不允许经商，也不允许在公司业务部门中为本人或他人的利益从事商业活动；未经许可，不得担任其他上市公司的董事会成员或业务领导人或无限责任股东。”

我国《公司法》第184条规定：董事、监事、高级管理人员未向董事会或者股东会报告，并按照公司章程的规定经董事会或者股东会议决议通过，不得自营或者为他人经营与其任职公司同类的业务。

八、公司主要资产与经营设施

公司的清产核资是一项重要的工作，关系到企业净资产及其股票的估值问题，特别是对于那些重资产运行的企业，一般而言，企业资产主要包括土地、房产、主要生产设备以及车辆等。

核查企业的资产，主要应调阅、核对企业所有资产的权利证书，包括土地证、房产证、行驶证等，以及采购、转让、赠与、土地出让合同等的相关合同，以及土地出让金税费缴纳情况、过户手续及其证明文件等，从而判断资产的取得是否合法，转让过程有无瑕疵，以及年费的缴纳是否及时，判断资产权利的行使是否存在法律障碍等。

（一）土地权益

1.公司使用的自有土地清单，包括对土地性质、面积、坐落、取得方式和当时购买协议、购买价格（租赁价格）、使用权利、权利性质、权限年限、抵押情况等进行详细的说明。

2.公司的建设项目清单，包括：项目情况的简单说明及具体项目所用土地情况的说明。

3.如果公司的土地为出让地：

（1）如该宗土地为公司直接从土地管理部门出让取得，需审阅：

①该宗自有土地所对应的《国有土地使用权证》；

②与土地管理部门签署的国有土地使用权出让合同及其附件；

③当地财政厅出具的土地出让金缴付专用收据；

④签署土地出让合同时当地的土地基准地价公告；

⑤国有土地使用权成交确认书（中标通知书）。

（2）如该出让地为公司从第三方以转让方式取得，需审阅：

①该宗自有土地所对应的《国有土地使用权证》；

②国有土地使用权转让合同；

③土地使用权转让金缴付凭证；

④签署土地使用权转让合同时的基准地价公告。

4.如果公司的土地为划拨地，需审阅：

①该宗自有土地所对应的《国有土地使用权证》；

②政府批准用地的文件。

5.如果土地以租赁方式取得，需审阅：

①公司与当地政府部门签订的国有土地租赁合同；

②国有土地租金缴付凭证以及国有土地租赁登记证明。

6.如果公司使用的土地目前尚未确权或存在权属纠纷，请公司说明相关情况及有关政府确认土地权属的批复或其他确权文件。

7.若公司使用的土地为集体建设用地，需审阅：

①公司通过出让、出资、出租和转让等方式取得农村集体建设用地的协议；

②农村集体建设用地土地权属证书；

③土地管理部门出具的批准、登记文件；

④村民（代表）大会批准有关土地流转协议的会议决议；

⑤土地价款交付凭证。

8.如公司使用的土地为农用地并用于农业用途，需审阅：

①土地流转协议；

②村民（代表）大会批准有关土地流转协议的会议决议；

③土地管理部门对农用地流转的登记文件；

④土地价款交付凭证。

访谈调查笔录和其他有关文件。

（二）房产权益

1.公司所拥有及正在使用的房屋建筑物等物业设施清单及其情况说明，包括坐落位置、四至、建筑面积、占地面积、权属、原值、净值、累计折旧、取得方式、抵押情况及所对应的土地权属等。

2.房产所对应的房屋所有权证、房屋共有权证、他项权利证和房屋权属登记簿复印件。

3.公司所拥有的房屋建筑物等物业设施情况。

4.公司主要在建工程情况，包括名称、投资计划、建设周期、开工日期、竣工日期、进展情况以及是否得到政府部门的许可、批准文件。

5.对于自建房产但尚未领取房屋所有权证书的房屋，需审阅该房屋所对应的工程规划文件，包括但不限于：

（1）建设项目核准/备案文件；

（2）建设用地规划许可证；

（3）建设工程规划许可证；

（4）建设项目施工许可证；

（5）建设工程竣工验收报告；

（6）建设工程竣工验收备案表；

（7）房屋测绘报告；

（8）法律、行政法规规定应当由公安消防、环保等部门出具的认可文件或者准许使用文件。

6.如果房屋系通过购买二手房方式取得，需审阅：房屋原始权属证明、购房合同和购房款项支付凭证。

7.如房屋系通过购买商品方式取得，需审阅：出售房的预售/销售许可证明，购房合同及购房款项支付凭证。

8.对以租赁方式取得的房产，需审阅：

（1）公司正在使用的租赁房产清单（如有）。

（2）租赁房产的房屋所有权和土地使用权证（如果没有领取土地使用权证，则需审阅土地规划许可证或政府批准用地或确权文件）、房屋租赁合同以及房屋租赁合同的登记证明。

（3）若公司存在无法继续使用租赁房产并对公司的生产经营产生重大法律风险的，公司提供对以下事项的说明文件：

①是否具备其他替代房产的可行性；

②搬迁的时间周期和成本；

③因搬迁造成的停产损失金额。

9.访谈调查笔录和其他有关文件。

（三）主要生产设备及车辆

1.公司主要固定资产的构成情况，包括主要设备名称、品种、类别、原值、净值、数量、使用及折旧情况、技术先进程度以及采购合同、发票；

2.按生产经营用途、辅助生产经营用途、非生产经营用途、办公用途、运输用途和其他用途分类，固定资产分布情况；

3.车辆名称、类别、型号、数量、新车采购或二手转让、相应的合同、协议及付款凭证、已使用年限、当前车况等。

九、公司无形资产情况

（一）知识产权尽调重点

企业的无形资产，就是企业的知识产权，包括专利、商标、版权、商业秘密、专有技术、特许经营权，以及公司现在所使用的技术和生产工艺的先进程度、成熟程度、特点、性能和优势、是否高新技术企业等，对于轻资产运营的高新技术企业来说，这些都构成了企业的核心竞争力，也决定着企业的可持续发展及未来发展潜力，是尽职调查需要重点核查的内容之一。

对于无形资产的核查，应重点关注以下几个方面：

1.权利的确定

特别是对诸如专利权、商标权等权属关系的审查，其中不但包括权利证书上的登记状况、权属关系（有无共有人、担保、授予第三人许可使用权等）的确认，还需要调查权利的期限、可能发生无效或被取消的风险、有无第三人侵权、权利被保护的范围、企业如果还有多项准备申请的发明、是否职务发明，商标则需审查是否已注册，是否属于驰名商标等相关信息。

值得注意的是与第三人合作开发的专利及职工的职务行为，合同条款有没有可能因为在行使权利的时候出现可能的纠纷，权利行使有没有设置了限制条款。如果被收购方的知识产权是被许可使用他人权利的情况，则要重点查看许可合同中被许可的权利范围、期限、使用费支付条件、合作研发的后续权利等条款。另外，还需要提防权利人如果出现破产或将相关权利转让给第三人时无法行使权利的情况出现。

另外，还应注意审查知识产权的有效性。如对于专利问题，应审查企业是否按时缴纳年费以维持其专利的有效性，必要时可通过查询专利登记簿来确定尽职调查时的法律状态，审查其是否因无效或其他原因失去专有权。对于注册商标，则要特别注意审查商标有效期及其是否在期限届满前申请续展并获批准。

2.或有债务

虽然知识产权的使用能给权利人带来利益，但有些情况下也可能会给权利人带来一些或有债务的发生。譬如，当某一专利侵害了第三人的合法权利时，有可能被行政机关或法院采取保全措施或被原告要求损害赔偿。有些国家对专利商标侵权的打击非常严厉，因此，如果被收购方的产品有出口的话，应该特别调查所有出口国的法制环境，研究在国外侵害第三人正当权利或被要求损害赔偿的可能性。另外，对于《专利法》第6条、第8条规定的职务发明、共同发明、委托发明等特殊情况下的实施专利时的专利使用费，也必须了解相关的合同条款，以免将来在并购完成后需要由收购方支付巨额的专利使用费。

3.合同风险

被收购方与第三方签订的与知识产权相关的包括授权许可合同、共同开发合同、委托开发合同、特许经营合同等合同中，有没有对被收购方不利的条款、收购行为对合同会产生什么样的影响、合同中关于权利义务继承的条款等都需要尽调律师认真研究。有的合同规定，由于权利人的变化合同即时解除或相关条件随即发生变更，遇到这种情况就需要考虑是否应该事先与合同相对方进行沟通以争取对方的书面同意，由变更后的主体承继原来的合同权利义务。

4.并购最终无法实现时商业秘密泄露的风险

在企业并购活动中，经常会出现收购方在进行了一系列尽职调查后，发现许多无法解决的问题或因成本与价值不匹配而放弃收购。在这种情况下，被收购方内部的技术秘密就有可能已经被收购方获取，并且这种获取是合法的。作为被收购方，如果收购方是同行业的竞争对手，就需要研究并规划披露知识产权及相关技术秘密的时机，当然更不能忽视事先与收购方签订保密协议。

5.对知识产权的尽职调查有其局限性

特别是专利类的知识产权，比如发明，即使在调查期间是有效的，也会因新技术的发展失去其新颖性和独创性而被法院判定无效或事实上没有价值或价值大幅度降低。所以收购方在决定收购时，应该有选择性地挑选生命力较强的专利作为收购目标。而对于为收购方提供尽职调查服务的律师来说，也必须事先提醒收购方尽职调查的局限性。

其他诸如：作为入股的无形资产是否经过评估，有无评估报告；如果是国有企业的技术入股，评估结果是否有国有资产管理部门出具的对国有资产评估结果的确认或备案文件。

（二）调查的材料及具体内容

1.企业知识产权登记清单，包括本企业所有、与共有人共同所有及本企业只具有使用权的专利、外观设计、实用新型、商标、商号、商誉、软件等著作权、商业秘密、专有技术、与企业/商品相关的网络域名等，以及相关的权利证书、缴费凭证、变更手续通知书、登记簿副本、他项权协议及登记备案文件、使用许可或转让协议、合同等法律文件，双方是否存在纠纷或争议等，正在申请的知识产权清单、使用许可合同、共同技术开发合同、委托合同、权利转让合同等。

2.掌握核心技术的重要人物，作为企业出资部分的知识产权。

3.企业内部关于职务发明的规章制度，企业关于商业秘密保护的规章制度。

4.与知识产权相关的股东会（大会）决议、董事会决议、重要的会议记录。

5.企业知识产权管理部门人员名单、知识产权管理规章制度。

6.过去或现在发生的知识产权诉讼、仲裁情况说明、判决书以及行政机关的处罚通知书。

7.聘请的律师事务所、知识产权代理机构等知识产权顾问单位的名单及相关的委托合同。

（三）调查方法及途径

对于无形资产的核查，主要采取以下几种方式：

1.查阅并验证权属证明文件。

2.网络检索。

3.咨询专利代理机构。

4.查询专利公报、登记簿副本。

5.走访的政府部门或单位包括下列：

（1）国家及地方知识产权局、科技部门、行业协会或主管部门；

（2）专利代理机构等专业机构或人员；

（3）住所地人民法院（中级法院或被授权管辖的基层法院、专门的知识产权法院）。

十、重大债权债务及对外借贷、抵押担保情况

公司债权债务，关系到公司净资产、流动资金充足率和公司准确估值的问题，是尽职调查的又一项重要内容。

（一）调查目的

负债的真实性、合法性和有效性；其他应收、应付款是否因正常的生产经营活动发生，是否合法有效；分析负债对公司生产经营活动产生的影响。

（二）调查内容

1.债权债务基本情况

（1）公司主要有哪些债权，该债权形成的时间、原因、偿还情况等；

（2）债权人和债务人名单，相关的债券、债权数量清单、债权、债务合同或者证明发生债务关系的其他文件；

（3）公司主要的银行贷款，该贷款的金额、利率、期限、到期日及是否有逾期贷款、抵押担保情况；

（4）公司将要履行、正在履行以及虽已履行完毕但可能存在潜在纠纷的重大合同的合法性、有效性，是否存在潜在风险，如有风险和纠纷，应说明对本次收购、发行上市或挂牌可能产生的影响；

（5）上述合同的主体是否变更为公司，合同履行是否存在法律障碍；

（6）公司是否有因环境保护、知识产权、产品质量、劳动安全、人身权等原因产生的侵权之债，如有，应说明对本次收购、发行上市或挂牌的影响；

（7）公司对关联人（股东、职工、控股子公司）的借款情况，公司与关联方之间是否存在重大债权债务关系及相互提供担保的情况；

（8）公司对主要股东和其他公司及企业的借款进行担保及抵押的情况；

（9）关于公司是否存在拖欠任何情况下应偿还的债务，或者被拖欠任何无法收回的债务的情况说明，以及相关文件；

（10）公司出具的关于记载于其财务账簿和财务记录上以外应承担的其他重大责任或债务的说明及其相关文件；

（11）公司金额较大的其他应收、应付款是否因正常的生产经营活动发生，是否合法有效。

2.公司融资借贷基本情况

（1）公司持有的贷款卡及其对应的基础信息，最近年度的年报、半年报；

（2）人民币或外币的借款清单，明细包括：贷款人、借款金额、期限、利率、用途、还款情况等；

（3）除正常业务范围以外，公司向其他方借款清单，明细包括：贷款人、借款金额、期限、利率、用途及还款情况等；

（4）人民币或外币的借款文件和协议；

（5）银行同意提供信用额度或贷款的协议；

（6）与其他公司签订的互保协议或者同类性质的文件；

（7）所有其他重大融资的文件和协议，包括融资租赁、销售后立即返租（回租赁）的安排、分期付款的购买安排等文件；

（8）公司所发行的任何债券及相关文件；

（9）公司是否存在向不特定多数人借款或融资的说明及相关文件；

（10）公司除上述各项以外的其他融资计划、融资安排及其相关文件。

3.公司发债基本情况

公司是否发行私募债、可转换债券、可交换债券的说明，如有此类情况，审阅：关于可转换债券及可交换债券情况说明，包括发行数量、取得的审批文件、票面金额；债券利率；转股价格确定方式；转换期；募集资金用途；还本付息的期限和方式；赎回条款及回售条款。

4.公司对外担保、质押、抵押情况

（1）要求公司填报抵押、质押情况调查表，查阅公司正在履行的所有贷款合同，检查是否存在以公司资产进行抵押、质押贷款的情况，并取得相关文件和资料；

（2）要求公司填报对外提供担保情况调查表，并提供担保合同、董事会或股东会决议等相关文件和资料，检查文件是否齐备，是否履行相关规定程序，是否存在管理层和董事会越权情况；

（3）公司向第三方的责任和/或负债作出的任何协议，及其相应的公证、登记证明（包括公司对第三方的责任和/或负债作出的反担保；若有反担保的情况，请同时提供原担保的有关法律文件），及上述协议履行情况的说明；

（4）与担保有关的主债务合同及其履行情况的说明；

（5）有关履约保证函或履约保证金（如适用）的文件；

（6）公司为子公司、关联公司、其他公司提供的抵押、担保合同及其相关文件、登记文件等；

（7）公司接受债务人担保/反担保的有关法律文件，包括抵押、质押，或其他担保清单，有关设置任何抵押权、质权或其他担保权的任何协议，及其相应的公证、登记证明，提供担保方的章程、与签订担保合同有关的内部授权审批决议、审计报告和其他相关文件；

（8）若公司存在重大或有事项（指涉及金额或12个月内累计金额占公司最近经审计净资产值的10%以上的或有事项），取得独立董事对其是否影响挂牌条件和持续经营能力的书面意见，检查其相关依据，并与会计师沟通，分析上述事项对公司财务状况和经营业绩的影响；

（9）取得公司全体董事的书面承诺，确认有关公司所有抵押、质押和对外提供担保的信息均已披露，材料均已提供，无虚假陈述及重大遗漏。

（三）调查程序

1.短期借款与长期借款：

（1）取得短期借款明细表和长期借款明细表，核查是否已按贷款单位、币种、贷款金额、贷款条件和利率、贷款期限、贷款资金用途等进行列示；

（2）对于逾期借款，核查未按期偿还的原因、预计还款期限及是否已办理了延期手续；

（3）取得短期借款和长期借款合同，了解大额借款的批准程序，核查借款是否已经授权批准；

（4）对于设置了抵押、质押或担保的借款合同，取得相应的抵押、质押和担保协议。

2.应付款项（应付账款、应付票据、应付工资、应付福利费、预收账款、应付股利、应付税费、预提费用、其他应付款、应付债券、长期应付款）：

（1）了解大额应付账款的内容；

（2）对公司重大合同的标准、调查的范围和方法进行协调，并共同进行调查；

（3）要求公司填报重大合同情况调查表，并取得公司所有正在履行或已经签订尚未履行的重大合同；

（4）获得公司全体董事的书面承诺，确认有关公司重大合同的信息均已披露，材料均已提供。

3.资产抵押、质押和担保情况。

4.重大销售合同及买卖合同（标的30万元、50万元或100万元以上）：

（1）要求公司填报重大销售及买卖合同调查表；

（2）取得重大销售合同及买卖合同（包括格式合同样本）；

（3）了解重大销售合同及买卖合同的履行情况；

(4)如因重大销售合同和买卖合同发生争议,了解争议处理情况及其进展。

5.其他合同(租赁、研发、战略合作等)。

6.合同管理制度:

(1)合同审批流程表;

(2)格式合同样本;

(3)合同管理及执行情况说明。

7.侵权之债(知识产权、安全、质量等)。

(四)调查文件

1.银行的借款、担保合同(核查原件并取得复印件);

2.应收账款、应付账款明细表(核查金额较大的其他应收款、其他应付款是否因正常的生产经营活动发生);

3.100万元(或300万元)以上的授信协议;

4.100万元以上的借款合同;

5.30万元(或50万元)以上的购销合同;

6.其他重大合同;

7.环境保护局、知识产权局、产品质量监督局的证明(合法,没有侵权行为);

8.给职工的社保缴纳情况的政府文件、劳动与社会保障局出具的证明文件、缴费凭证等。

以上资料均需加盖公司盖章。

(五)其他需要关注的问题

1.关于非法集资问题

一些中小微企业在发展过程中,由于没有足够的固定资产如土地、房产可以用于向银行提供抵押而无法获得银行贷款,于是转而采取向公司职工集资的方式筹措资金。由于其集资对象仅限于企业的职工或者职工的亲朋好友,一般不具有扩散性,而且所募集的资金确实是用于企业的生产经营,补充流动资金,一般不会被认定为非法集资。但如果通过各种途径向社会公开集资,数额较大,涉及的不特定的人员且人数众多,并许诺高额回报或者股权的,一般会被认定为非法吸收公众存款;如果所筹集的资金并没有用于其所声称的生产经营,而是用于其他用途，由于资金链断裂而导致无法偿还，或者用于其他非法用途，或者企业主根本就没打算按期还本付息的，则有可能被认定为集资诈骗。

2.债权转股权的问题

《公司注册资本登记管理规定》扩大了债权转股权的范围，对于私募基金通过投贷联动方式，以部分债权、股权形式投资企业的，如果投资协议约定了债权转股权的条件，可以在条件成就后实现债权转股权的目的。根据双方合同的约定，届时由债权人依据双方合同的约定行使债转股的权利。

十一、公司重大资产变化、债权债务及资产重组

（一）公司重大资产变化概念及尽职调查目的

根据《上市公司重大资产重组管理办法》《非上市公众公司重大资产重组管理办法》等相关法律法规的规定，所谓公司重大资产变化，是指公司及其控制的公司在日常经营活动之外购买、出售资产或通过其他方式进行资产交易，导致公众公司的业务、资产发生重大变化的资产交易行为，如资产重组、资产并购、购买或出售主要资产达到一定比例足以对公司的经营产生影响的行为。

尽职调查的目的是要了解公司自设立至今是否有发生重大的资产变化及收购兼并行为，该行为是否履行了必要的法律手续，是否符合相关法律规定；上述行为是否对本次发行构成实质性障碍。

（二）具体调查内容

1.公司设立至今有无合并、分立、增资扩股、减少注册资本、收购、回购或出售资产等行为，如有，应说明是否符合当时法律、法规和规范性文件的规定，是否已履行必要的法律手续；

2.公司是否拟进行资产置换、资产剥离、资产出售或收购等行为，如拟进行，应说明其方式和法律依据，以及是否履行了必要的法律手续，是否对公司挂牌的实质条件及本规定的有关内容产生实质性影响；

3.公司的重大资产（包括土地、厂房、主要生产设备、机器设备、办公设备、备品、备件、原材料、主要运输工具、存款等）的清单，内容应包括：所有权人、取得方

式、使用地点、设备原值、已用年限、累计折旧、设备净值；该等重大资产的购买合同及付款发票，权属登记证明文件；

4.公司的设备中处于海关监管状态的设备清单、购买合同、付款凭证、纳税及减免税收凭证等；

5.公司拥有的其他重要资产的证明文件；

6.公司拥有的非经营性资产的种类、数量，剥离计划；

7.公司以融资租赁、回租赁、分期付款等方式取得的重大资产清单及其相关合同；

8.公司因租赁（或者无偿占用）取得的重大资产清单、租赁（无偿占用）合同及有关履行情况说明；

9.列载于公司财务记录上但因特殊原因（如出租、出借、出质、留置、被查封、冻结、扣押或者采取其他强制措施等）不在公司掌握和控制范围内的资产清单及其相关文件。

（三）调查程序

1.核查公司的设立以及合并、分立、减少注册资本行为的工商资料及相关决策程序的文件原件并取得复印件；

2.核查公司资产置换、资产剥离、资产出售或收购等情形及相关文件原件并取得复印件；

3.根据公司提供的材料，核查公司有没有进行重大资产置换、资产剥离、资产出售或收购等行为的计划；

4.核查公司股权投资的相关资料，了解其报告期的变化情况，取得被投资单位的营业执照、报告期的财务报告、投资协议等文件。

（四）调查文件

1.公司合并、分立、减少注册资本的相关决议；

2.变更前后的营业执照及公司章程修正案；

3.公司决策机构对进行资产置换、资产剥离、资产出售或收购做出的决议；

4.公司进行资产置换、资产剥离、资产出售或收购所签订的协议；

5.公司进行资产置换、资产剥离、资产出售或收购的定价依据；

6.公司进行股权投资的相关资料，包括决策机构的决议等，该股权投资在报告期内的变化情况；

7.公司与被投资公司签订的投资协议以及被投资公司的营业执照、报告期的财务报告等；

8.拟进行资产置换、资产剥离、资产出售或收购的计划书、董事会决议、股东会决议以及资产情况说明。

以上资料均需要加盖公司公章。

十二、公司治理

（一）公司治理概述

公司治理，从广义角度理解，是研究企业权力安排的一门科学；从狭义角度上理解，是基于企业所有权层次，研究如何授权给职业经理人并针对职业经理人履行职务行为行使监管职能的科学。

基于经济学专业立场，企业有两个权：所有权和经营权，二者是分离的。企业管理（corporate management）是建构在企业“经营权层次”上的一门科学，讲究的就是企业所有权人如何向经营权人授权，经营权人如何在获得授权的情形下，以实现经营目标而采取一切经营手段的行为。与此相对应，公司治理（corporate governance）则是建构在企业“所有权层次”上的一门科学，讲究的是科学地向职业经理人授权，科学地对职业经理人进行监管，从而保证企业按照所有权人设计的路线和方向持续不断地发展。

公司治理涵盖了诸多利益相关者的关系，主要包括股东、董事会、经理层的关系，这些利益关系决定企业的发展方向和业绩。公司治理讨论的基本问题，就是如何使企业的管理者在利用资本供给者提供的资产发挥资产用途的同时，承担起对资本供给者的责任，利用公司治理的结构和机制，明确不同公司利益相关者的权力、责任和影响，建立委托代理人之间激励兼容的制度安排，是提高企业战略决策能力，为投资者创造价值管理的前提和基础。

企业的安全性和成长性均取决于该公司内设机构如何积极地履行职能。股东（大）会作为公司价值聚焦“顶点”和最高权力机关，为了维护和争取公司实现最佳经营业绩，公司价值投射向董事会、总经理和监事会三个利益“角位点”，此三个利益“角位点”相互制衡形成“三角形”；“顶点”和“三角形”构成“锥形体”，这是公司治理结构的标准模型。

股东判定公司的安全性和成长性基准是董事会、总经理和监事会三个利益“角位点”不可以重合或者处于同一直线，更不得与“顶点”重合或处于同一平面；一旦出现这些状况，表示该公司处于特定时期或危机状态。董事会、总经理和监事会需要根据各自利益趋向争取权利和最大利益，“三角形”版图面积逐渐变大，这也正是企业实力不断增强的体现，否则，结果正好相反。“三角形”和“顶点”构成“锥形”的高度，体现了企业发展战略的高度，“锥形”的体积体现了企业的市场竞争力。

公司治理结构仿生解析图依照拟人化原则，一个企业如同一个人，全体股东投资成立有限公司形式的企业法人，董事会是企业的“大脑”，总经理是企业的“心脏”，总经理辖制的各部门是企业的“五脏六腑及肢体器官”，监事会是企业的“免疫力系统”，公司治理结构则是企业的“神经系统”。公司治理的核心问题就是公司三会一层的构成及其运作制度，三者互相支撑又互相制衡，构成公司的正常运作与发展。

吴敬琏（1994）的观点：认为公司治理结构是指由所有者、董事会和高级执行人员即高级经理人员三者组成的一种组织结构。要完善公司治理结构，就要明确划分股东、董事会、经理人员各自权力、责任和利益的边界，从而形成三者之间的制衡关系。

林毅夫（1997）的观点：认为“所谓的公司治理结构，是指所有者对一个企业的经营管理和绩效进行监督和控制的一整套制度安排”，并随后引用了米勒（1995）的定义作为佐证，他还指出，人们通常所关注或定义的公司治理结构，实际指的是公司的直接控制或内部治理结构。

从上面列出的这些定义可以看出，学者们对公司治理概念的理解至少包含以下两层含义：

1.公司治理是一种合同关系。公司被看作一组合同的联合体，这些合同治理着公司发生的交易，使交易成本低于由市场组织这些交易时发生的交易成本。由于经济行为人的行为具有有限理性和机会主义的特征，所以这些合同不可能是完全合同，即能够事前预计各种可能发生的情况，并对各种情况下缔约方的利益、损失都作出明确规定的合同。为了节约合同成本，不完全合同常常采取关系合同的形式，也就是说，合同各方不求对行为的详细内容达成协议，而是对目标、总体原则、遇到情况时的决策规则，分享决策权以及解决可能出现的争议的机制等达成协议，从而节约了不断谈判不断缔约的成本。公司治理的安排，以公司法和公司章程为依据，在本质上就是这种关系合同，它以简约的方式，规范公司各利害相关者的关系，约束他们之间的交易，来实现公司交易成本的比较优势。

2.公司治理的功能是配置权、责、利。关系合同要能有效，关键是要对在出现合同未预期的情况时谁有权决策及一旦出现问题时如何处理作出安排。一般来说，谁拥有资产，或者说，谁有资产所有权，谁就有剩余控制权，即对法律或合同未作规定的资产使用方式作出决策的权利。公司治理的首要功能，就是配置这种控制权。这有两层意思：一层是，公司治理整顿是在既定资产所有权前提下安排的。所有权形式不同，譬如债权与股权、股权的集中与分散等，公司治理的形式也会不同。另一层是，所有权中的各种权力就是通过公司治理整顿结构进行配置的。这两方面的含义体现了控制权配置和公司治理结构的密切关系：控制权是公司治理的基础，公司治理整顿是控制权的实现。我们认为，对于公司治理定义，除了上述的内容之外，还应该从更广泛的利害相关者的角度，从权益制衡与决策科学两个方面去理解。

（二）公司治理尽调内容

1.公司组织结构

（1）公司现在建立的组织管理结构；

（2）公司章程；

（3）公司董事会的构成，董事、高级管理人员和监事会成员在外兼职情况；

（4）公司股东结构，主要股东情况介绍，包括背景情况、股权比例、主要业务、注册资本、资产状况、盈利状况、经营范围和法定代表人等。

2.关注公司章程，了解“三会一层”的架构、制度安排及其运行

“三会”是指股东会、董事会和监事会，“一层”是指以经理为核心的管理层。公司的“三会”是公司治理的核心和基本框架，一个公司的运作是否规范，就要看“三会”的运作是否正常，是否合法合规，小股东的利益是否得到尊重等。而通过审核“三会”的相关文件，可以了解企业在一些重大决策上是如何操作的，是否存在法律上的瑕疵。

审查企业“三会”文件，首先要看“三会”是否有完整、真实的会议记录，决议

的产生及内容是否合法合规，从形式到内容进行全面的审核，譬如出席会议的股东、董事、监事、秘书和记录人是否在会议记录上签名。

通过查阅公司章程，了解公司组织结构，查阅“三会”有关文件，调查公司“三会”的建立健全及运行情况，说明上述机构和人员履行职责的情况，关注公司章程和“三会”议事规则是否合法合规，是否建立健全投资者关系管理制度，是否在公司章程中约定纠纷解决机制。

董事会会议记录应作为公司重要档案妥善保存，以作为日后明确董事责任的重要依据。（章程指引不少于10年）

3.董事会对治理机制的评估

公司董事会对公司治理机制进行讨论评估，内容包括现有公司治理机制在给股东提供合适的保护以及保证股东充分行使知情权、参与权、质询权和表决权等权利方面所发挥的作用、所存在的不足及解决方法等。

4.公司治理机制调查

（1）是否依据有关法律法规和公司章程发布通知并按期召开三会；会议文件是否完整，会议记录中时间、地点、出席人数等要件是否齐备，会议文件是否归档保存，会议记录是否正常签署；

（2）董事会和监事会是否按照有关法律法规和公司章程及时进行换届选举；

（3）董事会是否参与了公司战略目标的制订，检查其执行情况，董事会对管理层业绩进行评估的机制和执行情况；

（4）涉及关联董事、关联股东或其他利益相关者事项应当回避的内容，公司是否建立了表决权回避制度，检查其执行情况；

（5）监事会是否正常发挥作用，是否具备切实的监督手段，包括职工代表监事履行职责的情况；

（6）“三会”决议的实际执行情况，未能执行的会议决议，相关执行者是否向决议机构汇报并说明原因。

5.公司股东及股东会调查

（1）通过查阅公司股权结构图、股东名册、公司重要会议记录、决议以及公司历次股权变动的相关文件，调查公司的股权结构，股东持股比例（包括直接和间接持股比例），以及直接或间接持股是否存在质押或其他有争议的情况，判断公司控股股东及实际控制人。

(2)通过查阅具有资格的中介机构出具的验资报告，咨询公司律师或法律顾问，询问管理层和会计人员，到工商行政管理部门查询公司注册登记资料，调查公司股东的出资是否及时到位，出资方式是否符合有关法律、法规的规定。

通过查阅资产评估报告，询问资产评估机构等方法，对以实物、工业产权、非专利技术、土地使用权等非现金资产出资的，调查所使用的评估方法与评估值的合理性。

(3)调查公司股东之间是否存在关联关系的情况，股东中是否有专业投资机构以及其参与公司治理的情况。

(4)调查公司管理层及核心技术人员的持股情况和所持股份的锁定情况。

6.公司董事监事调查

调查公司董事、监事的简要情况，主要包括：姓名、国籍及境外居留权、性别、年龄、学历、职称；职业经历(参加工作以来的职业及职务情况)；曾经担任的重要职务及任期；现任职务及任期；本人及其近亲属持有公司股份的情况；是否存在对外投资与公司存在利益冲突的情况。

7.政策制定执行情况调查

调查公司对外担保、重大投资、委托理财、关联方交易等重要事项的政策及制度安排，调查决策权限及程序等规定，并核查近两年的执行情况，包括对上述事项的决策是否符合股东大会、董事会的职责分工，对该事项的表决是否履行了公司法和公司章程中规定的程序，以及决策是否得到有效执行。

取得管理层就公司对外担保、重大投资、委托理财、关联方交易等事项的情况、是否符合法律法规和公司章程的规定，及其对公司影响的书面声明。

(三)公司治理尽职调查的常见问题

鉴于此，在对公司进行尽职调查时全面核查公司的治理结构也就成为尽调的一个重点内容，律师应主要关注以下几个问题：

1.公司章程中是否存在“三会一层”的制度设计？

2.“三会一层”是否有明确的召集、召开、表决、决议通过的程序及流程管理制度？

3.“三会一层”的贯彻实施及运作情况如何？

4.“三会”的会议通知、会议记录、决议等相关法律文件。

笔者在对拟上市公司进行的尽职调查中发现存在以下问题：

1.股东会

（1）股东会授权委托书不符合相关上市公司章程的要求。部分上市公司股东会授权委托书仅注明“全权行使表决权”，缺乏对所审议每一事项投赞成、反对或弃权票的明确指示，未按相关公司章程的规定执行。

（2）重大事项的决策未经股东会审批。部分上市公司高级管理人员薪酬管理办法、重大股权转让、重大资产处置、重大贷款事项、重大投资和持续性重大关联交易等事项在经过董事会决议后，股东会审批前就开始付诸实施，使股东会的最高决策权流于形式；也有部分上市公司章程虽然对董事会的权限进行了授予，但当董事会审议超越授权范围的事项后，未将审议事项提交股东会审议批准，违反了《公司法》第113条的相关规定。

（3）召开股东会会议的通知时间违反《公司法》的规定。召开股东会会议，应当将会议召开的时间、地点和审议的事项于会议召开20日前通知各股东；临时股东会会议应当于会议召开15日前通知各股东，违反了《公司法》第115条的相关规定。

（4）部分上市公司董事、监事薪酬未经股东大会审批。部分上市公司的董事、监事薪酬事项仅经过董事会审议，而未经过股东会审议批准，违反了《公司法》第113条的相关规定。

（5）股东会统计提案表决票的程序不符合《上市公司股东大会规则》的要求。部分公司股东会提案表决时由公司职工计票和监票，未由律师、股东代表与监事代表共同负责计票、监票，不符合《上市公司股东大会规则》第37条的要求。

2.董事会

（1）部分上市公司在采用通信方式召开董事会会议时，未建立相应制度确保董事充分行使职权，并保障监事的知情权和监督权。部分上市公司董事会会议多以通信方式召开，个别上市公司采用通信方式召开董事会会议的比例高达七成，但公司未建立相应的规章制度，在采用通信方式召开董事会会议时确保董事充分行使职权，并保障监事的知情权和监督权。

（2）部分上市公司对关联交易表决时，关联董事未回避表决。部分上市公司董事会对关联交易进行审议时出现关联董事参与表决，未履行回避程序，违反了《公司法》第139条的相关规定。

(3)董事未真正做到勤勉尽责。部分董事无故、借故缺席董事会会议;独立董事未发挥专业优势,未能对公司的重大决策发表自己的独立意见,未在年度股东会上履行法定的述职程序。

(4)董事会对未在会议通知中列明的审议事项进行审议并作出决议。部分上市公司对未在董事会会议通知中列明的事项进行审议并作出决议,个别公司甚至出现在召开董事会时随意增加审议事项,不符合《上市公司治理准则》第46条的要求。

(5)部分上市公司召开董事会会议的通知时间违反《公司法》的规定。部分公司董事会召开定期会议前并未将会议召开的时间、地点和审议的事项在召开会议十日前通知董事和监事,违反了《公司法》第123条的相关规定。

(6)董事会会议记录不完整。部分上市公司董事会会议记录过于简略,未包括出席董事的姓名及受他人委托出席董事会的董事姓名、会议议程和董事发言要点等内容,不符合《上市公司章程指引》的要求。

(7)总经理办公会替代董事会审议重大事项。部分上市公司存在以总经理办公会替代董事会的情况,董事会应有的法定职权被公司管理层侵蚀,董事会在公司治理中的核心作用没有得到充分发挥。

(8)独立董事任职资格和专业背景不符合相关要求。部分上市公司独立董事兼任公司的管理咨询人员、法律顾问、财务顾问,缺乏应有的独立性要求;部分上市公司独立董事组成人员中没有会计专业人士,违反了《关于在上市公司建立独立董事制度的指导意见》的相关要求。

3.董事会专门委员会

(1)未制定董事会专门委员会工作细则。部分上市公司仅成立了董事会专门委员会,但没有制定各专门委员会的工作细则,专门委员会的实际运行不具有可操作性。

(2)董事会专门委员会会议与董事会会议合并召开。在部分上市公司,董事会专门委员会会议往往和董事会会议合并召开,并未履行先由专业委员会讨论评审,再提交董事会审议的决策程序,甚至有个别上市公司在董事会会议结束后再召开董事会专门委员会会议,没有充分发挥出董事会专门委员会决策咨询的作用。

(3)各专门委员会组成人员不符合相关规定。根据《上市公司治理准则》的要求,审计委员会、提名委员会、薪酬与考核委员会中独立董事应当占多数并担任召集人。但检查发现,部分上市公司专门委员会组成人员不符合要求,例如审计委员会组成人员中公司管理层占多数,且由非独立董事担任召集人。

(4)董事会各专门委员会代行董事会的部分职权。部分上市公司的个别议案由专门委员会审议后实施,专门委员会侵蚀了董事会应有的职权。

4.监事会

(1)监事会未履行应有的监督职能,基本流于形式。部分上市公司监事会的工作重形式轻实质,有个别上市公司监事自始从未列席过董事会会议,监事会的监督功能未得到有效发挥。

(2)监事资格不合法。部分上市公司监事由高级管理人员或财务负责人兼任;部分上市公司职工监事未由职工代表大会、职工大会或者其他形式民主选举产生,而是由大股东或者管理层直接任命,违反了《公司法》第130条的相关规定。

(3)监事会会议记录过于简单。部分上市公司监事会会议记录过于简单,缺少每位监事发言的要点,未能全面反映全体监事对所审议事项充分讨论之后形成最终决议的过程。

(4)监事会对公司重大财务事项的审议不及时。辖区部分上市公司监事会未能按照《公司法》的规定定期检查公司财务状况,特别是对于公司会计估计、会计政策发生变化时未及时履行监督职责,违反了《公司法》第78条的相关规定。

(5)召开监事会会议前没有书面会议通知。部分上市公司监事会会议召开前没有书面会议通知,各监事对召开监事会会议的时间、地点和议题不知情,不符合《上市公司章程指引》第148条的要求。

综上所述,公司在"三会"方面存在很多不合法、不符合公司章程的做法,但从尽调的角度出发,应对"三会"的具体制度、具体程序进行完善,使之符合公司法及公司章程的要求。

十三、董事、监事及高级管理人员的简历、任职资格及诚信情况

(一)董监高任职资格问题调查

通过了解董监高的简历,包括学历及工作简历,可以概括地了解其学习及工作经历,从而初步判断其是否具备一定的经验和能力,能否胜任其职位。

为了保证公司的董监高能顺利地履职，勤勉尽责地为公司服务，公司法对其任职资格作了负面清单的要求，根据《公司法》第178条之规定，“有下列情形之一的，不得担任公司的董事、监事、高级管理人员：

（一）无民事行为能力或者限制民事行为能力；

（二）因贪污、贿赂、侵占财产、挪用财产或者破坏社会主义市场经济秩序，被判处刑罚，执行期满未逾五年，或者因犯罪被剥夺政治权利，执行期满未逾五年；

（三）担任破产清算的公司、企业的董事或者厂长、经理，对该公司、企业的破产负有个人责任的，自该公司、企业破产清算完结之日起未逾三年；

（四）担任因违法被吊销营业执照、责令关闭的公司、企业的法定代表人，并负有个人责任的，自该公司、企业被吊销营业执照之日起未逾三年；

（五）个人所负数额较大的债务到期未清偿被人民法院列为失信被执行人。

违反前款规定选举、委派董事、监事或者聘任高级管理人员的，该选举、委派或者聘任无效。

董事、监事、高级管理人员在任职期间出现本条第一款所列情形的，公司应当解除其职务。”

（二）董事、监事、高级管理人员诚信问题的尽职调查

调查公司管理层的诚信情况，取得经公司管理层签字的关于诚信状况的书面声明、承诺，书面声明至少包括以下内容：

（1）最近两年内是否因违反国家法律、行政法规、部门规章、自律规则等受到刑事、民事、行政处罚或纪律处分；

（2）是否存在因涉嫌违法违规行为处于调查之中尚无定论的情形；

（3）最近两年内是否对所任职（包括现任职和曾任职）公司因重大违法违规行为而被处罚负有责任；

（4）是否存在个人负有数额较大债务到期未清偿的情形；

（5）是否有欺诈或其他不诚实行为等情况。

通过查询中国人民银行征信系统、工商行政管理部门的企业信用信息系统等公共诚信系统，咨询税务部门、公司贷款银行等部门或机构，咨询公司律师或法律顾问，查阅相关记录以及其他合理方式，核实公司管理层是否存在不诚信行为的记录，评价公司管理层的诚信状况。

另外，根据《首次公开发行股票并上市管理办法》、《首次公开发行股票并在创业板上市管理暂行办法》及其他法律法规的规定，董事、监事、高级管理人员候选人除应符合《公司法》的相关规定外，还不得存在下列情形：

（1）最近三年内受到中国证监会行政处罚；

（2）最近三年内受到证券交易所公开谴责或三次以上通报批评；

（3）被中国证监会宣布为市场禁入者且尚在禁入期；

（4）被证券交易所公开认定为不适合担任上市公司董事、监事和高级管理人员；

（5）高级管理人员不得在控股股东、实际控制人及其控制的其他企业中担任除董事、监事以外的其他职务，不得在控股股东、实际控制人及其控制的其他企业领薪；（首发管理办法）

（6）无法确保在任职期间投入足够的时间和精力于公司事务，切实履行董事、监事、高级管理人员应履行的各项职责；

（7）上市公司董事会中兼任公司高级管理人员以及由职工代表担任的董事人数总计不得超过公司董事总数的1/2。

由此可见，对于担任拟上市公司的董监高，法律及证监会有着更高的要求，一方面，是因为法律对公众公司要求更为严格，需要作为其董监高的管理人员有着更高的道德标准和职业道德要求；另一方面，也是为了公司谨慎选择更优秀的人才，以保障公司未来的可持续发展，回馈社会。

此外，由于独立董事的特殊性，不得在公司担任除董事外的其他职务，并与其所受聘的上市公司及其主要股东不存在可能妨碍其进行独立客观判断的关系。对于独立董事任职资格，法律也有明确的要求。

1.独立董事原则上最多在五家上市公司兼任独立董事，并确保有足够的时间和精力有效地履行独立董事的职责。

作为公司规范管理的一项制度设计，独立董事制度的引入目的是更多地对公司的运作提供足够的外部、独立的监督，减少企业管理人员的不规范操作并降低企业经营中的道德风险，所以应保证独立董事有充分的时间和精力履行职责，深入介入公司经营的过程，兼任太多的独立董事将会使其无暇顾及，更何况独立董事本身还有工作，从而使独立董事的制度设计流于形式，达不到应有的效果。

2.聘任适当人员担任独立董事，其中至少包括一名会计专业人士（会计专业人士是指具有高级职称或注册会计师资格的人士)。

3.担任独立董事应当符合下列基本条件:

(1)根据法律、行政法规及其他有关规定,具备担任上市公司董事的资格;

(2)具有《关于在上市公司建立独立董事制度的指导意见》所要求的独立性;

(3)具备上市公司运作的基本知识,熟悉相关法律、行政法规、规章及规则;

(4)具有五年以上法律、经济或者其他履行独立董事职责所必需的工作经验;

(5)公司章程规定的其他条件。

4.独立董事必须具有独立性,下列人员不得担任独立董事:

(1)在上市公司或者其附属企业任职的人员及其直系亲属、主要社会关系(直系亲属是指配偶、父母、子女等;主要社会关系是指兄弟姐妹、岳父母、儿媳女婿、兄弟姐妹的配偶、配偶的兄弟姐妹等);

(2)直接或间接持有上市公司已发行股份1%以上或者是上市公司前十名股东中的自然人股东及其直系亲属;

(3)在直接或间接持有上市公司已发行股份5%以上的股东单位或者在上市公司前五名股东单位任职的人员及其直系亲属;

(4)最近一年内曾经具有前三项所列举情形的人员;

(5)为上市公司或者其附属企业提供财务、法律、咨询等服务的人员;

(6)公司章程规定的其他人员;

(7)中国证监会认定的其他人员。

另外,根据《深圳证券交易所独立董事备案办法》(2017年修订)的规定,除本办法第2条规定外,第12条规定独立董事提名人在提名候选人时,除遵守本办法第4条至第11条的规定外,还应当重点关注独立董事候选人是否存在下列情形,从而对独立董事的任职资格作了进一步的细化。

(1)过往任职独立董事期间,连续两次未出席董事会会议或者连续12个月未出席董事会会议的次数超过期间董事会会议总数的1/2的;

(2)过往任职独立董事期间,未按规定发表独立董事意见或发表的独立意见经证实明显与事实不符的;

(3)同时在超过5家公司担任董事、监事或高级管理人员的;

(4)过往任职独立董事任期届满前被上市公司提前免职的;

(5)最近36个月内受到中国证监会以外的其他有关部门处罚的;

(6)可能影响独立董事诚信勤勉和独立履职的其他情形。

独立董事候选人存在上述情形之一的,其提名人应当披露具体情形、仍提名该候选人的理由、是否对上市公司规范运作和公司治理产生影响及应对措施。

十四、公司职工及高级管理人员、核心技术人员持股及股权激励情况

(一)股权激励概述

公司在发展、成长过程中离不开的两架马车就是资金和人才,资金是企业采购原材料、生产设备、获得技术和人才及维持公司日常运转的基本条件,而人才则是公司获得技术及竞争力优势的前提。随着技术的不断变化与创新,越来越多的企业不再依赖传统的重资产运营模式,而是依赖掌握核心技术的高新技术人才,一些高新技术企业则更是主要依靠其核心的技术人才、市场营销人员,所以,企业要想获得持续发展,人才是企业发展的核心问题,特别是那些关乎企业技术、营销及管理方面的核心人员,更是企业发展所必不可少的,如何建立起企业发展的长效用人机制是很多企业关注的重要问题,较好的福利待遇、良好的成长空间、令人羡慕的职位以及具有归属感的企业文化,这些都只是解决人才阶段性问题的办法和措施,如果能让人才随着企业的发展壮大一起成长,让人才能认同企业的长期发展战略,并且从企业的发展中获益,特别是一旦是企业有机会进入资本市场而导致企业价值一飞冲天之时企业核心职工也能获得丰厚的回报,这就是企业高级管理人员、核心职工的股权激励计划所能解决的。

股权激励,是一种通过让经营者获得公司股权、未来期权,或者是跟公司股权有关的业绩激励机制等形式给予企业经营者一定的经济权利,使他们能够以股东或类股东的身份参与企业决策、分享利润、承担风险,将其自身的利益与企业的发展紧密捆绑在一起,从而勤勉尽责地为公司的长期发展服务的一种激励方法。通过股权激励,可以减少管理者代理人的成本,实现财产资本与人力资本的有效结合,从而实现企业发展与股东利益、管理者利益的共享机制。

股权激励不同于其他公司治理模式的特点在于不再使用权利的赋予与剥夺、监督与制衡等模式,从表面上看,股权激励是股东对经营者的一种奖励,一种期权的行权和额外财产的取得,但是实质上将经营者从纯粹的代理人变成一种特殊意

义上的股东，这种特殊意义上的“股东”所持有的股票或者其他意义上的财产权利与二级市场上的投资者有很大的不同。

根据实行股权激励的公司是否上市，可以分为上市公司股权激励计划和非上市公司股权激励计划。

随着股权激励计划的不断发展、演变，目前已产生了十多种不同类型的股权激励计划模型，常见的类型有十四种：

(1)股票期权；

(2)股票增值权；

(3)限制性股票；

(4)虚拟股票；

(5)账面价值股票；

(6)业绩股票；

(7)储蓄参与股票；

(8)股票无条件赠予；

(9)影子股票；

(10)经营者持股；

(11)职工持股计划；

(12)管理层收购；

(13)延期支付；

(14)优先股。

(二)股权激励计划的影响

股权激励制度在国外被誉为是公司送给经理人的一副“金手铐”，这一比喻形象地说明了股权激励制度对经理人可以产生既激励又约束的双重作用。它对企业的影响长远来说是比较积极和正面的，主要体现在以下几个方面。

1.对企业的影响

(1)有利于更好地吸引并留住核心人力资本

企业每个部门都有相应的核心人力资本。授予核心人力资本以股权或期权，能够提供较好的内部竞争氛围，激励人力资本最大限度地供给。同时，由于股权和期权强调未来，公司能够留住绩效高、能力强的核心人力资本。

（2）充分刺激和调动经理人积极性和创造力

股权激励计划将经理人的利益与企业的盈利捆绑在一起，使经理人自发自觉地为企业创造利润，最大化地贡献自己的才智。

（3）有效降低企业经营成本并提高利润

国内外的实践证明，实施股权激励计划后，经理人的主人意识增强，工作积极性均会大幅提高，往往能够通过积极的管理有效地降低企业经营成本并提高利润。

2.对现有股东的影响

（1）稀释股权，降低现股东持股比例

期权的授予结果必然使现股东的股权得到稀释，使原先相对集中的股权变为分散，现股东的控制权在一定程度上将会削弱。

（2）引入监督，经营管理和利润分配的透明化及民主程度要求提高

根据我国《公司法》规定，公司股东（无论持股比例多少）依法享有资产收益、参与重大决策和选择管理者等权利，具体而言，股东还享有：股东会表决权、查阅公司章程、文件和财务报告、会计账簿的权利、分红权，以及对其他股东出让股权的优先认购权等诸多权利。

因此，股权分散化导致的结果必然是对现有股东的经营管理带来监督。在此情况下，公司的经营管理及利润分配等都应当走向规范化、透明化，重大事项的决策应当民主化。以往“家长制”“一言堂”的管理模式需要逐步改变。

（3）带来潜在的纠纷风险

既然股权由集中转为分散，股东对公司经营管理、持续发展的思路就有可能出现分歧，股东之间出现矛盾并导致纠纷的风险就大大提高。

3.对被激励对象的影响

（1）提高其在公司的主人翁意识和责任感、荣誉感及归属感

职工通过股权激励的方式成为企业的股东以后，明显加强了其主人翁意识，并且对企业各方面的参与感、责任感、荣誉感及归属感都不同程度因人而异地增强，从而大大减少了代理人成本，有利于降低企业的管理成本及提高管理效益。

（2）有利于激发职工的工作热情及创造力

（三）调查公司是否存在管理层、核心职工股权激励计划

无论是IPO还是企业并购，都会涉及调查企业是否存在管理层、核心职工股权

激励计划的问题，主要从以下几个方面进行核查。

1.企业是否存在对管理层、核心职工的股权激励计划；

2.企业实行股权激励计划的背景、原因及其目的；

3.审查股权激励计划的详细计划、方案及其内容；

4.目前处于哪个阶段，实施的反馈效果如何；

5.评估股权激励计划对公司经营产生的影响，分为积极方面和消极方面。

（四）调查公司是否实行职工持股计划

如有此类情况需审阅：

1.关于职工持股计划的说明文件（简要说明职工持股计划的内容和实施情况）；

2.职工持股计划方案的架构、模式及具体内容，如通过何种方式持股，职工持股会、工会持股还是通过设立公司、有限合伙企业持股；是否存在代持股情况，代持股是否存在违反法律强制性规定的情况；是全员持股还是部分核心职工股权激励；股权持有人名单及其所占份额；

3.各方为实施期权计划所签署的法律文件（包括但不限于股东会/董事会决议、期权协议、行权凭证等）。

通过对以上材料、文件的审核，了解并评估企业实施股权激励计划的具体情况，并评估其对企业经营产生的影响，从而为收购主体或IPO提供律师的专业评价意见。

十五、税务及财政补贴

（一）税种简述

纳税是每一个公民和企业应尽的法律义务，企业作为我国的市场经济主体，是国家税收的主要来源。企业应当缴纳的税种主要包括：

1.生产销售型：增值税、所得税、房屋使用或土地使用税和各种附加费；

2.服务娱乐：营业税、所得税、房屋使用或土地使用税和各种附加费。

基本税种：

1.营业税按提供的服务收入5%缴纳；

2.增值税按销售收入17%、6%、4%缴纳（分别适用增值税一般纳税人、小规模生产加工纳税人和商业企业纳税人）；

3.城建税按缴纳的营业税与增值税之和的7%缴纳；

4.教育费附加按缴纳的营业税与增值税之和的3%缴纳；

5.地方教育附加费按缴纳的营业税与增值税之和的2%缴纳；

6.印花税：购销合同按购销金额的万分之三贴花；账本按5元/本缴纳（每年启用时）；年度按“实收资本”与“资本公积”之和的万分之五缴纳（第一年按全额缴纳，以后按年度增加部分缴纳）；

7.城镇土地使用税按实际占用的土地面积缴纳（各地规定不一，××元/平方米）；

8.房产税按自有房产原值的70%×1.2%缴纳；

9.车船税按车辆缴纳（各地规定不一，不同车型税额不同，××元辆）；

10.企业所得税按应纳税所得额（调整以后的利润）缴纳：小规模和一般纳税人的年终利润小于100万元时纳税10%，大于100万元的时候纳税额是25%。小规模年终所得税可以用进项票据进行抵扣；

11.发放工资代扣代缴个人所得税。

上述税种中除增值税与企业所得税（2002年1月1日新设立的企业）原向国税局申报缴纳外，其他均向地税局申报缴纳。

2018年3月13日，第十三届全国人民代表大会第一次会议在北京人民大会堂举行第四次全体会议。受国务院委托，时任国务委员王勇向第十三届全国人民代表大会第一次会议作关于国务院机构改革方案的说明。该说明第二部分明确指出，“改革国税地税征管体制。将省级和省级以下国税地税机构合并，具体承担所辖区域内的各项税收、非税收入征管等职责。国税地税机构合并后，实行以国家税务总局为主与省（区、市）人民政府双重领导管理体制”。

2018年6月15日上午，全国各省（自治区、直辖市）级以及计划单列市国税局、地税局合并且统一挂牌。

2018年7月20日，全国省市县乡四级新税务机构全部完成挂牌，至此，国地税合并工作完成。

主税种按营业执照的经营范围确定（增值税、营业税），其他税种再根据实际确定（城建税、教育费附加、印花税、房产税、土地使用税、车船使用税、土地增值税、企业所得税、个人所得税等）。

企业应纳的税种基本上涵盖了除个人所得税之外的所有税种。下面就几个与企业关系较密切的税种作简单介绍。

(1)增值税，是指对在我国境内销售货物或者提供加工、修理、修配劳务以及进口货物的单位和个人征收的一种税。

(2)消费税，是指对在我国境内从事生产、委托加工和进口应税消费品的单位和个人征收的一种税。

(3)营业税，是指对在我国境内提供应税劳务、转让无形资产或者销售不动产的单位和个人征收的一种税。

(4)关税，是指海关对进出我国国境或关境的货物、物品所征收的一种税。

(5)所得税，是指对在我国境内从事生产、经营的企业，就其生产、经营所得和其他所得征收的一种税。

(6)城市维护建设税，是指对从事生产经营活动的单位和个人，以其实际缴纳的增值税、消费税和营业税的税额为计税依据，按纳税人所在地适用税率计算征收的一种税。

(7)房产税，是以房产为征税对象，依据房产价格或房产租金收入向房产所有人或经营人征收的一种财产税。

(8)车船使用税，是指对在我国境内拥有并且使用车船的单位和个人征收的一种税。

(9)印花税，是指对凡在我国境内书立、领受税法所列举凭证的单位和个人征收的一种税。

(10)土地增值税，是指凡转让国有土地使用权、地上的建筑物及其附着物并取得收入的单位和个人征收的一种税。

(11)资源税，是指对在我国境内从事开采税收法规所规定的矿产品或者生产盐的单位和个人征收的一种税。

(12)城镇土地使用税，是指以城镇土地为征税对象，对拥有土地使用权的单位和个人征收的一种税。

(13)教育费附加，是指纳税人交纳的增值税、消费税和营业税附加征收的一种税。

(二)对企业纳税的尽职调查

1.调查目的

公司是否依法纳税；公司是否存在重大税惠依赖，是否存在违反税法的情形以及因此可能给公司经营带来的影响。

2.调查内容

（1）公司及其控股子公司执行的税种、税率是否符合现行法律、法规和规范性文件的要求。若公司享受优惠政策、财政补贴等政策，该政策是否合法、合规、真实、有效，是否有相关的政府文件支持，具体的优惠政策、优惠税率及幅度等。

（2）公司近两年是否依法纳税，是否存在被税务部门处罚的情形。

3.调查程序

（1）核查公司报告期的纳税资料的原件并取得复印件，调查公司及其控股子公司所执行的税种、税基、税率并取得公司的说明，判断公司纳税是否符合现行法律、法规的要求及报告期是否依法纳税；

（2）核查公司税收优惠或财政补贴文件的原件并取得复印件，判断公司享有的税收优惠或财政补贴是否符合财政管理部门和税收管理部门的有关规定，调查税收优惠或财政补贴的性质、来源、归属、用途及会计处理等情况，关注税收优惠期或补贴期及其未来影响；

（3）走访税务主管部门取得公司是否依法纳税的说明书或证明。

4.调查文件

（1）报告期的纳税资料（公司及其控股子公司的税务登记证明、纳税登记表及税收转账专用完税证或税收缴款书）；

（2）公司及其控股子公司所执行的税种、税基、税率的说明；

（3）财政补贴及收款凭证；

（4）税收优惠及相关文件；

（5）税务主管部门书面证明（无重大违法违规证明）。

十六、公司的环境保护问题

（一）公司环境保护概况

企业的社会责任是20世纪以来被持续探讨的重要问题。企业履行社会责任不仅是企业获得长足发展的必然要求，更是人类获得可持续发展的必然要求。其中，环境问题是人类获得可持续发展亟待解决的重要问题之一，也关乎人类自身的生存和生活质量。

企业在为社会提供产品及/或服务的过程中，会或多或少地对周围的环境产生污染，企业的环境保护责任就成为企业对社会的重要责任之一，这也是法律对企业承担社会责任和义务的基本要求。

自从人类进入工业化社会以后，由于人类滥采滥伐自然资源、过度消耗和对环境不可逆转的破坏，使环境问题日益突出，各国通过不断完善的立法和执法对环境保护采取了越来越严格的监管标准。

（二）公司环保问题尽职调查

1.调查内容

一直以来，环保问题都是IPO及新三板挂牌审核重点关注的问题。目前涉及环保问题的主要审核内容有：

（1）招股说明书是否详细披露了发行人生产经营与募集资金投资项目是否符合国家环保要求，最近三年的环保投资和相关费用成本支出情况，环保设施实际运行情况以及未来的环保支出情况；

（2）保荐人和发行人律师是否对发行人的环保问题进行详细核查，包括是否符合国家环保要求，是否发生环保事故，发行人有关污染处理设施的运转是否正常有效，有关环保投入、环保设施及日常治污费用是否与处理公司生产经营所产生的污染相匹配等；

（3）曾发生环保事故或因环保问题受到处罚的，除详细披露相关情况外，保荐人和发行人律师还需要对其是否构成重大违法行为出具意见。

2.审核内容及材料

（1）公司生产工艺、流程是否符合环境保护相关法律法规，公司在环境保护方面的投入及未来可能的投入情况；

（2）建设项目清单（包括已建、在建和拟改扩建项目）；

（3）建设项目所涉环境影响报告书、环境影响报告表或者填报环境影响登记表；

（4）环保部门（省级以上）对公司拟投资项目出具的证明或环保影响评价报告及其审批文件；

（5）环保设施检测报告（表）或者环境保护验收调查报告（表）；

（6）建设项目环保验收批准文件；

(7)公司出具的关于环保设施建设、运转使用情况的说明;

(8)公司出具的关于产品及其生产过程中是否含有或使用禁用物品的说明(如有);

(9)关于环境事故的情况说明(如有);

(10)环保部门对公司作出的任何命令、罚款、整改或调查的有关通知、文件(如有);

(11)因环保事项而引发的诉讼、仲裁、行政复议事项(包括但不限于侵害赔偿等)的文件决定书、判决书、仲裁裁决及其履行、执行的最新状况说明(如有);

(12)公司排放的主要污染物应达到的国家或地方规定的排放标准及污染物排放水平的说明;

(13)处置固体废物的情况说明;

(14)水污染物排放许可证或临时排污许可证;

(15)大气排污许可证;

(16)排放污染物申报登记表;

(17)排污核定通知书;

(18)排污费缴纳通知单;

(19)排污费缴纳凭证;

(20)公司涉及危险品情况的说明;

(21)危险物处置协议(如有)及处置方的资质证明文件;

(22)危险废物转运联单及跨市转移批准文件;

(23)环保部门出具的环保核查意见;

(24)访谈调查笔录和其他有关文件。

3.调查程序

(1)取得国家环保主管部门的书面证明,确认公司的生产经营活动符合有关环境保护的要求,公司最近两年是否存在因违反有关环境保护方面的法律法规而被处罚的情况;

(2)取得环保主管部门(省级以上)对公司拟投资项目出具的证明或环保评价报告,确认公司拟投资项目符合有关环境保护的要求;

(3)与公司进行会谈(会谈笔录),并实地考察,了解公司生产过程中“三废”的排放情况及其他污染情况,取得国家地方有关该行业、企业的排污标准及公司污染排放指标，检查是否在国家规定范围之内；

（4）与公司进行会谈（会谈笔录），了解公司近三年治理污染采取的具体措施及资金投入，讨论对公司产品成本及未来生产经营的影响，并分析其可能产生的风险。

4.尽职调查表格示范文本

为了达到更清晰、更有条理的阅读及审核效果，笔者在实践中发现采用可视化的表格往往有着一目了然的效果，关于环境保护问题尽职调查的示范文本，见表2-4。

表2-4　环境保护问题尽职调查示范文本

<table>
<tr><td colspan="2">单位名称</td><td colspan="2"></td><td colspan="2">单位地址</td><td colspan="2"></td></tr>
<tr><td colspan="2">法人代表</td><td></td><td>环保
负责人</td><td colspan="2"></td><td>联系电话</td><td></td></tr>
<tr><td colspan="2">单位环保机构名称</td><td colspan="2"></td><td colspan="2">单位环境监测机构名称</td><td colspan="2"></td></tr>
<tr><td colspan="2">上级政府环保部门名称</td><td colspan="2"></td><td colspan="2">上级政府环境监测机构名称</td><td colspan="2"></td></tr>
<tr><td rowspan="5">考核主要污染物质名称</td><td>废水</td><td colspan="2"></td><td rowspan="5">考核执行标准名称级别</td><td>废水</td><td colspan="2"></td></tr>
<tr><td>废气</td><td colspan="2"></td><td>废气</td><td colspan="2"></td></tr>
<tr><td>噪声</td><td colspan="2"></td><td>噪声</td><td colspan="2"></td></tr>
<tr><td>固废</td><td colspan="2"></td><td>固废</td><td colspan="2"></td></tr>
<tr><td>其他</td><td colspan="2"></td><td>其他</td><td colspan="2"></td></tr>
<tr><td rowspan="7">单位环保设备设施数量</td><td>废水</td><td colspan="2"></td><td rowspan="7">单位环保设备设施资产总值</td><td>废水</td><td colspan="2"></td></tr>
<tr><td>废气</td><td colspan="2"></td><td>废气</td><td colspan="2"></td></tr>
<tr><td>噪声</td><td colspan="2"></td><td>噪声</td><td colspan="2"></td></tr>
<tr><td>固废</td><td colspan="2"></td><td>固废</td><td colspan="2"></td></tr>
<tr><td>监测</td><td colspan="2"></td><td>监测</td><td colspan="2"></td></tr>
<tr><td>其他</td><td colspan="2"></td><td>其他</td><td colspan="2"></td></tr>
<tr><td>合计</td><td colspan="2"></td><td>合计</td><td colspan="2"></td></tr>
<tr><td rowspan="5">确保达标排放重要环保设施名称</td><td colspan="3"></td><td rowspan="5">单位环保从业人员数量</td><td>技术</td><td colspan="2"></td></tr>
<tr><td colspan="3"></td><td>管理</td><td colspan="2"></td></tr>
<tr><td colspan="3"></td><td>监测</td><td colspan="2"></td></tr>
<tr><td colspan="3"></td><td>工人</td><td colspan="2"></td></tr>
<tr><td colspan="3"></td><td>合计</td><td colspan="2"></td></tr>
</table>

续表

年份 达标率/% 项目		2014年	2015年	2016年
政府考核主要污染物质的监测达标率/%	废气			
	厂界噪声			
	废水			
单位何时通过了何单位组织的ISO14001环境管理体系认证			如未通过认证是否考虑要建立本单位环境管理体系（规划大体时间）	
上级政府环保部门如何对本单位污染排放进行监控，是否颁发了排污许可证			单位是否通过了上级政府组织的“一控双达标”验收	
单位是否还存在重大未解决的环境问题，近年所需的环境治理投资大体有多少			在污染排放中单位是否执行了地方排放标准，如在执行，请提供复印件	
单位是否有完整的环境管理组织体系，请提供相关机构图			单位是否有采用切削油的生产处理过程	

续表

项目 / 数量/吨 / 种类		2016年产生量	2016年综合利用情况			处理处置或综合利用主要途径
			数量	利用率/%	产值/万元	
单位主要固体废弃物处置及综合利用情况	废砂					
	废炉渣					
	废钢					
	废铁屑					
	废包装					
单位是否有铸造生产企业，请提供铸造生产工艺流程图						

批准：　　审核：　　制表：

十七、企业发展目标

(一)关于企业的未来发展规划

企业未来发展规划是企业为谋求进一步的发展壮大而拟订的计划书，在分析研究企业未来所面临的外部市场及竞争环境和内部条件的基础上，以发展的眼光，对企业未来发展布局、经营目标、投资方向、重大投资项目、业务扩展模式及计划、实施步骤等作出阶段性的、系统而全方位的谋划。

企业申请在全国中小企业股份转让系统挂牌或者IPO，目的就是打通企业的生存和发展空间，开拓多种融资渠道；一旦挂牌成功，企业可以采取多种融资方式，并且就此比较融资的成本代价，如可以采取股权融资、债权融资等多种方式，也有利于采取股权激励的方式引进优秀的人才或者为企业发展所急需的人才。但说到底，企业挂牌的根本目的是实现更大的经营目标，这也是企业不断融资、吸引并留住人才的目的所在，为了获得更多的融资，吸引更多的外部资源为企业所用，企业应当制定未来3～5年的发展目标，这样一旦具备了融资便利化的条件后，就可以按照原先的规划，一步步实施并走向成功，实现既定的业务目标及公司发展规划，同时，这也是尽职调查所关注的。

一般而言，企业的发展规划至少应当包括以下内容：

1.外部环境及市场研究

(1)宏观经济环境、政策环境研究；

(2)国家产业政策研究；

(3)企业产品或服务的市场研究；

(4)行业背景及发展前景研究；

(5)竞争对手情况研究；

(6)企业生存及发展所面临的困惑及问题所在。

2.内部条件

(1)企业核心竞争力及市场竞争优势；

(2)企业目前存在的问题及进一步发展所需要的资源要素。

3.企业未来3～5年发展规划

(1)企业增扩产能的计划及所需要素计划；

(2)企业新增投资项目及其商业计划书、可行性研究报告;

(3)企业并购重组目标及商业计划书;

(4)企业对外业务合作及研究合作计划、共同开发计划及其可行性研究报告;

(5)其他有关未来发展的详细规划及可行性研究报告。

(二)关于SWOT分析法

对于企业外部环境及内部条件的分析研究,目前通行的方法是采取SWOT分析方法。

SWOT分析法又称“态势分析法”,是一种根据企业自身的既定内在条件进行分析,找出企业的优势、劣势及核心竞争力之所在的企业战略分析方法。早在20世纪80年代初由旧金山大学的管理学教授提出来的,SWOT分析法是一种能够较客观而准确地分析和研究一个单位现实情况的方法。如人力资源SWOT分析是指企业为了提升人力资源的竞争力,而进行的对人才选、用、育、留等方面的分析。

1.SWOT内涵介绍

S(Strength优势):是组织机构的内部因素,具体包括:有利的竞争态势;充足的财政来源;良好的企业形象;技术力量;规模经济;产品质量;市场份额;成本优势;广告攻势等。

W(Weakness弱势):是指在竞争中相对弱势的方面。也是组织机构的内部因素,具体包括:设备老化;管理混乱;缺少关键技术;研究开发落后;资金短缺;经营不善;产品积压;竞争力差等。

O(Opportunity机会):是组织机构的外部因素,具体包括:新产品;新市场;新需求;市场壁垒解除;竞争对手失误等。

T(Threat威胁):也是组织机构的外部因素,具体包括:新的竞争对手;替代产品增多;市场紧缩;行业政策变化;经济衰退;客户偏好改变;突发事件等。

SWOT方法自形成以来,广泛应用于企业战略研究与竞争分析,成为战略管理和竞争情报的重要分析工具。分析直观、使用简单是它的重要特点。

2.外部环境

潜在外部威胁(T):市场增长较慢,竞争压力较大,不利的政府政策,新的竞争趋势,行业替代产品销售额正在逐步上升,用户讨价还价,能力增强,用户需要与爱好逐步转变，通货膨胀递增及其他。

潜在外部机会（O）：纵向一体化市场增长迅速，可以增加互补产品，能争取到新的用户群，有进入新市场或市场面的可能，有能力进入更好的企业集团，有同行业的竞争业绩，优良拓展产品线满足用户需求及其他。

3.内部条件

潜在内部优势（S）：产权技术成本优势，竞争优势，特殊能力产品创新，具有规模经济良好的财务资源，高素质的管理人员，公认的行业领先者，买主的良好印象，适应力强的经营战略及其他。

潜在内部劣势（W）：竞争劣势：设备老化，战略方向不同，竞争地位恶化，产品线范围太窄，技术开发滞后，营销水平低于同行业其他企业管理，不善战略实施的历史记录，不佳资金拮据，相对竞争对手的高成本及其他。

（三）对于企业未来发展规划的尽职调查

1.审查的主要内容

（1）项目规划：未来需要上马的项目，项目可行性研究报告、项目投资规模、产品、技术来源等方面的内容；

（2）企业的研发计划、引进人才计划；

（3）并购整合计划。

通过横向或纵向的并购整合，迅速地扩大企业的市场占有份额，获得先进的技术和优秀的人才，或者获得企业所需要的其他战略资源。

2.需要审核的材料

（1）查阅公司董事会会议记录及决议、股东会会议记录及决议，了解有关公司发展规划；与公司高管交谈，询问公司发展战略。

（2）询问公司未来3～5年的业务发展目标、发展计划，包括整体经营目标及主要业务的经营目标、产品开发计划、人员扩充计划、市场开发与营销网络建设计划等，判断这些计划是否与公司未来发展目标相匹配。

（3）调查公司实现目标和计划的主要措施和手段，判断其可行性。

（4）调查可能对其业绩和持续经营产生不利影响的所有因素，特别是业务、市场营销、技术、人才、财务、管理、发展前景等方面存在的困难、障碍和政策性风险。

（5）调查公司在经营过程中面临的风险及公司采取的相应防范措施及其效果反馈。

（6）询问公司是否存在待履行的重大业务合同、投资项目合同及对外合作合同、并购项目合同等。

通过对企业未来业务发展目标的尽职调查，可以了解企业控股股东关于企业未来发展的具体规划及其步骤、措施，俗话说，资本市场的投资方就是投资企业的未来，同时，不但要看到企业控股股东关于未来发展的详细规划、具体措施及其步骤，也要看到企业实现这些目标的可能性及现实性，结合企业目前的业务发展情况，综合判断其发展目标的可行性，从而为投资者提供企业未来发展前景的基本判断，并在后续的发展过程中予以验证。

十八、行业背景与市场调查

一个企业的行业背景与市场，是该企业赖以生存和发展的空间，每个行业有其独特的运行方式、特点、与相关行业的关联度以及该行业与上下游产业的关系等问题。企业的发展与行业的发展息息相关，企业的未来发展能有多大的空间，一方面与该行业的未来发展方向、空间有着密切的关系；另一方面也与该企业的规模、行业地位、技术先进程度、商业模式、管理制度及经营特点有关系，所以关注企业的行业背景与市场，就是了解企业成长的外部空间、竞争形势及市场空间等。

通过收集与公司所处行业有关的行业研究或报道，与公司管理层交谈，比较市场公开数据，收集行业主管部门制定的发展规划、行业管理方面的法律法规及规范性文件，行业协会的相关资料，以及主办券商内部行业分析师的分析研究等方法，审慎、客观分析公司所处细分行业的基本情况和特有风险（如行业风险、市场风险、政策风险等）。包括但不限于：

1.行业所处的生命周期和行业规模；

2.行业与行业上下游的关系（行业价值链的构成）；

3.行业的竞争程度及行业壁垒；

4.国家对该行业的监管体制和政策扶持或限制，以及产业政策对该行业的影响；

5.影响该行业发展的有利和不利因素。

公司所处行业（市场）分析是尽职调查中看似很虚，实际上是非常重要的部分。行业（市场）分析的目的是把握目标公司的生存和发展的外部环境及其经营产品可能的市场表现，从而为投资决策提供依据，避免发生“方向性”的错误。如果处在一个不景气的行业或者竞争环境恶劣的行业，即使由最优秀的团队来运作企业也难以产生良好的效益。相反，如果行业景气度高，成长性非常好并且处在快速发展阶段，则企业将平步青云，获得广阔的发展空间，从而创造出巨额利润。对于投资者而言，选对行业是投资获得成功的首要前提。

通常一个值得投资的“好的行业”需具备六个条件：

第一，产品面向的市场规模要足够大；

第二，市场增长潜力要足够大，为企业高速增长提供契机；

第三，行业的毛利率（利润率）要足够大，为企业提供良好的现金流回报；

第四，企业在行业中要占据绝对竞争优势，特别是在细分的领域中；

第五，行业进入的壁垒要足够高，从而有效地阻却或延缓进入者；

第六，行业要符合国家的政策导向。

事实上，并非每个企业所处的行业都完全具备上述条件，企业选择的行业只要具备其中的两个或多个条件时就具备了一定的竞争优势，当然，具备的条件越充足则其竞争优势越明显。

一般来说，分析公司所处的行业（市场），内容包括五个方面，其中以行业情况和竞争状况两个方面为核心。

（一）行业情况

1.公司所属行业是传统产业还是创新产业，是否属于国家鼓励的高新技术产业、新兴产业，国家对行业发展的基本态度和政策导向，产业政策基本情况等。现行产业政策中有关本行业的内容，包括管理体制（有无特许权等）及扶持政策（如出口补贴、出口信贷、出口退税、减免所得税/营业税等）。

2.行业发展的国际及国内现状、前景及未来发展趋势、“瓶颈”、产业及技术的替代情况。

3.公司在行业发展中处于什么样的地位，规模与产业发展要求的匹配度，企业产品在市场上所占份额情况。

4.公司主要产品、主要用途及未来重点发展的产品。

5.产品国际及国内市场规模与增长潜力。

6.产品市场供求状况、竞争程度、行业利润水平和未来变化情况。

7.公司所处行业的技术水平及技术特点。

8.公司所处行业的周期性、区域性或季节性特征。

9.上下游行业及与本行业的关联度，上下游行业的发展前景，上下游行业变动及变动趋势对公司所处行业的有利和不利影响。

10.公司出口业务情况，出口市场变动对公司的影响。

11.进入本行业的主要障碍（至少列举3项，如技术、人才、资金、规模、特许经营等）。

12.限制或严重影响本行业长远发展的关键因素（如原料紧缺、劳动力成本提高、市场容量有限、环保政策变化等）。

（二）竞争状况

1.公司产品的主要竞争对手名单及市场份额估计；

2.公司行业地位及核心竞争力等；

3.与同行业竞争对手相比，公司目前主要的经营优势（产量、价格、渠道、销售量、服务、品牌）、管理优势、竞争优势、市场优势和技术优势；经营劣势分析；

4.公司产品替代趋势分析；

5.公司商业模式的特点及差异化优势分析。

通过以上内容与信息的收集、整理与研究，可以对企业所处行业环境进行全面、科学的分析与判断，也为企业今后的发展方向、规划提供决策的依据。

十九、重大合同

（一）概述

所谓重大合同，也是相对而言的，根据企业经营性质及行业、生产经营规模、采购及销售规模、与企业主营业务的关联度、合同金额、合同内容的重要性及对企业的影响等因素综合考量而确定的。

重大合同按内容分一般主要包括业务合同（采购合同、销售合同）、借款合同、抵押担保合同、建设工程合同、租赁合同、技术研发合同等。

（二）尽调内容及材料

对合同的审查并不是作为一个孤立的环节进行的，而应贯穿对目标公司各方面情况的调查过程中。在调查过程中，对于不同性质、反映目标公司不同情况的合同，应有不同的审查重点，首先应当要求交易对方提供尚未履行完毕的合同及其情况说明，该说明应当包括合同金额、合同相对方、合同性质、合同履行情况等。

重大合同的定义和范围根据不同项目的要求有比较大的差异，以私募案例为例，常见的重大的合同包括以下方面。

1.标的额在100万元以上（具体标的额由企业根据实际情况确定）的买卖、工程建设合同、设计、委托加工合同、承包合同及重大建筑设备采购及安装合同；主要业务合同的分类、样本和抽样（按类型分别提供一份样本和三份抽样）；

2.主要机器、设备购买合同或与机器、设备供应商之间的其他协议或安排；如没有书面合同，请详细说明供货条款和条件（包括付款和交货条件）；

3.与原材料供应及燃料、能源供应、设备配件相关的框架协议、合同或说明；

4.公司与其销售的主要商品品牌持有人签订的销售商品的代理协议、特许经营合同或类似合同安排；

5.与供应商或与客户订立的代理、经销、批发、零售金额超过公司最近会计年度的年收入5%的所有协议、合同、契约；

6.公司与关联人之间的任何合同；

7.对公司主要资产有关的或受其约束的任何销售或购买选择权协议；

8.与其他自然人、企业或经济组织签订的知识产权方面的协议、合同如专利及商标许可协议、转让协议、专有技术转让协议、特许经营许可协议、著作权相关协议、专利交叉许可协议、商业秘密保密协议等；

9.对公司具有重大限制的合同（如不竞争协议，限制销售和市场划分的协议等；

10.在公司及其任何动产上设置限制动产转让、出租或使用的合同，包括但不限于动产出租合同的书面文件、公司与第三人所签订的任何限制、禁止将动产出租、出售或转让的文件、公司承诺在一定期间或满足一定条件时将动产出租、或转让给第三人的文件或合同等；涉及土地、房屋等不动产产权变动的合同、协议；

11.关于购买或出售证券的协议(包括股票、债券和政府国债);

12.在正常经营业务以外的合同(无金额限制);

13.所有与政府机构或其他公司、团体或组织之间订立的履行期超过一年的合同;

14.所有公司承担保密和禁止披露信息义务的合同(无金额限制);

15.期限为一年以上的雇用、咨询协议(如与机构签署的聘请咨询顾问协议等)(无金额限制);

16.自成立以来的重大兼并、合并、收购、资产出售、剥离、划转的协议、资产置换、合资合作、联营、合伙协议、战略合作、委托管理协议等;

17.有关进出口业务合同,包括直接与境外第三方签署的合同及与进出口代理人签署的协议;

18.为其他公司、自然人等提供抵押、质押及保证担保的合同;

19.借款合同;

20.期限为一年以上的雇用、咨询协议(如与机构签署的聘请咨询顾问协议等)(无金额限制);

21.除前述重大合同外,其他对公司主体地位、生产经营有重要影响的任何协议和合同;

22.关于所有重大合同的履行和违约情况,情况说明的表格;

23.公司对重大合同的管理制度(包括台账及审核签发制度等);

24.合同负责人、承办人认为重大的其他合同。

(三)如何审查合同

审查合同主要从以下几个方面着手:

1.审查合同的有效期限;

2.审查合同的主要条款是否存在缺漏;

3.目标公司在协议项下应享受的权利和承担的义务,权利义务是否基本对称和平衡;

4.基于有关合同,目标公司的行为受到哪些限制;

5.合同为目标公司设定了哪些义务及违反义务须承担的法律责任;

6.违约责任是怎样约定的;

7.该合同是否可转让；

8.合同在什么情况下可以解除或终止，及其具体条件；

9.是否有特别的表决、审批及通过程序条款；

10.争端的解决方式：若是涉外合同，应重点关注是否有仲裁条款；若没有，一旦涉讼，成本多少，判决结果能否得到顺利执行；

11.除了合同约定的权利义务外，目标公司是否会面临其他风险以及风险的大小等。

通过对企业重大合同及其履行情况的全面审阅、调查，可以基本了解企业生产经营、对外投资、借款及担保，以及合同履行中存在的法律风险，从而对企业基本的经营状况作出适当的评估与判断。

二十、历年股利发放情况和现行股利分配政策

什么是股利政策呢？简单地说，股利政策，就是公司关于是否发放股利、发放多少、何时发放、以什么样的形式发放股利的方针和策略。

从经济影响和市场效应看，股利政策作为公司经营行为和经营业绩的反映与折射，不仅对于投资人的投资积极性产生影响，也会对公司的股票价格和市场形象产生重大影响，而且还会影响公司后续的外部融资。具体来讲，一方面，它是公司筹资、投资活动的逻辑延续，是公司财务管理活动的必然结果，也是财务管理成果的必然反映；另一方面，好的股利政策，不仅可以树立良好的公司形象，而且能激发广大投资者对公司持续投资的热情，从而能使公司获得长期、稳定的发展条件和机会。

那么，股利政策对于公司发展和市场形象如何产生影响作用，以及如何针对股利分配进行有效的财务管理。

（一）公司股利政策的基本类型

1.股利政策的核心及股利来源

分配的股利既可以是股票，也可以是现金，也有可能二者同时分配的搭配方案，对于此，财务管理中股利政策的核心，是如何正确处理公司与投资者之间、公司当前利益与公司长远利益之间的辩证关系。

分配股票股利的来源是哪里？当然主要是公司利润，或来自往年计提的资本公积；而分配现金股利的来源，几乎全部是公司利润，或者说，公司股利原则上应从累计盈利中分派，当年无盈利就不得分派股利，此即所谓“无利不分”原则。不过，最重要的，还是要考虑公司股东的意愿，考虑公司资本结构及公司发展对现金需求的财务管理规划等。可见，公司的股利政策不仅和公司未来的资本计划密切相关，也和未来的资金规划密切相关，同时也和未来每股收益预期密切相关。

因此，公司在制定股利政策时，应关注公司成长、盈利及资金需求三点。

2.股利分配条件及支付方式

如前所述，股利是一种积累留存的利润，股东分配股利是他们的权利。但是，分配股利需具备一些条件的，例如：

（1）发放股利需要经过股东会讨论通过并形成决议；

（2）公司税后利润必须首先在弥补亏损和提取法定公积金和公益金后方可分配；

（3）公司当年无盈利时，一般不得分配；若需分配，可在用盈余公积弥补亏损后，经股东大会审议决议后，再用剩余盈余公积金部分进行分配。

目前，公司通常以现金股利和股票股利作为股利的支付方式。其中，那些属于成长型、有扩展潜力的公司，通常选择股票股利，而把现金更多地留给公司用于扩大经营或者研发。譬如世界著名的微软公司、“股神”巴菲特麾下的投资旗舰公司——伯克希尔·哈撒维公司等，他们长期以来走的就是股本扩张道路，相对而言，派发现金股利较少。所以我们认为，只要经营得当，好公司的利润增长也能够满足其股本快速扩张的需要、可以稳定其股价，公司也可以不断发展壮大；而一些已步入稳定发展期的公司则以现金作为主要的分红方式，一则可以直接增加股东当前利益、增强股东对公司的信心和凝聚力；二则也可避免公司股本扩张太快，稀释每股收益的含金量。

总之，公司股利支付方式主要有：

（1）现金股利。现金股利，是指以现金形式分派给股东的股利，是股利分派最常见的方式。显然，大多数投资者都喜欢现金分红，因为这是到手的利润。

在分配现金红利时，其派发顺序：首先是优先股股东按固定的股息率行使收益分配权，其次是普通股股东根据余下的利润来分配股息，股息率不一定是固定的。

股东一年能拿到手里多少股息和红利？当然要看公司的经营业绩。因为股息和红利是从税后利润中提取的，所以税后利润既是股息和红利的唯一来源，也是公司分红派息的最高限额。

（2）股票股利。股票股利是公司以发放股票作为股利的支付方式。

股票股利并不会直接增加股东的财富，不会导致公司资产的流出或负债增加。所以，股利分配之股票股利，是以按比例送股的方式，分配给既定时间内登记在册的全体股东予适当数量的股票，使其成比例增加持有股份数，从而实现既平抑过高股价、又为未来的股价上升腾出空间。例如，某上市公司近几年效益好、增长势头旺，从而股票市价居高不下，长期稳定在90元左右。现因公司发展需要资金、决定不予现金分红，同时为吸引新的投资人进场、平抑过高股价，于是决定实施每10股送10股的分配方案。方案完成后，公司总股本数量怎么样了呢？增长了一倍，同时，其股票市价也应声跌至45元/股。这叫“除权”（以后填权）；如果除权后股价持续上涨，说明投资者看好该企业的后续发展及股市的后续表现。

股票股利对公司财务管理有什么样的意义呢？

①发放股票股利可使股东分享公司良好的经营业绩而又无须分配现金，从而使公司留下来大量现金，便于进行扩大市场或用于再投资，有利于公司的长期发展；

②在盈余和现金股利不变的情况下，发放股票股利可以降低每股价值和市场价格，降低投资者的持股成本，从而吸引更多的投资者进入；

③发放股票股利往往会向社会传递公司将会继续发展的信息，从而提高投资者对公司的信心，在一定程度上稳定股票价格。

当然，在某些情况下，公司选择发放股票股利而不是现金，也会被认为是公司资金周转不灵的征兆，反而会降低投资者对公司的信心，加剧股价的下跌。那么，股利政策作为财务管理的重要内容，我们应当系统了解一下，这两种分配方式在诸多方面存在差异，以便做出合理的选择。

第一，现金股利与股票股利在作用上的差异。

公司发放现金股利，可以起到很快刺激投资者信心的作用，对于看重近期利益的股东很有吸引力；而股票股利，是公司用无偿增发新股的方式来支付股利，既不减少公司现金，又可使股东分享利润，还可以免交个人所得税，因而对看重公司潜在发展能力而不太计较即期现金分红的长期投资者更有吸引力。

第二，现金股利与股票股利适用的条件不同。

发放现金股利的条件要求较高。例如公司现金较充足、分配后资产流动性仍然能达到一定标准，并且有广泛筹资渠道的，才能发放现金股利；股票股利只要符合股利分配条件，无论是否实际拥有充足现金，如果账上是盈利的，就可以采用股票股利的发放形式。

第三，现金股利与股票股利对公司资产影响有本质上差异。

现金股利的发放，显然会导致公司资产和公司账上股东权益减少，属于公司资产的流出，会减少公司可用资产，还将直接影响公司内部资产的结构，致使公司长期资产与流动资产的比重发生变化。但那毕竟是利润的分配，是真正的股利。而股票股利呢，则是把原来属于股东所有的盈余公积转化为所有股东的资本投入，实质上是留存利润的凝固化和资本化，也就不是真实意义上的股利——股票股利并不会导致资财从公司流出，发给股东的仅仅是他们在公司的权益份额和未来价值。换句话说，股票股利并不影响所有者权益总额，资产、负债都不发生变化。

如果用作股票股利的股票在证券市场上是热门股，则可望股票市价并不因增发股票而下降，其股票市价基本保持稳定，此时股东如果将分得的股票股利抛售，仍然可以换取现金利益。似乎股票股利与现金股利没有区别，股票股利也可以得到现金收入。

然而，这毕竟是假象。因为公司的股东都是在以其持有公司的股票数量来体现他们在公司中的权益甚至地位的，而他们出售股票获取现金收入，就是出售他们在公司所拥有的权益。他们出售股票的所得，既有可能包括一部分利润，但同时更包括他们的一部分资本和权益。另外，股票股利可使股东少交个人所得税，因为按现行税法规定，现金股利应计入应纳个人所得税所得，股票股利则不计入。将股票股利抛售换成现金时，除缴纳少量交易税外，无须缴纳个人所得税。所以，股票股利与现金股利的差别还是很大的。

第四，现金股利与股票股利在法律上受偿顺序不同。

如果在宣布发放现金股利后，公司的财务发生困难、陷入无力偿付到期债务困境，包括不能如期支付已宣布的现金股利在内，甚至破产，则股东们有权先与其他无优先受偿权的债权人共同按比例分配公司资产。因为，此时股东因其拥有向公司索取股利的权利而同时又成为公司的债权人，有权分享公司的资产。至于股票股利，因为只增加股东的股本，所以其法律受偿顺序在现金股利之后。

第五，现金股利与股票股利在会计处理上的差异。

根据《公司法》的规定，公司的利润分配方案先由公司董事会提出，最终由公司股东大会批准，并按股东大会批准的利润分配方案进行分配，所以，两种分配方案不但在时间上不一致，而且在内容上也存在差异，在会计核算上就应采取不同的方式进行。

（3）股票回购。股票回购，一般是由发行股票的公司购回已发行的股份，更明确地说，是向股东购回自己发行的股票。其主要目的，本来是为降低资本总额或因公司股票市价过低而投资、购买自己公司的股票。按照信号效应理论，股票回购会产生信号效应，即"公司管理层认为公司股票价格被低估"的信号。而使公司的股票价格回升，又可使公司股票持有者获得资本利得。同时，由于回购股票而使公司每股收益因此而提高，也会使公司股票价格上升。从这个意义上说股票回购是导致公司资本变动的一种股利形式，即间接支付股利。在美国，原则上允许企业回购股票，因此股票回购在美国十分常见。股票回购在我国还没有被法律所认可——并不是绝对禁止，如"云天化""申能股份"等，在2001年时就做过股票回购，当然他们的目的不是股利分配、而是为降低当时大股东股权比例过高的遗留问题、规范法人治理结构。同时，因其是一种间接支付股利的方式。因此，在一些财务管理教材中甚至不把它看作股利支付形式。在现代财务理论中，一般把股票回购看作一种股利政策，但是从不同角度、从公司回购股票的不同方式和不同目的，可以把股票回购看作不同的财务行为。

如果公司通过举债来回购股票，则可以将该行为理解为融资分红行为；如果公司是认为发行在外的股票被市场严重低估、股价过低，具有投资价值，那么，回购股票就可以理解为投资行为。因为从盈利的角度来讲，当本公司股票被严重低估、极具投资价值时，投资自己的股票是理性的投资选择；如果公司以自有现金回购股票，这时股票回购可以看作一种股利政策；如果公司有较多的富余资金，但又不希望通过派现方式进行分配，股票回购就是一种股利政策的替代方法。总之，股份回购，是成熟资本市场上比较常见的资本运营方式与公司理财策略。

此外，不太常用的股利分配方式还有以下几点。

（1）财产股利。以公司持有其他企业的有价证券，如债券等作为股利分配给股东。

（2）负债股利。以公司应付票据支付给股东（股利白条），不得已情况下也有发行公司债券抵付股利的。这两种股利方式实际上是现金股利的替代。

目前在我国公司实务中很少使用，但并非法律所禁止。

（二）其他股利政策的类型（不同的股利政策观点）

1.剩余型股利政策

剩余型股利政策，是将公司税后可分配利润首先用作内部融资，在满足投资需要后（或实在没有好的投资项目时），还有剩余的才用于向股东分配股利。

这种股利政策核心在于公司持续稳健经营是比发放股利更重要的财务管理理念。因为该政策认为如果公司将盈余保留下来不发放给股东，然后再投资后所能得到的报酬率大于股东自行投资所获报酬率就可以了。

2.稳定股利额政策

稳定股利额政策，以确定的现金股利分配额作为利润分配的首要目标优先予以考虑，一般不随资金需求的波动而波动。这一股利政策有以下两点好处：

（1）稳定的股利额给资本市场和公司股东一个稳定的信息。

（2）许多作为长期投资者的股东（包括个人投资者和机构投资者）希望公司股利能够成为其稳定的收入来源，以便安排他们自己的消费和其他各项支出，稳定股利额政策有利于公司吸引和稳定这部分投资者的投资。

采用稳定股利额政策，要求公司对未来的支付能力作出较好的判断，特别是对那些对股利有着很强依赖性的股东更是如此。一般来说，公司确定的稳定股利额不会太高，要留有余地，以免形成公司无力支付的困境。

虽然稳定的股利政策不符合剩余股利理论，但考虑到公司股价受多种因素影响，包括投资者心理预期等，因此该政策更有利于稳定公司股票价格和公司在投资者心中的形象。

该股利政策的缺点，在于股利的支付与盈余相脱节，当盈余较低时仍要支付固定的股利，这可能导致资金短缺、财务状况恶化；同时，不能像剩余股利政策那样保持较低的资金成本。

3.固定股利支付率政策

这一政策要求公司每年按固定的比例从税后利润中支付现金股利。

从公司支付能力看，这应该属于一种真正稳定的股利政策。但其缺陷是，这一政策将导致公司股利分配额的频繁变化，传递给外界一个公司不稳定的信息，所以很少有企业采用这一股利政策。如果有公司采用该政策，其理由应该在于：这样做能使股利与公司盈余紧密地配合，以体现多盈多分、少盈少分、无盈不分的原则，真正公平对待了每一个股东。

4.低正常股利加额外股利政策

低正常股利加额外股利政策，是指公司一般情况下每年只支付固定的、数额较低的股利；盈余较多年份时，再根据实际情况向股东发放额外股利。但是这部分额外的股利并不固定，尤其不意味着公司永久性地提高股利率。

这一政策使公司在财务管理上具有较大灵活性，既保证股利分配的相对稳定，又实现股利与盈余之间较好配合，应该是为利润水平波动较大的公司提供了较为理想的股利分配政策。

综合以上四大类型的股利政策，究竟是否存在所谓最科学合理的股利政策，目前这在学术上及实践中都没有定论。业内专家发现，长久以来，在公司股利分配中存在的怪现象是不分、少分和巨额分配共存的局面：一些倾向于通过关联交易、资金占用、担保等非正常渠道获取现金回报的控股股东，不愿意与其他中小股东分享股利分配；而一些拟再融资或管理层持股较多的公司却愿意大比例分红派现，也可能损害中小股东权益。这就出现了一些极端分化的公司股利政策（最牛和最“铁”的）。至于具体的公司股利决策过程，首先，由公司财务部门估算利润来源中的永久部分与暂时部分；其次，制定股利支付模式。一般来说，股利分配仅随永久性股利的增加而增加，与暂时性股利的变动无关，或者，不受暂时性股利变动的影响。进一步来说，股利决策的主要解决发放股利的两大问题：何时发放股利以及发放多少股利？因为发放股利与否、何时发放股利与发放多少股利，不应当是一种随机行为，而应当是取决于公司发展战略、并传达这种发展战略信息的连续过程。

我们说，公司股利政策的宣告往往会引起公司股价的变化，这种现象称为股利政策的“信息内涵效应”。信息内涵效应将会影响公司股利政策的制定，并提供给投资者一种廉价可靠的信息资源。

在一个对公司报表和利润加以层层包装和存在大量内幕交易的资本市场上，投资者靠什么来识别公司的真正获利能力和经营状况呢？其中一条重要的途径就是公司的股利政策，尤其是公司的现金股利政策。因为，公司报表上的会计数据可以进行技术处理，但现金股利却是要求公司拿出真金白银来支付的。这就是为什么投资者应该重视公司以往的股利发放记录、为什么投资者一般不会轻信公司报表利润，除非公司推出相应的股利政策作为证实。所以，在财务管理活动中，制定好公司股利政策，就可以放大公司经营业绩和公司良好市场形象，传递给投资人以信心；反之，则可能会抹杀公司的经营成果。

通过对公司股利政策的调查与判断，可以在一定程度上确认公司财务报表的真实性和可靠性，也可以了解公司对于投资者的态度，以及公司未来发展战略、融资需求等相关信息。

二十一、财产租赁情况

了解公司财产租赁情况，目的是判断财产租赁对公司持续经营的影响，如公司对外租赁资产，是否为了让闲置资产发挥最大效益，租赁资产是否属于主要的生产设备还是闲置设备，租金是否合理，是否存在对关联企业的利益输送，租赁合同是否合法，是否存在法律瑕疵；一旦出租房不再出租是否实质性地影响企业的生产经营等，外部租赁的资产是否为生产所必须，是长期租赁还是短期租赁，未来有无购置的计划，有无替代方案，并在此基础上对财产租赁对企业的利益及持续经营能力作出全面的评估。

（一）调查材料及内容

1.当事人双方就财产租赁中相互权利义务达成的协议。

合同中是否明确规定了租赁财产的名称、数量、用途、租赁限期、租金和租金缴纳期限，租赁期间财产维修保养的责任、违约责任及管辖条款等条款。

按合同规定，出租人将出租的财产按规定时间和标准交给承租人使用，承租人向出租人交付租金，租金标准是否按国家统一规定或双方协商议定的数额支付，支付情况如何。财产租赁的标的物是否是法律允许用于租赁使用的流通物品。

2.用于出租或租赁的资产清单、权属证明、用途、采购合同或进口合同、财产租赁合同等。

3.财产租赁合同是否依法足额缴纳了印花税及印花税具体缴纳情况。

4.说明租赁财产是否存在抵押、抵押/质押资产名称、评估价值、抵押/质押权利人、抵押/质押原因。

5.公司因为财产闲置而将该部分财产对外出租，或者因为资金原因、短期使用或成本比较的原因，租用他人的厂房、机器设备、土地等情况，构成公司的财产租赁。因此，涉及公司的财产租赁，一般包括以下几种情况：

（1）闲置财产对外出租，包括闲置的土地、厂房或机器设备、车辆等。

（2）租用他人厂房、机器设备。

6.融资租赁。对公司财产租赁情况进行全面的调查、审核，主要是了解公司财产租赁的合法性，如来源合法、手续合法、重要的生产设备是否租赁来的、是否构成对企业连续经营的风险或障碍等，发现其中存在的问题及法律风险，从而提出规制的律师意见，帮助企业更好地完善相关的手续及依法经营。

属于融资租赁情形的，还应审核以下内容和资料：

（1）是否具备融资租赁的合法经营资格及相关证书、审批文件；

（2）项目名称、租赁资产资料清单、融资租赁合同；

（3）拟租赁资产所有权归属承租企业、无担保抵押、质押情况及其他所有权受限情况；

（4）拟租赁资产初始购买合同及原始发票；

（5）租赁资产财产保险单正本（售后回租、厂商租赁销售）；

（6）签订租赁合同后承租企业须将租赁资产保险受益人变更为租赁公司；

（7）承租企业董事会决议及授权；

（8）批准采用租赁方式融资并授权管理层；

（9）担保企业对本项目租赁标的资产提供担保责任的意向函。

（二）重点关注内容

1.租赁合同中是否存在允许转租的条款，有无合同依据；

2.融资租赁合同中确定的采购设备的风险是由谁承担，划分的节点，是不是由目标公司选择的生产厂商；

3.租赁的设备有无足额购买保险，保险单的具体内容。

二十二、财产保险事项

财产保险是指以各种财产物资和有关利益为保险标的，以补偿投保人或被保险人的经济损失为基本目的的一种社会化经济补偿制度。而企业财产保险是一切工商、建筑、交通运输、饮食服务行业、国家机关、社会团体等，对因火灾及保险单中列明的各种自然灾害和意外事故引起的保险标的的直接损失、从属或后果损失和与之相关联的费用损失提供经济补偿的财产保险。

企业财产综合保险是中国财产保险的主要险种，它以企业的固定资产和流动资产为保险标的，以企业存放在固定地点的财产为对象的保险业务，即保险财产的存放地点相对固定且处于相对静止的状态。企业财产保险具有一般财产保险的性质，许多适用于其他财产保险的原则同样适用于企业财产保险。

投保的企业应根据保险合同向保险人支付相应的保险费。保险人对于保险合同中约定的可能发生的事故因其发生，给被保险人所造成的损失承担赔偿责任。

尽职调查中通过对企业是否购买了财产保险进行全面的核查，全面了解企业财产保险覆盖的广度、范围及险种，是否足额购买了财产保险，从而确认企业主要房产、机器设备等生产资料是否处于一种安全状态，一旦发生火灾或其他自然灾害能获得什么样的补偿以及补偿的程度，从而确定其不会因意外事故或自然灾害等影响企业的持续生产经营能力，同时也可以了解企业财产保险的成本情况等。

（一）保险财产范围及例外

1.属于保险范围的财产

（1）属于被保险人所有或与他人共有而由被保险人负责的财产。

（2）由被保险人经营管理或替他人保管的财产。

（3）其他具有法律上承认的与被保险人有经济利益关系的财产。

（4）非保险范围。

2.下列财产除非经被保险人与保险公司特别约定，并且在保险单上载明，否则不在保险财产范围内：

（1）金银、珠宝、玉器、首饰、古玩、古书、古画、邮票、艺术品、稀有金属和其他珍贵财物；

（2）牲畜、禽类和其他饲养动物；

（3）堤堰、水闸、铁路、道路、涵洞、桥梁、码头；

（4）矿井、矿坑内的设备和物资。

3.下列财产不在保险财产范围内：

（1）土地、矿藏、矿井、矿坑、森林、水产资源以及未经收割或收割后尚未入库的农作物；

（2）货币、票证、有价证券、文件、账册、图表、技术资料以及无法鉴定价值的财产；

（3）违章建筑、危险建筑、非法占用的财产；

（4）在运输过程中的物资。

（二）保险责任

1.财产基本险和综合险

企业财产综合保险主要有财产基本险和综合险两大类，以及若干附加险，主要承保那些可用会计科目来反映，又可用企业财产项目类别来反映的财产，如固定资产、流动资产、账外资产、房屋、建筑物、机器设备、材料和商品物资等。财产基本险和综合险的主要区别在于综合险的保险责任比基本险的范围要广一些。

基本险保险责任：

（1）因火灾、爆炸、雷击、飞行物体及其他空中运行物体坠落所致损失。

（2）被保险人拥有财产所有权的自用供电、供水、供气设备因保险事故遭受损坏，引起停电、停水、停气以致造成保险标的的直接损失。

（3）发生保险事故时，为了抢救保险标的或防止灾害蔓延，采取合理必要的措施而造成保险财产的损失。

（4）在发生保险事故时，为了抢救、减少保险财产损失，被保险人对保险财产采取施救、保护措施而支出的必要、合理费用。

综合险保险责任：

（1）因火灾、爆炸、雷击、暴雨、洪水、台风、暴风、龙卷风、雪灾、雹灾、冰凌、泥石流、崖崩、突发性滑坡、地面下陷下沉。

（2）飞行物体及其他空中运行物体坠落。

（3）被保险人拥有财产所有权的自用供电、供水、供气设备因保险事故遭受损坏，引起停电、停水、停气以致造成保险标的的直接损失。

（4）发生保险事故时，为了抢救财产或防止灾害蔓延，采取合理必要的措施而造成保险财产的损失。

（5）在发生保险事故时，为了抢救、减少保险财产损失，被保险人对保险财产采取施救、保护措施而支出的必要、合理费用。

2.基本责任、责任免除和特约责任

企业财产综合保险的保险责任分为基本责任、责任免除和特约责任。基本责任是指投保人要求保险人承担的赔偿责任，包括自然灾害或意外事故，如火灾、爆炸、雷电、暴风、龙卷风、洪水、地陷、崖崩、突发性滑坡、雪灾、雹灾、冰凌、泥石流以及空中运行物体坠落等；被保险人的供电、供水、供气设备因遭受保险条款中列明的自然灾害或意外事故而造成的损失，以及由于这些设备损坏引起停电、停水、停气，并由此直接造成的保险财产的损失，包括机器设备、在产品和贮藏物品的损坏或报废；在发生上述灾害和事故时，为了抢救财产或防止灾害蔓延，采取合理的、必要的措施而造成的保险财产的损失，以及为了减少被保险财产损失，采取施救、保护措施而支出的合理费用。

企业财产保险中的责任免除包括：战争、军事行动；核辐射或污染；被保险人的故意行为。被保险财产遭受保险条款所列明的自然灾害或意外事故引起的停工、停业的损失以及各种间接损失；被保险财产本身缺陷、保管不善导致的损失，被保险财产的变质、霉烂、受潮、虫咬、自然磨损以及损耗；堆放在露天或罩棚下的被保险财产以及罩棚，由于暴风、暴雨造成的损失及其他不属于保险责任范围内的损失和费用。

特约责任又称附加责任，是指责任免除中不保的责任或另经双方协商同意后特别注明由保险人负责保险的危险。特约责任一般采用附贴特约条款承保。有的特约责任也以附加险形式承保。主要有矿下财产保险，露堆财产保险，特约盗窃保险，堤堰、水闸、涵洞特约保险等。

（三）财产分类标准

企业财产综合保险按是否可保的标准可以分为三类，即可保财产、特约可保财产和不保财产。

可保财产按企业财产项目类别包括房屋、建筑物及附属装修设备，机器及设备，工具、仪器及生产用具，交通运输工具及设备，管理用具及低值易耗品，原材料、半成品、在产品、产成品或库存商品、特种储备商品，建造中的房屋、建筑物和建筑材料，账外或已摊销的财产，代保管财产等。

特约可保财产（以下简称特保财产）是指经保险双方特别约定后，在保险单中载明的保险财产。特保财产又分为不提高费率的特保财产和需要提高费率的特保财产。不提高费率的特保财产是指市场价格变化较大或无固定价格的财产，如金银、珠宝、玉器、首饰、古玩、字画、邮票、艺术品、稀有金属和其他珍贵财物；堤堰、水闸、铁路、涵洞、桥梁、码头等。需提高费率或需附贴保险特约条款的财产一般包括矿井、矿坑的地下建筑物、设备和矿下物资等。

不保财产包括土地、矿藏、矿井、矿坑、森林、水产资源以及未经收割或收割后尚未入库的农作物；货币、票证、有价证券、文件、账册、图表、技术资料以及无法鉴定价值的财产；违章建筑、危险建筑、非法占用的财产；在运输过程中的物资等。

（四）保险费率

我国财产保险基本险和综合险的保险费率分为工业险、仓储险和普通险三类。

每一类别又按照财产的种类、占用性质和危险程度，分为不同的档次。每一投保单位原则上适用一个费率。如果企业选择投保部分财产，其费率应根据其占用性质和危险程度确定，但如果部分保险财产与其他财产在同一处所，则所确定的费率应不低于该行业适用的费率；在单独一个处所的，按最高危险程度确定费率。

由于企业财产保险业务的保险期限通常为一年，则我国采用的企业财产保险业务的保险费率均按保险期限为一年，保险金额以千元计算。财产保险年费率又为基本险和综合险两种，综合险年费率又分为费率1和费率2，前者适用华东、中南、西南地区，后者适用于华北、东北、西北地区。

下面就按工业类、仓储类和普通类具体介绍财产保险的保险费率：

1.工业类

凡从事制造、修配、加工生产的工厂，均按工业险费率计收保险费。根据工业企业使用的原材料、主要产品生产过程中的工艺操作和处理的危险程度，把工业险费率分为六个级别，一级工业危险程度最小、费率最低；六级工业危险程度最大、费率最高。如表2-5所示。

表2-5　工业企业工业险分级费率

类别	号次	占用性质	基本险年费率/%	综合险年费率/%	
				费率1	费率2
工业类	1	第一级企业	0.60	1.60	1.00
	2	第二级企业	1.00	2.00	1.50
	3	第三级企业	1.45	2.40	2.00
	4	第四级企业	2.50	4.00	3.50
	5	第五级企业	3.50	6.40	5.00
	6	第六级企业	5.00	8.00	7.00

一级工业险：适用于钢铁、机器制造、耐火材料、水泥、砖石制品等工业。

二级工业险：适用于一般机械零件制造、修配行业。如自行车五金零件制造厂。

三级工业险：适用于一般物资为主要原料的棉纺品、食品、轻工、电讯、电器、仪表、日常生活用品等工业。

四级工业险：适用于以竹、木、皮毛或一般可燃物资为主要原料或一般危险品进行复合生产的工业；棉、棉麻、塑料及其制成品、化纤、医药制造等加工工业；以油脂为原料的工业和文具、纸制品工业。

五级工业险：适用于以一般危险品及部分特别危险品为主要原料进行复合生产、制氧、挥发性试剂以及塑料、染料制造等工业；大量使用竹、木、稻草主要原料的木器家具、工具、竹器、草编制品制造工业；油布、油纸制造工业。

六级工业险：适用于以特别危险品，如赛璐璐、磷、醚及其他爆炸品为主要原料进行复合生产的工业和染料工业。

2.仓储类

凡储存大宗物资的仓库、露堆、罩棚、油槽、储气柜、地窖、趸船等，都适用仓储险费率。根据仓储商品和物资的性质以及危险程度，仓储险费率可分为四级：一般物资、危险品、特别危险品和金属材料、粮食专储。如表2-6所示。

表2-6 仓储险分级费率

类别	号次	占用性质	基本险年费率/%	综合险年费率/%	
				费率1	费率2
仓储类	7	一般物质	0.60	1.50	1.00
	8	危险品	1.50	3.00	2.00
	9	特别危险品	3.00	5.00	4.00
	10	金属材料、粮食专储	0.35	1.00	0.50

3.普通类

工业和仓储业以外的其他行业使用普通险费率，划分为三级，如表2-7所示。

表2-7 其他行业普通险费率

类别	号次	占用性质	基本险年费率/%	综合险年费率/%	
				费率1	费率2
普通类	11	社会团体、机关、事业单位	0.65	1.60	1.00
	12	综合商社、饮食服务业、商贸、写字楼、展览馆、体育场、交通运输业、牧场、农场、林场、科研院所、住宅、邮政、电信、供电高压线路、输电设备	1.50	2.40	2.00
	13	石油化工商店、液化石油气供应站、日用杂品商店、废旧物资收购站、修理行、文化娱乐场所、加油站	3.00	5.00	4.00

以上费率均为年费率。在实际业务中，可能出现中途退保或保险期限不满一年的情况，这就需要按照短期保险费率计算保险费、财产保险短期基本险、综合险费率。

（五）保险金额

企业财产综合保险金额是根据被保险财产的性质确定的。固定资产保险金额的确定方法主要有三种：按账面原值确定保险金额；按账面原值加成数确定保险金额；按重置重建价值确定保险金额。

流动资产保险金额的确定方法有两种：按最近账面余额确定保险金额和按最近一年账面平均余额确定保险金额。专项资产可以按照最近账面余额确定保险金额，也可以按计划数确定保险金额。代保管财产由于保管人对其负有经济安全责任的，可以投保。如有代保管账登记的财产，可以根据账面反映的价值确定保险金额；如账上不反映的财产，可由投保人估价投保。

在企业财产保险经营中，保险人必须对同类财产在总的平均费率基础上，按照被保险财产的种类，分别制定级差费率。一般而言，影响企业财产保险级差费率的主要因素有：房屋的建筑结构、占用性质、危险种类、安全设施、防火设备等。企业财产保险的现行费率就是在考虑上述因素的条件下制定的，并分为基本保险费率和附加险费率两部分。基本保险费率又分为工业险、仓储险和普通险三类，每类均按占用性质确定不同的级差费率。附加险费率指企业财产保险的附加险（特约保险）的费率，一般由各地根据调查资料统计的损失率为基础进行厘定。此外，还有企业财产保险的短期费率，适用于保险期不满一年的业务。对统保单位或防灾设施良好的投保人，保险人还可以采用优惠费率。

（六）保险期限

企业财产综合保险的保险期限通常为一年。在保险单到期前，保险人应通知被保险人办理续保手续。一般根据保险登记簿填制“到期通知单”送交被保险人，以便到期办理续保手续，避免保险中断。

（七）计算赔偿金额

固定资产既可以按照账面原值投保，也可以由被保险人与本公司协商按账面原值加成数投保，也可以按重置重建价值投保。

上述保险财产发生保险责任范围内的损失，按以下方式计算赔偿金额：

1.全部损失

按保险金额赔偿，如果受损财产的保险金额高于重置重建价值时，其赔偿金额以不超过重置重建价值为限。

2.部分损失

（1）按账面原值投保的财产，如果受损财产的保险金额低于重置重建价值，应根据保险金额按财产损失程度或修复费用与重置重建价值的比例计算赔偿金额；如果受损保险财产的保险金额相当于或高于重置重建价值，按实际损失计算赔偿金额；

（2）按账面原值加成数或按重置重建价值投保的财产，按实际损失计算赔偿金额。

以上固定资产赔款应根据明细账、卡分项计算，其中每项固定资产的最高赔偿金额分别不得超过其投保时确定的保险金额。

流动资产可以按最近十二个月的账面平均余额投保，也可以按最近账面余额投保。

上述保险财产发生保险责任范围内的损失，按以下方式计算赔偿金额：

（1）按最近十二个月账面平均余额投保的财产发生全部损失，按出险当时的账面余额计算赔偿金额；发生部分损失，按实际损失计算赔偿金额。

以上流动资产选择部分科目投保的，其最高赔偿金额分别不得超过出险当时该项科目的账面余额。

（2）按最近账面余额投保的财产发生全部损失，按保险金额赔偿，如果受损财产的实际损失金额低于保险金额，以不超过实际损失为限；发生部分损失，在保险金额额度内按实际损失计算赔偿金额，如果受损财产的保险金额低于出险当时的账面余额时，应当比例计算赔偿金额。

以上流动资产选择部分科目投保的，其最高赔偿金额分别不得超过其投保时约定的该项科目的保险金额。

已经推销或不列入账面的财产可以由被保险人与本公司协商按实际价值投保。

该项保险财产发生保险责任范围内的损失，按以下方式计算赔偿金额：

（1）全部损失。按保险金额赔偿，如果受损财产的保险金额高于实际价值时，其赔偿金额以不超过实际损失金额为限。

（2）部分损失。按实际损失计算赔偿金额，但以不超过保险金额为限。

被保险人因保险事故发生，为了减少保险财产损失，被保险人对保险财产采取施救、保护、整理措施而支出的合理费用时，公司按以下方式计算赔偿金额：

（1）固定资产按账面原值加成数或按重置重建价值投保的，流动资产按最近十二个月账面平均余额投保的，已经推销或不列入账面的财产经被保险人与本公司协商按实际价值投保的，根据被保险人实际支出的费用计算赔偿金额。

（2）除按上列方式以外投保的财产，根据保险金额与重置重建价值或出险当时的账面余额的比例计算赔偿金额。

以上费用的最高赔偿金额，以不超过保险金额为限。

保险财产遭受损失以后的残余部分，应当充分利用，协议作价折归被保险人，并且在赔款中扣除，必要时可由本公司处理。

（八）被保险人义务

1.被保险人应当在签订保险合同之日起十五天内按照保险费率规章的规定一次交清保险费。

2.被保险人应当遵守国家有关部门制定的保护财产安全的各项规定，对安全检查中发现的各种灾害事故隐患，在接到防灾主管部门或本公司提出的整改通知书后，必须认真付诸实施。

3.在保险合同有效期内，被保险人名称、保险财产占用性质、保险财产所在地址、保险财产增加危险程度等事项如有变更，被保险人应当及时书面向本公司申请办理批改手续。

4.保险财产发生保险事故时，被保险人应当积极抢救，使损失减少至最低限度，并立即通知本公司查勘现场。

5.被保险人如果不履行以上的各项义务，公司有权拒绝赔偿，或者从书面通知之日起终止保险合同。

（九）其他事项

1.被保险人在向保险公司申请赔偿时，应当提供保险财产损失清单、救护费用清单以及必要的账册、单据和有关部门的证明。保险公司应当迅速审定、核实。保险赔款金额一经保险合同双方确认，公司应当在十日内一次支付赔款结案。

2.保险财产发生保险责任范围内的损失，应当由第三方负责赔偿的，被保险人应当向第三方索赔。如果被保险人向保险公司提出赔偿请求时，公司可以按照本条款的有关规定，先予赔偿，但被保险人必须将向第三方追偿的权利转让给本公司，并协助公司向第三方追偿。

3.保险财产遭受部分损失经保险公司赔偿以后，保险合同继续有效，但其保险金额应当相应减少，由公司出具批单批注。

4.被保险人从通知保险公司发生保险事故的当天起三个月内不向公司提交条款中规定的各种必要单证，或者从公司书面通知之日起一年内不领取应得的赔款，即作为自愿放弃权益。

5.被保险人向保险公司提供的各种单证、证明必须真实、可靠，如有涂改账册、伪造单证、制造假案等欺骗行为，保险公司有权拒绝赔偿或追回已付的保险赔款。

6.被保险人和保险公司发生争议不能达成协议时，可申请仲裁机关仲裁或向人民法院提起诉讼。

（十）意义与作用

企业财产综合保险是中国财产保险的主要险种，是以各类企业及其他经济组织存放在相对固定地点，且处于相对静止状态的企业固定资产、流动资产和其他与企业经济利益有关的财产为主要保险对象的一种保险。它是在过去火灾保险的基础上，不断扩大保险责任、充实保险内容而逐渐发展起来的，使被保险企业及其他经济组织在遭受到保险责任范围内的自然灾害或意外事故时，能够及时得到经济补偿，保障企业正常生产和经营，同时还配合企业开展防灾防损工作，保护社会财产安全。

各种自然灾害和意外事故，如火灾、爆炸、洪水、雷击、风灾等，是不可避免的，如果某个企业遇到了灾害事故，轻则影响生产，重则中断生产经营，甚至破产。因此，灾害事故就成了企业管理中一种不可预料的风险。保险是一种分担风险的方法，是建立在灾害事故的偶然性和必然性这种矛盾对立统一基础上，对个别投保企业来说是偶然和不确定的，但对所有投保企业来说却是必然和确定的。

参加保险就是以缴付一定的保险费用支出，把风险转嫁给保险公司，一旦发生灾害事故的损失，能够及时得到经济补偿，从而保证企业生产、经营的正常进行和预期经济效益的实现。保险组织通过向众多的投保企业收取保险费来分摊其中少数企业遭受的损失，保险对象的大多数一般不可能同时遭受损失，但如洪暴风、暴雨及地震等自然灾害，经常造成巨灾损失，保险公司则运用积累的保险基金，在全国范围内调剂，及时提供经济补偿。

（十一）企业财产保险尽职调查

为了保证生产经营的连续性，防止因突发性事件或意外事故给企业的厂房、机器设备等财产造成重大损失，从而影响企业的可持续发展，很多企业都会在一定程度上购买财产保险，尽职调查应对企业购买财产保险的具体情况进行审核，审核的材料及内容如下。

1.购买保险的财产清单（主要包括厂房、机器设备、厂库、车辆等）、购买保险情况、险种、险别、保险费率、保险费支付情况等。

2.财产保险合同、申报材料：投保单、财产风险调查表、投保财产清单、根据保险标的、保险责任和风险级别等不同情况索要或要求投保人填写的其他材料。

3.保险合同每年的续保情况。

4.如果已经产生过保险赔付的，则要审查以下材料：

（1）出险通知书、索赔申请书、保险单、损失清单及其所列物品的原始发票或其复印件（加盖财务章）、修理预（决）算书、重置或修理受损财产的原始发票或其复印件、施救费用发票（加盖财务章）。

（2）有关账册：当受损标的为固定资产的，应提供有关月份资产负债表、资产变动表、固定资产明细账、入账凭证；当受损标的为流动资产或递延资产的，应提供有关月份资产负债表、递延资产明细账复印件、仓库保管账、盘点表、出入库单、明细账、入账凭证。

（3）第三方提出的索赔函、与第三方签署的索赔协议（适用于责任险）；相关部门出具的伤残证明、死亡证明（发生伤残、死亡时）；医疗费单证；权益转让书；诉讼材料（诉讼发生时）；法院裁决的受益人证明（造成第三者伤亡时）；现场照片（在未进行现场查勘时）；根据不同的保险事故提供相关部门（如公安、消防、气象、检验、海关、港务等）的技术鉴定证明、事故报告书；公估公司出具的损失理算报告（聘请公估公司时）；权益转让书及相关追偿文件（损失涉及其他责任方时）；开户银行及账号；其他材料。

5.重点关注：

（1）主要的生产厂房、机器设备是否已足额投保，投保的险种是否正确；

（2）保险费率是否合理，每年保险费是否按时缴纳，是否存在因未及时足额缴纳保险费造成脱保的情况；

(3)历史上是否发生过保险事故,是否足额赔偿到位;

(4)有无对重点部分采取更加有力的安全保障措施和方案。

二十三、外汇事项

公司如果有进出口业务,或者存在对外投资、来自境外的投资、借款,就会涉及外汇事项。我国是实行外汇管理的国家,外汇管理又称外汇管制,广义上指一国政府授权国家的货币金融当局或其他机构,对外汇的收支、买卖、借贷、转移以及国际结算、外汇汇率和外汇市场等实行的控制和管制行为;狭义上是指对本国货币与外国货币的兑换实行一定的限制。

《外汇管理条例》是我国外汇管理的基本行政法规,主要规定了我国外汇管理的基本原则与制度。由国务院于1996年1月29日发布,1996年4月1日起实施,根据1997年1月14日《国务院关于修改〈中华人民共和国外汇管理条例〉的决定》修订,2008年8月1日国务院第20次常务会议修订通过。《外汇管理条例》主要作了以下四个方面的规定。

1.金融机构经营外汇业务必须持有经营外汇业务许可证。

2.经营外汇业务的金融机构应按规定为客户开立账户,办理有关外汇业务。

3.金融机构经营外汇业务,应按规定交存外汇存款准备金,遵守外汇资产负债比例管理的规定,并建立呆账准备金。

4.外汇指定银行办理结汇业务所需的人民币资金,应当使用自有资金。

为了审核企业的外汇进出是否合法,律师尽职调查应审阅以下材料:

1.公司的外汇登记证(IC卡)及打印的IC卡基本信息页(内容包括设立、变更及注销,如适用);

2.外汇登记证(IC卡)年检记录;

3.办理外汇登记所提交的申请书、承诺书;

4.资本金账户外汇核准文件(包括开立、变更和注销);

5.其他外汇账户核准文件(包括开立、变更和注销);

6.因办理其他外汇业务取得的外汇业务核准件;

7.境外投资企业外汇登记证(如有);

8.公司出具的关于境外股东情况的说明(侧重说明境外股东中是否存在中国

境内居民持股或者控股）；

9.与《国家外汇管理局关于境内居民通过境外特殊目的公司融资及返程投资外汇管理有关问题的通知》（汇发〔2005〕75号）有关的申报文件、登记、备案证明文件（如适用）；

10.公司职工参与境外上市公司职工持股计划和认股计划涉及的登记文件（如适用）；

11.外债清单（包括资本项目项下和经常项目项下因贸易预收货款或者延期付款而发生的外债）；

12.外债、外债转贷款专用账户的核准文件（包括开立、变更和注销）；

13.外债合同及对应的逐笔登记手续、提款登记手续，结汇核准件及还本利息核准件；

14.对外担保合同清单（含保证、抵押、质押、履约保证函等）；

15.对外担保定期或逐笔审批、登记文件；

16.国有企业境外期货保值有关的外汇业务文件（如适用）；

17.访谈调查笔录和其他相关文件。

通过以上步骤的尽职调查，发现企业在使用及管理外汇方面存在的问题，并通过以下方式解决：

1.咨询当地的外汇管理局，违反外汇管理法规可能承担的法律后果，并依法接受相应的行政处罚，争取其提供非重大行政处罚的证明；

2.按照法律的要求，恢复合法的操作途径及程序。

通过对外汇事项的尽职调查，可以全面检查公司是否存在违反外汇管制方面法律法规规定的行为，是否属于可以得到纠正的情形；如果可以，应当进行及时的补救，并对今后类似的情况提供指导，按照合法性的要求进行操作，以免留下法律瑕疵。

二十四、企业安全生产与内部控制制度

（一）安全生产概况

所谓“安全生产”，就是指企业在生产经营活动中，为了避免造成人员伤害和

财产损失的事故而采取相应的事故预防和控制措施，以保证从业人员的人身安全和财产安全，保证生产经营活动得以顺利进行的相关活动。

《辞海》中将“安全生产”解释为：为预防生产过程中发生人身、设备事故，形成良好劳动环境和工作秩序而采取的一系列措施和活动。

《中国大百科全书》中将“安全生产”解释为：旨在保护劳动者在生产过程中安全的一项方针，也是企业管理必须遵循的一项原则，要求最大限度地减少劳动者的工伤和职业病，保障劳动者在生产过程中的生命安全和身体健康。前者则解释为企业生产的一系列措施和活动，后者将安全生产解释为企业生产的一项方针、原则和要求。根据现代系统安全工程的观点，上述解释只表述了一个方面，都不够全面。

概括地说，安全生产是指采取一系列措施使生产过程在符合规定的物质条件和工作秩序下进行，有效消除或控制危险和有害因素，无人身伤亡和财产损失等生产事故发生，从而保障人员安全与健康、设备和设施免受损坏、环境免遭破坏，使生产经营活动得以顺利进行的一种状态。

“安全生产”这个概念，一般意义上讲，是指在社会生产活动中，通过人、机、物料、环境、方法的和谐运作，使生产过程中潜在的各种事故风险和伤害因素始终处于有效控制状态，切实保护劳动者的生命安全和身体健康。安全生产是安全与生产的统一，其宗旨是安全促进生产，生产必须安全。搞好安全工作，改善劳动条件，可以调动职工的生产积极性；减少职工伤亡，可以减少劳动力的损失；减少财产损失，可以增加企业效益，无疑会促进生产的发展；而生产必须安全，则是因为安全是生产的前提条件，没有安全就无法生产。

《安全生产法》确定的安全生产管理基本方针为“安全第一、预防为主、综合治理”。要求在生产过程中，必须坚持“以人为本”的原则。在生产与安全的关系中，一切以安全为重，安全必须排在第一位。必须预先分析危险源，预测和评价危险、有害因素，掌握危险出现的规律和变化，采取相应的预防措施，将危险和安全隐患消灭在萌芽状态，企业的各级管理人员，坚持“管生产必须管安全”和“谁主管，谁负责”的原则，全面履行安全生产责任。

（二）安全生产管理的基本原则

1.“管生产必须管安全”的原则

工程项目各级领导和全体职工在生产过程中必须坚持在抓生产的同时抓好安

全工作，实现安全与生产的统一与过程协调，生产和安全是一个有机的整体，两者不能分割更不能对立起来，应将安全的理念和做法贯穿生产过程始终。

2.“安全具有否决权”的原则

安全生产工作是衡量工程项目管理的一项基本内容，它要求对各项指标考核，评优创先时首先必须考虑安全指标的完成情况。安全指标没有实现，即使其他指标顺利完成，仍无法实现项目的最优化，安全具有一票否决的作用。

3.“三同时”原则

基本建设项目中的职业安全、卫生技术和环境保护等措施和设施，必须与主体工程同时设计、同时施工、同时投产使用的法律制度的简称。

4.“五同时”原则

企业的生产组织及领导者在计划、布置、检查、总结、评比生产工作的同时，同时计划、布置、检查、总结、评比安全工作。

5.“四不放过”原则

事故原因未查清不放过，当事人和群众没有受到教育不放过，事故责任人未受到处理不放过，没有制定切实可行的预防措施不放过。

“四不放过”原则的支持依据是《国务院关于特大安全事故行政责任追究的规定》（国务院令第302号）。

6.“三个同步”原则

安全生产与经济建设、深化改革、技术改造同步规划、同步发展、同步实施。

（三）安全生产的本质

第一，保护劳动者的生命安全和职业健康是安全生产最根本、最深刻的内涵，是安全生产本质的核心。它充分揭示了安全生产以人为本的导向性和目的性，它是我们党和政府以人为本的执政本质、以人为本的科学发展观的本质、以人为本构建和谐社会的本质在安全生产领域的鲜明体现。正如胡锦涛同志在中共中央政治局第30次集体学习时所强调的“人的生命是最宝贵的。我国是社会主义国家，我们的发展不能以牺牲精神文明为代价，不能以牺牲生态环境为代价，更不能以牺牲人的生命为代价”。

第二，突出强调了最大限度的保护。所谓最大限度的保护，是指在现实经济社会所能提供的客观条件的基础上，尽最大的努力，采取加强安全生产的一切措施，保护劳动者的生命安全和职业健康。

根据目前我国安全生产的现状，需要从三个层面上对劳动者的生命安全和职业健康实施最大限度的保护：

一是在安全生产监管主体，即政府层面，把加强安全生产、实现安全发展，保护劳动者的生命安全和职业健康，纳入经济社会管理的重要内容，纳入社会主义现代化建设的总体战略，最大限度地给予法律保障、体制保障和政策支持。

二是在安全生产责任主体，即企业层面，把安全生产、保护劳动者的生命安全和职业健康作为企业生存和发展的根本，最大限度地做到责任到位、培训到位、管理到位、技术到位、投入到位。

三是在劳动者自身层面，把安全生产和保护自身的生命安全和职业健康，作为自我发展、价值实现的根本基础，最大限度地实现自主保安。

第三，突出了在生产过程中的保护。生产过程是劳动者进行劳动生产的主要时空，因而也是保护其生命安全和职业健康的主要时空，安全生产的以人为本，最集中地体现在生产过程中的以人为本。同时，它还从深层次揭示了安全与生产的关系。在劳动者的生命和职业健康面前，生产过程应该是安全地进行生产的过程，安全是生产的前提，安全又贯穿于生产过程的始终。二者发生矛盾，必须是生产服从于安全，当然是安全第一。这种服从，是一种铁律，是对劳动者生命和健康的尊重，是对生产力最主要最活跃因素的尊重。如果不服从、不尊重，生产也将被迫中断，这就是人们不愿见到的事故发生的强迫性力量。

第四，突出了一定历史条件下的保护。这个一定的历史条件，主要是指特定历史时期的社会生产力发展水平和社会文明程度。强调一定历史条件的现实意义在于：

一是有助于加强安全生产工作的现实紧迫性。我国是一个正在工业化的发展中大国，经济持续快速发展与安全生产基础薄弱形成了比较突出的矛盾，处在事故的“易发期”，如果发生事故会对劳动者的职业健康和生命安全造成威胁，这几年各地频发的煤矿事故造成的人员伤亡就是敲响的警钟。做好这一历史阶段的安全生产工作，任务艰巨，责任重大。

二是有助于明确安全生产的重点行业取向。由于社会生产力发展不平衡、科学技术应用的不平衡、行业自身特点的特殊性，在一定的历史发展阶段必然形成重点的安全生产产业、行业、企业，如煤矿、交通、建筑施工等行业、企业。

这是现阶段的高危行业，工作在这些行业的劳动者，其生命安全和职业健康更应受到重点保护，更应加大这些行业安全生产工作的力度，遏制重特大事故的发生。

三是有助于处理好一定历史条件下的保护与最大限度保护的关系。最大限度保护应该是一定历史条件下的最大限度，受一定历史发展阶段的文化、体制、法制、政策、科技、经济实力、劳动者素质等条件的制约，搞好安全生产离不开这些条件。因此，立足现实条件，充分利用和发挥现实条件，加强安全生产工作，是我们的当务之急。同时，最大限度保护是引力、是需求、是目的，它能够催生、推动现实条件向更高层次、更为先进的历史条件形态转化，从而为不断满足最大限度保护劳动者的生命安全和职业健康这一根本需求提供新的条件、新的手段、新的动力。

（四）相关规定

安全生产责任制是根据我国的安全生产方针“安全第一、预防为主、综合治理”和安全生产法规建立的各级领导、职能部门、工程技术人员、岗位操作人员在劳动生产过程中对安全生产层层负责的制度。安全生产责任制是企业岗位责任制的一个组成部分，是企业中最基本的一项安全制度，也是企业安全生产、劳动保护管理制度的核心。实践证明，凡是建立、健全了安全生产责任制的企业，各级领导重视安全生产、劳动保护工作，切实贯彻执行党的安全生产、劳动保护方针、政策和国家的安全生产、劳动保护法规，在认真负责地组织生产的同时，积极采取措施，改善劳动条件，工伤事故和职业性疾病就会减少。反之，就会职责不清，相互推诿，而使安全生产、劳动保护工作无人负责，无法进行，工伤事故与职业病就会不断发生。

安全生产工作事关最广大人民群众的根本利益，事关改革发展和稳定大局，历来受到党和国家的高度重视。“安全第一、预防为主、综合治理”，是党的安全生产工作的基本方针。党的十六届五中全会确立了“安全发展”的指导原则。中央经济工作会议提出了坚决遏制煤矿等重特大事故多发、加强安全生产的各项措施。国务院第116次常务会议强调要坚持标本兼治、重在治本，明确了12项治本之策。第十届全国人大四次会议《政府工作报告》以较大篇幅阐述安全生产问题，再次向国内外昭示了中国政府搞好国民经济安全生产的坚强决心。《社会发展“十一五”

规划纲要》把安全生产列为专节，提出了两项重要工作目标。国务院安委会于2016年11月27日召开全国安全生产电视电话会议，会议要求要认真贯彻落实习近平总书记和李克强总理关于江西丰城发电厂坍塌事故和全国安全生产工作的重要指示批示精神，坚持以人民为中心的发展思想，切实增强红线意识，严格落实安全生产责任，强化监管和防范措施，深入开展安全生产大检查，坚决遏制重特大事故发生，切实保障人民群众生命财产安全，再次强调了安全生产的重要性。

安全生产目前主要依据的相关法律有：

1.法律

（1）《安全生产法》；

（2）《中华人民共和国矿山安全法》；

（3）《中华人民共和国职业病防治法》；

（4）《行政许可法》；

（5）《中华人民共和国行政处罚法》；

（6）《中华人民共和国行政复议法》。

2.法规

（1）安全生产许可证条例；

（2）中华人民共和国矿山安全法实施条例；

（3）烟花爆竹安全管理条例；

（4）危险化学品安全管理条例；

（5）使用有毒物品作业场所劳动保护条例；

（6）湖南省安全生产条例。

3.规章

（1）特种作业人员安全技术培训考核管理规定；

（2）危险化学品生产企业安全生产许可证实施办法；

（3）非煤矿矿山企业安全生产许可证实施办法；

（4）危险化学品经营许可证管理办法；

（5）烟花爆竹生产企业安全生产许可证实施办法；

（6）建设项目安全设施“三同时”监督管理暂行办法；

（7）危险化学品建设项目安全许可实施办法；

（8）烟花爆竹经营许可实施办法；

(9)安全生产培训管理办法;

(10)小型露天采石场安全生产暂行规定;

(11)工作场所职业卫生监督管理规定;

(12)用人单位职业健康监护监督管理办法;

(13)职业病危害项目申报办法;

(14)劳动防护用品监督管理规定;

(15)建设项目职业卫生“三同时”监督管理暂行办法。

4.企业安全生产与内控制度尽职调查内容

(1)公司的安全生产制度(包括安全生产责任制、安全生产规章制度和操作规程、安全培训制度及其档案记录、安全生产事故应急预案、事故隐患排查治理制度等);

(2)公司关于设置安全生产管理机构或者配置专职安全生产管理人员的情况说明(如需);

(3)公司主要负责人员和安全管理人员、其他从业人员参与培训及考核合格的证明文件(如有);

(4)特种作业人员花名册及操作资格证书复印件(如有);

(5)公司按规定缴存和使用安全生产风险抵押金的情况说明(如适用);

(6)公司按规定足额提取和使用安全生产费用的情况说明(如适用);

(7)公司涉及职业病防治的情况说明(如适用);

(8)建设项目安全条件论证报告、预评价报告或其他安全分析书面报告;

(9)建设项目安全分析报告备案文件;

(10)建设项目安全设计专篇;

(11)建设项目安全设计审查意见书/备案意见书;

(12)建设项目竣工试运行方案及其备案文件;

(13)建设项目安全验收评价报告;

(14)施工单位的资质证明文件;

(15)安全试运行自查报告;

(16)安全验收批准文件;

(17)安全生产许可证(如有);

(18)访谈调查笔录和其他有关文件。

二十五、公司对外投资情况

（一）对外投资概念

对外投资是指公司以购买股票、债券等有价证券方式或以现金、实物资产、无形资产等方式向公司以外的其他经济实体进行的投资。其主要目的在于：

1.优化资源配置，获取投资收益，提高资产利用效率；

2.加强企业间联合，稳定与客户的关系，扩大市场占有率；

3.促进资源的有效整合，提高生产及经营效益，降低生产成本；

4.优化投资组合，降低经营风险；

5.提高资产的流动性，增强企业的偿债能力；

6.控制或影响其他企业。

（二）对外投资的原则

企业对外投资一般应遵循一定的原则，以保证对外投资的成功及效益最大化，避免盲目投资给企业带来风险。

1.安全性原则

企业在对外投资时首要考虑因素就是安全，不得因对外投资而给企业自身经营带来风险或者拖累，因此，企业投资必须在投资报酬和风险之间进行权衡利弊。所谓安全性原则就是保证投资能够按期收回本金和应得的投资收益，确定盈亏平衡点。

2.效益性原则

企业在进行对外投资时，必须考虑到该项投资的经济效益，以及对企业整体经济效益的影响，这也是企业对外投资的根本目的，这是由资本的逐利性质所决定的，所以在确定投资的商业计划书时应对项目未来的投入产出情况进行详细的会计核算和财务预测。

3.流动性原则

不同类型、不同项目的投资情况不同，有的对外投资期限很长，一般不考虑在近期变现；有的对外投资，只是为了充分利用现有的闲置资金，这种投资就应当考虑其流动性，以便在将来需要现金时能够及时变现。

4.整体性原则

企业的对外投资活动是企业整体经营活动的一个重要组成部分，对外投资必须服从企业的整体经营活动和发展目标，对外投资的目标应与企业总的经营目标相一致或相匹配。

（三）对外投资的内容

1.按投资方式分

股权投资，通过受让其他单位股份或购买其股票的形式，对其他单位所进行的投资。

债券投资，是以购买债券的形式，对其他单位所进行的投资。

其他投资，是除购买股票和债券等有价证券以外，以其他形式对其他企业进行的投资。

2.按投资时间长短分

短期投资，是企业购入各种能随时变现，持有时间不超过一年的有价证券，以及不超过一年的其他投资；

长期投资，是对持有时间在一年以上的有价证券，以及超过一年的其他形式的投资。

（四）对外投资的计价

1.短期投资的计价

短期投资的计价是指报告期末企业在编制会计报表时对短期投资的账面价值的反映方法。包括：

成本法，即按原始投资成本反映短期投资的账面价值；

市价法，即按市场价值反映短期投资的账面价值；

成本与市价孰低法，即以证券的（总）成本与（总）市价中的较低者，作为短期投资的账面价值。

2.长期投资的计价

长期投资包括债券投资、股票投资和其他投资。

债券投资的计价。企业购入债券，应按成本入账，成本包括实际支付的债券买价和支付的交易费用。若购买价中包括应计利息的，债券投资应按照扣除应计利息后的价值计价。

股票投资计价。认购股票应按实际支付的款额计价，若支付额中含有已宣告但尚未发放的股利，应按照实际支付的款额扣除应收股利后的价值计价。购入后的长期股票投资的计价，应根据不同情况，分别采用：

（1）成本法。当企业对另一企业的股票或股权投资占被投资企业资金总数一定比例以下时，应采用成本法核算。成本法下，长期投资所购买的股票应按实际成本计入“长期投资”账户，长期投资所发生的收益或损失直接列作投资收益。“长期投资”账户反映的实际成本，除实际增加或减少投资外，一般不进行调整，始终保持实际成本价值不变。

（2）权益法。企业对另一企业的股票或股权投资如占被投资企业资金总数一定比例以上时，应采用权益法核算。在权益法下，必须反映投资者在被投资企业的权益及其变动情况，即“长期投资”账面金额随着被投资企业所有者权益的变动而变动。

3.其他投资计价

以实物、无形资产等方式向其他单位投资，应按照评估或合同、协议确认的价值计价。重估作价的方法主要有：重置成本法、收益现值法、现行市价法、清算价格法。

（五）短期投资的核算

1.短期投资核算的基本账户

（1）“短期投资”账户。其借方登记各种购入短期有价证券的实际成本；贷方登记出售各种短期有价证券的实际成本；余额反映企业持有的短期有价证券的实际成本。

（2）“投资收益”账户。其贷方登记对外投资取得的收入；借方登记企业对外投资发生的损失，期末将其余额全部转入“本年利润”账户。

2.短期投资投入的账务处理

企业购入股票、债券，按其实际成本（包括购入价和购入费用）借记“短期投资”账户，贷记“银行存款”账户。购入股票如在实际支付额中包括已宣告发放但未收取的股利，应按扣除股利后的支付额借记“短期投资”账户，按应收股利借记“其他应收款”账户，按实际支付的价款贷记“银行存款”账户。

3.短期投资转让、出售与收益的账务处理

企业对持有期间未实现的投资收益或损失不进行确认，只有在转让、出售或到期兑付时，对实际发生的投资收益或损失才进行确认。若发生投资收益，借记“银行存款”账户，贷记“短期投资”和“投资收益”账户；若发生投资损失，借记“银行存款”和“投资收益”账户，贷记“短期投资”账户。

（六）长期投资的核算

1.长期投资核算的基本账户——“长期投资”账户

该账户是核算企业长期投资的账户。

借方登记：①购入长期投资股票支付的价款；②购入一年以上期限债券支付的价款；③权益法下按持股比例计算权益的增加额；④债券购入折价的摊销额；⑤以实物或无形资产对外进行其他投资的金额。

贷方登记：①收回投出各种资产的价值；②债券到期收回的本金；③债券购入溢价的摊销额；④权益法下按持股比例计算权益的减少数；⑤权益法核算的企业从被投资企业分得的股利和利润。余额在借方，反映企业现有未收回的长期投资额。

2.股票投资的账务处理

（1）采用成本法长期股票投资的账务处理

企业购入股票时，应按实际支付的金额，借记“长期投资——股票投资”账户，贷记“银行存款”账户。

若股票售价中含已宣告发放的股利，则应按实付金额，扣除已宣告发放的股利，借记“长期投资——股票投资”账户，按已宣告发放的股利，借记“其他应收款——应收股利”账户，按实际支付的金额，贷记“银行存款”账户。

企业收到发放的现金股利时，按实收金额，借记“现金”账户，贷记“投资收益——股票投资收益”账户。若收到的股利原已包括在购价中，则应冲减“其他应收款——应收股利”账户。

（2）采用权益法的长期股票投资的账务处理

企业购入股票时，按实际支付的价款，借记“长期投资——股票投资”账户，贷记“银行存款”账户。

当发行股票单位报告当年所有者权益时，企业按持股比例计算权益的增加数，借记“长期投资——股票投资”账户，贷记“投资收益——股票投资收益”账户（如果权益减少，则作相反分录）。

企业收到发放的现金股利时，借记“现金”账户，贷记“长期投资——股票投资”账户。

3.债券投资的账务处理

企业购入债券时，无论是平价、溢价还是折价购入，均按实际支付的价款，借记“长期投资——债券投资”账户，贷记“银行存款”账户。购入后的账务处理方法，三种情况各不相同。

（1）平价购入债券的账务处理。每月计算应计利息，借记“长期投资——应计利息”账户，贷记“投资收益——债券投资收益”账户。当收到债券利息时，借记“银行存款”账户，贷记“长期投资——应计利息”账户。

（2）溢价购入债券的账务处理。每月结账计算债券应计利息和溢价摊销额时，按应计利息，借记“长期投资——应计利息”账户，按溢价摊销额，贷记“长期投资——债券投资”账户，按应计利息扣除溢价摊销的差额，贷记“投资收益——债券投资收益”账户。当收到债券利息时，借记“银行存款”账户，贷记“长期投资——应计利息”账户。

（3）折价购入债券的账务处理。每月计算债券应计利息和债券折价摊销额时，按应计利息，借记“长期投资——应计利息”账户，按债券折价摊销额，借记“长期投资——债券投资”账户，按应计利息和折价摊销额贷记“投资收益——债券投资收益”账户。

4.其他投资的账务处理

（1）投资转出其他资产的账务处理。企业向其他单位转出材料、现金或无形资产作为长期投资时，应借记“长期投资——其他投资”账户，贷记“原材料”、“银行存款”账户或“无形资产”账户。企业以固定资产对外投资，应对投资转出的固定资产进行评估确认或约定其价值（现值）。评估确认或约定价值与其账面净值的差额，作为资本公积处理。投资转出固定资产时，按固定资产确认价值，借记“长期投资——其他投资”账户，按已提折旧，借记“累计折旧”账户；若确认价值小于其账面净值，其差额借记“资本公积”账户；若确认价值大于账面净值，差额贷记“资本公积”账户，按固定资产原值，贷记“固定资产”账户。

（2）收到其他投资分得利润的账务处理。企业从被投资企业分得的其他投资利润，若属非控制性的长期投资，其分得利润应采用成本法核算。按其分得的利润，借记“银行存款”账户，贷记“投资收益”账户。若属控制性的长期投资，其分得利润应采用权益法核算。首先按投资份额计算权益的增加额，借记“长期投资——其他投资”账户，贷记“投资收益”账户。若是按投资份额分担被投资企业的亏损则作为投资企业权益的减少，作相反的会计分录。待企业收到利润时，借记“银行存款”账户，贷记“长期投资——其他投资”账户。

（3）收回其他投资的账务处理。企业因合伙经营期满或其他原因收回投资时，应冲减“长期投资——其他投资”账户，当投出的资金数额与收回的投资有差额时，其差额计入当期投资损益。

综上所述，作为对企业尽职调查的一个重要方面，审核公司对外投资情况主要包括投资方向、投资规模、投资比例、投资性质、投资收益等情况；控股、参股、联营、合营企业情况等，具体内容包括：

（1）公司对外股权投资的目的、商业计划书或可行性研究报告、投资规模及投资金额、占股比例、所投资企业的基本情况介绍、所属行业、投资回报率、历年回报情况等；

（2）本次投资项目的主要情况介绍，包括项目可行性、立项情况、用途、投资总额、计划开工日期、项目背景资料、投资回收期、财务收益率，达产后每年销售收入和盈利情况预测或实际数据；

（3）投资项目的技术含量，技术先进程度，未来市场发展前景和对整个公司发展的影响；

（4）公司已经完成主要投资项目有哪些，完成的主要投向项目情况介绍。

比如，公司目前存在的对外投资情况见表2-8。

表2-8　公司对外投资情况

序号	公司名称	成立时间	注册资本金		股权投资/项目投资			备注
			认缴出资	实缴出资	出资金额	出资形式	占股比例	
1								
2								

需要企业提供：

（1）投资企业的营业执照副本复印件（被投资企业盖章）（三合一）；

(2)投资企业的章程及修正案复印件(被投资企业盖章);

(3)验资报告复印件(被投资企业盖章);

(4)最近两年一期财务报表(资产负债表、损益表、现金流量表)(被投资企业盖章);

(5)投资合同复印件。

如果企业涉及境外投资,则还需要审核以下材料:

(1)公司境外投资项目清单;

(2)《境外并购事项前期报告表》;

(3)《企业境外投资证书》;

(4)发展改革部门就境外投资出具的确认函;

(5)发展改革部门境外投资核准文件;

(6)境外直接投资外汇登记证;

(7)境外国有资产登记证;

(8)访谈调查笔录及其他有关文件。

二十六、公司劳动用工、劳动保护及劳动保险

公司人力资源也是尽职调查中需要重点关注的内容之一,就笔者接触的大部分并购对象、IPO及拟挂牌新三板的企业而言,大多存在用工不规范、社保及公积金覆盖面小、劳动合同欠缺及存在违法解除劳动合同等的情况,从而存在相应的法律风险,因此,在进行尽职调查时应对劳动用工、劳动保护及劳动保险及相关事项进行详细、全面的审核。

(一)调查目的

1.了解公司的人事、劳资、福利、社保、住房、医疗制度是否规范、健全;

2.了解公司的职工住房、医疗制度改革及执行情况;

3.全面了解公司职工的基本情况,包括但不限于知识及学历结构、资历、专业人员比例等;

4.公司存在是否存在违法用工的法律风险;

5.了解规范用工需要支付的补救成本。

（二）调查内容

1.管理人员情况

（1）公司的管理架构图；

（2）公司和/或下属企业的董事、监事和高级管理人员的名单和简历；

（3）公司高级管理人员在公司以外的其他企业的任职情况；

（4）公司高级管理人员自设立以来的变化情况；

（5）如公司和/或下属企业的主要管理或技术人员曾受雇于其他单位，或曾作为当事方与以前的工作单位签订过保密或不竞争协议，请提供有关资料；

（6）任何公司和/或下属企业与其董事、监事和高级管理人员之间订立的服务合约、就职务津贴或其他安排作出的协议、合同或贷款，以及与高级管理人员、顾问或与其他有关机构之间的任何安排。

2.名单、合同及其他法律文件

（1）核查公司的职工名册、劳动合同、与工会签订的集体劳动合同等协议（如有）、与高管人员签订聘用协议、工资表及社会保险费用明细表等；

（2）重要的雇佣或代理协议及职工与管理人员的标准雇佣合同；

（3）职员聘用的政策性文件；

（4）与职工签署的顾问协议、保密或非竞争协议、补偿协议、及其他类型的法律文件；

（5）适用于公司的国家及地方（省、单列市一级）颁布的强制性加入社会统筹保险的有关文件；

（6）公司与第三方签订的劳务派遣合同、代缴社保证明及相关文件（如有）；

（7）公司现有职工福利、奖金、分红、抚恤金、养老政策或其他类似计划文件（如有）；

（8）公司职工的住房津贴、分房政策和医疗保险的规定、计划或其他文件（如有），公司是否给职工解决住宿问题，是否通过租赁方式还是自建方式，如何分配，职工是否需要支付租金以及职工如何购买，是否取得产权证；

（9）公司承担义务的职工安置方案及有关政府机关对职工安置方案的审批文件（如有）；

（10）公司的所有职工劳动争议、劳动仲裁或相关诉讼情况说明及相关文件

(如有);

(11)访谈调查笔录和其他有关文件。

3.公司对劳动法及规章制度制订及执行情况

(1)员工手册;

(2)对因工伤而造成职工残废以及因事故造成职工伤亡时,公司和/或下属企业应对职工及其家属的赔偿、赡养费及其他安置计划,并请提供公司和/或下属企业本身的惯常做法以及依据的有关法律、法规或政策;

(3)描述公司和/或下属企业向职工提供的医疗保健、住房津贴、分房政策以及其他福利及服务设施,包括食堂、幼儿园、学校、鼓励性的补恤金、养老或其他类似计划,并提供所依据的有关法律、法规、规章及办法;

(4)核查公司的用工制度、劳动保护制度、社会保障制度、住房制度和医疗保障制度等是否符合当地政府及主管部门的规定;公司实际执行以上制度的情况反馈,近三年发生过哪些重大问题,是否受到过劳动监察大队的查处;

(5)实地考察公司职工工作环境及工作条件、安全卫生条件等,生产和工作场所是否存在安全隐患。

4.社保及公积金缴纳情况

(1)公司及其各自分支机构向当地社会保障部门办理的《社会保险登记证》及年检证明;

(2)了解公司近3年在劳动人事及社会保险方面是否有重大违法违规行为;

(3)公司加入上述强制性社会统筹保险的有关资料,包括应投保人数、实际投保人数、保费缴纳标准、保费缴纳情况统计、催缴保费通知书等;

(4)社会保障主管部门出具的社保费用已按时足额缴纳的情况证明;

(5)适用于公司的国家及地方颁布的强制性加入住房公积金的有关文件;

(6)住房公积金缴存证明;

(7)公司加入住房公积金的有关资料,包括应缴费人数、实际缴费人数、缴纳情况统计、催缴通知书等;

(8)住房公积金主管部门出具的住房公积金费用已经按时足额缴纳的情况证明。

5.其他

(1)公司和/或下属企业对工作人员的培训计划;

（2）了解职工状况、年龄结构、受教育程度结构、岗位分布结构和技术职称分布结构情况；

（3）按照职工的专业结构、教育程度、年龄结构、特殊人员（如残疾人员）的统计表格（在目标公司拟A股上市，享受福利企业及高新技术企业待遇情况下适用）；

（4）公司关于工会组成和工会经费拨缴的证明文件；

（5）公司内部因停薪留职、内退、请长假、长期学习、挂名、女职工“三期”等原因无法实际从事劳动的职工情况说明（如有）。

（三）调查程序

1.提供人力资源尽职调查清单，要求企业在规定的时间，按照清单的要求，全面提供相关资料、规章制度及其执行情况说明、合同及其他法律文件；

2.调查公司在执行国家用工制度、劳动保护制度、社会保障制度、住房制度和医疗保障制度等方面是否存在违法、违规情况；

3.取得公司所在地区政府及主管部门关于企业人事、劳资、福利和社保的有关规定，取得公司有关人事、劳资、福利和社保的内部规定，检查是否符合当地政府及主管部门的规定；

4.取得公司职工住房、医疗制度改革方案，及公司关于住房、医疗制度改革及执行情况的说明；

5.要求公司填报职工情况调查表（见表2-9）；

6.查阅公司职工名册、劳动合同、工资表和社会保险费用明细表等资料；

7.实地走访公司职工的工作生活场所，抽访部分职工；

8.必要时，走访当地劳动与社会保障部门就公司的劳动人事与社会保险问题进行调查。

表2-9 职工情况调查

序号	姓名	性别	出生年月	工作年限	本公司工龄	岗位	职称	职务	备注

(四)调查文件

1.公司所在地区政府及主管部门关于企业人事、劳资、福利和社保的有关规定;

2.公司有关人事、劳资、福利和社保的内部规定,检查是否符合当地政府及主管部门的规定;

3.公司职工住房、医疗制度改革方案,及公司关于住房、医疗制度改革及执行情况的说明;

4.职工情况调查表;

5.公司的职工名册、劳动合同(抽查5份)、工资表及社会保险费用明细表;

6.职工访谈笔录。

二十七、在建或即将完工的建设项目

对在建项目进行尽职调查,目的是通过审核在建项目的审批、批准证书、手续、法律文件等材料以了解其合法性,发现其中存在的法律风险,并及时予以补救,减少不规范及其可能带来的损失。

对在建项目尽职调查需审核以下方面的材料。

(一)项目工程方面资料

1.项目情况介绍:项目名称、项目地点及项目区位描述、项目用地面积、建筑面积及功能分区等情况介绍、总投资规模、已投资规模、开发主体投资占比、融资占比。

2.项目建议书、概念设计方案、项目审批、立项的政府批文等、项目五证情况(附证件)、建设项目选址意见书、详细规划、方案设计、初步设计、扩充设计、设计审图、建设工程报建、招标备案、质量安全报监等文件资料及取得的相关批复。

(1)环保、消防、交通、民防、园林、日照、卫生、上水、下水、供电、煤气、电信等政府部门及相关单位各阶段的征询意见、审核文件;所有与该项目有关的往来文件、报告及政府通知、批文等资料。

(2)五证:取得的国有土地使用权证、建设用地规划许可证、建设工程规划许可证、建筑施工许可证、预售许可证等。

(3)土地批租合同或土地有偿转让协议书、国有土地使用权出让合同、建设用地批准书以及相关土地批准文件。如果项目土地等各证为分期取得的,请说明各期证件取得的时间,并附上相关证明文件(如证照、招拍挂成交确认单、购地合同及资金支付凭证、与政府签订的合同、政府会议纪要等)。

3.项目资产评估报告(附报告)。

4.项目区位及市场分析:所在城市、项目区位及相关情况简要介绍;项目所在城市房地产市场的基本情况、项目所在地周边土地的拍卖成交价格、项目周边性质类似的楼盘的销售价格及销售情况说明等。

5.项目土地及在建工程是否设定抵押。

6.项目拆迁的情况;拆迁许可证及相关拆迁协议。规划用地范围需要完成拆迁的拆迁情况统计表、已完成拆迁量及待拆迁量(包括住宅、企事业单位及公建设施等)。

7.项目市政配套情况及和各配套部门接洽、施工进展情况。

8.项目可销售面积及已销售面积(附已销售房屋的清单、认购清单等)。

9.项目可行性研究报告:包括项目投资规模、自筹资金、融资计划、开发建筑成本分析、开发进度安排及实际进度、销售计划、盈利预测等。

10.公司或项目享受政府政策或补贴的文件(若有)。

11.项目开发预算、项目总体进度计划、目前各单项工程具体形象进度情况。

12.项目所有设计变更、技术核定及业务联系单、现场签证单的资料汇总表、图纸会审记录、施工总承包招投标文件、已完工程决算报告、质量事故报告及处理意见、总平面图、竣工图纸等。

13.开工报告、勘察报告、施工定位测量复核单、沉降、位移观测记录、桩基检测等技术管理资料;基坑维护、基础工程、主体结构工程、隐蔽工程、结构吊装等中间核验合格的证明;规划、消防、环保、人防等各部门的备案表和验收资料,房屋面积测量报告、配套验收、档案验收、竣工验收备案及《住宅交付使用许可证》等资料。

14.能够体现项目区位、建设开发现状的照片(电子版)。

(二)合同执行情况

1.与该项目有关的所有合同、协议的资料清单。合同包括但不限于土地出让、拆迁、设计、监理、咨询、采购、施工(包括桩基施工、总包施工、消防工程、智能化工程、弱电工程、配套工程水电气、园林绿化工程、机电工程机电设备、空调、电梯、进户门、阳台栏杆、空调百叶、饰面砖、门窗工程、装修施工单位等)、市政配套费用、租赁协议、营销策划、代理销售合同(或包销合同)等的所有合同。

2.自成立之日起至××××年××月××日签订的所有合同的合同执行情况一览表,包括已履行完毕和正在履行中的合同、履行中存在的问题,详见表2-10。

3.虽未签订合同、协议,但已发生且必须支付的款项。

表2-10 合同执行情况一览

序号	合同名称	签约日期	类别	履行进展	存在的问题	处理意见	备注

(三)财务方面资料

1.自成立之日起至××××年的历年审计报告;

2.截至××××年××月××日的财务报表、科目余额表(到四级明细科目);

3.自成立之日起至××××年××月××日的会计账簿、会计凭证;

4.××××年××月的银行对账单及银行调节表;

5.公司应收款、应付款、其他应收款、其他应付款的情况及账龄分析表;

6.长期股权投资情况:公司控股或参股的所有公司名单、股权比例、营业执照、章程等情况;

7.无形资产情况:公司拥有或使用的所有专利、商标、服务商标、注册设计、或其他知识产权权利证书的正副本、公司使用的所有商业名称、公司购买或获特许的所有技术的详情及相关的技术转让协议;

8.存货(开发产品和开发成本)明细;

9.固定资产清单;

10.各种借款合同,到期延期归还的展期合同;

11.或有负债情况,如抵押、担保、诉讼等;

12.主营业务收入及主营业务成本的结转情况;

13.销售费用、管理费用、财务费用的明细。

（四）税收方面

1.公司的税收优惠政策及相关政府文件；
2.公司可能会涉及的所有税种及税率等税负的具体情况；
3.税务清缴情况及其凭证。

（五）销售情况（如无销售，则不提供）

1.项目总可销面积（分住宅、车库、商铺分别列示）、不可销面积；
2.已销面积（分住宅、车库、商铺分别列示）；
3.客户购房明细表（姓名、户型、面积、单价、合同价、已收定金、房款、应收房款和按揭贷款等）；
4.销售合同或预售合同。
以上资料均应提供原件。

二十八、引进私募股权基金情况

（一）私募股权基金概论

私募股权投资基金是指通过私募（非公开）方式成立的基金，而基金的用途主要用于投资企业股权的基金。

一般来说，私募资本实现价值的方式都是通过投资拟上市企业一段时间后，通过企业的迅速发展符合IPO的条件，待企业正式IPO上市后退出，最终获得几倍甚至几十倍的增值来实现它的价值和盈利目标。而对于原来的这些经营公司的创始人来说，通过引进私募资本及其带来的资金、外部资源，从而使企业在短时间内获得快速的扩张，达到并符合进入资本市场的条件，这就是为什么有一些企业觉得确实有必要引进私募资本的重要原因。

绝大部分的非上市中小微企业最初都是几个股东一起发起设立的，在企业成立后最初的几年里，由于企业发展不断需要资金而企业又没有更多的固定资产用于抵押，所以只能通过亲戚朋友、职工等甚至是高利贷的借款解决企业的资金问题，而企业所产生的大部分利润也都被用于企业的进一步扩大经营了。在经过5～6年，甚至7～8年的发展后，企业达到了一定的规模甚至具备了IPO或挂牌新三板的条件后，就会有私募股权投资基金有兴趣介入。

私募股权投资基金不但能给企业带来不需固定支付利息成本的长期资金，而且可以给企业带来很多其他的资源，如改善公司的股权结构、完善公司的财务管理、行业及外部资源的整合等，从而帮助企业实现快速增长。

在私募资本决定进入一个公司之前，最主要根据管理层所提供的经营策略勾画出一个企业的核心竞争力，这种核心竞争力以及对于这种核心竞争力商业化的运作和实现就决定了这个企业未来价值的提升空间，在勾勒出核心竞争力之后私募资本会和公司的董事会管理层会一起拟定一个有效且可行的实施计划方案。其实每家公司会有自己的经营策略，也会有自己的发展方案。但是私募资本往往能够从不同角度给公司提供一些独到的建议，公司管理体制和股权架构的设置是很重要的问题，通过调整公司管理体制来改善公司管理的效率，避免因为经营管理不善而带来的失败，因为股权架构的合理性决定了未来利益分配的合理性。如果参与公司主要运营管理的这些业务骨干或者是股东他们不能够看到他们的付出在以后有一个股权架构提供的法律保障给他获得足够回报的时候，他就没有信心和决心一起和其他的股东一直把这个公司运营下去，可能在经营到一半的时候决定退出或者决定自己重新去做自己能够控制的架构。

（二）私募股权投资基金对企业的作用及意义

私募股权投资基金对于企业的发展特别是中小微企业的发展具有以下作用和意义：

1.为广大中小微企业、民营企业提供高效、低成本的融资渠道

现行的银行信贷制度与上市融资制度无法为中小微企业提供资金，它们的融资面临制度性障碍，例如成本过高、需要固定资产抵押、利率高等，在实践中面临融资难的问题。私募股权投资基金作为专业投资者，它们专注于对有成长潜力的中小微企业投资，一旦发现有潜力的投资机会，它们便会快速出击，与投资对象进行谈判、沟通，从而快速注资。这样，有潜力的中小微企业也就可以快速得到融资。中小微企业如果有发展潜力，有发展机会，而缺少资金，它们也可以主动与私募股权投资基金进行接洽，寻求投资。在双方的接洽中，不需要信息公开披露，不

需要巨额承销费用，而且如果洽谈成功，不需要资产抵押，不需要保证人，从而在实现中小微企业融资目的的情况下，尽可能地降低融资的时间成本与资金成本，从而更好地满足了广大中小微企业发展过程中的融资需求。

2.完善公司治理，优化管理，为中小微企业提供前瞻性的战略性指导

一方面，中小微企业引入战略性私募投资者，能帮助以家族模式发展起来的中小微企业改善股东结构，有助于建立起有利于企业未来上市的合理的股权结构、公司治理结构、监管体系、法律框架和财务制度；另一方面，通过提供增值服务，主要是有关战略制定、管理优化、业务策略、财务规划、企业再融资、人才引进等服务，促进中小微企业战略制定科学、管理结构优化、业务策略合理、财务规划得当，从而助推企业创造价值，实现企业的快速发展。

3.完善金融体系，缓解中小微企业融资难问题

长期以来，我国的金融体系是以商业银行为主导，以间接融资体系为经济社会发展的融资需求对银行与信贷产生巨大依赖，导致了金融体系存在较大缺陷。只有发展多元化的投融资渠道，健全金融体系，减少中小微企业对银行的依赖与压力，才能解决金融业发展和中小微企业资金需求的双赢问题。因此，大力发展私募股权投资基金，是发展直接融资、拓宽筹资渠道、健全金融体系的有效手段。

综上所述，私募股权投资基金作为资源有效配置的需要，满足了广大中小微企业对于资金的需要，优化了企业管理，同时对于缓解金融系统风险，也具有十分重要的作用。总体来看，资本市场对于企业引进私募基金，改善企业的股权结构，促进企业的规范化管理与运作持积极鼓励的态度。

（三）涉及私募股权基金的相关规定

第一部分：合伙

《合伙企业法》《外国企业或者个人在中国境内设立合伙企业管理办法》

第二部分：公司

《公司法》

第三部分：证券

《证券投资基金法》《证券投资基金管理暂行办法》《证券投资基金运作管理办法》《证券投资基金年销售管理办法》《产业投资基金管理暂行办法》《设立境外中国产业投资基金管理办法》

第四部分：股权投资

《股权投资基金管理办法》《关于促进股权投资基金业发展的意见》《关于进一步规范试点地区股权投资企业发展和备案管理工作的通知》

第五部分：地方性法规及规章

《北京市关于促进股权投资基金业发展的意见》《重庆市关于鼓励股权投资类企业发展的意见》《重庆市人民政府关于鼓励股权投资类企业发展的意见》《宁波市鼓励股权投资企业发展的若干意见》《上海关于本市股权投资企业工商登记事项的通知》《浦东新区促进股权投资企业和股权投资管理企业发展的实施办法》《上海市浦东新区设立外商投资股权投资管理企业试行办法》《天津市关于私募股权投资基金、私募股权投资基金管理公司（企业）进行工商登记的意见》《天津市股权投资基金和股权投资基金管理公司（企业）登记备案管理试行办法》《天津市促进股权投资基金业发展办法》

第六部分：创业投资

《创业投资管理暂行办法》《创业投资企业管理暂行办法》《国家税务总局关于实施创业投资企业所得税优惠问题的通知》《关于创业投资引导基金规范设立与运作的指导意见》《深圳经济特区创业投资条例》

第七部分：税收

《企业所得税法》《企业所得税法实施条例》《个人所得税法》《关于合伙企业合伙人所得税问题的通知》《关于实施创业投资企业的所得税优惠问题通知》《关于促进创业投资企业发展有关税收政策的通知》

第八部分：信托

《信托法》《信托公司管理办法》《信托公司集合资金信托管理办法》《信托公司集合资金信托计划管理办法》

第九部分：保险

《保险法》第106条，《保险资金运用管理暂行办法》第12条、第16条，《保险资金投资股权暂行办法》，《保险资金投资不动产暂行办法》。

第十部分：其他

《关于建立我国风险投资机制的若干意见》《境内证券市场转持部分国有股充实全国社会保障基金实施办法》《关于当前金融促进经济发展的若干意见》《国务院办公厅就金融促进经济发展三十条意见》《国务院批转发展改革委关于2009年

深化经济体制改革工作意见的通知》《关于鼓励和引导民间投资健康发展的若干意见》《关于加强地方政府融资平台公司管理有关问题的通知》《最高人民法院关于审理非法集资刑事案件具体应用法律若干问题的解释》(法释〔2010〕18号)

近年来，私募股权基金在我国发展十分迅猛，但法律法规及司法方面的滞后性明显，暴露出相关法律存在的诸多问题。

1.我国目前还没有由全国人大及其常务委员会制定的直接专门规范私募股权基金的法律文件。规范私募股权基金运作的是一系列部门规章，包括《外商投资创业投资企业管理规定》《创业投资企业管理办法》《信托公司集合资金信托计划管理办法》等。

2.现行的有关法律与政策在许多方面未能从私募股权投资的行业运作特点出发，为其提供必要的法律保障，有时反而构成法律与政策的障碍。例如，在市场准入限制方面限制了金融机构的投资；在税收优惠政策方面支持不足，影响了投资者预期收益和投资热情。目前，我国的《公司法》和《证券法》对私募股权基金的发行主体也制定了较高的标准，一定程度上限制了私募股权市场的扩大。

3.我国没有针对私募股权基金主管机关的明确规定。职责不清，导致实践中多部门权利倾轧，出现管理局面的混乱；缺乏对于主管机关法律责任的规定，当主管机关侵犯私募股权基金权利时，无法得到及时救济与赔偿。

4.对于私募股权基金的设立，缺乏严格的程序规范。没有统一的设立程序，导致实践中各地做法各异，私募股权基金设立者欺诈骗取主管部门核准设立或故意隐瞒财务、投资等重要信息，侵犯投资人利益时，主管机关享有哪些处罚权，当前立法中也没有明确的规定，使投资者利益得不到及时救济。

5.我国法律对基金资金来源限制过多，不能充分发挥私募股权基金的风险调节作用。目前，私募股权资本来源主要为政府部门，渠道单一、资本规模小，而作为发达私募股权投资国家主要资金来源的金融机构投资者和养老基金，在我国受到法律法规的影响不允许从事风险性投资，这在很大程度上直接影响了我国风险资本的有效供给量，不能真正发挥个人、企业和金融机构所具有的投资潜力，从而阻碍私募股权投资业的发展规模与速度。

（四）主要调查内容

1.引进私募基金的时间、规模、目的、占股比例、比价确定、资金到位情况、对企业经营影响的综合评估、作为公司股东的私募基金在公司中享有哪些权利，承担哪些义务，双方的磨合情况如何等；

2.引进私募基金的合同及合同的履行情况评估；

3.公司未来发展计划及进一步引进私募基金的计划；

4.私募基金公司基本情况，对行业的熟悉及投资情况，投资回报率，对企业发展的促进度，私募基金给公司带来了哪些战略资源及改变等；

5.私募基金是否有派驻企业任职人员，担任何职务，跟企业管理层的配合度；

6.引进私募基金后企业业务发展产生了哪些变化，包括积极的变化和消极的变化，跟过去几年做横向比较的相关数据；

7.私募基金在促进公司股权结构的合理化、日常运营及财务管理的规范化、改善公司治理、调整公司的经营政策方面做了哪些改变，成效如何等；

8.私募基金入股时是否与企业签订了对赌协议，或者入股协议中是否包含了对赌条款，对赌条款是如何具体规定双方的权利义务的，是和公司对赌还是和控股股东对赌，对赌资金的来源，与公司对赌时公司的资本公积金是否足以覆盖对赌需要支付的金额，对赌的结果是否会造成控股股东的变更。如果已经开始履行了对赌协议的有关条款，则履行的结果如何，对赌协议解除的条件如何等。

二十九、近三年来的重大诉讼、仲裁及行政处罚

重大诉讼事项一般是指其所涉及的损害或赔偿金额超过公司流动资产10%或公司董事、监事、高级管理人员受到刑事起诉的诉讼事项，包括公司本部、子公司、公司董事、监事、高级管理人员以及持有5%以上公司股份的主要股东作为当事方的重大诉讼事项。

重大诉讼不是一个法定的概念，一般是指达到一定金额（如标的额100万元或200万元以上，具体根据企业的生产经营规模确定）或者虽然金额不大但有可能对公司的持续经营将会产生重大影响的诉讼、仲裁，或者达到法定的重大程度标准的行政处罚。

（一）调查目的

1.调查公司是否存在或可能存在有关的重大诉讼、仲裁及行政处罚事项；

2.评估与公司有关的诉讼、仲裁及行政处罚事项对公司财务状况、经营成果、企业声誉、生产经营、未来前景等可能产生的影响。

(二)调查内容

1.公司、持有公司5%以上(含5%)股份的主要股东(追溯至实际控制人)、公司的控股公司是否存在尚未了结的或可预见的重大诉讼、仲裁及行政处罚案件;如存在,应说明对公司财务或本次挂牌的影响。

2.公司董事长、总经理是否存在尚未了结的或可预见的重大诉讼、仲裁及行政处罚案件;如存在,应说明对公司生产经营的影响。

3.如上述案件存在,还应对案件的简要情况作出说明(包括但不限于受理该案件的法院名称、提起诉讼的日期、诉讼的当事人和代理人、案由、诉讼请求、可能出现的处理结果或已生效法律文书的主要内容等)。

(三)调查涉及的材料

1.公司方面应提供的有关说明并填写诉讼、仲裁及行政处罚事项调查表,说明及调查表应载明公司及其股东、实际控制人、现任/拟任董事、董事、高级管理人员过往的、正在发生的或者有正当理由认为潜在可能发生的将对公司产生不利影响的所有诉讼、仲裁、权利请求或其他纠纷以及行政调查、行政处罚、行政强制和其他法律程序,并载明涉案事由、涉及金额及公司方面的最大风险。

2.要求公司提供法院案件受理通知书、判决书、仲裁通知书、行政处罚通知书、委托代理书等相关资料和文件,检查其真实性;与公司管理层进行会谈(会谈笔录),讨论上述诉讼、仲裁及行政处罚事项调查表对公司财务状况、经营成果、声誉、业务活动、未来前景等可能产生的影响。

3.涉及上述情况的有公司内部或者第三方出具的针对诉讼、仲裁、行政调查、行政处罚、行政强制和其他法律程序的有关的任何报告、备忘录及进行现状和胜败可能性的分析。

4.公司股权或者资产面临或已经被执行的查封、冻结、扣押情况及相关的法律文件。

5.公司控股子公司和持有公司5%以上股份的主要股东(追溯至实际控制人)、董监高关于诉讼、仲裁事项的书面说明(若有)。

（四）调查方法及途径

1.网络调查；

2.走访或向当地法院、工商局、税务局、环保局、质监局等寄送询证函；

3.对公司负责人、管理层进行访谈并做成调查笔录，由公司负责人提供关于“重大诉讼、仲裁及行政处罚的说明”。

（五）具体分析及应对策略

通过对企业近三年遭遇过的重大诉讼、仲裁及行政处罚的审查与分析，可以了解并发现企业经营管理中存在的问题及法律风险，有利于对于企业的规范经营提出整改的意见与建议：

1.有利于发现企业日常经营中存在的不规范管理的具体情况，例如合同条款的完整性与规范性，合同履行流程中的问题等；

2.有利于发现企业可能存在的法律风险以及可能的损失并进行适当的评估；

3.有利于发现企业日常管理的规章制度的缺陷；

4.有利于对企业股权价值进行准确的评估；

5.有利于对企业今后的运作提出合法化、规范化的意见与建议。

第四节
常见非诉讼尽职调查要点分析

一、债券发行与承销尽职调查

企业通过发债的方式进行融资，是企业直接融资的方式之一。目前发债的种类有企业债、公司债、短期融资券、中期票据、中小企业私募债等十余种常用形式，发行的方式分为公开发行和非公开发行两种，两者的要求存在一定的差异，相对来说，公开发行的监管及要求更高一些。

发债的安全性来自债务人的还款能力及还款保障，为此，对债券发行人进行尽职调查目的就是了解企业是否符合关于债券发行的基本条件，例如企业的发行人资格、经营规模、利润、资金用途、利率等，以下是发债尽职调查清单的范例。

企业发债尽职调查资料清单

以下资料清单系根据当前企业债券主管部门对债券发行申报的有关规定及申报材料的内容及要求编制而成，将作为我们策划贵公司发行企业债券方案及制作申请文件的基础材料，该等基础材料的真实性、准确性、完整性及资料提供的及时性，将影响贵公司发行企业债券方案的可行性及申报进度，敬请贵公司及时提供以下资料，本所将严格履行保密责任。

说明：

(1)本清单中所述“发行人”或“公司”指(　)。

(2)随着工作的深入，我们将可能向贵公司提出进一步的补充文件清单。

(3)如果本清单要求提供的某一项或多项文件并不适用于相关单位，请以书面回复的方式作出说明。

（4）以下要求提供的文件资料，除非另作说明，否则应包括子公司或公司的附属机构成立至今的所有文件资料。

（5）如果无特别说明，要求提供的文件均为原件或与原件核对无误的复印件。

（6）对文件资料中有关问题，我们可能需要进一步咨询贵公司有关人员。

担保方提供的资料与发行人类似。

（一）发行人的企业工商登记资料、企业信用报告（人民银行或企业开户行）

1.企业注册所在工商局：企业工商档案信息（由律师在企业人员的陪同下前往查询，首页应加盖“工商局章+骑缝章”）。

主要内容：

（1）公司成立资料（股东协议、公司章程、股东名单、董事名单、资产评估报告、出资及验资报告）；

（2）历史沿革（历次股东、董事、法定代表人、注册资本等的变更、股东会决议、验资报告等）；

（3）最近三年的企业年度报告。

2.企业信用报告（由律师在企业人员的陪同下携带贷款卡到人民银行或开户行打印）。

3.土地登记信息（由律师在企业人员的陪同下到当地土地局查询，如需以土地提供抵押）。

4.当地法院、税务局、海关、质监部门、环保部门、消防部门等部门提供的信息。

（二）发行人基本情况（发行人提供，须加盖企业公章，由企业保证其真实性）

1.企业营业执照（正副本，已三证合一）、贷款卡、银行开户许可证、企业征信报告、企业信用评级报告、年度报告、土地使用权证；

2.公司治理结构（三会一层设立及运作情况、公司组织结构图、董事长、总经理、副总经理及财务负责人等的分工）；

3.法定代表人学历及工作简历、身份证复印件、签字样本（在身份证复印件上签名）；实际控制人学历及工作简历、身份证复印件、签字样本（在身份证复印件上签名）；财务负责人学历及工作简历、身份证复印件、签字样本（在身份证复印件上签名）；

4.公司股东名单、身份证复印件、签字样本（在身份证复印件上签名）；公司设有董事会的，董事会成员名单、身份证复印件、签字样本（在身份证复印件上签名）；

5.最新的公司章程（和/或章程修正案）；

6.发行人与其母公司、子公司等投资关系的完整结构图（从最上游直至最下游的所有企业）；结构图应标明控股/持股/控制关系、持股份额、其他持股人的详情；

7.公司拥有的主要子公司的详细清单，该清单的内容包括：下属企业的名称、成立时间、注册地址、注册资本、股权状况（股东名称、出资额、持股比例或控制关系）、企业性质、经营范围、主营业务、最近一期财务情况、是否合并报表；

8.有关发行人及其下属企业主体资格的法律文件；

9.发行人现阶段和以往享受过的优惠政策；

10.发行人在过去三年内进行的（境内和境外）投资、出售、收购、兼并、增资、减资、合并、分立、重大改组、变更情况；

11.企业与股东、高管的关联交易（如有，请详细说明）；

12.公司现有对外股权质押、抵押及提供担保的合同及说明；相应股东会或董事会决议（如有）；

13.公司现有银行贷款、对外借款及还款情况；

14.内部审批程序（发行企业债、同意对外抵押担保等的股东会或董事会决议）及相关文件。

（三）发行人业务情况

1.公司所处的行业现状，包括市场集中度、主要竞争对手及潜在竞争者、市场份额、市场份额变动情况及趋势、在行业中所处的地位（提供行业研究报告）分析；公司在行业中的地位及优势说明、主要竞争对手分析；

2.竞争优势及劣势分析；

3.公司的发展规划，包括发展战略、整体经营目标及主营业务的经营目标、产品研发计划、人员扩充计划、技术开发与创新计划、市场开发与营销网络建设计划、再融资计划、收购兼并及对外扩充计划、深化改革和组织结构调整的规划、国际化经营的规划等；

4.请贵公司说明实现上述业务目标的主要经营理念或模式；

5.请说明贵公司本次募集资金运用对实现上述业务目标的作用；

6.公司经营范围及业务的构成情况、资产状况、债权债务情况、最近三年公司主要业务收入、盈利构成及其变化情况、公司最近三年的主要业务及其生产能力；

7.最近三年或更长时间内公司主要业务市场分布及市场占有率的变化情况、公司目前的营销现状及主要策略、公司主要业务的市场前景预测；

8.主要原材料的来源及供应情况；

9.未来三年主营业务调整及发展计划。

（四）发行人对外投资情况

1.公司最近三年的主要投资项目及完成情况；

2.未来三年内的主要投资项目及回报预测；

3.公司最近三年内兼并、收购、资产重组等方面的情况说明；

4.公司未来三年内兼并、收购、资产重组等方面的计划及方案。

（五）财务状况（三年一期审计报告）

1.公司财务制度，流动资金管理办法，信用政策，应收账款回收政策；

2.公司及其主要子公司最近三年经审计的年度会计报表（包括：资产负债表、利润表、现金流量表及报表附注）及最近一期未经审计的财务报告；

3.公司及其主要子公司上年和本年（截至最新一期）的月度或季度财务报表（如为季度报表，应至少提供最近连续五期以上）；

4.最新一期资产负债表流动资产及流动负债主要项目明细（存货、应收账款、应付账款、预收账款、预付账款、其他应收/应付款、短期投资）及流动性分析；

5.公司长、短期债务明细（余额、期限、偿还计划）及以往偿还记录；

6.公司未来一年内融资计划（贷款、发行债券等）；

7.公司未来一年内股权变动计划（增资扩股、股票回购等）；

8.公司未来一年内股利、分红计划。

（六）其他

1.公司有关的法律诉讼、仲裁及行政处罚等事项的《声明书》及《承诺与保证书》；

2.股东或实际控制人对公司的支持情况；

3.公司及下属子公司担保、抵押及其他或有负债情况说明；

4.银行授信额度；

5.政府优惠政策；

6.拟用于担保的土地使用权证（若选择这种方式担保）；

7.拟用收费权质押进行担保的高速公路的基本资料（若选择这种方式担保）；

8.市财政局持有股权的商业银行的基本资料（若选择这种方式担保）。

（七）本期债券发行情况

1.本期募集资金拟投资项目的可行性研究报告及其立项批文（包括批准机关的权限如何，项目可行性研究报告的编制单位，以债还贷情况；如果募集资金不足，请说明弥补资金缺口的途径）。

2.本期募集资金拟投资项目的简介、募集资金使用计划及管理制度。

对于募集资金拟投项目，如果该项目是由公司下属独立的项目公司负责管理运营，请说明公司拟以何种方式（例如，股权投资、贷款或其他合法的方式）将募集资金投入项目，并提供相关的文件。

如果募集资金投向中含替换银行贷款，拟替换贷款的相关贷款合同，提前还款需银行同意提前偿还贷款的证明。

3.本期企业债券募集说明。

4.本次发债募集资金拟投项目的资金来源构成及实施情况。

5.发行企业债的可行性分析报告。

6.资金使用计划及有关偿债计划。

7.本期债券提供情况，如办理抵押，请提供抵押手续办理资料。

募投项目涉及土地、环境等有关报批事项的，提供有关主管部门批准的文件（土地证和符合环境保护要求的证明文件等）。

（八）担保情况

1.物的担保：

（1）担保物（抵押物、质押物）名称、种类及基本情况如地理位置、面积等；

（2）担保物产权证明：如国有土地使用权证、产权证书等；

（3）担保物价值评估报告。有公开市场交易价格的（如上市公司股权），提供担保物数量说明和其60个和20个交易日交易平均价格；

（4）担保物权属人与融资人非同一机构的，提供担保物权属单位同意以担保物进行抵押或者质押为融资提供担保的股东会或董事会决议；

（5）政府主管部门办理担保手续。

2.保证担保（参照发行人提供有关证照资料）。

（九）关于非公开发行公司债券项目承接负面清单

为做好非公开发行公司债券的承销业务风险控制管理工作，根据《公司债券发行与交易管理办法》等相关法律法规及自律规则，2015年4月17日中国证券业协会第五届常务理事会第三十四次会议表决通过，并于2015年4月23日发布了《非公开发行公司债券项目承接负面清单指引》，明确了承销机构项目承接不得涉及负面清单限制的范围，内容主要涉及以下方面。

1.最近12个月内公司财务会计文件存在虚假记载，或公司存在其他重大违法行为的发行人。

2.对已发行的公司债券或者其他债务有违约或迟延支付本息的事实，仍处于继续状态的发行人。

3.最近12个月内因违反《公司债券发行与交易管理办法》被中国证监会采取监管措施的发行人。

4.最近两年内财务报表曾被注册会计师出具否定意见或者无法表示意见审计报告的发行人。

5.擅自改变前次发行债券募集资金的用途而未做纠正，或本次发行募集资金用途违反相关法律法规的发行人。

6.存在严重损害投资者合法权益和社会公共利益情形的发行人。

7.地方融资平台公司。本条所指的地方融资平台公司是指根据国务院相关文件规定，由地方政府及其部门和机构等通过财政拨款或注入土地、股权等资产设立，承担政府投资项目融资功能，并拥有独立法人资格的经济实体。

8.国土资源部（自然资源部）等部门认定的存在“闲置土地”“炒地”“捂盘惜售”“哄抬房价”等违法违规行为的房地产公司。

9.典当行。

10.非中国证券业协会会员的担保公司。

11.未能满足以下条件的小贷公司：

（1）经省级主管机关批准设立或备案，且成立时间满2年；

（2）省级监管评级或考核评级连续两年达到最高等级；

（3）主体信用评级达到AA或以上。

采用国际通行的负面清单管理模式，进一步实现了我国债券发行的科学化、合理化和规范化的管理，有利于提高债券发行的效率。

二、海外发债及贷款尽职调查

（一）海外发债概述

为了有效地利用国内国际两个市场、两种资源，中国企业自20世纪80年代开始在海外发行债券，最早的是1982年中国国际信托投资公司在日本发行的100亿日元武士债券。

国内最早关于海外发债的文件是1987年9月28日发布并生效的《中国人民银行关于中国境内机构在境外发行债券的管理规定》，该规定对境外发债的主管部门、审批文件及资料以及发债主体评价等一系列问题作出了具体的规定，由于中国的境外发债业务刚刚起步，所以政府对此持鼓励但又审慎的态度。

后来，随着2000年3月10日《关于进一步加强对外发债管理的意见》的出台，对于发债资格的认定、对发债的审批及申请对外发债需报送的材料等问题进一步进行了细化，同时，随着对外发债经验的积累和管理的成熟，政府也在手续上逐渐向着便利化方向发展。

2003年3月1日的《外债管理暂行办法》则在多年外债管理的基础上进行了系统的总结，对借债、对外担保、资金使用、偿还及风险管理和监管等进行了全面的规定，为外债发行提供了纲领性的指导文件。

中国企业到境外发债，主要面对两个问题，一个是法律或监管许可，另一个是市场接受度。第一个层面，目前尚无任何监管机关可以批准中国企业直接到海外发债，换言之，中国企业尚不能通过直接的监管审批而获准到海外发债。除了两个例外：一个是2011年国家发改委和人民银行曾批准部分企业和银行赴港发行人民币债券，这个如大家所知是特定阶段的历史产物，之后未再继续批准过。另一个是2012年外管局零星批准部分企业对外担保发债，但一方面没有正式文件颁布且个例保密进行，因此鲜为外界所知；另一方面获得担保批文的要求苛刻远非普通企业能力所及。基于此，迄今为止中国企业在境外发债都是通过其境外子公司作为发行主体来进行的。但需要指出的是，这里说的中国企业其实是法律意义上注册在中国大陆的企业。对于境外注册的中国企业，例如红筹上市公司，由于不受国内法律管辖，其发行债券只要遵循境外监管规定就可以了。而境外监管机关，通常是不对发债做审批的。第二个层面，即便获得监管放行，也并不意味着债券就能够成功发行出去，这取决于境外投资者是否认可中国企业的资质。一个重要标志是能否获得足够好的国际评级。过去四年间，在境外成功发行过的中国企业也不过30家左右，而且从2013年开始就鲜有新增发行主体，基本都是同一发行人的重复发行了。由于境外资本市场的连通性和资本的全球流动性，境外投资者的投资组合是着力于全球的。中国企业只可能是其资产组合中的一部分，而且是较小的一部分。原因多样，例如，认为中国企业缺乏历史发行记录、信用不透明、中国企业缺乏国际评级等。

以上是一方面。另外，我们来看一看中国企业在海外如何发债。前文提到，中国企业在海外发债的主体都是其境外子公司，同时母公司提供一定形式的增信手段，其目的是获得一定的国际评级从而获得国际投资者的接受，否则就很可能面临发行失败。一般来说，信用增级通常有三种方式，程度从弱到强依次为安慰函（comfort letter）、维好协议（keep well）和担保函（guarantee）。安慰函象征意义大，增信实力弱，一般不被采用。担保函需要外管局审批，难以获得，只有少数央企如国家电网、中冶集团等以此种方式发债。多数情况下发债采用了维好协议的形式，其具体形式和功用不在这里展开讨论。

随着境外发债业务的持续开展，国内发债主体积累了丰富的发债经验，国家对之的管理也在不断调整与完善之中，而且逐渐呈现出放开、宽松的趋势，2015年

9月14日国家发展改革委最新发布的《关于推进企业发行外债备案登记制管理改革的通知》(发改外资〔2015〕2044号)则标志着我国境外发债进一步放开，其中最显著的变化有以下两点：

1.取消企业发行外债的额度审批，改为实行备案登记制管理。

2.简化外汇管理手续。外债发行人凭备案登记证明按规定办理外债资金流出流入等有关手续。

这次政策的变化大大便利了境外发债工作的开展，提高了发债的效率和速度，有利于更好地利用国外的资金优势。

(二)境外发债的尽职调查

境外发债的尽职调查，也是基于发债的需要对企业的经营情况、财务状况进行了的了解，除了国内发债通常的尽职调查内容以外，由于发债主体及投资人分属不同的国家或地区，甚至分属不同的法域，对于尽职调查的内容还是存在着一些差异，以下我们来看一份某个国内企业进行境外发债时被要求进行尽职调查的清单。

××市城市建设控股集团尽职调查基础清单

(本清单答卷用于制作评级用小册子及招债书基础资料，请如实尽量填写完成)

一、行业概况及发展战略

1.公司各板块业务的最新发展情况及未来发展战略、目标和规划(例如新投资的项目、建设项目、合同、客户、新收购企业或资产，资产的剥离或上市等，当前投资计划、进展、市场份额等)。

2.提供公司各板块业务份额及行业竞争的理解。

3.请提供公司各板块业务行业进入的壁垒，各板块业务的定位及竞争优势。

4.对公司所处各板块行业的相关监管法律法规进行说明，一旦这些法律法规变化会对哪些业务产生什么影响？如何应对？预计效果如何？

5.公司短期内有否并购、资产出售、重组计划？请提供时间表及融资计划，预计效果如何？

6.公司各企业之间、各关联企业之间的协同效应如何？

7.公司各板块业务在国内外同行业的排名如何？公司是如何看待行业的所处排名及维护的？

8.公司现有板块业务及计划拓展各板块业务的财务风险、政策风险、管理风险。

9.公司自认为的企业类型：城市建设投资企业；城市建设投资运营企业；综合性政府融资平台企业；简述理由及认定标准。

10.公司的主要竞争优势是什么？相对劣势是什么？

11.公司与哪些客户建立了战略合作关系？是否有全球财富500强企业？是否有大型央企和大型国企？影响战略合作关系的因素是什么？

12.公司各板块业务未来五年的发展规划。

13.公司未来的发展会面对哪些挑战？公司应对措施是什么？

14.公司会否考虑在未来3～5年内出售或剥离旗下的业务或资产？如有，背后的原因是什么？

15.在现时整个经济不景气情况下，公司采取何种措施开源节流？其效果如何？

16.影响公司各板块业务收入的因素是什么？公司会采取何种措施应对？

17.公司自认为的信用亮点是什么？请从股东、资金、历史、信誉、资质、市场、唯一性等说明。

18.国家或当地政府是否有文件确认对公司的资金、减免税等支持？支持力度如何？

19.公司的股东是如何看待本次的境外发债融资？如何看待还本付息及发生偿还障碍时的支持力度？

二、公司概况与治理概述

1.请详述公司的企业管制结构。公司内部建立了哪些系统和机制以确保高标准的管制机制？请对公司内部监控的政策和程序做出说明。

2.请提供公司最新的股权结构图和组织架构图。

3.请提供公司董事会的组成、职权和任期文件。

4.请提供公司董事会成员和高管的简历和身份证影印件。[包括聘请的国家级特殊专家（如有）]

5.公司章程、营业执照（已与企业代码、税务登记证三证合一）等资料的提供。

6.公司是否涉及或者预期将会涉及与客户或者任何人士之间的重要纠纷、法律诉讼、仲裁或者行政诉讼？

7.请提供有关所有权的任何债权、抵押、担保或者第三方申诉的详情（如有）。

8.请提供公司在海外及国内过往的优质信誉、资质(包括各板块资质等级、银行信用等级)等。

9.提供各板块业务重要合同(协议)。

10.公司设立了哪些危机公关处理机制?起到了哪些作用?

三、财务概览

1.请提供公司各板块的业务收入细分情况。描述公司各板块业务的收入来源和比例在未来三年、五年会出现哪些变化?

2.请描述公司的内部财务政策。公司的主要财务指标。请对这些政策的基准及公司的财务指标做出说明。

3.请描述公司的投资决策体制和流程。

4.请提供公司各板块业务未来三年、五年的资本支出计划和用途(分为金融机构承诺和未承诺)。公司有哪些融资计划及安排以应对这些资本支出?

5.请提供债权人名单及各债权人的借贷金额列表。

6.请提供承诺及未承诺银行信贷额度及相应提供的银行。

7.请详细描述债务到期状况和今后12个月、24个月、36个月的还款计划。

8.公司的中长期经营目标是什么?未来三年、五年的经营计划和战略行动是什么?

9.公司各板块业务营业收入及利润的情况是怎样的?比例如何?公司的收入来源和比例在未来三年、五年会出现哪些变化?

10.公司各板块业务在过去三年的运营现金流情况如何?请用数据说明。公司管理运营资金的策略是什么?

11.公司未来如何控制资产负债率和有息负债?都有哪些措施?能够达到什么标准?

12.假设公司各板块业务涉及的行业状况出现低迷,业务收入价格受到影响,公司将会采取何种措施保持毛利率及盈利?

13.公司有否享受国家对公司涉及各板块业务的优惠政策?优惠幅度如何?假设政策发生变化将对公司盈利产生什么影响?公司会采取何种措施应对?

14.公司有否获得国家或当地政府的补贴?补贴年限是多少?今后是否可继续获得?

15.公司有否在国内进行其他渠道的资金募集、募集渠道、募集形式、募集规模、年限、成本?

16.国内的信用评级机构信用评级等级?债项评级等级?

17.请解释公司过往融资成本过高的原因及今后应对措施。

18.公司近三年经过证券审计资质会计师事务所出具的审计报告。

四、业务运营概况

1.请描述公司各板块业务的主要订单。

2.公司各板块业务拓展最新详情,包括客户状况、规模、经营历史等。

3.描述公司各板块业务推广策略及政策。

4.描述公司各板块业务成本结构的优势和劣势,包括与国际、国内市场内的同行业进行比较。

5.列举公司各板块业务的前十位主要合作方、业务量、占公司业务的现金流比、合作历史。

6.列举公司各板块业务的前十位主要合作客户、营业收入及利润,合作历史,贡献比例。

7.在经济放缓或进入下行周期时,公司哪些业务会受到波及影响?公司计划采取何种措施应对,预计效果如何?

8.公司进入风险较高的房地产的初衷及风险。将采取哪些措施防范风险?如何对应监管?是否发生过代偿?

9.假设今后公司拓展的海外融资业务受到国际汇率风险或者国内政策风险的困扰,公司将会采取何种措施应对?预测结果如何?

10.今后公司的继续发展以哪项业务为中心?预测占公司营收及利润的贡献多少?比例如何?

××金融控股有限公司

律师/注册会计师:×××、林××

注册会计师:陈×

行业分析师:王×、孙×、蒋××

合规总监:程×

风控总监:周××

××××年×月×日

（三）境外贷款

境外贷款是一些有条件的企业利用国外资源的重要形式，善于利用境外贷款，不仅可以拓展企业融资的渠道，使企业有更多的机会货比三家、币比三种，降低经营成本，而且可以通过与国外银行的合作，借助其严格的管理系统提高本企业的财务管理水平。

笔者在多年从事境外贷款过程中，接触过很多外资银行，他们对于向中国企业提供贷款进行资金合作持乐观而谨慎的态度，基于多年丰富的贷款经验，外资银行对于尽职调查非常严格，特别对于尽职调查过程中企业体现出来的诚信非常重视，以下是某金控公司提供的境外贷款机构提供的境外贷款尽职调查清单。

××公司境外贷款资料准备清单

1.借款申请函；

2.公司简介（历史沿革、股权等变更情况、主营业务，涉足行业，经营情况，经营业绩、经营资质及许可、财务状况等）；

3.借款人公司相关证照（企业营业执照、组织机构代码证、开户许可证）及年报情况；

4.借款人公司章程；

5.工商登记查询信息、贷款卡；

6.借款人的组织架构、公司治理、内部控制、企业资质、资信及法定代表人和经营管理团队的介绍等情况；

7.近两年的重要相关合同、相关纳税证明；

8.验资报告；

9.近三年经审计的财务报告和近期报表；

10.公司法人治理结构、重大事项决策程序和重要内控制度（包括：公司的基本组织结构，日常运管的主要管理机构、内部决策的主要机构与程序，内部风险管理的机构、方式等）；

11.财务制度及财务管理模式（一般的费用开支程序、大额费用控制程序、母子公司资金调度情况与程序，是否集中资金管理等）；

12.保证金、质押存款、已经设定抵质押的财产及对外担保明细；

13.投资、在建新项目情况及未来重大投资计划与发展计划；

14.贷款用途及资金使用计划表；

15.相关担保资料，抵、质押物权证或保证人的保证资料和能力等资料；

16.还款来源情况说明及相关证明资料；

17.未来三年的财务预测。

××金融控股有限公司

律师/注册会计师：叶××、林××

风控总监：周××

合规总监：程××

××××年×月×日

对以上尽调清单进行仔细审核后，可以将其基本归纳为以下五个方面的问题：

1.借款人主体资格材料；

2.财务报告；

3.对外抵押担保情况；

4.本次贷款用途及资金使用计划；

5.还款来源及未来三年的财务预测。

综上所述，相比境外发债而言，境外贷款的尽调内容更简单，手续更简便，从而资金发放速度也会快，效率更高。

三、企业改制尽职调查

（一）企业改制概述

企业改制（enterprise restructruring）指依法改变企业原有的资本结构、组织形式、经营管理模式或体制等，使其在客观上适应企业发展新的需要的过程。

改制也指企业所有制的改变。通常我们所提到的企业改制是指国有企业的改制，但广义上也包括其他性质企业的改制，例如集体企业的改制、股份合作制企业的改制、中外合作企业的改制等，甚至更多类型的非企业单位；再如，事业单位改制，也被统称为企业改制。企业改制的目标包括有限责任公司和股份有限公司，特别是随着企业上市的需求增大，很多企业将股份有限公司作为自己的改制目标。

国有企业的改制方案应由职工大会或职工代表大会同意；重要的国有独资企业的改制必须要经国有资产管理机构审核，并报本级政府批准，重要的国有独资企业按照国务院的规定确定。而私有企业的改制则应由董事会或股东会通过。

企业改制的目标是建立现代企业制度，现代企业制度中最具有典型性和代表性的是公司制，公司制改造的实行，可以实现产权主体的多元化，也会带来产权结构的多元化。公司制企业指由自然人或法人单独或组合建立一种企业形式。公司具有法人性、营利性等特点，具有独立的法人资格，拥有独立的财产权利，独立承担责任，独立面向市场自主经营、自负盈亏，自我发展。

（二）企业改制尽职调查内容

本书所指的企业改制是狭义的改制，仅指企业从有限责任公司改制为股份有限公司。企业改制的尽职调查应当关注以下几个方面。

1.企业的设立及历史沿革

对“企业设立、沿革和变更情况”的核查，主要源于企业工商登记信息资料：

◆改制企业的营业执照；

◆改制企业历次变更的章程及目前有效的章程；

◆与改制企业设立相关的政府有权部门的批文；

◆与业务经营相关的批准、许可或授权；

◆企业取得的资格认定证书，如业务经营许可证等；

◆企业变更登记事项的申请与批准文件；

◆企业成立时及成立之后历次验资报告及审计、资产评估报告；

◆股东会、董事会的会议记录和决议；

◆企业分支机构和企业对外投资证明；

◆有关税收优惠情况说明及批文；

◆外汇登记证；

◆海关登记证明；

◆企业已经取得的优惠待遇的相关证明文件；

◆其他相关证明文件。

2.对“基本运营结构”的核查(包括但不限于下列文件)

◆企业目前的股本结构或出资人出资情况的说明;

◆有关企业目前的管理结构、薪酬体系的文件;

◆有关企业内部管理制度与风险控制制度的文件。

3.对“股权情况”的核查(包括但不限于下列相关文件)

◆有关企业的股权结构及其演变过程的证明文件;

◆股权有无质押或其他形式权利行使障碍的证明文件;

◆有关股东出资方式、出资金额的证明文件;

◆股东以非货币财产出资的财产权属证明文件及权属变更登记文件。

4.对“有形资产情况”的核查(包括但不限于下列文件)

◆企业及其附属机构房屋产权及重要设备的清单;

◆企业及其附属机构有关房屋及重要设备租赁的文件;

◆企业及其附属机构有关海关免税的机械设备(车辆)的证明文件(如有);

◆企业其他有形资产的清单及权属证明文件。

5.对“土地使用权及其他无形资产情况”的核查(包括但不限于下列文件)

◆企业及其附属机构对各项软件、产品等无形资产所拥有的知识产权清单,包括专利、商标、版权及其他知识产权;

◆所有与知识产权有关的注册登记证明及协议;

◆企业及其附属机构土地使用权证、租赁土地的协议;

◆企业及其附属机构签署的重大知识产权或专有技术相关协议。

6.对改制企业所签署或者有关联关系的“重大合同情况”的核查(包括但不限于下列文件)

◆任何与企业及其附属机构股权有关的合同;

◆任何在企业及其附属机构的动产或不动产设定的所有抵押、质押、留置权等担保权益或其他权益限制相关的合同;

◆企业及其关联机构的兼并、分立、合并、歇业、清算、破产的相关合同;

◆企业及其附属机构签署的所有重要服务协议;

◆企业及其附属机构签署的所有重要许可协议、特许安排及附有条件的买卖合同;

◆企业及其附属机构签署的所有重要能源与原材料或必需品等供应合同；

◆企业及其附属机构签署的所有重大保险合同；

◆企业及其附属机构改制前签署的任何与合并、联合、重组、收购或出售有关的重要文件；

◆企业及其附属机构与主要客户签订的其他与其经营有重大影响的合同；

◆其他重要合同，如联营合同、征用土地合同、大额贷款或拆借合同、重大承包经营、租赁经营合同或投资参/控股及利润共享的合同或协议等。

7.对改制企业“重大债权债务”的核查（包括但不限于下列文件）

◆有关公司应收款、其他应收款的真实及权利的完整；

◆应付款项是否与业务相关，有无异常负债；

◆有无或有事项及或有负债；

◆有无因债权债务事项而可能引发的纠纷。

8.对涉及的“重大法律纠纷、行政处罚等情况”的核查（包括但不限于下列相关文件）

◆企业未了结的诉讼、仲裁、行政处罚、索赔要求及政府部门之调查或质询的详细情况；

◆企业违反或被告知违反卫生、防火、建筑、规划、安全等方面之法律、法规、通知或诉讼的情况；

◆企业所知晓的将来可能使之涉及诉讼、仲裁、行政处罚、索赔要求、政府部门的调查或质询的事实。

9.对改制企业“人员基本情况”的核查（包括但不限于下列相关文件）

◆企业高级管理人员的基本情况；

◆企业和职工签订的劳动合同样本；

◆企业工会组织的情况和与工会签订的集体劳动合同或协议；

◆企业职工福利政策；

◆企业缴纳社会保险费的情况。

10.对企业“环境保护”的核查（包括但不限于下列相关文件）

◆项目立项和建设、竣工过程中的专家环境评估报告和环保部门的批准；

◆环保部门的整改通知、处罚决定；

◆生产过程中的环保设备、工艺、制度、保障。

11.对企业“纳税情况”的核查(包括但不限于下列相关文件)

◆企业应纳税的税种、税率、税收优惠政策的依据、批准;

◆纳税记录、完税证明、欠交税款、行政收费;

◆税务机关的催收通知、处罚决定。

(三)尽职调查注意事项

◆律师应当注意保持与委托人以及调查对象的良好沟通,以便将律师在调查过程所发现的问题及解决问题的方法及时反馈给客户。对于需要制作调查笔录的,应当亲自当面询问有关人员,以保证尽职调查工作的真实性。

◆律师应当注意同其他中介机构的配合。国有企业改制通常是由几个中介机构共同参与完成的,律师在工作中应当同其他中介机构相互配合,将各自了解到的情况和资料相互通报,共同探讨解决问题的方法和途径,使项目能保质保量地顺利完成。

◆律师开展尽职调查,应当认真审核、比对相关资料。如果发现相关资料存在矛盾或者不相一致,应当要求委托人予以核实,也可以商请其他中介机构协助调查,或由律师再次调查、补充调查,以保证尽职调查的准确性。

◆律师开展尽职调查,应当注意收集完整的调查资料,对于因客观原因无法获得与改制或产权转让有重大关系的文件和证据的,应当在有关法律文件中明确说明。

(四)尽职调查与工作底稿

律师应当在尽职调查前及调查过程中制作必要的工作底稿。工作底稿应当真实、完整、记录清晰并适宜长期保存。形成完备的工作底稿是考核律师尽职调查工作的一项核心内容,工作底稿的制作不仅是律师工作过程的完整体现,同时也是防范律师执业风险的重要手段。律师开展尽职调查的工作底稿应当包括但不限于下列内容:

◆与改制企业设立及历史沿革有关的资料,如设立批准证书、营业执照、合同、章程等文件或变更文件的复印件;

◆重大合同、协议及其他重要文件和会议记录的摘要或副本;

◆与委托人及被调查对象相互沟通情况的记录,对委托人与被调查对象提供

资料的检查、调查访问记录、往来函件、现场勘察记录、查阅文件清单等相关资料及详细说明;

◆委托人、被调查对象及相关人员的书面保证或声明书的复印件;

◆对保留意见、疑难问题所作的说明;

◆其他与出具《尽职调查报告》相关的重要资料。

(五)《尽职调查报告》编制

在委托人或者被调查对象依据尽职调查清单的要求提供各类文件与信息后,律师应当及时、谨慎地对所有材料进行审阅和分析,并据此向委托人或被调查对象提出初步审查意见。律师在提出初步意见后,应当与委托人或者被调查对象进行充分沟通,明确需要进一步调查的具体事项或问题,以利于在反复不断完善的过程中,达到尽职调查工作的全部目的。律师在获得全部必备信息材料后,应当编制最终的《尽职调查报告》。

《尽职调查报告》一般包括下列内容:

◆目的与范围:说明出具尽职调查报告所要达到的目的和核查的范围。

◆律师的工作准则:说明律师是根据有关法律、法规、规章和规范性政策文件,根据委托人的授权,按照律师行业公认的业务标准、道德规范和勤勉尽责精神,出具工作报告的。

◆方法与限制(假定):说明核查和出具报告所采用的基本方法和报告所基于的假定。

◆律师的工作程序:说明律师在开展尽职调查工作过程中的主要工作方式、工作时间以及工作流程,包括对调查对象提供材料的查验、走访、谈话记录、现场勘查记录、查阅文件的情况等。

◆相关依据:律师制作调查报告所依据的文件材料以及报告反映情况的截止时间和所依据的法律、法规、行政文件、规章、通知。

◆使用范围与声明(不保证)。

◆正文:正文内容应当与律师的工作程序以及律师出具的调查清单所涉及的范围基本保持一致,主要包括公司设立、变更、存续、公司组织架构和法人治理、业务与经营状况、资产状况、知识产权、环境保护、税务、保险、劳工制度、重大合同与担保、诉讼以及处罚情况等,正文部分可以分别对每一个具体问题进行分析与解释，并发表法律意见。

◆结尾：律师对尽职调查的结果发表结论性意见及其依据的说明。

四、新三板及IPO尽职调查

（一）新三板尽职调查

新三板全称为“全国中小企业股份转让系统”，最早始于中关村科技园区非上市股份有限公司进入代办股份系统进行转让试点，因为挂牌企业均为高科技企业而不同于原转让系统内的退市企业及原STAQ、NET系统挂牌公司，故形象地称为“新三板”。

自2013年12月13日国务院发布《关于全国中小企业股份转让系统有关问题的决定》开始推向全国。全国股份转让系统是经国务院批准，依据证券法设立的全国性证券交易场所，主要为创新型、创业型、成长型中小微企业发展服务。

针对拟挂牌新三板的企业开展尽职调查，目的是了解企业是否符合挂牌的各项条件，并对尽职调查中发现的问题有针对性地进行整改，使之从形式到实质都能符合股转系统的挂牌要求。针对拟挂牌新三板企业开展的尽职调查，具有不同于其他尽职调查的一些特点和重点关注的内容，俗称新三板挂牌的十大红线。

1.存续期未满两个完整的会计年度的底线不可突破

《全国中小企业股份转让系统业务规则（试行）》要求拟挂牌公司依法设立且存续满两年，其所称的会计年度是指从每年的1月1日至年底的12月31日的完整会计年度。从财务上看，如果存在同一主体控制下的企业合并，合并方和被合并方可以视同一开始就处于同一控制，编制合并报表时可追溯调整，那么是否可以通过借壳的方式规避“存续满两年”的限制呢？通过同一控制下企业合并可以解决业绩差或者公司设立不满两年等问题吗？

【案例】某自然人2013年依次取得A公司和B公司控股权，其中A公司设立于2003年，但截至2013年6月末公司几乎无实际经营，而B公司成立于 2010年，经营业绩较好。该自然人拟选取A公司或B公司作为主体申请挂牌，但截至改制之日B公司设立未满两个会计年度，于是考虑以A公司作为拟挂牌主体。

在具体操作中，由A公司收购B公司全部股权进行控股合并，并将A和B解释为一开始就由该自然人实际控制（股份代持），将A公司作为拟挂牌主体，以2013年6月30日为基准日进行股改，并将A和B作为同一控制下的企业，在编制合并报表时进行追溯调整。

在本案例中，截至改制之日时B公司设立不满两个会计年度，但急于申请挂牌，找了一个壳公司对其进行收购，并解释为股份代持和同一控制，但终因证据不充分、刻意规避"依法设立且存续满两年"的条件而遭劝退，由此可见，拟挂牌公司依法设立且存续满两年的条件不可突破。

新三板拟挂牌企业寻找符合"依法设立且存续满两年"的壳资源，不同于已在新三板挂牌的壳，两者性质不同，仅为满两年而寻找的壳必须具有实际经营且壳企业的业务等各项指标本来就已符合挂牌的要求，只不过装进去的企业起到锦上添花的作用而已。

2.不具有持续经营能力，无可救药

根据统计，不少于40%的新三板挂牌公司被股转公司质询过公司的持续经营能力。而根据全国股份转让系统2013年6月30日的《全国中小企业股份转让系统股票挂牌条件适用基本标准指引（试行）》（以下简称《挂牌条件指引》），持续经营能力是指公司基于报告期内的生产经营状况，在可预见的将来，有能力按照既定目标持续经营下去，在报告期内应有持续的营运记录，不应仅存在偶发性交易或事项。营运记录包括现金流量、营业收入、交易客户、研发费用支出等，且公司不存在《中国注册会计师审计准则第1324号——持续经营》中列举的影响其持续经营能力的相关事项。

根据2016年8月初在北京金阳大厦多功能厅举行办的全国股转办券商内核工作培训会透露的最新信息显示，全国股转系统在没有提高基础门槛的前提下对企业持续经营能力的判断标准方面进行了调整，区分行业进行判断：

（1）非科技型的传统行业，规模不低于平均水平，且不连续亏损。

（2）科技型企业，对规模也有一定要求：

①两年一期加起来如果低于1000万元，则列入观察名单，需要观察期后财务数据。

②如果研发型企业，第一条没有满足，则需要一定的净资产规模，3000万～5000万元，用来支撑企业发展。

在资金占用方面，企业大股东资金占用，申报前没清理完的一律撤材料；审核期没发现，持续到挂牌后的将纳入监管严肃处罚。

同时，股份公司不存在依据《公司法》第229条规定解散的情形，或法院依法受理重整、和解或者破产申请。

由《挂牌条件指引》可知，偶尔亏损并不一定构成挂牌的实质性障碍，目前盈利也不一定就能证明公司未来具有持续经营能力。

【案例】以某生物医药类挂牌公司A为例，该公司自申请挂牌报告期期初至披露2014年年度报告为止，持续进行生物医药研发，但尚未进行量化生产。因医药要经过临床前实验、制剂稳定性、生物利用度实验和临床实验等漫长而复杂的过程，公司申请挂牌时，研发项目尚处于临床阶段，公司主要收入源于技术转让。而且由于投资者看好公司目前的进展以及未来的发展，持续不断地为公司提供资金支持，因此，A公司最终成功挂牌。

另一家公司B报告期内最后一期收入6000多万元，净利润2700多万元，其产品主要包括C设备和D产品，其中C设备用途为生产D产品，C设备销售收入占比达90%以上，C设备单台设备标的金额较高，主要销售给关联方用于生产D产品，而报告期内D产品毛利率较低。B公司最终被劝退。

从以上两个项目来看，报告期内仅有偶发性交易必然构成挂牌障碍，这与公司所处行业特点和公司发展阶段有关；而报表上的销售收入和利润，并不一定就能证明公司具有持续经营能力，如B公司，最终因同业竞争、持续经营能力的质疑被劝退。

其他可能导致对持续经营能力产生重大影响的事项或情况，例如：

（1）重大业务合同

新三板挂牌公司的重要经营性合同的签订和履行，会影响公司持续经营能力。因此，应当披露报告期内对公司持续经营有重大影响的合同，包括所涉及合同的披露标准、合同主体、合同标的、合同期间和合同总价，披露的合同应当与报告期内收入成本相匹配。

（2）经营资质

①公司是否具有经营业务所需的全部资质、许可、认证、特许经营权，对其齐备性、相关业务的合法合规性发表意见；

②是否存在超越资质、范围经营的情况，是否存在相应的法律风险，公司的风险控制和规范措施，是否构成重大违法行为；

③公司各类经营资质是否存在无法续期的风险，对公司持续经营的影响。

（3）销售渠道

核查公司的销售渠道，就公司获得销售订单的合法合规性是否对持续经营存在不利影响发表意见。

（4）经营场所瑕疵

对于生产型企业，经营场所（包括厂房和土地使用权）至关重要，一旦发生问题即会影响到公司持续经营能力。因此，如在“正和药业”“力合节能”“亚泰科技”“宝威纺织”的案例中，四公司分别存在房产无法办理产权证、自建房屋拆迁或土地无法办理产权证的情况，股转公司在《反馈意见》中要求律师核查以下事项并发表明确意见：

①房产或土地使用权的权属是否清晰，是否存在权属纠纷或潜在纠纷；

②房产或土地使用权对于公司正常生产经营的重要性；

③无法办理产权证或土地使用权证的原因，是否存在完全无法办理的问题，补办事项的进展及是否可行、可预期；

④分析公司因此存在的风险、相应的风险管理措施及其有效性、风险可控性，量化发生房屋拆迁或经营场所的搬迁将给公司带来的搬迁费用和经济损失；

⑤以上事项是否影响公司的持续经营能力。

（5）关联担保

新三板挂牌公司为关联企业或其他企业提供金额较大的担保，一旦债务人未能清偿债务，公司就会因此承担清偿责任，公司履行该清偿责任可能会影响公司持续经营能力。在“恩施商贸”和“佳瑞高科”的案例中，因恩施商贸和佳瑞高科存在关联担保问题，股转公司在给两公司的《反馈意见》分别要求，公司应结合自身及被担保方的资产负债等财务情况说明该等关联担保是否对公司持续经营产生重大不利影响；公司是否符合“公司治理规范”“合法规范经营”“具有持续经营能力”的挂牌条件；并要求主办券商和律师对关联担保是否影响公司持续经营能力进行核查并发表明确意见。

（6）股权质押

“加一健康”的案例中，因公司的实际控制人持有的股权做了质押。所以股转公司在《反馈意见》中要求律师核查公司股权权属是否明晰，是否存在潜在纠纷，是否存在公司控制权发生变化的风险，是否因此影响公司持续经营能力。

（7）“对赌协议”

股转公司允许投资者与公司股东之间依法存在“对赌协议”。但是，“对赌协议”的存在，会导致公司实际控制人发生变化，进而对公司的持续经营能力造成不利的影响。在“众深股份”和“递家股份”的案例中，因两公司存在“对赌协议”，股转公司在《反馈意见》中分别要求众深股份和递家股份的主办券商和律师核查对赌协议（条款）；并结合对赌协议的主要内容、公司股东及公司在协议中的权责关系和地位，就该协议的履行是否会对公司未来的持续经营产生不利影响发表意见。

（8）控股股东和实际控制人的变更

在“科诺铝业”的案例中，股转公司要求主办券商和律师核查以下事项并发表明确意见：

①控股股东发生变更的原因，目前公司股权是否明晰，是否存在潜在的股权纠纷；

②控股股东发生变更是否导致实际控制人变更；

③主办券商就控股股东变更对公司业务经营、公司治理、董监高变动、持续经营能力等方面是否产生重大影响发表明确意见。

（9）知识产权瑕疵

如果知识产权对新三板挂牌公司主要经营能力有重大影响，则知识产权的瑕疵会对公司持续经营能力构成威胁。因此，在“永成双海”的案例中，股转公司要求主办券商和律师核查以下事项并发表明确意见：

①知识产权是否存在权利瑕疵、权属争议纠纷或权属不明的情形，公司相对应的解决措施及其有效性；

②知识产权方面是否存在对他方的依赖，是否影响公司资产、业务的独立性；

③存在知识产权纠纷的诉讼或仲裁的，量化分析诉讼或仲裁对公司持续经营能力的影响。

（10）其他财产所有权瑕疵

在“中设正泰”的案例中，因公司一辆机动车登记在公司职工名下，股转公司在《反馈意见》中要求公司说明该机动车的实际使用情况，该等情况是否涉及侵犯公司资产、利益的情况，潜在风险及其处置安排情况，是否存在任何纠纷或潜在纠纷，是否对公司持续经营产生重大不利影响，并要求主办券商及律师对上述事项进行核查并发表明确意见。

（11）长期偿债能力较弱

在“中设正泰”的案例中，公司在报告期内长期偿债能力较弱，存在大量向个人的借款；应收账款增长幅度超过营业收入增长幅度；经营活动持续现金流出。为此，股转公司在《反馈意见》中要求：

①公司应结合行业发展趋势、竞争态势、与同业公司比较、公司现有订单情况、未来市场开拓情况等，逐项分析上述财务情况指标变动的原因，对公司持续经营能力的影响，充分披露并完善重大事项提示；

②主办券商、律师和会计师应针对《挂牌条件适用基本标准指引（试行）》中对持续经营能力的要求逐项发表意见。

（12）报告期内亏损

在“双建管桩”的案例中，该公司2012年度及2013年度扣费后均为亏损，2014年1～9月仅盈利60余万元，同时，流动比率及速动比率均较低，收入对关联方存在依赖。对此，股转公司在《反馈意见》中要求主办券商、律师和会计师针对《挂牌条件适用基本标准指引（试行）》中对持续经营能力的要求逐项发表意见。

（13）流动资金不足

在“五舟科技”的案例中，公司在报告期内的经营活动产生的现金流量净额均为大额负数。为此，股转公司在《反馈意见》中要求公司分析并披露2014年上半年造成亏损的原因；说明经营活动现金流与净利润不匹配的原因；公司应结合行业发展趋势、竞争态势、与同业公司比较、公司现有订单情况、未来市场开拓情况等，逐项分析财务情况指标变动的原因，对公司持续经营能力的影响，充分披露并作重大事项提示；并要求主办券商、律师和会计师针对《挂牌条件适用基本标准指引（试行）》中对持续经营能力的要求逐项发表意见。

（14）对外依赖

在“恒康达”的案例中，股转公司在《反馈意见》中要求律师就以下事项核查并发表明确意见：

①公司的财务、机构、人员、业务、资产是否与控股股东和实际控制人及其控制的其他企业分开；

②核查公司对外的依赖性，其是否影响公司的持续经营能力。

（15）集体土地收回

在“科安达”的案例中，因为公司所使用的土地是农村集体土地，股转公司在

《反馈意见》中要求主办券商和律师核查以下事项并发表明确意见：是否存在租赁事项无效的风险，是否存在无法转为国有土地和取得新的使用权证的风险，是否存在公司集体土地被收回的风险，对公司持续经营是否会产生重大不利影响，以及公司针对风险的具体应对措施。

（16）法律纠纷

在“递家股份”的案例中，公司涉及两起交通事故法律纠纷，其中一起涉及刑事责任。股转公司在《反馈意见》中要求主办券商和律师核查前述交通事故法律纠纷是否对公司经营产生重大影响。

对律师核查公司持续经营能力并发表律师意见做一个总结：

律师在对公司持续经营能力进行核查并发表意见时，应当依据《关于挂牌条件适用若干问题的解答（一）》，全面核查、谨慎判断对公司持续经营能力可能产生影响的各类负面事项，督促公司真实、全面、完整地披露有关信息，在法律意见书中要依据《挂牌条件适用基本标准指引》中对持续经营能力的要求，对影响公司持续经营能力的事项逐项发表意见。

持续经营能力是新三板审核关注的落脚点，其他问题或许还有商量的余地，但是企业如果无法或者被证明没有能力持续经营，无疑就是被判了死刑。

3.重大违法违规，不可挑战

《挂牌条件指引》要求拟挂牌公司合法合规经营，即公司及其控股股东、实际控制人、董事、监事、高级管理人员须依法开展经营活动，经营行为合法、合规，不存在重大违法违规行为。因新三板挂牌公司大多为中小企业，大多存在这样或那样的问题，没有任何瑕疵的公司的似乎不多，一般的违法违规，并不构成障碍，但“重大”违法违规则成为监管红线，重大违法违规在指引中有明确规定，但其本身难以量化，涉及工商、环保、安全、质量、税务、土地和房产等方方面面，实务中有时较难把握，但审核时一般重点关注企业违法违规的性质、程度、是否出于主观故意、是否造成恶劣的社会影响、企业事后的态度、改进方案以及事件本身的进展情况，下面择几案例进行分析。

【案例】某化工类A企业，由集体企业改制设立，因土地使用权存在瑕疵导致未办理环评手续，尽管当地环保部门为其出具了合法合规证明文件，但最终因为未办理环评手续而被劝退。

【案例】某农林类B企业和C企业，其中B企业租用基本农田种植果树和苗木，且面积较大，移植后可能存活率较低，终因违反《土地管理法》和《基本农田保护条例》等法律法规而被劝退；C企业租赁集体土地未按照《土地承包法》《农村土地承包经营权流转管理办法》等相关规定履行了相关程序，农村土地流转没有逐一签署授权委托书，涉及人数较多而被劝退。

自2015年开始，全国股份转让系统尤其重视拟挂牌公司在报告期内的合法合规性，对涉嫌环保、质量、安全、土地等审核时趋严；如企业违法违规并非主观故意，且未造成重大社会影响，企业积极改正并采取补救措施，同时监管部门出具证明文件的，一般并不构成障碍，应当通过律师依据相关法律法规进行论证，或者由主管部门出具不构成"重大违法违规的证明"，但是建议申请挂牌公司遵纪守法，合法合规经营，尤其是重大违法违规的监管红线不可挑战。

4.主要股份代持和非法发行，不要心存侥幸

《挂牌条件指引》要求拟挂牌公司的股权结构清晰，权属分明，真实明确，合法合规，股东特别是控股股东、实际控制人及其关联股东或实际支配的股东持有公司的股份不存在权属争议或潜在纠纷；股票发行和转让合法合规，是指公司的股票发行和转让依法履行必要内部决议、外部审批（如有）程序，股票转让须符合限售的规定。

"新三板"对股份代持相对采取了比较宽容的态度，只要充分履行信息披露义务并在申报前予以还原，即便实际控制人变更，也不会构成实质性障碍；但部分拟挂牌公司对大股东股份代持仍心存侥幸，全国股份转让系统曾劝退过一个外商投资企业，被劝退的原因并非其股东性质，而是股份代持；而对于曾在区域性股权挂牌的企业，股转公司会重点关注其股票发行和股份转让情况是否合法合规，是否存在违背国办发〔2012〕37号文件（《国务院办公厅关于清理整顿各类交易场所的实施意见》）的情形；另一家曾在区域股权挂牌的企业，因最近36个月内存在违规股票发行和股票转让情况而被劝退。

对于拟挂牌公司小股东的股份代持，在不影响拟挂牌公司实际控制人认定和股权稳定性的情况下，即便挂牌前未经还原可能也不构成障碍，但是建议充分披露；而对于大股东的股份代持，一旦发现权属纠纷，将影响公司实际控制人认定和股权结构的稳定性，拟挂牌公司不可心存侥幸；中介机构在执业时也要勤勉尽责、归位免责，保证获取充分、适当的证据，即便出现问题也要能自证清白。

5.特殊行业，不可贸然申报

《全国中小企业股份转让系统业务规则（试行）》明确指出，股份有限公司申请股票在全国股份转让系统挂牌，不受股东所有制性质的限制，不限于高新技术企业，但是否果真所有行业都可以在新三板挂牌呢？也不尽然。

某券商申报了一个P2P行业公司，但P2P行业存在诸多风险，风险较高，涉及面广，且缺乏监管，鱼龙混杂，问题频出，最终因行业特殊、敏感、监管政策不明朗而被劝退。

虽然业务规则明确拟挂牌公司不受行业、所有制的限制，但是涉及房地产、传统金融、小贷、众筹等特殊、敏感行业，违背传统道德观念、违背公序良俗的行业，建议在申报之前与全国股份转让系统进行充分预沟通，在征求股转系统意见后再行准备，不可贸然申报。

6.会计基础薄弱，不可急于求成

如前所述，新三板未对申请挂牌设置任何财务门槛，仅在《挂牌条件指引》中要求公司“应设有独立财务部门进行独立的财务会计核算，相关会计政策能如实反映企业财务状况、经营成果和现金流量”。实务中，出于成本考虑，未设立财务部门、设立多套账簿、内外账差异巨大的企业比比皆是，而包括会计师事务所在内的中介机构专业水准和执业质量参差不齐，部分挂靠所甚至毫无执业底线，连实际收入5000万元、账面仅50万元的项目都敢轻易以账面数出报告，这种项目一旦被核查发现造假，轻则被劝退，重则面临处罚。

【案例】例如，某水果种植企业，会计基础极其薄弱，报告期内无专职会计人员，主要客户和供应商几乎全部为自然人，未签订合同，未开具发票，主要采用现金收付款，尽管其账面盈利能力较强，但终因内部控制缺失、会计基础薄弱而被劝退。

另一汽车运输企业，报告期内成本、费用核算极其不规范，大量虚构没有经营内容实质的发票，报告期内单位能耗远高于同行业上市公司和挂牌公司且无法合理解释，最终也因会计基础薄弱而被劝退。

对于拟申请挂牌的企业，其最近两年一期的财务报告应经具有证券期货从业资格的会计师事务所审计，对财务规范性提出了一定要求；而且《公司法》修订后，《企业登记管理条例》等文件随之修订，条例要求公司每年1月1日至6月30日要通过企业信息系统将年度财务报告向社会公众公示，因此建议会计基础过于薄弱的企业先规范一段时间再行申报，切不可急于求成。

7.对经营影响重大的纠纷或诉讼，需要高度重视

挂牌企业需要资产权属完整、股权清晰稳定以及业务明确持续，最核心的要求就是公司的资产或者股东与挂牌企业相关的资产不得存在瑕疵、权属纠纷或者明显的争议，比较常见的问题是股权可能存在争议、资产存在第三方提出权利归属，甚至存在股东或者企业被立案调查的情形等。如果存在这些情形，如果没有解决到位且没有得到一个明确的结论，那么是不符合基本的新三板挂牌条件的。

在某研发和生产医疗器械的A案例中，企业产品所需要的核心技术被其他方提起了专利诉讼，要求认定挂牌企业的专利无效，并且一审已经作出判决认定专利无效。尽管挂牌企业提起了上诉并且正在审理过程中，但是企业的核心技术还是会存在重大的不确定性中，导致企业的生产经营存在不确定性。

还有在B企业中，企业的实际控制人因为经济犯罪的问题被隔离审查，虽然这件事情是否真正会被批捕甚至承担刑事责任尚没有一个明确的定论，但是由于公司核心的创始人和实际控制人存在不确定性，从而也会导致公司的生产经营会存在重大风险。

8.超越资质经营或者行业资质管理不明朗的，审慎处理

在某些特殊行业或者特定企业模式中，企业的生产经营需要主管部门颁发的特定资质证书才能够正常经营。如果企业的生产经营过程中，企业存在无资质经营或者超越资质要求经营的情形，那么企业的生产经营也会存在重大不确定性甚至存在违规的可能。

【案例】某企业是进行余热发电合同管理的企业，企业取得的资质是只能为50万千瓦时的发电机组服务，结果企业在报告期服务的发电机组均是100万千瓦时以上的，属于严重的超越资质经营的行为。尽管企业盈利状况良好且生产经营没有被主管部门处罚，但是企业的生产经营还是处于很大的不确定性中。

【案例】某企业是进行电动三轮车生产的企业，由于国家对于这个行业的监管处于一个模糊的灰色地带，行业监管资质也不是很明朗，同时这个行业的产品因为安全问题经常受到媒体的质疑，尽管企业盈利能力不错，但是也不符合挂牌企业的基本要求。

9.挂牌企业不得存在出资不实的情形

新的公司法明确了对公司注册资本放开监管的理念，同时我们也一直在强调

新三板挂牌标准的多样化，于是很多人认为新三板挂牌企业注册资本可以存在虚增的情形，这显然是不正确的。注册资本是股东投入企业的资产，同时也是企业发展运营的基本“口粮”，是对外部债权人提供保障的物质基础，如果这个资产存在虚构的成分，那么企业运行的根基是不稳健的，甚至企业的股东也存在诚信问题。当然，根据目前政策规定，股东补足出资不需要运行时间。

在很多企业的案例中，我们看到股东存在诸多的出资不实的情形，例如，无形资产出资评估价值高估、股东出资之后抽逃资金等。企业存在出资不实的情形，那么需要企业进行减资或者由股东补足出资不实的部分之后，这个问题就不再构成企业挂牌的实质障碍。并且，新三板挂牌与IPO明显存在差异的是，新三板对于补足出资没有运行时间的要求。

10.挂牌企业不得存在资金占用的情形

现在公司治理制度最基本的一个理念就是法人的独立财产权，也就是说，公司的钱是公司的，而股东的钱是股东的，而现实中有太多的股东通过各种方式占用公司资金的情形。实际上如果企业就是股东一个人或者几个人说了算可能也没有太大的问题。但是，如果企业要挂牌上市成为公众公司，那么股东和公司之间这条资产的红线就要严格划清，因为这时候公司就不是股东一个人或者少数人说了算的，还要对公众投资者负责任。

在很多已经挂牌的成功案例中，我们经常看到企业存在大股东占用企业资金的情形，基本上都在挂牌之前进行了清理。如果股东占用资金金额较大且时间较长，那么建议企业要向股东根据银行定期存款利率收取适当的资金占用费，以保证挂牌企业的利益不受到股东的侵害。

其他方面如以下几点。

（1）同业竞争与关联交易

关联交易的正当性判断可以参照以下几个基本方面进行：

①必要性：应当是公司正常经营需要的，不能涉嫌利益输送。

②性质：不能存在商业以外的目的和动机。

③趋势：是否交易金额越来越低、交易内容越来越窄、交易对象越来越少。

④重要性：公司盈利主要不是通过关联交易来实现的。

⑤可替代性：完全可以通过非关联交易替代解决，即依赖性不强。

⑥批准程序合法性：按照公司章程和关联交易管理制度规定的程序合法批

准、关联方回避表决。

⑦公允性：有足够证据证明交易价格和条件公允，不能缺失市场价格和市场标准。

⑧充分披露：按照证监会及全国股转系统信息披露规则真实、准确、完整地披露。

⑨真实性：不允许是指关联方非关联化处理。

⑩独立性：综合判断关联交易不影响发行人在资产、人员、财务、机构、业务五个方面的独立性。

（2）除此之外，还应关注以下方面：

①公司章程中应明确对外担保的审批权限和审批程序，不存在为控股股东、实际控制人及其控制的其他企业进行违规担保的情形。

②公司应有严格的资金管理制度，不得有资金被控股股东、实际控制人及其控制的其他企业以借款、代偿债务、代垫款项或其他方式占用的情形。

③公司或股东通过保留采购、销售机构，垄断业务渠道等方式干预公司业务经营。

④公司依托或委托控股公司采购、销售，而不拥有独立的决策。

⑤从事生产经营的公司不拥有独立、完整的业务体系，且主要原材料和产品依赖股东及其控制的企业。

⑥专为公司生产经营提供服务的设施未重组进入公司。

⑦主要为公司进行专业化服务，未由关联方采取出资或出售等方式纳入公司或转由关联的第三方经营。

⑧具有自然垄断性的供水、供电、供气、供暖服务，未能有效地保证交易和定价的公允。

⑨公司与主发起人或第一大股东、实际控制人及其关联股东、其控制的企业存在经营性业务（受）委托经营、（承）发包等行为。

⑩公司和董事、监事、高管及其亲属设立的公司，公司与为自然人的控股股东和实际控制人共同设立的公司。

另外，值得思考的是，关联交易并未被明确为新三板挂牌的实质障碍，但是需要着重解释和解决关联交易的必要性和公允性问题。而在实践中，公允性问题可能还好解释和论证一些，而必要性的解释有可能形成悖论，即如果发行人的关联交易占比较小且不存在依赖，那么这笔关联交易的必要性就存在疑问，既然关联方的交易可有可无那么为什么不能清理？如果发行人的关联交易存在很大的必要性，那么可能发行人就对关联交易存在重大依赖的疑问，这样可能会损害挂牌公司的资产完整性和业务独立性。但如果挂牌企业的关联交易有以下的因素，或许可以不要求强制清理：

①关联交易的发展有着历史的原因和背景。

②关联交易的公允性和必要性有一定的合理性。

③关联交易的清理目前阶段不具有可行性或者经济性，目前清理关联交易可能需要付出较大成本而挂牌企业无法承担。

④关联交易目前正在处于逐步规范的过程中，并且有着规范的明确预期。

⑤在考虑和不考虑关联交易的情况下，对挂牌企业的业务发展和盈利能力进行对比，以保证投资者对企业有着清晰完整的判断。

（二）IPO尽职调查

企业通过IPO走向资本市场，无论是挂牌上海证券交易所的主板，还是深圳证券交易所的中小板、创业板，都必须首先严格按照相关法律法规的要求进行尽职调查，以确定企业是否符合《证券法》及证监会、交易所关于企业IPO的各项规定，是否存在实质性的法律障碍以及是否具有整改合规的可能性。

目前，关于IPO业务尽职调查的相关法律规定主要包括：2003年4月22日试行的《律师从事证券法律业务规范》第四章“律师从事证券法律业务规范”“尽职调查”，2007年5月1日施行《律师事务所从事证券法律业务管理办法》第三章“业务规则”，2006年5月29日施行的《保荐人尽职调查工作准则》等的规定。

IPO尽职调查，主要就以下问题展开调查与资料收集：

1.主体资格：发行人基本情况调查

（1）公司及子公司（合并报表范围内子公司，下同）自设立以来的全套工商档案材料（内档及外档，到工商局打印并加盖查询章、骑缝章）；

（2）公司及子公司目前自然人股东的身份证或护照（签名）、法人股东的营业执照（三合一）、最新公司章程及自设立以来的全套工商档案材料（内档及外档，到工商局打印并加盖查询章、骑缝章），并填写本所项目组提供的自然人/法人股东调查表；

（3）公司及子公司最新的企业法人营业执照、公司章程；

（4）公司及子公司银行账户清单、银行基本账户登记证（原件、复印件经核对一致）；

（5）公司及子公司设立及历次变更过程中相关主管部门的批准文件及备案文件（如有）。

通过对以上材料的调查与收集，尽调律师应当清楚地了解并全面掌握发行人公司的基本情况如公司设立情况、发行人历史沿革情况、发起人和股东的出资情况、重大股权变动情况、重大重组情况、主要股东情况、职工情况、发行人独立情况、内部职工股（如有）情况、商业信用情况。

2.发行人的组织结构和股权结构

组织结构与内部控制调查。组织结构与内部控制调查的内容包括：公司章程及其规范运行情况、组织结构和股东会、董事会、监事会运作情况、独立董事制度及其执行情况、内部控制环境、业务控制、信息系统控制、会计管理控制、内部控制的监督情况。详细内容包括：

（1）公司现有子公司、分公司、办事处等机构清单及其投资情况；

（2）请以组织结构图形式提供公司各业务职能部门设置，并提供各部门职责的详细情况介绍；

（3）公司现行有效的股东会、董事会及监事会议事规则及其他相关的内部规则；

（4）请提供公司董事、监事和高级管理人员（"高级管理人员"指公司的总经理、副总经理、财务负责人及公司章程规定的其他高级管理人员）的名单及其基本情况，包括姓名、年龄、委任日期、学历及工作简历等情况；

（5）请提供公司及子公司成立至今的会议决议、纪要、记录（包括股东会、董事会、监事会、总经理办公会会议以及其他重要会议的记录）；

（6）公司及子公司自设立至今是否存在股权变动情形，包括但不限于股权转让（包括未办理登记的）、质押、冻结、继承等，请提供具体的转让明细表、股权转让协议、转让款支付凭证、股权转让时点当年度及前一年度的公司资产负债表、如涉及缴纳个税的还应提供完税凭证等；

（7）公司及子公司自成立至今历次注册资本变更情况，包括增资、减资的股东会决议、决议公告、增资协议、增资时点当年度及前一年度的公司资产负债表、验资报告、注册资本变更后的股东名册、历次股本变更后的营业执照；

注：以上（5）（6）（7）项，如在公司及子公司全套工商档案中已包含的，可不重复提供。

（8）公司及子公司历史沿革中存在股权代持的，请提供代持协议、代持方与被代持方的资金往来凭证，并了解代持的原因；

（9）公司及子公司是否存在为职工、其他工作人员、前职工或其他前工作人员制定的，或会影响任何前述职工或其他工作人员的任何股份激励计划、股份期权计划、利润分享计划、奖金或其他激励安排。如有，请提供相关的协议、内部决策文件及执行情况说明。

3.发行人公司及子公司资产

（1）不动产

①自有不动产

公司及子公司持有的《国有土地使用证》，并注明该土地是否已设定抵押；如果设定抵押，请一并注明抵押担保所对应的债务。

如公司及子公司的土地为出让地：

如该出让地为公司直接从土地管理部门以出让方式取得，请提供该宗自有土地所对应的《国有土地使用证》，与土地管理部门签署的国有土地使用权出让合同及其附件，当地财政部门出具的土地出让金缴付专用收据和签署土地出让合同时的土地基准地价公告。

如该出让地为公司从第三方以转让方式取得，请提供该宗自有土地所对应的《国有土地使用证》，国有土地使用权转让合同，土地使用权转让金缴付凭证和签署土地使用权转让合同时的基准地价公告。

如公司及子公司的土地为租赁地，请提供土地租赁合同、该地块的《国有土地使用证》等证明文件。

如公司及子公司的土地为集体土地，其提供该宗集体土地流转的法律文件。

如公司及子公司存在无权证土地（包括账内及账外），请详细说明具体情况。

公司及子公司持有的《房屋所有权证》，请注明该些房产是否设定了抵押；如设定抵押，请一并注明抵押担保所对应的债务。

如公司及子公司的房屋系以购买方式取得，请提供购房合同及购房款支付凭证。

如公司及子公司的房屋系自建方式取得，请提供工程建设相关法律文件，如建设该房屋的立项批复、建设用地规划许可证、建设工程规划许可证、施工许可证、竣工验收报告等。

如公司及子公司与其他单位联合建房，请提供联建合同及相关土地所有权证、房产所有权证；如果尚未取得土地使用权证以及房屋所有权证书，请说明原因，并提供建设该房屋的立项批复、建设用地规划许可证、建设工程规划许可证、施工许可证、竣工验收报告（如有）。

所有政府有关部门对上述不动产进行征用、拆迁、冻结、查封等影响或可能影响该不动产所有权和使用权的政府文件、行政决定、通知及司法文件等。

②租赁不动产

公司及子公司作为合同之一方签署的且正在履行的土地使用权、房屋租赁合同；

上述租赁土地使用权及房屋产权证明文件，及上述租赁登记备案文件，如出租方不是房地产权利人，请提交委托租赁协议或房地产权利人的授权文件。如出租方不能提供前述文件，请公司予以说明；

公司及子公司目前租赁其他不动产的协议，及该租赁不动产的权属证明文件和相关许可证或登记备案文件（如适用）；

请提供对公司及子公司所租赁的房地产有所影响的任何协议、政府文件、行政决定、通知和司法文件等。

③在建工程

公司及子公司拥有的在建工程、项目的全部建筑许可性文件，包括但不限于立项批复、土地使用权证、建设用地规划许可证、建设工程规划许可证、建设工程施工许可证、环评报告、竣工验收登记备案文件等；

如果公司及子公司购买第三人开发建设的预售商品房，则需要提供第三人持有的《国有土地使用证》《建设用地规划许可证》《建设工程规划许可证》《建设工程施工许可证》《商品房预售许可证》《商品房买卖合同》，支付购房价款的凭证以及该合同的预售登记情况、工程竣工验收情况的说明；

对于在建工程，请提供公司及子公司关于办理房屋所有权证及土地使用权证所需的主要手续，并如实说明目前的工作进展，以及取得该等权属文件的大致时间。

（2）知识产权

①已注册的知识产权

请提供与公司及子公司业务有关的、使用中的或涉及到公司营运和公司名称的在中国境内外所有现已注册的商号、商标、专利/专有技术、软件、服务标识、标志或图案（“知识产权”），并请提供上述知识产权登记证书及历次权利人变更通知书的复印件；

上述知识产权是否存在质押等权利受限情况或已存在及潜在的权利纠纷情况；如有，请进行说明。

②知识产权注册申请

请提供关于任何知识产权已提出注册申请的资料；如果可能的话，包括预期的注册日期。

③未注册的知识产权

（注：未注册知识产权是指除商标和专利以外的没有注册的知识产权，包括专有技术、软件著作权等。）

请提供与公司及子公司业务有关的或用于公司及子公司有关业务的所有未注册的知识产权的具体资料，包括：

使用上述知识产权的公司部门或关联人士；

使用上述知识产权的或与之有关的主要金融产品或服务。

④第三方权利

若公司及子公司使用了任何第三方所拥有的知识产权，请提供所有相关的书面协议（如商标使用许可合同、专利使用许可合同或软件使用许可合同）及有关登记、备案文件。如未签署书面协议，请书面说明相关知识产权所有人、许可人、许可范围及特别限制或安排（如有）。

请说明任何第三方有权使用的公司的知识产权或其他由公司及子公司所拥有的知识产权。请提供所有相关协议及有关登记、备案文件，如未签署书面协议，请书面说明相关知识产权的所有人、许可人、使用人、许可范围、特别限制或安排（如有）。

互联网域名注册。

公司及子公司与第三方签订且尚未履行完毕的技术转让合同、技术许可合同、技术合作开发、委托开发合同以及相关注册、许可批准及登记证明。

公司及子公司现有或潜在的有关专利、商标、著作权、专有技术、域名等知识产权的争议或纠纷。

（3）对外投资企业（指公司直属的对外投资企业，包括但不限于：全资、控股、参股子公司，工会对外投资、自办实体、挂靠公司、债转股所形成的股权投资）

公司关于同意向对外投资企业投资的批准文件（包括但不限于股东会、董事会决议和其他文件）及投资协议；

公司在其持有的上述对外投资企业的股份/股权设置任何质押、抵押等权利负担的相关合同、协议等文件及公司或其对外投资企业给予第三人收购对外投资企业股份的权利的文件。

（4）公司设立至今的重大收购或出售资产、资产置换、资产剥离情况说明及有关协议，内、外部批准文件。

4.发行人公司业务

业务发展目标调查。业务发展目标调查包括：发展战略、经营理念和经营模式、历年发展计划的执行和实现情况、业务发展目标、募集资金投向与未来发展目标的关系。

（1）公司及子公司业务经营所取得的所有政府部门颁发的资质文件，并提供关于公司及子公司主营业务的介绍材料，或进行简要书面说明；例如业务许可资质、政府备案或客户准入认证等。

（2）公司及子公司从有关政府主管部门所获得的所有特许权、特许经营及其他许可文件。

（3）公司及子公司为高新技术企业的，请提供高新技术企业申报文件。

（4）战略性联盟和合作，请说明公司及子公司与其他实体在组成战略性联盟和合作方面尚未履行完毕的任何重大协议或意向性安排的有关文件。

（5）业务活动限制

请提供公司及子公司从事任何活动或业务的自由受其限制的合同（例如不竞争协议或业务外包安排的协议）；

请提供公司及子公司拟进行任何形式融资活动时需要获得合同第三方同意才能进行的合同。

（6）其他业务

请提供与公司及子公司经营有关的所有特许权合同、特许经营合同、特许经营证照及批准文件；

请提供关于公司及子公司所从事的或拥有的主营业务以外的任何其他业务的资料，如租赁、物业、培训等。

（7）业务发展目标

请书面说明公司业务发展目标，该目标和公司目前主营业务是否一致、是否符合国家法律、法规、规范性文件的规定，是否存在潜在的法律风险。

5.发行人的重大债权债务

（1）请提供公司及子公司尚未履行完毕的金融机构借款合同及其担保合同；

（2）请提供公司及子公司2016年度、2017年度、2018年度已签署尚未履行完毕的合同或订单，2016年度、2017年度、2018年度已签署或达成意向的合同或订单（如合同较多，请提供清单，并提供金额占比前十大合同的文本）；

（3）提供公司及子公司近3年内签订的（无论是否已经履行完毕）或目前正在拟定中的、标的金额前十的有关资产置换、资产出售、资产收购、合并、改组或撤销或重大技术或软件转让、开发等的协议或其他主要文件；

（4）公司是否与公司董事、监事、高级管理人员、核心技术人员或公司与子公司或子公司的其他股东签署的任何不同于公司法、劳动法一般性规定的其他协议或安排文件；如有，请提供，如公司对董事、监事、高级管理人员及子公司的董事、监事、高级管理人员有无除薪酬、津贴之外的股权激励、资金借贷的其他安排，如公司对于子公司是否有承包经营、不按照持股比例分红或行使表决权等其他特别安排；

（5）可能对公司及子公司财务、生产经营、资产以及其他方面产生重大影响的其他合同或协议，包括但不限于《保密协议》、重要生产设备采购合同及保单等；

（6）公司及子公司目前是否存在其他因环境保护、知识产权、产品质量、劳动安全和人身权等原因而产生的侵权纠纷或潜在的纠纷；如有，请书面说明具体纠纷的内容，并提供相关纠纷的背景材料，包括但不限于相关协议、起诉书、判决书、裁定书等文件；

（7）公司及子公司近3年金额较大的其他应收、应付款是否因正常的生产经营活动发生，是否合法有效；其他应收款、其他应付款中是否存在未收、未付公司持股5%以上股东款项的情形；如有，请书面说明。

6.董事、监事、高级管理人员、核心技术人员及其变化

高管人员任职情况及任职资格、高管人员的经历及行为操守、高管人员胜任能力和勤勉尽责、高管人员薪酬及兼职情况、报告期内高管人员变动、高管人员是否具备上市公司高管人员的资格、高管人员持股及其他对外投资情况。

（1）近3年来董事、监事、高级管理人员、核心技术人员及其变化；

（2）请填写公司董事、监事、高级管理人员、核心技术人员的调查表；

（3）请提供公司董事、监事、高级管理人员近3年当选和变化的程序文件，包括股东会、董事会、监事会、职工代表大会选举决议、提名议案等文件。

7.关联方、关联交易及同业竞争

（1）请提供公司控股股东、实际控制人投资结构图，并书面说明其投资企业所从事的行业，请公司控股股东、实际控制人签字盖章说明；

（2）请提供公司控股股东、实际控制人直接或间接控制的企业的营业执照、章程、股权结构、董事、高管人员名单，如上述企业属于境外企业的，请提供当地公证机构或见证律师公证或见证的企业注册证明等文件；

（3）请提供公司自然人股东的身份证（需股东本人在身份证复印件上签名），并如实披露自然人股东之间及其与其他法人股东之间的关联关系；

（4）请提供公司与关联方之间的关联交易合同，无论金额大小，包括采购、销售、担保等；

（5）请如实披露公司各位股东（包括法人股东、自然人股东）之间是否存在关联关系，或是否存在通过章程、协议及其他安排形成一致行动；如是，请如实提供关联关系的证明文件及相关协议和安排；

（6）请书面说明公司股东会、董事会层面权利行使的方式，是否存在浮动不按照股权比例行使表决权、分红权等股东权利的情形，公司董事、监事、高级管理人选系由谁提议，请提供书面材料（包括但不限于董事委派书、提议董事人选的议案等文件、决议文件等）；

（7）请提供公司的董事、监事、高管及其近亲属（父母、配偶、兄弟姐妹及其配偶、成年子女及其配偶、配偶的父母、配偶的兄弟姐妹及其配偶、父母的兄弟姐妹及其配偶、父母的兄弟姐妹的成年子女及其配偶）担任董事、高管或直接、间接、共同控制或可施加重大影响的法人或其他组织（除公司以外）的最新的经年检的营业执照，章程；

（8）请提供公司关联交易的审批权限和决策程序等管理制度等文件，包括但不限于《章程》、关联交易决策制度等文件；

（9）请提供公司控股股东、实际控制人及其控制的企业和公司签署的《避免同业竞争协议》（如有）；

（10）请提供公司董事、监事、高级管理人员与公司签订的竞业禁止的相关合同或出具的避免同业竞争的承诺（如有）。

（注：针对关联方及同业竞争核查，后续根据了解情况，我们将发送专项问询表，请公司相关方填写，请知悉。）

8.公司"五独立"情况调查

根据《首次公开发行股票并上市管理办法》第二节关于独立性的规定，发行人应当具有完整的业务体系和直接面向市场独立经营的能力。因此，对于拟进入资本市场的企业，应当做到资产、业务、财务、人员、机构独立，即所谓的"五独立"。"五独立"是公司上市及登陆新三板必需具备的要件。

（1）资产独立

生产型企业应当具备与生产经营有关的生产系统、辅助生产系统和配套设施，合法拥有与生产经营有关的土地、厂房、机器设备以及商标、专利、非专利技术的所有权或者使用权，具有独立的原料采购和产品销售系统。

非生产型企业应当具备与经营有关的业务体系及相关资产。

对于机器设备、商标、专利登记在股东名下或与股东单位共用，生产经营场地向股东租赁，公司和控股股东、实际控制人及其控制的其他企业之间存在不规范的互相担保、资产占用等情形的，则无法确定其资产的独立性。

（2）业务独立

对于进入资本市场的公司，从规范化运作运营的角度审查，应当具有独立于控股股东或实际控制人及其控制的其他企业、不存在同业竞争和显失公平的关联交易，此谓业务独立。

从以上分析，控股股东、实际控制人或其亲属等经营与公司业务同类或上下游的业务，则无法确定业务的独立性。

（3）财务独立

公司应当建立独立的财务核算体系，能够独立作出财务决策，具有规范的财务会计制度和对分公司、子公司的财务管理制度；审查公司财务的独立性，需要审查：①是否设立独立的财务会计机构；②是否存在独立的银行开户、独立纳税等。

公司不得与控股股东、实际控制人及其控制的其他企业共用银行账户。

对于财务人员混同、互相兼职，关联企业间银行账户混用等方式，显然无法确定其财务独立性。

（4）人员独立

公司的高级管理人员如总经理、副总经理、财务负责人和董事会秘书等高级管理人员不得在控股股东、实际控制人及其控制的其他企业中担任除董事、监事以外的其他职务，不得在控股股东、实际控制人及其控制的其他企业领薪。财务人员不得在控股股东、实际控制人及其控制的其他企业中兼职。

典型的问题是：一套班子，两块牌子，这也是法律上所谓的“揭开公司的神秘面纱”，即公司与股东、高管人员的人格混同，股东及相关高管是需要与公司对外承担连带责任的。

（5）机构独立

规范化的公司应当建立健全内部经营管理机构，独立行使经营管理职权，与控股股东、实际控制人及其控制的其他企业间不得有机构混同的情形。

对于混合经营、合署办公等情形，无法确定其机构独立性。

9.财务及税收资料

财务与会计调查包括：财务报告及相关财务资料、会计政策和会计估计、评估报告、内控鉴证报告、财务比率分析、销售收入、销售成本与销售毛利、期间费用、非经常性损益、货币资金、应收款项、存货、对外投资、固定资产、无形资产、投资性房地产、主要债务、资金流量、或有负债、合并报表的范围、纳税情况、盈利预测等。

（1）请如实披露公司及子公司各项税种所执行的税率，公司及子公司的各项税是否享受了税收优惠，享受该等税收优惠是否有合法的法律或政策依据；如有，请书面说明，并提供相关文件依据；

（2）如有未完税的情况，请提供公司及子公司未完税的各个税务年度一览表，并请说明主管税务部门有否表示过可能会就未完税的税务年度提出权利要求；

（3）公司及子公司自成立日至今有无因税收问题受过行政处罚；如有，请提供税务处罚决定书、罚款的缴付凭证、整改文件以及其他相关文件；

（4）公司及子公司近3年是否享受了财政优惠或财政补贴；如有，请具体披露相关财政优惠、财政补贴的明细，并提供享受相关优惠及补贴的文件依据；

（5）请提供公司及子公司近3年的审计报告（如有）；

（6）请提供公司及子公司最新的企业征信报告。

10.劳动人事

（1）请提供公司及子公司与其现任高级管理人员间签订的任何与聘用有关的合同、协议等其他任何形式的文件样本；

（2）请提供公司及子公司与其所有行政管理人员、技术人员、销售人员等人员签订的任何形式的标准劳动合同、集体合同和其他形式的劳动合同之样本；

（3）请提供公司及子公司2016年12月31日、2017年12月31日、2018年12月31日及目前职工花名册，包括但不限于以下信息：姓名、性别、出生年月、身份证号、职务、入职时间、学历、毕业院校、专业、职称、联系电话和用工形式；

（4）请提供公司及子公司职工目前的社会保险、公积金台账的账号及缴纳社会保险、公积金情况说明，请提供2016年至今逐月的社保缴纳明细、公积金缴纳凭证；未缴纳社保和公积金的人数、原因；请提供欠缴社会保险费及公积金情况的说明（如有）；

（5）请提供公司及子公司有无发生意外事故和职工伤亡事故及原因；

（6）请提供公司及子公司商业秘密保密及竞业禁止保密制度，与职工签订的保密协议（如为格式合同，可以仅提供一份合同样本）。

11.诉讼、行政处罚、仲裁或其他法律程序

（1）公司、持有公司5%以上股份的主要股东和公司子公司有无尚未了结的或可合理预见的重大诉讼、仲裁及行政处罚案件；

（2）公司及子公司董事、监事、高级管理人员及核心技术人员有无尚未了结的或可合理预见的重大诉讼、仲裁和行政处罚案件。

本调查清单所称重大诉讼、仲裁和行政处罚案件系指对公司财务状况、经营成果、声誉、业务活动、未来前景等可能产生重大影响的诉讼、仲裁和行政处罚案件。

（3）如存在上述诉讼、行政处罚、仲裁请提供书面材料说明受理该案件的法院名称、提起诉讼的日期、诉讼的当事人和代理人、案由、诉讼请求、可能出现的处理结果或已生效法律文书的主要内容等。

12.环境保护、产品质量和技术等标准

（1）请书面说明公司及子公司经营过程中可能会产生的三废的构成及其处理措施，并请提供环保部门颁发的《排放污染物许可证》；

（2）请提供公司及子公司目前生产经营场所的环境影响评价制度执行情况的相关文件，请提供各生产建设项目的环境影响报告书/报告表/登记表、环评批复、环保竣工验收意见；

（3）公司及子公司在质量管理方面是否取得了质量体系认证证书，如有请提供；

（4）公司及子公司是否取得了安全生产监督管理部门颁发的《安全生产许可证》，如有请提供；

（5）环保部门管理机构对公司及子公司的奖励、命令、处罚或调查的有关文件。

13.募集资金运用调查

募集资金运用调查包括：历次募集资金使用情况、本次募集资金使用情况、募集资金投向产生的关联交易。

14.风险因素及其他重要事项调查

风险因素及其他重要事项调查包括：风险因素、重大合同、诉讼和担保情况、信息披露制度的建设和执行情况、中介机构执业情况。

五、私募基金及风险投资尽职调查

私募基金（PE）及风险投资（VC）尽职调查，是指投资人在与目标企业达成初步合作意向后，经协商一致，投资人对目标企业一切与本次投资入股有关的事项进行现场调查、资料分析的一系列活动。其目的是确定项目公司未来成长预测的假设基础的合理性以及项目公司对投资人不存在隐蔽的重大风险，并且保护投融资双方免受其他利益相关方的起诉。虽然尽职调查并不能保证能够发现所有的潜在风险，却是投融资双方尽其可能地使投资交易更公平、更有效率的一种有效措施。

私募基金及风险投资尽职调查一般包括了对目标企业的财务尽职调查、经营尽职调查和法律尽职调查，有时还会就某个特定的项目进行专项尽职调查，例如，人力资源尽职调查、知识产权尽职调查、债权债务尽职调查及环境保护尽职调查等，目的都是深入、准确地了解目标企业真实的经营状况，为私募基金是否投资及股权如何估价做出准确的判断提供帮助。

一旦进入正式的尽调流程，PE的尽职调查团队从人员组成上来说就包括自己的尽调团队、外聘的审计师团队、律师团队，有的甚至还有外聘的行业咨询公司、技术咨询顾问，有的甚至还聘用私家侦探来调查企业家的背景。调查的范围从公司的财务、法律、业务、行业、团队等，基本上全面覆盖。调查的方法有分内部调查和外部调查，包括各种访谈、求证、函证、查阅等。总之，是要翻个底朝天。PE投资机构为什么要花那么多钱、时间和精力来做尽调这件事呢？主要就是因为PE要实打实的往企业里面投入真金白银，生怕有什么风险没有发现，让钱打了水漂。发现了风险而决定去承担，最后失败了，是判断失误和能力的问题，某种程度上是可以原谅的；没有发现风险而盲目冒险，最后失败了，是没有尽职和尽责的问题，是不能接受的。

在长期为私募基金提供尽职调查法律服务的过程中，笔者从实战及实用的角度出发，在总结经验教训的基础上形成了一套自己的尽职调查方案。

第一，看准投资团队。

私募基金的投资理念是投资即是投人，投资就是投团队，尤其要看准投团队的领头人，对于目标企业团队成员的要求是：目标远大，脚踏实地；富有激情，和善诚信；专业敬业，社会责任。

第二，寻找优势行业中的优势企业。

优势行业是指具有广阔发展前景、国家政策支持、市场成长空间巨大的行业；优势企业是在优势行业中具有核心竞争力，细分行业排名靠前的优秀企业，其核心业务或主营业务要突出，企业的核心竞争力要突出，要超越其他竞争者。通过尽职调查，确认企业所处行业是否属于国家鼓励发展的行业、产业，是否得到国家相关产业政策的支持，企业在该行业中是否处于领先的行业地位等。

第三，弄清三个模式。

每个企业的生存和发展都有其独特的商业模式，而商业模式中又以以下三个模式最为重要，弄清了三个模式，就了解了目标企业是如何盈利的，也就基本了解了企业何以立足及发展的根本。其中，业务模式是企业提供什么产品或服务，业务流程如何实现，包括业务逻辑是否可行，技术及工艺是否可行并先进，是否符合消费者心理和使用习惯等，企业的人力、资金、资源是否足以支持。而盈利模式是指企业如何挣钱，通过什么手段或环节挣钱，盈利模式是否得到市场和消费者的认可。再者，营销模式是企业如何推广自己的产品或服务，销售渠道、销售激励机制如何等。好的业务模式，必须能够赢利，好的盈利模式，必须能够推行。

第四，关键指标的把握。

PE投资的重要目标是目标企业尽快改制上市，大多为财务投资，因此一般会非常关注、查看目标企业近3年的盈利能力和成长性，另外，净利率是销售净利润率，表达了一个企业的盈利能力和抗风险能力，增长率可以迅速降低投资成本，让投资人获取更高的投资回报。把握前四个指标，则基本把握了项目的可投资性。

第五，厘清五个结构。

企业的架构关系到企业基本的运作模式，是否规范有效，决定着企业长期发展的稳定性及效率，主要看：

（1）股权结构：主次分明，结构合理；

（2）高管结构：人才配置合理，优势互补，团结协作；

（3）业务结构：主营突出，不断研发新产品及具备源源不断地研发新产品的能力、潜力和机制；

（4）客户结构：既不太分散又不至于太集中，减少对单一大客户的依赖，客户有实力；

（5）供应商结构：既不太分散又不太集中，质量有保证，供应有保障。

第六，对于目标企业的全面了解，应该如抽丝剥茧，层层深入，才能通过现象了解其实质内涵，通过不同层面的资料审核，企业具备的生存能力及持续不断发展的潜力。

考察六个层面是对目标企业的深度了解，任何一个层面存在的关键性问题都可能影响企业的改制上市。当然，有些企业存在一些细小瑕疵，可以通过规范手段予以改进。

（1）历史合规：目标企业的历史沿革合法合规，在注册验资、股权变更等方面不存在重大历史瑕疵；

（2）财务规范：财务制度健全，会计标准合规，坚持公正审计；

（3）依法纳税：不存在偷税漏税方面的问题；

(4)产权清晰：企业的产权清晰到位(含专利、商标、房产等)，不存在纠纷；

(5)劳动合规：严格执行劳动法规；

(6)环保合规：企业生产经营符合环保要求，不存在搬迁、处罚等隐患。

第七，落实七个关注。

七个关注是对目标企业细小环节的关注。如果存在其中的问题，可以通过规范、引导的办法加以改进。但其现状是我们判断目标企业经营管理的重要依据。

(1)制度汇编：查看企业的制度汇编可以迅速认识企业管理的规范程度。有的企业制度不全，更没有制度汇编；

(2)例会制度：询问企业的例会情况(含总经理办公周例会、董事会例会、股东会例会)能够了解规范管理情况，也能了解企业高管对股东是否尊重；

(3)企业文化：通过了解企业的文化建设能知道企业是否具有凝聚力和亲和力，是否具备长远发展的可能；

(4)战略规划：了解企业的战略规划情况，可以知道企业的发展有无目标，查看其目标是否符合行业经济发展的实际方向；

(5)人力资源：了解企业对职工培训、激励计划、使用办法，可以了解企业是否能充分调动全体职工发展业务的积极性和能动性，考察企业的综合竞争力；

(6)公共关系：了解企业的公共关系策略和状况，可以知道企业是否具备社会公民意识，是否注重企业形象和品牌，是否具有社会责任意识；

(7)激励机制：一个优秀的现代企业应该有一个激励职工、提升团队的机制或计划；否则，企业难以持续做大做强。

第八，分析八个数据。

在厘清四个指标的基础上，我们很有必要分析以下八个数据，是我们对目标企业的深度分析、判断。

(1)资产周转率：表明多少资产创造多少销售收入，表明一个公司是资产(资本)密集型还是轻资产型。该项指标反映资产总额的周转速度，周转越快，反映企业的销售能力越强，企业可以通过薄利多销的办法，加速资产的周转，带来利润绝对数的增加。计算公式：总资产周转率=销售收入÷平均总资产。

(2)资产负债率：资产负债率是负债总额除以资产总额的百分比，也就是负债总额与资产总额的比例关系。资产负债率反映在总资产中有多大比例是通过借债来筹资的，也可以衡量企业在清算时保护债权人利益的程度；资产负债率的高低，体现一个企业的资本结构是否合理。计算公式：资产负债率=（负债总额 ÷ 资产总额）× 100%。

（3）流动比率：流动比率是流动资产除以流动负债的比例，反映企业的短期偿债能力。流动资产是最容易变现的资产，流动资产越多，流动负债越少，则短期偿债能力越强。计算公式：流动比率=流动资产 ÷ 流动负债。

（4）应收账款周转天数（应收账款周转率）：应收账款周转率反映应收账款的周转速度，也就是年度内应收账款转为现金的平均次数。用时间表示的周转速度是应收账款周转天数，也称平均收现期，表示自企业从取得应收账款的权利到收回款项，转换为现金所需要的时间。一般来说，应收账款周转率越高、平均收账期越短，说明应收账款收回快。否则，企业的营运资金会过多地呆滞在应收账款上，影响正常的资金周转。计算公式：应收账款周转率=销售收入 ÷ 平均应收账款；应收账款周转天数=360 ÷ 应收账款周转率。

（5）销售毛利率：销售毛利率，表示每一元销售收入扣除销售产品或商品成本后，有多少钱可以用于各期间费用和形成利润，是企业销售净利率的最初基础，没有足够大的毛利率便不能盈利。计算公式：销售毛利率=（销售收入–销售成本）÷ 销售收入 × 100%。

（6）净值报酬率：净值报酬率是净利润与平均股东权益（所有者权益）的百分比，也叫股东权益报酬率。该指标反映股东权益的收益水平。计算公式：净值报酬率=（净利润 ÷ 平均股东权益）× 100%。

（7）经营活动净现金流：经营活动净现金流，是企业在一个会计期间（年度或月份，通常指年度）经营活动产生的现金流入与经营活动产生的现金流出的差额。这一指标说明经营活动产生现金的能力，企业筹集资金额根据实际生产经营需要，通过现金流量表，可以确定企业筹资总额。一般来说，企业财务状况越好，现金净流量越多，所需资金越少；反之，财务状况越差，现金净流量越少，所需资金越多。一个企业经营净现金流量为负，说明企业需筹集更多的资金满足于生产经营所需，否则企业正常生产经营难以为继。

（8）市场占有率，也可称为“市场份额”，是企业在运作的市场上所占有的百分比，是企业的产品在市场上所占份额，也就是企业对市场的控制能力。企业市场份额的不断扩大，可以使企业获得某种形式的垄断，这种垄断既能带来垄断利润又能保持一定的竞争优势。当一个企业获得市场25%的占有率时，一般就被认为控制了市场。市场占有率对企业至关重要，一方面它是反映企业经营业绩最关键的指标之一，另一方面它是企业市场地位最直观的体现。市场占有率是由企业的产品力、营销力和形象力共同决定的。

第九，走好九个程序。

要做好一个投资项目，我们有很多程序要走，而且不同的目标企业所采取的程序应该有所不同、分别对待，但是以下几个程序是应该坚持履行的。

（1）收集资料：通过多种形式收集企业资料。

（2）高管面谈：高管面谈，是创业投资的一个初步环境也是非常重要的环节。依据过往经验，往往能很快得出对目标企业业务发展、团队素质的印象。有时一次高管接触，你就不想再深入下去了，因为印象不好。第一感觉往往很重要，也比较可靠。

（3）企业考察：对企业的经营、研发、生产、管理、资源等实施实地考察；对高管以下的职工进行随机或不经意的访谈，能够得出更深层次的印象或结论。

（4）竞争调查：梳理清楚该市场中的竞争格局和对手的情况。通过各种方式和途径对竞争企业进行考察、访谈或第三方评价；对比清楚市场中的各种竞争力量及其竞争优劣势。对竞争企业的信息和对比掌握得越充分、投资的判断就会越准。

（5）供应商走访：了解企业的采购量、信誉，可以帮助我们判断企业声誉、真实产量；同时也从侧面了解行业竞争格局。

（6）客户走访：可以了解企业产品质量和受欢迎程度，了解企业真实销售情况，了解竞争企业情况；同时，客户自身的档次和优质情况也有助于判断企业的市场地位，以及市场需求的潜力与可持续程度。

（7）协会走访：了解企业的行业地位和声誉，了解行业的发展态势。

（8）政府走访：了解企业的行业地位和声誉，了解政府对企业所处行业的支持程度。

（9）券商咨询：针对上市可行性和上市时间问题咨询券商，对我们判断企业成熟度有重要作用。

第十，报告十个内容。

《尽职调查报告》是业务的基本功，是对前期工作的总结，是最终决策的依据。写好《尽职调查报告》，至少应报告以下10个方面的主要内容。

（1）企业历史沿革：股权变动情况，重大历史事件等。

（2）企业产品与技术：公司业务情况、技术来源。

（3）行业分析：行业概况、行业机会与威胁，竞争对手分析。

（4）优势和不足：企业有哪些优势，哪些是核心竞争力；存在不足或缺陷，有无解决或改进办法。

（5）发展规划：企业的近期、中期的发展规划和发展战略；以及发展规划的可实现性。

（6）股权结构：股权结构情况，合理性分析。

（7）高管结构：高管人员和技术人员背景情况，优势、劣势分析。

（8）财务分析：近年各项财务数据或指标情况及分析。

（9）融资计划：企业发展计划和融资计划及融资条件。

（10）投资意见：投资经理对项目的总体意见或建议。

"厨师炒菜，各有各法"，每家团队都有自己看项目的办法和秘诀，上述要诀只是其中的一种而已，但总体来说，PE在审视投资对象时大部分尽调内容会有所相似，因为从并购的目的、动机等各方面考察，有其类似的特点；但每个尽调团队根据自己积累的经验都会有自己差异化的做法，主要看这种做法是否能更好发现尽调中存在的风险，获得更加准确的为并购所需的信息与数据，从而更好地为并购的最终目的服务。

六、信托尽职调查

尽职调查是信托产品设立过程中的重要环节。信托尽职调查，是指信托产品各方达成初步合作意向后，经协商一致，信托公司或委托人委托律师或公司内部法务作为尽职调查主体，就本次信托相关的各类事项开展的现场调查、信息收集、资料分析等一系列活动并出具尽职调查报告。

鉴于法律尽职调查的重要性和专业性，加之法律意见书又是信托计划发行中的重要文件和必备文件，法律尽职调查已经成为信托项目尽职调查的重要环节，律师事务所成为信托项目法律尽职调查的重要主体。据调查，超过50%的信托公司在信托项目操作过程中，聘请专业律师事务所开展法律尽职调查。

由于银保监会和信托业协会等机构目前尚未出台信托项目法律尽职调查的强

制性要求及相关规范，加之各家信托公司在信托项目法律尽职调查方面存在诸多差异和缺乏统一的标准，这在一定程度上造成律师事务所在从事信托法律尽职调查中遇到诸多问题和困惑，服务水平也存在一定差异。目前已经有部分信托项目的法律尽职调查出现重大遗漏、法律风险爆发，外部律师专业形象受损。信托公司为有效控制法律风险，强化公司内部法务建设，已替代或者部分替代外请律师事务所法律服务的现象，且呈现蔓延发展趋势。律师事务所提升信托法律服务水平迫在眉睫。笔者认为，以下几个方面的问题对信托项目法律尽职调查甚为重要。

（一）信托项目法律尽职调查的涵盖面广

需要引起注意的是，信托项目法律尽职调查涵盖项目及交易对手的合法性、信托项目的合规性、项目操作方案、风险控制措施、后期管理、项目风险处置及司法处置等诸多方面。

第一，项目及交易对手的合法性是法律尽职调查的常规内容。除此之外，信托项目的合规性也值得关注。例如，房地产信托对项目公司是否符合“432”标准的认定、政信合作信托的交易对手（特别是地方政府融资平台）是否符合银保监会的相关要求等。需要注意的是，由于关于信托项目合规性的很多规定实际上是散见于诸多文件之中，加之各地银监局对于合规性的理解尚有差异，这就要求律师在信托尽职调查过程中要及时更新知识储备，关注银保监会窗口的最新规定，提高对信托项目合规性的准确认定能力。

第二，项目操作方案也是法律尽职调查中的重要内容。例如，如果是股权信托，律师则需在法律尽职调查中对交易对手的所有权性质进行调查，落实通过股权信托对项目公司进行增资扩股是否存在前置审批程序等，相关手续的办理是否存在法律上的障碍。

第三，抵押、质押和保证担保等风险控制措施也是法律尽职调查的要害。需要特别引起注意的是，由于国内各地在具体执行方面的差异，抵押、质押等风险控制措施在各地的受理政府部门和具体要求均不尽相同。例如在国内某些地区，信托公司作为债权人尚不能办理在建工程的抵押登记。这就要求经办律师须深入项目所在地认真了解、确认；一旦无法办理，落实好替代的方案与措施。

第四，后期管理中的诸多问题也需在前期尽职调查中予以落实。例如，在有些房地产信托项目中，约定对项目资金进行专户管理并由信托公司进行监管。但目前在国内部分地区，已经开始实行政府对商品房预售款的监管。很显然，这就完全有可能造成当地政府相关规定与信托计划事先约定存在冲突，怎样才能做到两者兼顾是律师在做尽职调查时就必须充分考虑的。

除此之外，信托公司目前对于信托项目出现风险后的风险处置，特别是司法处置程序也十分重视。这也就需要律师在前期法律尽职调查中须对可诉性、强制执行公证的办理、司法强制执行管辖、司法强制执行的相关程序等落实到位，具备现实的可操作性。

需要注意的是，国内目前已经出现了虽然已经在信托项目设立过程中办理了强制执行公证，但在信托项目风险爆发后，公证处拒绝出具强制执行证书，信托公司被迫通过诉讼程序维权，导致追索周期大大拖延的真实案例发生。这也需要尽调律师在信托项目尽职调查中予以高度关注，因为信托的资金属于第三方，不像银行具有自有的资金池，放贷采用的是自有资金，对于快速赔付的时间紧迫性和效率必须予以充分考虑。

（二）外部律师需以法律综合服务理念开展信托项目法律尽职调查

信托项目法律尽职调查虽然只是包括尽职调查、交易结构设计、合同文本制定、后期司法处置等在内的法律综合服务的一部分。但信托项目尽职调查却是信托项目操作的起点，交易结构设计、合同文本制定、信托项目操作方案执行、后期司法处置等后续法律服务的质量在很大程度上依赖于尽职调查的细致与完备。

目前信托公司都面临信托计划安全运行、按期为投资者兑付本金及预期收益的巨大经营压力。只有建立法律综合服务理念，对信托项目操作方案执行、司法处置等后续法律服务中遇到的问题进行充分预判，方有可能准确确定前期法律尽职调查的相关事项，避免重复劳动和重大遗漏，也有利于树立尽调律师的专业形象。

（三）信托项目法律尽职调查的范围与边界

近年来信托业务实践的发展，对信托项目法律尽职调查以及信托综合法律服务都提出了更高的要求。但需要注意的是，信托项目法律尽职调查毕竟只是信托项目操作的一部分，所以合理界定信托项目法律尽职调查的范围与边界也十分重要。

1.项目及交易对手的合法性是法律尽职调查的基础服务内容。

与诸多其他类型的尽职调查相同，项目及交易对手的合法性是信托法律尽职调查的基础服务内容。法律尽职调查的内容包括交易对手的工商登记情况、存续、变更、资质、持有证照、年度报告、对外投资、治理结构、固定资产、财务状况、涉诉情况、重大债权债务、对外签订的重大合同等方面，项目的产权合法性、交易对手的主体合法性等诸多方面都是律师的工作要点。

和信托公司的项目负责人充分沟通，有利于把握信托公司的尽职调查要求，挖掘资料收集过程中可能出现的遗漏，这对准确把握尽职调查的范围十分重要。

2.对信托项目合规性的适度把握。

由于信托项目的合规性规定分布于各个文件之中，加之各地银监局对于信托项目合规性的把握尺度存在差异，所以作为尽调律师，在实施法律尽职调查以及出具法律意见书时，应当按照银保监会等相关机构关于合规性的基本要求，对项目的合规性进行阐述及界定，并就作出相应结论的依据进行详细的说明。

3.对项目操作方案的尽职调查需超前考虑。

信托项目操作方案涵盖交易结构设计、项目操作、风险控制措施办理、后期管理等诸多方面，作为尽调律师，在进行法律尽职调查时，要充分考虑后期项目操作的可行性及需要，对后期项目操作的可行性和操作路径进行调查。

例如，房地产股权信托的主要价值是在合规的前提下满足“四证不全”房地产项目的资金需求，但房地产股权信托在后期司法处置方面，得到司法部门支持的难度大于贷款信托。

贷款信托在后期司法处置得到司法部门支持方面，应该比股权信托更为有利。但贷款信托在净资本占用方面可能高于股权信托，会加大信托公司的经营成本。这些因素都是需要综合考虑的。

再如，房地产股权信托中，如果交易对手是上市公司，出于业绩合并计算的要求，一般不允许信托公司对项目公司的持股比例超过50%。甚至有的上市公司对其自身持股比例的要求更高，这些问题都应当在尽职调查时予以充分考虑，避免出现违规的尴尬局面。

所以，股权比例如何设置，增资过程如何完成，这都是需要尽调律师在前期法律尽职调查中进行调查和充分考虑，并与交易对手充分沟通的。

4.风险控制措施和后期管理措施的办理与落实。

风险控制措施的办理是信托公司风险防范的核心。所以尽调律师需对风险控制措施的具体办理进行核实，以免造成被动。

目前业内已经发生过由于在法律尽职调查时对抵押、质押等风险控制措施办理程序尽职调查的缺位，导致信托项目资金虽然已经募集到位，但由于抵质押等风险控制措施迟迟无法办理，募集资金在账面闲置，信托计划拖延几个月后方才成立，信托公司名誉受损的情况发生。这都是我们需要注意并引以为戒的。

5.信托项目风险处置方面的尽职调查，在于确定风险处置与司法处置的相关程序。

由于信托项目风险控制与风险化解的需要，信托公司目前对于信托项目的风险处置甚为重视。在法律尽职调查中，尽调律师的主要工作是落实司法处置相关程序。具体来说，如果是贷款信托，需要落实强制执行公证的办理、强制执行证书的出具程序、司法强制执行的受理程序等。如果是股权信托，则需落实发生风险后的救济方式，如股权转让、股权处置、资产处置、诉讼等。

对司法处置相关程序进行事先尽职调查的目的在于，通过尽调律师对后续风险处置的预先调查，大大降低信托公司的项目后期处置风险与被动，保证司法处置的效率与及时性。

（四）信托项目的实际需要是信托项目法律尽职调查的重要依据

信托项目法律尽职调查并不仅仅是对项目和交易对手具体情况的调查，而是信托项目操作的一部分。这是信托项目法律尽职调查的现实定位。所以，准备把握项目的实际需要是十分重要的。

对于单一信托而言，法律尽职调查的核心是交易对手的情况及合规性，信托公司的法律风险等。尽调律师需根据尽职调查的情况，在合同文本中制定针对性的风险规避方式（如原状返还等）。

如果是集合信托计划，由于是向社会大众发行，信托公司将直面兑付风险，尽职调查的核心则是交易对手（融资方）的合法性、项目的合法性。需要注意的是，集合信托项目的调查深度超过单一信托。

另外还需引起注意的是，由于信托项目的实际操作需要，在尽职调查过程中，根据信托项目的实际情况与需要，主动扩大调查范围有时候是必要的。

例如，目前在部分房地产股权信托中，信托公司通过增资方式成为项目公司股东。项目公司在申请银行房地产开发贷款过程中，可能遇到银行对信托公司这部分股权出资难以认定为“项目公司自有资金”的问题。针对这种情况，有些房地产项目就通过“信托+有限合伙”的方式来完善交易结构。在这种情况下，尽调律师就需要在尽职调查中，对“信托+有限合伙”这种交易结构下信托资金的退出方式等进行落实。在现实操作中，这样的例子还很多。

鉴于包括信托法律尽职调查在内的信托法律服务，已经呈现出“综合法律服务”的发展趋势，组织专业法律服务团队、以团队方式为信托公司提供综合法律服务，将是律师事务所提供信托法律服务的发展方向和趋势。

七、并购重组尽职调查

（一）并购概述

企业并购分为资产并购和股权并购两种。资产并购就是根据公司业务及发展的需要对目标公司的某些资产或部分资产进行收购，关键是对这些资产的权属、采购方式、使用年限、当前性能、维修保障等方面的情况进行充分的了解、评估，以确保准确的估价和合理的定价，更多的是对并购对象资产现状进行全面的考察与评估，以确定适当的评估价值。而股权并购，则是对目标公司的部分或全部股份进行收购，进而达到全部拥有该公司、控股或参股的目的。本书中所论述的并购是指对企业股权的并购。

企业并购的基本流程主要包括收购方形成并购决策、选择目标企业、尽职调查、交易路径和交易结构方案设计、企业估值、谈判及交易、并购后的交接与整合等几个主要环节。

（二）尽职调查在并购中的作用

尽职调查，也被称为审慎性调查（due diligence），是企业并购中的关键环节之一，为了确保一项并购的成功，兼并企业必须对被兼并企业作详细的调查，以便制定合适的并购策略与并购后的整合，并购调查应包括企业的背景与历史沿革、行业，股权结构、管理架构、企业的商业模式、营销方式、制造方式、财务资料、研究与发展计划、法律事务、经营情况等方面进行的全面、细致的调查和分析，以求准确了解目标公司的真实状况。

尽职调查之所以重要在于其在企业并购过程中起以下两个作用：

第一，为企业制定并购策略提供可靠依据。

通过尽职调查了解目标公司财务、法律、经营等各方面的信息，将这些信息与并购方的并购目的相核对，以确定并购行为是否继续进行；按照尽职调查结果对前期制订的并购方案、计划进行确认或修正，确定估值的基本假设和估值模型；尽职调查结果也是设计交易路径及交易结构方案、制定整合方案的重要依据。

第二，有效防范企业并购中的风险。

通过对目标企业设立及存续、行业发展趋势、市场竞争能力、公司治理、经营管理、技术研发、资产、负债、财务状况、盈利能力、税务事项、质量控制、环境保护、职工构成及用工情况、安全生产等方面的综合性审查，准确描述目标企业的现状，全面揭示目标企业存在的风险，这有助于收购方在确定并购范围、进行并购谈判、拟订并购协议时有意识地进行规避。

现实中很多并购不成功的案例也从反面证明了尽职调查的必要性和重要性。许多企业在完成了并购后发现，并购来的企业成了“鸡肋”，没有产生“1+1>2”的预期效果，甚至成了企业的累赘、资金的无底洞。究其原因，就是尽职调查环节的缺失或操作的不规范，导致掌握的信息不充分、不准确、不完整，没有了解、认识到存在的风险，更谈不上有意识地规避风险，在这种情况下决策难免失败。

正是由于尽职调查在企业并购中的重要性，任何疏忽和不当都可能导致并购失败，给收购方带来重大损失，就非常有必要事先制定切实可行、细致、具有针对性的尽职调查工作方案和工作计划，以保证尽职调查工作有序、有效、规范地进行。

尽职调查的目的主要有核实信息、发掘价值和发现问题三个。对并购方而言，进行有针对性的尽职调查很重要的目的是有效管理和控制并购风险。

（三）尽职调查的总体进程

1.概况了解阶段

概况了解的目的是判断公司的融资行动是否具备商业上的意义，对公司的状况进行评估。概况了解包括实地察看、会晤控股股东和公司管理层、制作访谈笔录、了解公司所在市场和行业以及审阅公司财务报表和预算等。富有经验的尽职调查专家通常可以在1～2周内完成概况了解和结果陈述。该时间的长短通常与被调查公司架构的复杂程度、获取数据的难易程度、管理层的配合程度以及尽调律师的专业水平有直接的关系。

2.详细调查阶段

该阶段是最耗费时间的阶段。详细调查要求并购专家组审查公司所有文件、管理者背景、涉及的法律诉讼和知识产权方面的问题等，特别是业务状况与战略方向。详细调查的过程必须仔细完整，调查范围不能局限于公司提供的资料。整个过程一般需要1～2个月的时间完成。

3.持续关注阶段

详细调查后，并购方经理应该继续密切关注目标公司的新闻、网站、媒体宣传以及其他行业信息，整个过程要持续至双方完成工商变更及交接工作完成为止。

（四）尽职调查具体实施的三个阶段

尽职调查通常在投资意向书、保密协议签订之后进行。尽职调查的过程主要包括三个阶段：准备阶段、工作阶段和报告阶段。

1.准备阶段

（1）确定尽职调查范围；

（2）制定尽职调查工作方案和计划；

（3）收集目标公司背景信息；

（4）准备向目标公司提交所需的资料清单；

（5）与并购方管理层沟通资料准备情况；

（6）对资料准备情况进行初步检查；

（7）对项目组成员进行一定的统一培训。

2.工作阶段

（1）与目标公司实际控制人进行充分沟通；

（2）审阅目标公司提供的资料信息；

（3）会见有关人员，形成访谈笔录；

（4）向有关机关、机构进行核查；

（5）现场考察；

(6)与其他专业机构就共同涉及的问题交换意见；

(7)对已经获取的信息进行判断和分析；

(8)与并购方的沟通；

(9)坚持每日例会；

(10)要求目标公司及其管理层出具声明书、承诺函。

3.报告阶段

(1)初步完成尽职调查现场工作，着手起草尽职调查报告、律师工作底稿；

(2)就尽职调查报告与并购方及目标公司进行沟通，并修改、完善尽职调查报告；

(3)跟进发现的问题及后续资料信息。

(五)目标企业经营管理常见问题

尽职调查报告反映尽职调查中发现的实质性的事项，通常包括根据调查中获得的信息、对交易框架提出建议及对影响购买价格的诸项因素进行的分析等。见表2-11。

表2-11　目标企业经营管理常见问题

问题	表现
发展定位	缺乏明确的长远发展目标，缺乏明确细分的企业定位
股权问题	股权结构不合理，家族企业，一股独大
资产问题	资产负债率高，流动资产不足，短贷长投
财务问题	缺乏健全的财务制度，缺乏合格的财务人员，缺乏有效的财务管理手段，税收问题突出，财务预算不完善，财务工作未能在企业经营与管理中发挥出应有的作用
团队建设	经营团队单薄，尝试引进职业经理人，员工激励机制未形成，企业文化建设空白，经营思路狭隘，理念滞后
市场营销	缺乏大量合格、熟练的营销人员，缺乏市场销售的健全网络，宣传和市场推广策略，营销模式问题，销售和资金回笼问题

(六)尽职调查中重点关注部分

1.真正的尽职调查——通过对商业因素的分析，对公司的价值进行详细和准

确的评估

尽职调查需要综合考虑行业、企业及投资收益等一系列问题。中国有自己的国情与特色，对目标企业进行尽职调查绝对不是按照《尽职调查提纲》中的事项简单地分类填写、罗列堆砌那么简单。深入透彻的尽职调查报告不是靠一纸《尽职调查清单》收集来一堆材料再熬上几个通宵写出来的。在一些案例中，可能遇到尽职调查似乎无效的情况，即经过充分尽职调查的项目，最后还是失败了。导致这一结果的原因可能是多方面的，诸如缺少信息沟通、对信息产生误解、缺少认真细致的计划、责任不明或相互之间缺乏协调等多种原因，然而最重要的原因可能是由于调查中通常只注意取得信息的数量而忽视了信息的质量，这就需要尽调律师在尽调工作根据发现问题的线索不断挖掘，不断深入，让所有问题尽可能地暴露出来。例如，有关市场营销信息，并购方不应该仅仅注意市场占有率或市场增长的统计，还应该重视那些有助于他们评估为什么潜在的目标企业在其市场上能够取得成功、它的竞争战略是否将持续可行等方面的信息。又如，对有关财务信息，并购方应该注意财务报告中揭示的主要问题、变化趋势和非正常财务特征，而不仅仅是注意财务报表中的每一个项目。财务是对企业经营状况的事后的静态反映，并购方需要关注目标企业的过去，但更需要着眼于未来——投资本质上是“买未来”。决定未来的是业务，而不是财务。财务经理可以做出未来3~5年的预测，但这种预测的依据不可能是在办公室里的“想当然”，而是源自对经营业务、市场前景和经营团队的深入分析。再如，通过统计分析，可以获得关于职工离职率的数据，但更重要的是分析离职率背后的原因。

2.对股东和经营团队的审查至关重要——“投资就是投人”

这个世界好事情和坏事情都是人做出来的，“不怕做不到，就怕想不到”。企业做到最高境界，并不是靠知识和经验，而是靠意志和品质。社会环境与市场的变化瞬息万变，不但是不可预知的，也是无法控制的，只有依靠经营者的强烈愿望和意志，才能克服重重困难和挑战，带领企业不断走向成功，因此投资对象应是具有开拓精神和专业能力的经营团体。为此，我们需要了解企业的发展历程、团队成员的加盟背景（包括离职人员的离职原因等）、个人的专长和发挥的作用乃至个人爱好等。评价一个总经理，不是简单地在他的办公室中聊上几回，而应该列席一下他主持的总经理办公会，找机会和他在宾馆、茶吧、高尔夫球场等不同场合见面详谈，了解他的人生经历、性情品格等。

股东背景是一个不易引起人们注意的线索。这里不仅要考察企业的理论背景，即注册信息可以反映出来的企业的成立时间、创办人、资本来源和经营内容。更重要的是对其实际背景的考察，资本的真正来源或资本原始积累的实际途径。如果是非法途径，如走私等，即使该公司现在实力多么雄厚，与之合作也是具有很大法律风险的。例如，在20世纪90年代，若有公司欲与厦门远华合作，考察其理论背景，获得的将是远华是资本雄厚、经营良好的公司。但当其走私行径败露，整个集团就如一夜之间轰然坍塌的大厦，与之合作的投资势必付之东流。而若事前考察到其实际背景是靠走私起家，也就没有企业愿冒法律风险与之合作了，这样投资风险便可避免。

除此之外，还应了解控股股东的个人信用状况、学识、经验及资历等情况。透过现象看本质，企业的信用说到底就是企业经营管理者的信用，股东的这些基本情况对企业的经营和发展有着至关重要的影响。特别是大股东，他们是企业的实际控制人，他们决定着企业的发展方向和经营方针，制定企业的发展战略，指挥管理企业的全部经营活动，对一切重大问题做出决定。他们的个人信用、学识、经验直接影响着公司的经营思想和经营手法。

在考察"人"的问题上，行业专家有着得天独厚的优势。行业就是一个圈子，通常这些专家在行业经营多年，对圈内人的来龙去脉、是非恩怨都了如指掌。因此，专家的意见将更为深入直接和有效。

3.根据并购的目的、行业及其企业特点等，确定尽职调查的重点

（1）目标公司的主体资格

审查目标公司的主体资格是为了确保并购的合法有效，即交易各方是否依法成立并合法存续的，是否具有进行交易的行为能力，是否可以与之进行交易。

审查目标公司的主体资料主要是了解公司设立情况、历史沿革、注册登记情况、股东情况、注册资本缴纳情况、年审情况、公司的变更情况、有无被吊销或注销、停业整顿等情况。

（2）目标公司的成立合同、章程

①对目标公司章程进行审查时，应关注下列内容：

②章程内容的合法性、完整性，现行章程及曾生效的章程；

③章程中是否有反收购条款；如有，则查明具体内容；

④章程内容是否有特别程序条款，并评估其意义。

注意该合同与章程中是否有下述防御收购的条款、内容或规定：

①绝对多数表决

公司章程可能规定，有关兼并、收购或者其他可能导致公司控制权转移的重大交易都需要经过公司股东绝对多数（具体比例）的同意方才可以实施，评估其对收购的影响及代价。

②禁止更换董事或轮任董事制

有的公司章程会规定除董事个人因违法犯罪或故意危害公司利益外，董事不能在任期届满前被更换。而轮任董事制则是将董事会成员分成几组，每组任期两年，每年在股东会上将其一组董事改选，使得董事会成员中总有一组不断地变化，这样，即使是控制了公司的多数股份，在轮任制面前，也不能保证在下届股东年会上获得对董事会的控制权。

③高薪补偿被辞退的高级管理人员

有的公司章程规定，公司高级管理人员如总经理、副总经理非因自身的过失，如果被公司辞退，应当得到一笔极为丰厚的解职费或补偿。

④股东权利计划

股东权利计划有很多不同的类型，但其基本内容都差不多相似，即公司股东在取得公司股份时，同时取得另一种权利，该权利在出现某种冲突或引发事件如收购、兼并时，可以开始由股东行使。股东行使该权利的内容是能够以略高于公司同类股票的发行价的价格购买公司股票。这样，股东就可能以远远低于当时市场价的价格买进公司股票。这无疑会大大增加并购方的收购成本。

股东权利计划一般都规定，发行该权利的公司可以象征性的价格赎回该权利。而拥有该权利的股东，若变成并购方，则不得不行使该权利。

审查公司合同与章程中有无上述内容的规定旨在正确分析目标公司被并购的难易程度，以及并购费用是否会增大或增大到什么程度。

（3）目标公司的董事会决议、股东大会决议、纪要等

在兼并和善意收购的情况下，目标公司的董事会和股东大会自然是同意并购的；而同意的话，依照公司的规定，是一定要有相应的董事会和股东大会决议的。这个程序必不可少。律师就要注意调查审查有关的董事会与股东大会决议是否依法作出，有无达到法定的或章程中规定的同意票数，投票权是否有效等，以确保程序上无瑕疵。

(4)目标公司有形财产,即指目标公司的土地、房产及设备等有形资产

土地与房产的价值取决于权利如何。分配作商品房的土地和房产与分配作酒店、办公楼土地和房产的价值会大相径庭;七十年的土地使用权及其上的房产与还剩有十年的土地使用权及其上的房产的价值会差异甚大;已抵押的土地与房产其转让会受到限制,而未抵押的土地与房产则不受限制。如此等等。因此,需要事先对其权利状况加以认真注意,例如,经过批准同意的土地房产的用途如何,权利是否完整,有无瑕疵,可能影响该权利的对价是否已付清,有关权利的证明书是否已取得,有无出租或抵押,出租或抵押的条件如何等。

有关机械设备,常见的要求是如一些机械设备是目标公司融资租赁来的,在未付清租赁款之前,其所有权仍不归目标公司,也不能作为目标公司投资或固定资产。如目标公司是三资企业或来料加工企业,为生产所需而进口的机械设备未经海关许可并补交税款,一律不能转让。因此,需要注意的:一是其来源、性质;二是其转让限制;三是有关转让手续的办理。

律师对此审查的意义在于事先发现或理顺目标公司的产权关系,事先发现问题并提出解决问题的办法,确保并购方取得的目标公司的财产清楚明白,权利完整无瑕疵,无法律上的后遗症。

(5)知识产权

在一些目标公司中,以知识产权形式存在的无形资产较其有形资产可能更有价值。专利、贸易商标和设计都可通过注册而得到保护。版权、技术诀窍和其他形式的保密信息,虽然不能注册但同样能够受到法律的保护。对于所有知识产权的细节是直接拥有还是通过许可证而使用,都应当予以审查以保证并购方在收购之后能继续从中受益。对于注册的知识产权,还包括对注册和续展费用支付情况的审查,专利的到期日期应当予以注意,对于贸易商标和服务商标、专利,应当确认注册权人或允许使用人的适当情况,因为不使用就会失效。对于根据许可证而享有的权利,应当对相关许可证或注册使用人协议进行审查,以确保不存在有关因控制变化而终止的规定等。还应当询问是否存在有关侵权的诉讼,包括目标公司提起的保护其权利的诉讼,以及针对目标公司的、声称该公司侵犯了第三方权利的诉讼。

(6)目标公司的租赁情况

目标公司租赁情况,包括出租与承租两个方面。目标公司在出租或承租时与

承租人与出租人的承、出租协议是否合法有效？协议中是否有目标公司的控制权如发生变化，出租或承租关系就会终止或受到限制的规定，如果因此而终止或受限制对并购方会带来什么不利影响或后果等，这些也都与并购方在并购后如何操作有直接利害关系，因而事先的审查与相关措施也是十分必要的。

（7）关键合同与合同承诺

大多数公司都有若干对其成功至关重要的关键合同，通常这些合同包括长期购买或供应合同、合资企业合同、或技术许可合同等。

在这些合同中另一个合作方的身份和良好地位对长期合作关系是很重要的。因此此类合同一般都会规定，在一方公司情况发生变化直接影响此类合同的继续履约时，变化的一方在转让其此类合同中的权利义务前，要取得合同另一方的同意或批准，或在另一合作方控制权发生变化时允许终止合同。如果控制权转移到具有不相宜或者竞争利益的另一方时，这种终止即可行使。

既然目标公司的繁荣十分有赖于交易完成后这些合同继续，买方将希望取得这样的保证即不存在上述有关控制权转移时有可能终止合同的权利，或者如果存在这种权利，不行使这种终止权利。另外还应对上述关键合同进行审查，以确保不存在异常的或者义务多于权利的规定，不存在可能影响买方商业自由经营的限制性保证，不存在重大赔偿条款以及不存在违反《反不正当竞争法》或其他法的规定。

买方还希望确定，目标公司在近期没有作出与买方自己的业务计划不相一致的合同承诺，诸如承诺向新的生产线或新企业、或合资企业提供资本、卖掉关键专利和版权，与供应商或客户签订新的长期合同，向雇员许诺新的高额报酬或股份期权安排等。

如果目标公司过于依赖一家供应商或客户，那么与相关企业或个人发生争执、或者相关企业或个人对目标公司的转让不满意，也是一种潜在的风险。因此买方将希望确保在交易完成前或者作为交易的条件，签订一个可靠的长期合同或框架协议，或者调查并谈判可供替代的购销渠道。类似的情形还可以发生在企业过于依赖于某位个人的专业技术知识或经验的时候，这时买方可能希望确保与相关雇员签订长期服务合同，或者安排该关键人员的保险，以承保因该雇员生病或去世造成的损失。

另外，还要特别注意贷款、抵押合同、担保合同、代理合同、特许权使用合同等，看看内容中是否有在目标公司控制权发生变化时，就得提前履行支付义务，或终止使用权或相关权利等的规定。

审查此类规定，就是要权衡并购完成后是否会因并购而使并购人丧失某些预期权益或权利。

（8）目标公司的职工安排

如果目标公司有很多职工，传统做法是可以只审查适用于大多数职工的标准劳动合同文本，而对于董事、企业高级管理人员和专门重要职员则必须逐一审查其聘用协议或者服务协议的内容。

在这方面，主要问题是所提供的福利水平以及终止合同前所需要的通知时间及可能的赔偿。这不仅影响潜在的终止合同赔偿支出，而且在继续聘用的情况下可能预示着补足与聘用条件的重大差异，需要花费很多钱。至于提供个人福利如汽车、抵押、补贴、股份期权或资金等，可能也需要买过来。目标公司还可能承受没有资金来源的退休金和其他承诺，还可能作出有关职工或职业前途的许诺，因此必须对合同本身及其他相关方面作详细的审查。

（9）目标公司的债权债务情况、税收情况、环境责任等

目标公司的债务可有已知的债务和潜在的债务。潜在的债务主要包括或有负债（有的称为或然负债），税收与环境责任都属于或有负债中的内容。

税收可能是一个产生潜在责任的重要方面，特别是在国家税收政策发生变动时，或者诸多税收而目标公司不甚清楚时。在目标公司或故意或不知而未予纳税的情况下，税务机构自然会要求接管目标公司的并购方来承担或补足纳税的责任，这就使并购方支付了并购费用后，还得再追加税收费用而增大并购的负担。而且欠缴税款还会带来罚款的问题，使得补税之外还需支付罚款。

环境问题随着人类文明的发展，以及人们对自身居住环境的越来越重视而在现今成为一个极为重要的问题。环境要求、环境责任也为各国环境法律所明确、所完善。尤其是传统制造业是环境污染重点污染源，违反环境法的规定，不仅产生环保责任，甚至要接受罚款，情节严重的更可能会因此而被迫停产、歇业、整改，限期治理。如果这些处理结果是在并购方取得目标公司后产生的，并购方就不得不承担起这些责任，而这些责任带给并购方的损害不仅是沉重的，有时甚至可能是致命的。

这就需要并购方认真仔细地了解目标公司的纳税情况，包括已纳税情况、有

无欠缴款、有关目标公司方面的税收国家是否有调整，存在哪些优惠性的规定等；了解环保情况，包括目标公司的经营产品、经营场地与环保的关系，与目标公司有关的环保的规定、当初公司设立时如何通过环保审查、现在目标公司有无违反环保规定，对空气和水的排放、废物存储的处置、对有关许可证和许可的遵守、有毒危险物质对场地和地下水的污染等，环保部门有无发出整改制裁通知等。在可能的情况下，若对这部分责任投保（无论是并购方还是目标公司投保），就可以极大地减少并购方的风险。

目标公司的负债，无疑会增大并购方的责任，而或有负债与当时已有争议，不久的将来肯定会提起诉讼的情况更会为并购方的责任带来不确定性。这些责任虽然不能躲避，但可以在弄清后作为扣减项从应付卖方的款项中作相应扣除或由卖方提供相应的担保，以减轻并购的风险。

律师的审查就是要了解目标公司的债务情况及其偿还周期、利率、罚则及债权人有无限制性要求。了解目标公司的纳税情况、环保情况，以掌握这方面有无责任或可能的责任。

（10）重大诉讼或仲裁

目标公司是否有诉讼或仲裁程序影响目标公司，包括实际进行的、即将开始的或者有可能产生的仲裁或诉讼。这些诉讼或仲裁有多少宗，涉及的标的额多大，进展情况如何，可能的结果会如何等，律师审查这些不仅是因为涉及大量责任和法律费用，还因为这可能会将并购方的并购的精力不是投入公司经营管理方面，而是把精力投入大量缠绕的无穷的官司纠纷上。当然，合理数量的诉讼可被视为是正常的业务状态。如果只是一些小额的人身伤害赔偿要求等，这通常由雇主责任保险的承保人及其律师处理。但有时调查显示出存在某一类可能会引起巨大开支的索赔要求，诸如环境污染、产品责任或雇主责任等方面的索赔，这些可能带来昂贵的成本且不能投保。在这样的情况下，并购是否还应继续进行，就需要认真斟酌。

（11）必要的批准文件

国有股权的转让一定要事先取得国有资产管理局的同意和批准。因此，凡涉及国有资产和股权转让的并购，都需要事先审查一下目标公司有无批准的文件，该批文的真实合法有效性；如无此批文，则并购难以为继。

以上十一项内容基本涵盖了律师尽职调查的范围，每项内容都不一定都由律师亲自来做调查，比如，财务、税收，人力资源可以分派到并购方的其他部门，如人力资源部、财务部，但是，作为律师必须掌握这些调查的情况，全面统筹，并且要根据这些情况给相关部门和人员提供相应的指导及法律咨询意见。

（12）根据并购的目的，确定尽职调查的重点

如果兼并方想通过利用目标公司的现有营销渠道来扩展市场，则应了解其现有的营销和销售组织及网络、主要客户及分布状况、客户的满意程度和购买力、主要竞争对手的市场占有率；在产品方面，则应了解产品质量，产品有无竞争力，新产品开发能力；还要了解目标公司在生产、技术、市场营销能力、管理能力以及其他经营方面与本公司的配合程度有多高。除要对上述情况进行调查外，更重要的还要查明兼并后原有的供应商及主要客户是否会流失。

如果兼并的目的是想利用被兼并企业现有的生产设备及其他生产设施，则应注意了解这些生产设施是目标公司自有的还是租赁的、合同及发票等法律文件、其账面价值和重置价值、目前的使用情况、是否有其他用途等，还可以将自己设立的同类工厂与兼并现有企业相比较，看一看在资金上、时间上的损失程度有多大，能够从兼并对象那里得到哪些由自己设立同类企业所得不到的好处。

另外，针对不同行业的目标公司，法律尽职调查应该有所侧重。例如，房地产开发企业，目标公司的土地获得、土地出让金的缴纳足额与否、项目审批及规划许可等"四证"是尽职调查的重点；高科技企业，知识产权及其技术人才是尽职调查的重点；化工企业，行业准入、安全生产、是否进行过环境测评、环保措施是否到位以及是否因污染被提起民事诉讼或者受到过行政处罚等是尽职调查的重点。

（七）并购风险评价

并购风险是由于投资过程中信息的不对称、外部环境的不确定性、经营管理活动的复杂性及企业自身能力的有限性而导致企业融资后达不到预期的经济效益，甚至投资后比投资前经济效益更差或者陷入困境的可能性。为了提高并购投资的成功率，并购方公司在进行投资决策前必须进行风险分析，找出关键的风险因素，从而达到有效衡量、控制、消除和规避风险的目的。

客观的数据资料与科学的实证分析是筛选好项目必不可少的过程。针对越来越专业化的项目，只有事前充分的信息收集和审慎的研究评估，才能预测可能出

现的风险，事先防范，将投资风险度降低。要恰当地选择项目，需要在广泛调查基础上进行产品分析和工艺分析。最后，还要评价项目的预期财务效益，其中主要是测算项目的投资收益率、财务净现值、财务内部收益率、动态投资回收期、规模经济性以及风险收益。

每个企业的经营都会面对市场的不确定性，而不确定性又常常是天使与恶魔的结合体："好"的不确定性可以给企业带来巨大盈利的空间，例如石油公司遇到油价大涨；"坏"的不确定性则能让企业举步维艰甚至关门大吉，例如房价暴跌造成雷曼兄弟的破产。正是由于不确定性有好有坏，因此必要的风险对冲就意义重大了。但这里还有一个问题：企业真的应该或能够把所有的不确定性全都对冲掉吗？如果这是这样的话，那么坏的不确定性被对冲掉的同时，好的不确定性也会随之灰飞烟灭，企业何谈发展呢？

成功的并购重组一般都具备这样一个特点：未来那些好的不确定性留下了，坏的不确定性企业有能力"消化"，例如纵向一体化思路。这方面最成功的案例之一就是埃克森和美孚的合并，成功在于合并后的埃克森美孚既有能力应对石油价格的波动也有能力对付汽油价格的波动，因为它们一个是生产石油的一个是生产石化产品的。从坏的不确定性来看，石油涨价对石化生产不利，但却可以使石油生产获利；石油跌价对石油生产是不利的，但对石化生产有利。如此一来，世界上最具"破坏性"波动性的石油价格风险就不能奈何埃克森美孚了。所以，这样的并购是好的，事实也证明了这一点，两家合并后股价暴涨。

这类并购的成功秘诀就在于所谓的"风险头寸自然对冲组合"，也就是无须套期保值企业已经具有了应对风险的能力了。前不久中铝收购力拓的构想就典型的"风险头寸自然组合"，中铝虽然不担心铁矿石价格风险，但中国大量的钢铁企业却必须面对。一旦中铝收购成功，中国的钢铁企业可以通过持有中铝股份的方式实现钢铁生产与铁矿石价格的头寸对冲，到那时，国际铁矿石价格的波动对中国钢铁企业的冲击就会比现在小得多。可惜，这样的意图太过明显，最终"煮熟了的鸭子又飞了"，此案以失败告终。实际上，力拓的"过河拆桥"从单纯的学术角度看有其道理，像力拓这样的铁矿石企业，它所面对的风险是钢材替代材料的大规模应用，因此它的理想合作对象应该是新兴材料研发机构或企业，而不是传统金属材料的生产者。

八、海外投资并购尽职调查

（一）海外投资概述

随着全球经济一体化，越来越多的企业走出国门，在全世界范围内寻找合适的地点布局生产、经营，目的就是利用当地丰富的资源、廉价的劳动力成本，或者丰富的劳动人力资源、成熟的配套市场、销售市场等，充分利用差异化的资源禀赋、产业分工，最终目的是获取高额的利润，谋求企业的快速发展，因此，跨国投资就成为一些企业的必然选择。

企业全球化经营的目的在于为股东创造更大的利润，通过跨国投资实现资源的全球化分配与整合，是实现这种目的的重要手段之一。从跨国投资的类型分类，一般可以分为两种：绿地投资和跨国并购（又称“海外并购”），而在跨国投资中，并购又占到了90%以上。近一个世纪以来，西方国家已经历了五次并购浪潮。通过并购，实现了企业规模的迅速扩张，推动了产业升级和资本优化配置，产生了一大批国际知名的大型跨国公司。在经济全球化的大背景下，随着中国经济的高速增长和市场化、国际化程度的提高，国内越来越多的企业也选择并购作为其实施扩张战略、进军海外的主要方式，并购已成为各类企业快速扩大规模、增强实力、提高效率的重要手段。

（二）跨境并购法律风险及尽职调查

1.跨境并购风险概述

随着中国经济的蓬勃发展和中国企业竞争力的日益提高，中国企业跨境并购也风起云涌。中国并购市场2016年再创新高，中国企业已经宣布且有资料可查的海外投资并购投资交易达到438笔，中国大陆企业海外投资金额猛增246%，至2210亿美元，因此，2016年被称为中国的“并购之年”。2016 年中国企业海外并购交易数量最集中的国家依次是美国、德国、澳大利亚、英国、法国、意大利、新加坡、韩国和加拿大。从中我们可以看到，中国企业出海首选的是以欧美为代表的发达经济体，其中美国最具吸引力。

2017年中国对外直接投资共计1582.9亿美元，同比下降19.3%，这是自2003年中国发布年度对外直接投资统计数据以来，首次出现负增长。这是中国政府加强对企业对外投资的真实性、合规性审查，市场主体对外投资更趋成熟和回归理性的成果。总体而言，2017年1582.9亿美元仍为历史第二高位（仅次于2016 年），是2002年的58.6 倍。

此外，2017 年，中国境内投资者共对“一带一路”共建的57个国家近3000 家境外企业进行了直接投资，涉及国民经济17个行业大类，当年累计投资201.7 亿美元，同比增长31.5%，占同期中国对外直接投资流量的12.7%。主要投向新加坡、哈萨克斯坦、马来西亚、印度尼西亚、俄罗斯、老挝、泰国、越南、柬埔寨、巴基斯坦、阿联酋等国家。近5年中国对共建国家累计直接投资807.3 亿美元。2018年1～9月，我国企业在“一带一路”共建的55个国家的非金融类直接投资107.8亿美元，同比增长12.3%。

据麦肯锡研究表明，过去20年全球大型的企业兼并案取得预期效果的低于50%，而中国仅有33%的海外收购成功案例。中国企业海外并购失败的原因有多方面的因素，如前期尽职调查、交易架构设计、融资问题、后期整合问题等，而其中中国企业不重视海外并购的尽职调查从而导致存在严重的信息不对称直接影响企业决策则是最主要的原因之一。

在跨国投资中，并购成了最常见的方式，也是创造利润最大化的核心，而并购的成功与否又在于尽职调查是否准确彻底。简言之，尽职调查就是买方在适当的时候对潜在的收购标的进行详尽的了解和准确的评估，或者说，是买方深入探究并确信其所购买的业务正和其所期盼的一样的一个确认的过程。如今，中国企业越来越频繁地到海外收购资产或进行股权投资。尽职调查有时被认为是一项不重要的、仅仅属于律师或会计师的并购前期的准备工作，不仅内容琐碎、缺少技术含量，而且耗费大量的时间和金钱。这种想法是非常错误的。在全球性的金融危机影响尚未消除之时，收购公司或许可以获得一个很好的价格，但收购相关的风险依然存在。在并购的过程中对目标公司的财务表现、会计系统、养老计划、税收制度、法律监管以及公司的商业模式和经营风险进行调查研究是非常必要的。可以说在并购交易中，如果没有完整而精确的信息，不仅失去了商业谈判的筹码，而且伴随的将是其后期持续经营中的隐忧。

中国企业海外并购往往看重的是其先进的技术与管理经验，有时是丰富的资源，不重视并购前期及并购过程中的尽职调查，殊不知，海外并购相对于国内并购来说，是一项更为复杂的系统工程，需要考虑的因素要多得多，至少有以下几个重点方面与国内并购存在明显的差异。

(1)政治风险

政治风险是各种政治力量使一个国家的经营环境发生异常变化的可能性,它的不确定性直接影响跨国企业的战略目标及其实施效果。政治风险的来源主要包括以下两个方面:

一方面,战乱风险及恐怖主义威胁。也就是说,东道国的全局性政治事件或政府行为对跨国企业的投资或经营造成的不确定性影响,包括革命、政变、军事冲突、民族骚乱、排外浪潮、罢工、恐怖主义以及国家政权更迭等。例如,2001年的"9·11"恐怖事件,2004年的马德里爆炸案,2005年的伦敦地铁爆炸案,2019年1月23日委内瑞拉国民大会主席瓜伊多自行宣布成为该国"临时总统",从而使该国陷入两个总统合法性之争的乱局等,都对跨国并购企业产生了巨大影响。近年来,随着中国企业走向海外,针对中国人的恐怖事件也时有发生,例如,发生在阿富汗的中国工人遭袭身亡事件,发生在巴基斯坦的中国工程师遭绑架、杀害事件等。这些事件已成为中国企业投资非洲—中东地区最主要的政治风险之一,应当对其进行宏观的评估,这是企业决定投资东道国的首要考虑因素。

另一方面,所在国的政治制度、民族理念,东道国的政治偏见、对中国的友好抑或敌对程度等,评估其对并购可能产生的影响及其成本,是一项并购开始前并购方首先必须考虑的问题和了解的内容。

美国外国投资委员会曾在2003年以"国家安全"为由,阻止了中国香港地区和记黄埔有限公司对已破产的美国环球电讯的收购。2005年8月,中国海洋石油有限公司投标收购美国第九大石油公司优尼科公司,中海油的投标在美国政界激起史无前例的反对声浪,其理由正是该收购有可能影响美国的国家安全。2018年德国金融监管局对吉利以90亿美元收购奔驰集团9.69%股份从而成为其第一大股东进行了超过半年的审查,但最终还是认为其操作程序合法。这些情况一般可以通过大型国际投资咨询公司和我国国有商业银行设在该国的分支机构了解投资国的政治、法律、社会状况以及限制海外并购的政策和投资项目的资信等状况,尽量避免参与政治阻力巨大、法律障碍多的并购项目。

可见,通过尽职调查了解各国政府对审批程序的不同规定并为之做好事先的准备、游说多么重要,以免将来的功亏一篑。

(2)法律风险

企业跨国并购涉及的法律十分繁杂,一般涉及的法律有公司法、证券法、银行法、会计法、反垄断法、劳动法、知识产权法、外汇管理法等，法律关系十分复杂。由于国内外法律环境的差异，中国企业进行海外并购需要特别注意东道国的某些法律规定。如果不熟悉这些相关法律，将会给中国企业的海外并购带来较大的法律风险。目前，世界上已经有60%的国家有反托拉斯法及相关管理机构，但是管理重点、标准及程序各不相同，中国企业的管理层必须非常重视。

法律风险不仅体现在并购初期，在投资并购的过程中、并购完成后的经营期仍然会存在。尤其对中国当前一些资源、能源类大型海外并购而言，经营期法律风险更大。

海外并购还应当关注所在国及当地的司法环境，如审批程序、环境保护、劳动人力资源等方面的有关规定。

担任哈萨克斯坦石油公司法律顾问的英国路伟律师事务所指出，中国能源企业收购阶段的法律风险只占20%，而经营阶段的法律风险占全部法律风险的80%。中国能源企业的管理层往往只重视第一个阶段，而对第二个阶段的法律风险考虑不足。例如，劳工保护问题是中国企业跨国并购后遭遇的典型法律风险。中国企业在完成当地投资和海外并购后，常常要根据业务需要对被收购企业人员进行调整或裁减。此时，中国企业应该特别注重了解当地劳动法规对裁减人员的各种要求，以及雇用当地人员的比例要求等。如果中国企业无视当地劳动法盲目行事，对被并购企业人员调整就有可能违法。同样，排放污水和废气要遵守当地环境法的规定；公司的治理要符合当地公司法或证券法的规定；知识产权、合同管理、会计准则、税收、社会保障等方面都要遵循当地法律。

(3)财务风险

众所周知，海外并购的最大风险是财务风险。财务风险主要体现在以下四个方面：

一是融资风险。并购的融资风险是指并购企业能否按时足额地筹集到资金以保证并购的顺利进行。首先，大型的、跨国的并购一般都会采取杠杆模式进行收购，所谓杠杆收购指并购企业除了准备一部分自有资金外，大部分资金都将通过举债的方式筹措，如增发新股、发债、银行借贷等渠道，以获得目标企业的股权或资产，并在今后用目标企业的现金流量来偿还负债的方法。因此，先要解决杠杆收购的融资问题。其次，杠杆收购的偿债风险很大程度上取决于并购后的企业是否具有足额稳定的现金流量。在收购完成后，特别是后期整合及过渡阶段能否尽快整合到位，目标企业是否能尽快形成新的生产能力，以及后期整合的效果如何，则关乎各方面的因素，如人员结构是否合理、稳定，产业结构是否调整到位，资源配置是否合理等，如果不能迅速形成生产能力就意味着会有亏损，意味着并购后还要持续不断地投入资金，企业是否做后续融资的准备，后续融资的渠道是否畅通、是否能保证低成本的融资，能力是否充分等，也是并购中融资的巨大风险。由于海外并购后现金流量的不确定性，中国企业可能因不能偿还到期本息而破产。

二是汇率风险。汇率风险是指汇率变动对交易过程的影响，中国企业并购外国企业需要外汇，而从国际资本市场上借入或买入外汇的过程中，汇率发生变化会增加或者减少企业的获汇成本，使企业面临外汇买卖的风险。

三是定价风险。定价风险主要是指目标企业的估值风险。即中国企业对目标企业的资产价值和盈利价值（获利能力）估计过高，即使目标企业运作良好，过高的买价也无法使收购方获得一个满意的回报。定价风险主要受收购方所获取的目标企业的信息对称和信息质量的影响，由于信息不对称，中国企业对海外目标企业定价总是过于乐观，如何确定有效的并购价格，成了海外并购中比较棘手的问题。

四是补亏风险。麦肯锡公司的一项研究发现，在过去10年内，通过“以强食弱”的方式接受被收购的企业后，80%的公司未能收回投资成本。只有全面正确地对企业并购的成本和效益进行分析，并购才能成功，盲目并购只会使企业背上沉重的负担。从过去几年的并购案例来看，中国尚未出现类似美国在线与时代华纳、英国沃达丰与德国曼内斯曼、惠普与康柏的强强联合式的并购案例。中国海外并购的国外企业，要么是存在巨额亏损，要么是其部分业务正在走下坡路，中国企业完成并购后，将要面临巨额补亏风险。

（4）文化整合风险

不同企业文化背景下的职工都秉承自己所习惯的工作习性、思维方式及管理制度，对其他的社会文化环境缺乏足够了解，这就容易对来自他方的信息作出错误的分析和判断，产生误解和冲突，阻碍企业的并购成功。据估计，70%的并购没有实现预期的商业价值，主要的失败源于并购后的文化整合。中国企业与国外企业明显的文化差异加大了海外并购整合难度。

一是国家文化差异。一般来看，国家文化的差异主要体现在个人主义与集体主义、与权力的距离，对不确定性的接受程度等方面。

欧洲文化强调集体主义和团队协作；美国文化相对注重个人主义；法国和德国，职工们不喜欢不确定性，他们需要明确知道并购对企业和个人有什么影响。而中国文化则不同，中国人对风险的接受程度高，倾向于远离权力中心，服从领导的安排。显然，中国文化与国外文化是有很大区别的，中国企业通过传统文化方式来管理国外企业是行不通的。

明基的后台掌控者施振荣表示，不同国家之间的文化冲击，是导致明基并购西门子手机业务失败的主要因素。联想并购IBM后，曾赴美国招聘了一批精英担任中层职务，但不久后这些人却纷纷离职。其中主要的原因就是这些职工难以接受联想的行为方式。

二是海外目标企业对中国企业文化的认同度低。面对文化的差异，并购双方对彼此文化的认同和接受程度就成了文化整合的关键因素。在中国企业进行海外扩张的过程中，目标企业所在国的职工、媒体、投资者甚至是工会仍然对中国企业持一种怀疑的态度和偏见，认为中国就是“低价格的产品和低效率的企业”的代表。TCL在收购汤姆逊后就遇到了类似的情况，尽管RCA还处于经营亏损的状态，但RCA依然拒绝接受TCL关于产品结构调整——引入中国设计的成本更具竞争力的产品的建议。

此外，并购目标企业所在地的风俗习惯、社区文化、企业的工会文化等，也是并购前必须深入了解的内容之一。

（5）认识风险

由于国内企业对海外市场不了解，因此，中介机构成为企业借助的有力手段。不过，在现实中，我国企业对中介组织在并购中的作用，认识还不够深刻。TCL在并购阿尔卡特手机业务时，TCL通讯管理层认为阿尔卡特情况简单，便觉得交易结构相对简单，整合难度比较低，因此没有聘请中介机构进行精密策划，而是自己设计了收购方案。看似省了几百万欧元的咨询费，但是结果却是因小失大。阿尔卡特在并购后一度整合艰难，TCL集团的经营也造成了极大的压力。在TCL收购案例中，误判市场趋势是一个重要失误，而这也是中国企业向海外拓展时的一个普遍缺陷。在这方面，一些日本企业和美国企业的做法很值得借鉴：这些企业在进入境外市场之前，必定组织人力、邀请学者对市场趋势、投资国文化和政治环境进行深入分析，务求知己知彼。

（6）企业并购后的整合风险

企业并购的后期整合是关系到整个并购目的的实现，是并购最重要的一环，只有后期整合到位，迅速形成生产能力并有效、持续地运转才真正意味着并购的成功。

企业并购的后期整合风险主要体现在以下几个方面：

①被并购企业的目标和战略定位缺失的风险；

②管理模式不明确的风险；

③人力资源的风险；

④文化整合的风险。

企业并购后期整合失败的主要表现为构建人才的流失，客户关注度不够，组织混乱及变化，文化冲突，以及竞争力应对不力等，这些都决定着并购后企业能否顺利实现整合，产生管理、技术协同效应。

2.海外并购的尽职调查

中国企业在赴海外进行投资并购时，往往会忽视或不够重视并购前及并购中的尽职调查，特别是法律尽职调查，这样就造成企业在完成并购并正式接手后才发现这样那样的问题，从而大大降低了并购的预期。

与国内企业并购相比，海外并购的尽职调查主要应关注以下几个方面：

（1）关注并详细了解目标企业所在国的政治环境、法制环境、与并购相关的法律体系，从而评估并购可能面临的成功概率、代价、风险及成本，以全面评估并购目的实现的可能性、并购的必要性，从而指导并购工作的开展。

（2）通过尽职调查收集资料、学习，可以了解目标公司的业务环境、生产、运营环境及行业环境等。

通过对企业及其行业的尽职调查，可以充分了解该企业的业务状况、运营的外部和内部环境，特别是通过初步尽职调查可以对目标企业有一个综合的判断，并购是否符合公司的战略目标，能否达到预期的目的。

（3）可以发现与交易有关的重要问题（包括交易价格）以及影响达成最终交易的重要因素，但是投资者经常忽略进行详细尽职调查的必要性。

通过详尽的尽职调查，可以对并购的合理价格进行准确的评估，对隐含的法律风险及成本进行充分的了解。

有关资料显示，只有51%的投资者对目标公司进行了基本的尽职调查，并且事后有25%的中国竞标者在调查中表示所采取的尽职调查不够充分。

例如，对资源行业的并购交易进行尽职调查时需考虑的重要因素包括：

（1）比邻基础设施是否方便使用：投资项目是否可在经济便捷的方式下利用铁路、港口、能源、供水及公路等基础设施；

（2）审批程序或时间表：环境部门的批准，权属问题，土地所有者的许可及外国投资审核委员会的批准程序；

（3）技术考虑因素：对于储备和矿藏的验证，等级/质量的鉴定以及延长矿产生产周期的潜在可能性；

（4）或有负债：纳税义务，环境保护责任以及对雇员负有的义务；

（5）其他潜在问题：保留管理团队，成本结构，碳税开征的影响。

综上所述，中国企业开展海外并购，鉴于其不同国度、不同地域的巨大差异性，为了保证并购的成功及代价，事前及事中的尽职调查尤为重要，有时往往对并购成功以及并购后目标的达成起着决定性的作用，应当引起企业的高度重视，借鉴国外同行的经验与教训，聘请专业的中介机构参与并购的全过程，特别是专业的投资咨询公司、会计师及律师事务所进行专业、深入的尽职调查，是企业海外并购的必修课。

（三）绿地投资法律风险及尽职调查

除了跨国并购以外，在跨国投资中绿地投资仍占有一定的数量和金额，而且中国的许多企业仍然偏爱这种传统的跨国投资模式，特别是针对一些资源利用型的企业。

1.绿地投资概述

所谓绿地投资，又称“新建投资”，是指在东道国新建合资或独资企业，涵盖了从购买土地、建设厂房、购买机器设备、原材料组织生产、招聘并培训员工、采购设备及原材料到产品生产、销售等全部或大部分阶段、过程的投资方式。

绿地投资的投资者一般可以根据企业发展战略选择合适的国家及地区进行投资设厂，较少限制和局限性，由于其能为所在国带来新的税收增长点、增加就业而较受欢迎，但缺点就是相对来说投资周期较长、形成生产能力的周期也相对较长，风险的暴露周期较长，从而带来生产及市场的不确定性。

绿地投资，意味着企业要在的一个全新的国度、地区从零开始谋划一个新的企业的设立，相对周期长、投资规模较大，因此，所涉及的法律风险必然也是多方位的，一般而言，主要可能涉及以下几个阶段的法律风险：

（1）设立项目公司阶段；

（2）厂房及其配套设施建设阶段；

（3）正式投产阶段；

（4）稳定经营阶段。

2.海外绿地投资尽职调查

（1）尽职调查目的

在开展海外绿地投资前进行尽职调查的目的就是充分了解投资设厂所在国、所在地的法制环境及可能遭遇的各种法律风险，并对此作出准确的风险评估和成本评估，以确定目的地的选择是否符合投资及盈利的最终目的，从而解决是否在此投资及投资的策略、规模及方案等问题。

（2）尽职调查的方法与途径

由于在异国异地新设企业及生产厂，涉及不同的法制环境，所以开展尽职调查可以考虑从中国驻当地使领馆、华人商会、中国企业协会、当地律师事务所及咨询机构、中国在当地的银行等入手，查询当地的法院网站判例、查询当地相关的法律法规政策文件等，此外，还可以访谈当地的中资企业、外国企业，实地考察走访设厂当地的民情等，步步深入，了解与投资设厂有关的所有信息。

（3）尽职调查内容

除了以上跨国并购尽职调查内容以外，绿地投资还需要对以下阶段的内容开展尽职调查：

①设立项目公司阶段

需要了解的法律法规涉及公司法、合同法、外商投资法、税法、反垄断法、反不正当竞争法等，具体内容如对外资准入是否存在限制以及存在什么样的限制，投资准入条件（如行业准入、投资规模等），设立公司的程序及手续、需要的法律文件；公司注册资本及验资；股东股份比例及股权结构；注册的办理手续；跨境投资的国内外审批手续；外汇汇入汇出管制；投资利润的汇回；税收及其优惠政策，以及外汇管制法律风险；融资法律风险；环保法律风险；人员聘用问题等。

②厂房及其配套设施建设阶段

尽调内容包括土地的获得成本及相关协议；规划设计；建筑施工及建筑材料

的采购与运输、监理；设备采购及安装；竣工及交付手续等。

③正式投产阶段

尽调内容包括职工招聘及签订的劳动合同；原料取得及采购协议；产品销售及销售协议；生产设备的采购及安装；原材料的采购与产品销售；出口的限制及退税和税惠安排。

④稳定经营阶段

特别需要关注所在国的财税法规政策；司法救济途径及其限制；原材料采购及产品销售方面的规定及限制；水电气供应及其价格的稳定性；员工培训解聘规定及其成本等问题。

九、国际工程承包尽职调查

（一）国际工程承包项目概述

国际工程承包是一项综合性的国际经济合作方式。它是指从事国际工程承包的公司或联合体通过招标与投标的方式，与业主签订承包合同，取得某项工程的实施权利，按合同规定，完成整个工程项目并取得工程款的合作方式。

通过国际承包工程，可以实现技术、劳务、设备及商品等多方面的出口，不仅能多创外汇，而且具有一定的政治影响。由于国际工程承包涉及很多技术服务的内容，所以国际工程承包归类于国际技术服务贸易。

一般来说，国际工程承包的项目类型主要包括：

（1）基础设施（交通、能源、电力、通讯、农业工程等）和土木工程（包括事业单位、学校、医院、科研机构、演剧院、体育中心、住宅房产等）；

（2）以资源为基地的工程；

（3）制造业工程。

（二）国际工程承包法律风险概述

国际承包工程项目的风险可定义为：可能出现的造成国际承包工程项目达不到预期目标的不确定性。

国际承包工程项目风险的特点。国际承包工程项目的风险贯穿于整个项目周期。风险具有的客观性使之不以人的意志为转移,风险的随机性和相对性使具体实际风险的发生是由诸多风险因素共同作用而产生的结果,其可变性使某些风险在被规避和控制的同时,又可能出现新的风险。

尽管风险具有可预测性,但由于国际承包工程项目是一次性的并地处国外,建设周期长,面临的不确定性十分巨大、种类繁多,而且国际工程项目各个阶段参与者不止一个国家、两个主体,各种因素相互影响,各种条件相互制约,各种利益相互牵扯和冲突,它的可预测性就要差得多。鉴于国际承包工程项目投入的资金、人力、物力巨大,一旦风险产生不良后果造成的损失往往也十分巨大,因此,对于风险必须引起足够的重视,对风险进行必要的管理。

国际工程承包中的风险管理过程和步骤。为分析和应对风险而进行的系统称为风险管理过程,这一过程可分为五个步骤:风险识别、风险评估、风险管理方法选择和实施、风险监控及评价。

要应对风险,首先就要知道项目工程有哪些风险,其特点和程度如何。风险识别即要指出所面临的主要风险是什么,有效的风险识别需要把整个项目作为一个整体来观察,把所有可能产生影响的不确定性考虑在内。风险评估就是对所识别出的风险进行分析,何时、何地、何种程度地发生并产生后果,尽可能对其进行量化,根据后果的严重程度进行排序,综合考虑其对总体目标的影响,分析采取何种应对措施,并评估各种措施可能发生的成本,综合考虑风险的成本效益。风险管理方法选择和实施是在完成风险识别、风险评估后,根据识别和评估的内容来决策采取何种应对措施来规避风险的发生,并减少风险造成的损失。风险监控及评价,由于风险的可变性,风险管理过程是灵活和应变的,随着项目的进展以及措施的实施,影响目标的各种因素都会发生变化,应对风险新的变化进行不断跟踪,发现新的风险,及时跟进,对措施进行相应修改和完善,并对风险管理的结果做出评价。

所以,综上所述,风险管理的第一步就是风险识别,而要解决风险识别的办法及对策就是专业的尽职调查,尽职调查是后期的风险评估、管理及监控一系列措施的基础和前提。

(三)国际工程承包项目的风险防范

国内建筑企业在“走出去”的过程中,必须重视目标市场的选择。优先选择社会政治、经济环境相对稳定，支付条件相对可靠，进入壁垒相对较低的市场，做好“走出去”前的市场识别工作。对于风险较大的目标市场，特别需要提前进行项目尽调，并建立相应的退出机制。通过尽职调查，可以将未来国际工程承包项目实施过程中所遇到的各类情况、突发事件、潜在风险及风险可能产生的因素等所有可能对承包项目产生影响、带来损失的不确定性事先有充分的了解及预判，并且基于尽职调查报告提出应对预案，将因此而产生的成本纳入承包费用统筹考虑，从而最大限度地保证承包项目能够顺利进行，并最终实现项目承包的预期利润与目的。

尽职调查需要关注的内容如下：

1.政治风险

要在国外做项目，无论是承包商还是贷款人，最先关心的就是政治风险，也包括地区形势，与周边国家以及与我国的双边关系。对于国际工程项目而言，政治风险与项目所在国紧密相关，因此，选择政治风险较低的国家和地区做项目是最为重要的，但高风险同样也意味着高利润。

什么是政治风险？政治风险（又称“国家风险”）是指在对外投资、贸易及国际工程项目承包过程中，因政治原因或订约双方所不能控制的原因，使一方当事人可能遭受损失的风险。如因进口国发生战争、内乱而中止工程项目施工；因进口国实施进口或外汇管制，对输入货物加以限制或禁止；因本国变更相关法令，造成合同无法履行等。

政治风险主要包括：

（1）征收风险；

（2）汇兑限制风险；

（3）战争和内乱风险、恐怖主义风险；

（4）政府违约风险。

对于政治风险的尽职调查，首先，可以通过相关的网站、新闻报道、中国驻各国使领馆等渠道对项目所在国、所在地区进行初步的了解。另外，我国唯一的信用保险公司——中国出口信用保险公司每年对世界各国的政治风险进行评级。此外，大公国际资信评估有限公司作为我国信用评级与风险分析研究的专业机构也对各国做出信用评级。当然亦可参考相关国际性机构的国家信用评级，尽可能避开风险等级较高的国家，选择等级相对较低的国家去做项目，这也就是风险回避。

与此同时，即便是在政治风险级别相对低的国家做项目，为了能够成功融资，购买信用保险是必不可少的一种手段，即风险转移。随着“走出去”政策的大力推动，中信保险还在不断开发新的险种，旨在支持中国企业到海外发展。除我国的政策性保险机构外，世界银行的机构也会对于其融资的项目提供政治险的承保，各国的ECA会对本国出口信贷银行及承包商参与的海外项目提供承保，国际上一些商业保险机构也会承担部分政治风险，保费要大大高于政策性保险公司。到项目所在地的实地考察也是必不可少的一项程序。通过走访项目所在地的真实情况，走访当地的中资企业、政府相关部门、当地的中国商会、中资企业等机构，可以实实在在地感受到与项目息息相关的各种因素的现实情况，从而帮助企业对该地、该项目所面临的政治风险有个准确的了解与判断。

2.法律风险

法律风险是工程承包企业在开展工程承包可能遭遇的法律方面的风险，包括工程所在国家的法律体系及法律制度的完备性、法律制度的稳定性、是否与国际通行做法接轨、是否存在政府更迭导致法律修改的不确定性，以及具体的法律法规的内容是否健全稳定（如与工程承包相关的劳动法、民法典、税法、公司法、建筑法、招投标法、环境保护法、外汇管理法、保险法、海关法等），还有具体的司法裁判是否公开、公正、公平，生效的裁判文书能否得到有效的执行等。

3.金融风险

需要了解工程所在地国家的银行体系、外汇管理制度、外汇汇率、银行信贷、融资便利及成本。

国际工程项目面临的金融风险很高，需要通过各种手段来应对。一般来说，对于这项风险的控制常常运用一些金融工具和衍生工具。根据预测的风险来确定项目的融资方式，如各类银行贷款、发行债券、采用BT、BOT、PPP等模式参与项目、以项目公司合资方身份进行项目融资（PRO—3ECT FINANCE）。针对利率风险，采用优化的利率结构来控制融资成本和风险，降低风险。针对汇率风险，采用合理的币种，防范汇兑风险；通过货币的期货市场，通过套期保值的方法提前锁定汇率等。也可以选择几种国际硬货币按适当比例搭配，防止币种单一，同时，尽量统一收汇和贷款币种，在对外合同的收款条款中采用即期收款的方式尽可能缩短收款周期，在贷款合同中约定可提前还款等，压缩还款期限。在合同谈判时，争取在条款中设置汇率调价公式。在价格合适的情况下，采用全球采购的方式，使用收款的币种进行支付。

4.信用风险管理

在防范信用风险的时候，一般来说，涉及BOT、PPP等融资项目时，投资人和融资人会聘请国际知名的咨询机构或律师行对借款人以及项目业主做尽职调查。针对此类项目的收款，如能要求当地政府作出一定的支付保证则可降低风险，包括政府对一些特许项目权力或许可证的有效性及可转移性的保证，对外汇管制的承诺，对特殊税收结构的批准等一系列措施。对业主的信用有充分的了解后，一般会采用合同的条款来对收款进行保障，国际工程项目通常采用FIDIC合同条款，保护承包商的收款利益，在付款条件方面，尽可能采用由国际知名银行开具的不可撤销的即期信用证，在单证方面，尽可能避免软条款，避免由业主单方面签发的支付证书，而最好由第三方如工程师签发支付证书。

5.技术标准风险

关注工程项目的各种标准，包括设计标准、材料标准、制造标准、验收标准等等，由于非洲很多国家以前是欧美国家的殖民地，因此项目及设备采购大多采用欧美国家的技术标准，国际上各种技术标准存在差异，应对此早有准备，尽可能说服业主方接受中国标准，如业主难以接受，可采用国标英文版本与国际标准进行对照，说明中国标准在某种程度并不低于国际标准，而有些在我国已经通用的标准，例如，国际电工委员会标准（ⅢC）则可接受使用。由于中国标准未获国际认可，给中国承包商海外施工带来不便。

技术标准在国际工程中是一项非常重要的内容，它决定了工程材料的选购、施工方案的确定、验收标准以及工程造价等。目前，中国企业采用的是国标（GB）或中国标准，其他国家除了自己国家的规范外，有的使用美标、英标、欧标、南非标准，甚至有的规定采用上述两种以上的规范。因此，在施工过程中要结合工程的要求和现场条件严格把握技术标准的适用性。例如，东南亚某国燃煤电站项目，该项目规定其电站锅炉的现场转接检验必须遵循美国的ASME标准，但中方公司在投标阶段未提出偏差、在执行阶段又忽略此要求，自行决定在检测中应用中国标准，被业主发现后勒令停工整改，最终导致中国承包商工期违约并遭受罚款。这个案例失败的主要原因是承建方与业主之间就技术标准的差异缺少沟通，承建方一意孤行，最终导致违约。与之相反，另外一个成功的案例则是承包商就技术标准差异与业主进行了及时有效的沟通：东南亚某燃煤电站项目，该项目招标书中提出保温绝热技术规范按澳大利亚标准执行，但中方公司对此规范不熟悉，因此，一面请求业主同意采用中国相关规范，一面抓紧组织技术人员查阅澳标。最终业主在谈判中仍然坚持使用澳标，而且中方公司经过研究发现澳标较中国标准的具体差异十分有限，对成本和工期影响很小。最终业主和中方公司决定仍在该项目使用澳标，解决了预计的技术标准差异问题。

另外，工程设备和材料标准往往与技术标准相配套，由于中国标准并未获得广泛的国际认可，因此，中国物美价廉的设备和材料走向世界面临一定的障碍。实际上，我国大量的设备和材料已经能够满足美标和欧标的要求，只是缺少一份美标和欧标的认证证书，而国内的这种经认可的认证机构非常有限。例如，在沙特轻轨项目中，业主请英国的设计单位按欧洲标准设计，因此，订购了大批欧洲的控制设备，其价格大大地超出了原合同的预算，导致承包商成本大增。如果中国企业能够引入中国标准，原材料和设备成本都会大幅下降，可以进一步提升盈利空间。

6.自然环境风险

工程承包项目一般都是室外或野外作业，如果对东道国地理环境信息掌握不全，或遭遇不可抗力的环境灾害，更易引发自然环境风险。

常见的自然环境风险有：地质结构复杂、地震、台风、泥石流、山体滑坡、高温、强降雨等，这些环境风险有的是由于对东道国的地理环境信息不够了解，导致对施工难度预估不足或施工方案与现场条件不匹配，有的是难以预计的具有不可抗力的自然灾害。工程承包项目如果遭遇自然环境风险，可能会导致施工条件发生变化、工期延长、工程费用增加、财产损失和人员伤亡等。

（1）地质复杂

中国某工程公司作为EPC总承包商，承建印度尼西亚某电站项目。虽然在前期勘察过程中发现项目临海地区存在发生海啸、地震烈度偏高等风险，但在施工过程中又发现大量液化土层，需要增加碎石桩作为地基处理的辅助设施，由于前期桩型分析资料不全面，延误了预先计划的施工进度。

（2）多雨

中国某建工集团承建老挝万象通芒钾盐矿工程，该钾盐项目所在地万象，地处老挝中部，属于热带、亚热带季风气候，分雨季和旱季。项目矿区内施工区域温度较为恒定，但湿度相对较高，在雨季的时候由于雨量过大，易引发泥石流等自然灾害，同时长期的阴雨天气影响室外建设项目正常施工，导致矿区工地积水过多，迫使工程停工，影响工期。而旱季的时候因为缺水，也会拖延工期。

（3）高温

在中铁建承包沙特麦加轻轨项目时，由于该项目施工地段处于温度很高的特大风沙区，夏季最高温度在70℃左右，缺水情况比较严重，大幅提高了工程管理的难度，工期一度出现阶段性延误。

（4）飓风灾害

2007年，某中国企业承建某中东国家首都的污水管网收集工程，遭遇特大飓风灾害，工程项目现场遭遇洪水，主要设备被淹，材料被海水冲走，现场损失惨重。施工方及时要求业主依据合同的相关规定调查工程损失程度、制定修复的范围和程度，并确认补偿承包商修复损失所发生的费用。但业主和工程师否认飓风事件的不可预见性和不可控制性，拒绝补偿要求。为了维护自己权利，承包方根据合同相关条款向业主宣布"合同落空"，通过当地法院起诉业主违约。后经多方沟通，双方启动争端裁决委员会程序，最终承包商获得合理补偿。此案例说明，承包商在经受自然环境风险后，要依据合同积极维护自己的权利，该由业主承担的赔偿或损失，必须要全力追偿，尽量减少自身损失。

7.完工风险

由于国际工程项目地处国外，尤其多在发展中国家，完工风险远高于国内。事先做好充分的现场勘查和当地情况调研，做到心中有数，预案充足。

（1）从合同方面尽可能说服业主采用FIDIC条款作为通用条款，在特殊条款中尽可能修正对承包商不利的内容，尽可能多地在合同条款中设置对我方有利的条件，保留合理的延期索赔，在违约金条款上去掉多重计算方法，在总赔偿条款中把赔偿额度尽可能降低。

（2）在设计和土建标准方面，不妨采用中国设计，由当地或业主认可的第三方设计师进行审核以符合当地标准要求。

（3）要合理安排工程一切险（CAR）的购买，搭配设计责任险、运输险、人身意外险、第三者责任险、产品责任险等，在保额和免赔额等方面的设置需要根据当地相关法律规定和业主要求来确定，并注意控制过高的保险费开支，在实施项目过程中，做好各种记录，以利出险时索赔。

（4）在工程管理方面，国外项目要求较高，项目管理人员需要有丰富的管理经验，善于应变的管理能力，与当地各个方面都需要及时充分地沟通，掌握各种信息。海外工程往往地处发展中国家，有时地理位置偏远，在估算工期时，不可按照国内的通常施工速度和周期来测算，要留足余量，同时，在合同条款中，除对于不可抗力或当地特殊天气灾害（如雨季的雨量达到某程度、风力达到某程度等）外，还需要对类似签证、工作许可、第三国因素等造成的工期延误有所约定并给予补偿。

8.人力资源风险管理

人力资源成本一般会占到整个工程项目成本的30%左右，因此，了解项目当地的劳工政策是做好造价控制至关重要的一步。

为防范国际工程项目人力资源风险，要从企业内部开始选拔技术和管理人员，为实现这个目标，因人而异地提升业务知识、技能以及环境适应性、沟通应对能力。也可以成建制地将一个团队纳入项目的管理组织，或聘用国际职业经理人员作为项目管理的主要力量。在同一项目机构内的不同国家不同单位不同专业不同工种的人员可采用多样化、差异化、灵活的激励和约束机制，实现人力资源的优化配置，根据其能力、效率调整岗位，发掘发挥他们的特长和优势，让尽可能最精干的队伍做出最大的效益。

建立多种形式的薪酬制度，适应当地劳工法的要求，可采用当地工人周工资甚至日工资，设立节点目标奖励，结合留存部分奖金留住熟练工和技术工。采取技术措施保证人员离开后的工作连贯性，建立文件和资料的管理流程，使个人掌握的信息和资料及时归档并按级别分享，关键岗位配备后备人员。经常与工作人员谈心，解决他们的家庭困难，掌握他们的心理状况，舒缓心理压力，化解矛盾，增进中外人员的相互了解，促进融合，加深友谊，加强项目部的凝聚力，有利于形成合力，为了同一个项目目标共同努力奋斗。

关于人力资源风险的其他因素：

例如，东道国劳工人数限制和许可证制度，增加了工程建设的障碍。

许多国家对于工程承包项目中外籍劳工数量设定了严格的比例，或者不允许外籍普通劳工进入本国劳动力市场，只能引进一定数量东道国缺乏的技术工人。但一般情况下，可能东道国的劳工素质、工作习惯和效率方面远不能满足中国承包商的工程管理要求，尤其是对于一些专业性要求很高的工程，如果当地劳工无法胜任大部分工作，为保证工程的进度和质量，中国企业只能花钱买“进入指标”，由此造成人力成本大幅提高。另外，一些国家的法律还针对外国劳务专门设定了“工作许可证”制度，即只有持有劳工部门签发的“工作许可证”，并在工作许可证规定的单位工作才是合法的，否则劳工和雇主都将面临罚款。此外，外国劳工还要办理签证、临时居住证等其他各种证件。总之，这些劳工领域的制度限制都给外国承包商正常的工程建设带来了许多障碍。

例如，2009年，由中国海外工程有限责任公司、中铁隧道集团有限公司、上海建工集团及波兰贝科玛有限公司组成的中海外联合体，成功竞标波兰A2 高速公路工程，但施工过程中出现很多问题，工程进展缓慢，项目逐步陷入亏损。2011 年6 月初，中海外总公司最终决定放弃该工程，因为如果坚持施工，中海外可能因此亏损3.94 亿美元（约合25.45 亿元人民币）。波兰业主则给中海外开出了2.71 亿美元（约合17.51 亿元人民币）的赔偿要求和罚单。此项目失败的关键原因就是中国企业没有对当地的法律政策进行充分调研，只是按照自己国内的承包经验设计方案，最终在实际操作过程中陷入被动。中海外急于进入高端市场，制定了低价中标的策略，希望利用中国廉价劳动力的优势以及当地廉价的原材料降低成本。可是，预想的策略并未实现。当地劳工法规定，海外劳工必须按当地工资水平雇用，很多设备必须在当地租赁，需要当地有资质的工人操作，无法雇用中国劳工，两项规定导致普通工人和技术工人的成本大幅提高。此外，还有签证问题，由于来自非欧盟地区的人员进入工地需要办理波兰政府颁发的各类证件，包括临时居住证、劳动许可证、特种资格作业证等，而办理这些证件耗时很长，使中海外联营体不仅增加了成本，而且影响了工期。

再如，中亚地区的哈萨克斯坦对国外劳务实行严格限制，以配额形式限制外国劳动力的进入，同时申办获取外国劳动力许可证的程序十分烦琐，而且许可证的数量还有限制。另外，哈政府经常毫无理由地拒绝给外国公司经理人员和技术人员发放签证，或者只提供短暂的居留期限。这些限制性规定，严重影响了工程的正常进度。同样，在一些东南亚国家也存在类似的规定。例如，东南亚某国政府要求所有外籍劳工在当地工作时，均应办理劳动许可证，承建该国燃煤电站项目的中方某公司不熟悉该国外国劳工法规，为中国工人办理商务签证后即派赴现场直接开展安装工作，被当地政府移民管理部门发现后，全部中方工人被拘留并被遣返，不允许再次入境。该公司不仅遭受了人员动迁费用的损失，还导致项目工期拖延了3个多月。

9.环保与动物保护风险

随着全球总体环境恶化，环境保护作为一个日渐深入人心的概念，发达国家更是在法律法规层面达到了极其详细的规定，而且，违反环境保护规定，很可能对项目的实施产生“一票否决”的影响。

在海外工程项目中，必须了解和熟悉所在国环保的相关要求和法规，密切注意这方面的变化，拟定环保计划，并对未来可能加强的环保管制有所预期，将节能减排列入其中，把环保评估纳入监管范围，在使用的原材料方面，尤其审慎。在报价时，要充分考虑当地对于环保的要求，如果忽略，很有可能会花费巨资来弥补。

【案例】澳大利亚法律很重视保护环境和野生动物。西澳铁矿项目的公路设计路线需要通过一片螃蟹保护地，按规定必须建桥，桥洞还必须足够大，不能影响螃蟹通行，而KG集团在设计时并没有考虑到这个因素，导致需要在预算外修建这样一座桥，仅这一项就超出原计划成本6000万澳元。

如果说是小小的螃蟹难倒了澳洲铁矿项目的承包商，那么在波兰高速公路项目上难倒了HY集团的便是小小的蛙类。

【案例】2010年9月，负责C标段设计的波兰某咨询公司多次向HY集团邮件交涉，要求HY集团在做施工准备时必须妥善处理该路段的七种珍稀两栖动物，包括一种雨蛙、两种蟾蜍和三种青蛙以及一种叫“普通欧螈”的动物。HY集团一开始没有重视这个问题，但波兰方后来要求职工马上用手把珍稀蛙类搬到安全地带，因为两周后当地将降温，可能会结冰，到时这些蛙就要冬眠了，这导致工程直接停工两周。

波兰方还要求HY集团在高速公路通过区域为蛙类和其他大中型动物建设专门的通道，避免动物在高速公路上通行时被行驶的车辆碾死。环保成本在波兰筑路工程项目总投资中的占比一般是10%左右，但距离HY集团工地大约300公里的某高速公路西段综合投资为13亿欧元，其中环保成本就占将近25%。

可见，在发达国家，环境保护的力度真是不容小觑，一条看似不起眼的规定，就可能给项目增加15%的成本。

10.市场风险

在融资项目的筹划阶段就要做好充分的市场调研和市场预测，减少融资的盲目性。在项目建设和经营阶段，项目应该签订长期的原材料供应协议，产品销售协议等。项目公司还可以争取获得其他项目参与者，如政府或当地产业部门的某种信用支持来分散项目的市场风险。在一定程度上，市场风险是产供销三方均要承担。

11.经营和维护风险

在设计阶段就要考虑到运营风险，合理布局、优化设计，采用质量较好的设备加强相关材料和设备采购时的监造，提高建造和安装质量，提供足够的备品备件，选择合适精干的经营班子，制作科学的经营维护手册，培养当地运营维护人员，严格按操作规程管理项目，注重安全生产，做到高效节能。

12.文化、宗教信仰、风俗习惯的风险

一旦走出国门，面对琳琅满目的地域文化，往往使人无所适从，这些文化上的差异往往也会对工程项目产生影响，例如穆斯林民众在传统节日开斋节、古尔邦节、圣纪节都是不工作的，很多国家的员工也没有加班的习惯，即使给予几倍的加班费也不干，这些因素再遇上赶工期就比较麻烦了，应早做准备，将这些因素都考虑进去。

13.基础设施与能源供应风险

工程项目所在地的基础设施、资源及能源的连续供应情况；公路、铁路、水路运输情况及运输成本；工程材料的供应、采购、市场价格、质量等。

然而，无论采取何种风险管理方式，国际承包工程项目的风险都不可能完全消除，而由于风险的不确定性，可能在项目过程中产生新的风险。因此，应在项目进行中，定期进行风险监控，考察风险管理实施的效果，确定风险减少的程度，观察风险残留情况，考虑风险管理的调整或对新的风险采取应急措施等，在项目结束后，对于整个项目的风险管理作出评估，为其他项目提供良好的参考和依据。

（四）国际工程承包项目尽职调查主要途径及内容

国际承包工程项目的风险管理贯穿于整个项目周期，并且是一个动态反馈和动态管理的过程。其中包括项目准备阶段、项目实施阶段、项目投入使用阶段。越早进行风险管理，对于项目来说就越有主动权和灵活性，而且，可能花费的成本越低，耗用的时间越短，取得的效果会越好。因此，在项目最初阶段就应高度重视风险的识别和分析，对项目所在国进行全面的了解和调研，除了了解该国的政治、经济等大的方面，还须了解法律包括税法、劳工法，当地适用的建筑、行业标准、民俗民风、历史文化、气候地理、语言交通、劳动力水平、资源、原材料及施工机具等各方面的情况，以及项目本身的背景、情况等。

国际工程承包项目的尽职调查途径，一般可以从我国驻当地使领馆经商处、当地官方网站、当地法律顾问或从专业的咨询公司、银行、当地华商会、当地中国企业等了解情况。

国际工程承包项目尽职调查的主要内容包括以下几个方面：

1.市场准入和批准

（1）该国法律对外国承包商进入本国工程承包市场，是否有限制或特别要求？

（2）中国承包商从事本类项目，在行业或专业资质方面有何要求？是否需要在该国申办资质证明？

（3）是否有当地成分要求？如是否要求必须使用当地设计公司、当地土建/安装分包商，或者必须从当地供货商采购设备或材料？如有，当地成分的最低比例要求？

（4）如果公共工程项目采用招投标程序，那么该国法律对于投标人有什么特别要求？对于投标、授标和签约的程序有什么特别规定？

（5）签约后，为了执行项目，中国承包商需要获得哪些许可、执照或批准？

2.设立机构

（1）对于中国承包商在该国从事工程项目，是否强制性要求设立子公司或分公司或代表处，或者要求与当地公司成立合资公司或联合体？

（2）如法律无强制性要求，那么出于合理避税、方便执行项目的目的，是否有必要设立子公司/分公司/代表处？

（3）中国公司在该国设立子公司，可以采取哪种类型，有何区别？

（4）选择在哪个地区注册子公司/分公司/代表处，可以享受税收优惠（如有）？

（5）设立分/子公司/代表处需要经过哪些审批程序？需要准备哪些文件？每个程序大概需要多长时间？

（6）设立子公司的最低注册资本是多少？对于出资形式有何要求？是否要求自有（而非租赁）的经营场所？设立分公司是否需要拨付经营资金？

（7）对于中国公司子公司的股东、董事、监事和高管人员有何限制或要求？

（8）中国公司的分公司/子公司如何撤销/解散、清算？

3.税费

（1）中国总承包商在该国实施设计/采购/施工总承包（通常由中国总承包商与业主签订EPC合同），是否构成常设机构（permanent establishment），涉及哪些相关的税收种类，具体如何适用（包括税基、税率、纳税义务人等）？如何确认常设机构的收入、成本/费用、利润？

（2）中国承包商如何合理地避税？哪种合同结构更有利于避税？是否需要拆分合同，例如将 EPC 合同拆分成 Onshore（当地施工安装调试等服务）和 Offshore（设计、供货）两个合同？在签订合同、收款付款、开具发票等方面应如何操作，才能合法合规地减少承包商的税赋？

（3）业主向中国承包商付款（包括设备款、设计费、施工安装调试等服务费）时，是否预扣/预提所得税或其他税费？中国承包商向该国境外的供货商或分包商付款时，是否有代扣代缴税费的法定义务？

（4）中国公司如果不设立分公司或子公司，能否在当地注册税号，开立当地增值税发票？

（5）为了执行工程项目而设立的分公司、子公司、代表处，在税收方面（税收种类、纳税程序、税收优惠等）有何区别？

（6）除了中央政府征收的税费，地方政府是否征收相关税费？

（7）根据双边税收协定（如有），中国承包商可以获得哪些税收减免（如有）？

（8）如果项目资金系由中国政府提供优惠贷款，中国承包商是否可以申请税收减免？可以减免哪些税费？减税或免税证明由谁办理，如何办理？

4.外汇管制

（1）外汇是否可以自由兑换？

（2）中国公司的分公司/子公司将其利润汇回中国是否有限制？是否需要纳税？

（3）中国公司的代表处、分公司或子公司如何在当地开立当地币种账户以及美元/欧元账户？

（4）中国公司在当地账户中的资金是否会被强制结汇（自动兑换成当地币）？

（5）如果中国公司的代表处、分/子公司需要在工程所在国境外的第三国开立美元/欧元账户，是否受工程所在国法律的限制？

（6）账户支取授权人的相关规定？

5.保函

(1)对于承包商提供给业主的保函,是否强制性要求保函必须由当地银行或指定银行开立?

(2)关于担保有效期的法律规定?

(3)是否有最低保函比例(占合同金额的比例)要求?

(4)保函是否强制性地适用当地法律?

6.工程保险

(1)对于工程项目,当地法律是否强制性要求承包商投保某些特定工程保险?

(2)是否强制性要求向当地保险公司投保或由当地保险公司出具保险单?

(3)如果在当地保险公司投保,当地法律是否强制性要求将部分保险份额划分给投保人所在国的保险公司?有无最低自留份额或分出份额的要求?

(4)如果当地保险公司将部分保险份额划分给中国的保险公司(以下简称再保险公司),当地法律是否允许投保人直接向再保险公司支付保险费和/或提出赔偿或给付保险金的请求?

7.当地劳工及社会保障

(1)是否要求中国承包商必须雇佣当地劳工;如有,最低比例要求?

(2)是否有与工会签订集体劳动合同的要求?一般会关注哪些主要条款?

(3)关于劳动者工作时间、加班和休假的规定?

(4)是否有最低工资的要求?

(5)必须为劳工提供的社会保险和福利津贴?

(6)是否强制性要求加入当地工会?工会拥有哪些法定的权利?

(7)中国承包商在支付劳动者工资或报酬时,是否应代扣代缴个人所得税?

(8)如何签订劳动合同?如何解雇劳动者?哪个机构负责管辖劳工纠纷?

8.中国/外籍雇员

(1)中国承包商聘请中国/外籍雇员在该国工作是否需要办理居留许可或工作许可?如何申请?期限多长、收费标准,如何延期?

(2)中国/外籍雇员的工作岗位或任职是否受到限制?

(3)中国/外籍雇员的工作签证如何申请?期限多长,如何延期?

(4)中国承包商是否应代扣代缴中国/外籍雇员的个人所得税?是否需要根据

当地法律为其中国/外籍雇员缴纳社会保险？税率和费率都是如何规定的？

（5）当地法律对于雇佣外籍职工是否有强制性要求？一定比例的要求及工种的要求？

9.进口清关

（1）该国海关限制或禁止进口的货物有哪些？

（2）进口物资是否需要许可证或配额？如何申请？

（3）哪些进口货物属于法定检验检疫的范围？

（4）是否有强制性产品认证制度？如有，涉及哪些类别？

（5）进口货物是否强制性要求向该国保险公司投保海运保险？

（6）对于构成永久工程的设备或物资是否免除关税？如是，免税证明和免税清关手续由谁办理，如何办理？

（7）对于临时性进口的施工机具等物资，是否要求提供免税保函？临时性进口的施工机具在进口国可待的有效期多长？能否延期，到期时能否转为永久性设备？

10.质量、环境和安全

（1）对于建筑工程有无法定的质保期的要求？

（2）对于工程项目是否有强制性环境保护要求？

（3）对于排放、噪声、消防、卫生有无强制性标准？

（4）在施工安全管理、医疗保障方面，有无强制性要求？

（5）所在国政府部门或其授权机构是否要对设计进行强制审查？

11.合同、适用法律和仲裁

（1）对于公共工程项目，特别是金额较大的项目或者由政府提供资金或主权担保的项目，该国法律对于合同的签署以及生效有什么特别要求？例如，是否需要经该国有关权力机构或部门（如总统、国会/议会、财政部或主管部门等）批准才能签署或生效？

（2）对于工程承包合同，该国法律是否允许合同当事人选择适用第三国法律？

（3）中国与项目所在国是否签署投资保护协定、避免双重收税协定等双边经济贸易协定？

（4）是否存在中国与项目所在国共同参加国际公约、条约和议定书的情况？

（5）如果合同适用该国法律：

①那么该国法律对于债权（例如业主应向承包商支付的合同款）的诉讼时效是如何规定的？

②法律对违约责任是如何规定的，尤其是对承担违约金有无强制性规定？

（6）假设业主为政府部门或国有公司，如果中国承包商对业主提起国际仲裁，或者依据仲裁裁决申请执行业主的财产，业主是否享有主权豁免权？

12.出口管制

（1）项目涉及的国家或地区是否被联合国等国际组织及相关国家（如美国、欧盟等）列为敏感国家、地区，军备禁运国家、地区，或为受联合国等国际组织及相关国家制裁或限制的国家或地区？

（2）项目涉及的产品是否被联合国等国际组织及相关国家列为限制出口的产品或者敏感产品。特别是两用物项和技术，即既是民用又可用于制造核、生物、化学、导弹、易制毒品等武器的物项和技术？

（3）项目的合作方是否属于正处于受联合国等国际组织及相关国家（如美国、欧盟等）制裁的实体或个人或为受联合国等国际组织及相关国家因防扩散问题而特别关注的实体或个人？

13.当地社会责任承诺

（1）是否要求承包商对发展项目所在国经济、促进就业、履行环境义务和节约能源等事项作出社会责任承诺？

（2）是否要求承包商实施社区发展计划？

（3）是否要求承包商创造新的长期就业机会？

（4）是否要求承包商对社区提供劳动培训？

（5）是否要求承包商进行当地采购成分承诺，或按照优惠价格或成本价格提供物资？要求作出该承诺的相关法律依据是什么？操作时如何认定？

（6）是否要求承包商为当地相关部门或非营利性机构提供捐助？

（7）如果承包商、承包商的分包商或其雇员违反反腐败反贿赂方面的法律或做出的承诺，是否会对合同的效力和履约造成负面影响？若有，具体体现在什么方面？

（五）关于“一带一路”共建国家国际工程承包问题

2017年，中国企业在“一带一路”共建的61个国家新签对外承包工程合同额

1443.2亿美元，占同期总额的54.4%，同比增长14.5%；完成营业额855.3亿美元，占同期总额的50.7%，同比增长12.6%。2018年1～9月，在对外承包工程方面，我国企业在“一带一路”共建国家新签对外承包工程项目合同2916份，新签合同额732.9亿美元，占同期我国对外承包工程新签合同额的47.4%，同比下降24.4%；完成营业额584.9亿美元，占同期总额的53.7%，同比增长18.4%。

“一带一路”倡议的提出，大大拓展了中国工程承包企业的国际发展空间，但综观“一带一路”共建65个国家中的部分国家，财政收入、外汇收入相对有限，易受大宗商品价格波动等影响，总体负债能力有限，部分国家公共部门的外债还受到IMF 等多边金融机构的约束。而这些国家大多基础设施薄弱，建设项目众多，项目投入大、风险暴露期长，而且需要调配的资源多，项目成功与否具有较大的不确定性，根据这些特点，尤其需要中国建设工程承包企业对以下方面的尽职调查予以特别的关注：

1.所在国政治稳定性，恐怖主义发生情况，政府的财政及支付能力，是否与中国政府签署关于“一带一路”的双边及多边协定，是否有世界银行、亚洲基础设施开发银行以及丝路基金等政策性银行贷款所保证的收款安排，以往的工程付款及欠款情况等。

2.该国法律法规是否有关于与“一带一路”相对接的有关内容以及修订，建设工程与“一带一路”的关联性，是否有相关的特别安排。

十、企业合规尽职调查

（一）合规概述

“合规”一词源于英文“compliance”，经查阅《牛津高阶英汉双解词典》，Compliance意思为“服从，听从，遵守，顺从”。

企业合规管理这一概念最早始于美国银行业。1929年至1933年的经济大萧条是美国经济史上的重大历史事件，为当时的美国社会带来了极大的危机和灾难。在这一场经济大萧条中，金融业受创最为严重，为制止这一场空前的经济危机给社会造成更大的损失，金融业加强了对银行的监管。

20世纪70年代以来，随着互联网的诞生和交通运输业的发展，经济全球化得到了空前的发展，全球经济的互联互通不但有力地促进了各国的经济发展，同时也将各国的风险紧密关联。大型跨国公司的各类丑闻和舞弊事件导致联合国及美国政府纷纷颁布了与“反商业垄断”和“反商业贿赂”有关的法律法规，以强化企业的合规管理意识。但一直到1977年，因美国颁布《反海外腐败法》才标志着产生了真正意义上的合规业务。

21世纪初期，安然、环球电讯、世通、壳牌等大型公司纷纷曝出造假和欺诈丑闻，特别是2008年次贷危机的爆发再一次激发了美国政府对“企业合规管理”的关注。2002年7月30日，时任美国总统布什签署了《公众公司会计改革与投资者保护法案》(《萨班斯—奥克斯利法案》)，对公司内部控制提出了严格要求，进一步加大了公司合规责任。2010年7月21日，时任美国总统奥巴马签署了《2010 年华尔街改革和消费者保护法》(《多德—弗兰克法案》)，其中大部分内容都对企业合规管理产生了较大影响。

面对愈加严厉的市场监管环境，为保障企业自身的可持续发展，美国的大公司纷纷将合规管理纳入企业日常管理之中，将诚信合规作为公司核心价值观和经营管理行为的底线。

所谓合规，是指企业的经营活动应当符合法律、法规、规章、条例等国家法律政策的相关规定，产品或服务符合国家及行业的强制性标准，符合企业依法制定的公司章程、管理制度等的规定，不存在违反相关规定而应当受到处罚、禁止、限制等情形。巴塞尔银行监督管理委员会发布的《合规与银行内部合规部门》指出：“企业合规管理是指确保银行在开展业务经营活动时遵守‘法律、规则和准则’的内部职能。”所以，可以看出，企业的合规管理是企业内部对经营活动过程的一种管理和控制。

企业合规管理是指企业通过制定合规政策，按照外部法规的要求统一制定并持续修改内部规范，监督内部规范的执行，以实现增强内部控制，对违规行为进行持续监测、识别、预警，防范、控制、化解合规风险的一整套管理活动和机制。

企业作为市场主体，为社会提供产品或服务并参与市场竞争，从而获得自身的发展，但企业的经济活动必须依法依规，并纳入国家统一的法律管理之下。企业的合规经营，不但要遵守相关的法律法规，还要遵循很多的地方性法规、行政规章、国家及行业的强制性标准和管理规定，并受自身依法制定的公司章程和其他规章制度的约束，才能避免相关的法律风险，保证企业经营的规范性和可持续性发展。

（二）合规业务分述

企业合规涉及企业经营管理的方方面面，一般包括以下几个方面的合规：

1.税务合规

税收是一个非常重要的问题，企业应该遵守所有适用的税收法规。企业应当清楚地了解自身适用哪些税法、缴纳哪些税款，遵守哪些票据的管理规定，享有哪些符合法律或政府的税收减免政策。

2.财务合规

企业应当遵守国家《会计法》《企业财务会计准则》等相关的财务规定，包括编制准确和透明的财务报表、进行审计、遵循财务诚信和透明度等规定，妥善保管财务会计资料以避免法律风险。

3.劳动合规

企业应当了解并遵守各种劳动法律法规及政策规定，确保员工的合法权利得到保护，确保工作场所健康安全等，这些法规涉及用工合同、劳动关系，包括工作时间、工作安全、休息休假制度等。其中最常遇到的就是员工的福利问题，包括薪资、假期、保险等。

4.知识产权合规

知识产权是企业的命脉。企业需要确保所有知识产权（如商标、专利和版权等）合法取得并得到保护，并避免侵犯他人的知识产权而承担侵权责任。

5.环境合规

环境合规是企业容易忽视的一个重要方面。首先，企业应当根据自身提供的产品情况是否涉及环境污染问题，熟悉并符合相关的法律法规的要求，以确保企业的生产经营活动已妥善保护环境，未对环境产生过多不利影响。

6.隐私和数据合规

企业需要保护自身及用户的隐私和数据安全，应当遵守各种关于隐私和数据的法律和管理规定，如达到处理、保护、存储及使用用户数据，隐私和保密协议等方面的要求。一方面是为了保护企业的经营秘密不受侵犯，另一方面也确保企业不存在数据及信息方面的违法行为，以免受相关法律的制裁。

7.刑事合规

企业及其负责人、工作人员应确保其在经营活动(中)没有触犯国家刑事法律的相关规定,不存在商业贿赂、职务侵占、挪用资金、集资诈骗、虚开增值税发票等犯罪行为,通过严格的规章制度及决策、程序的合规管理,避免、杜绝企业及其人员的犯罪行为及可能对企业造成的不利影响;同时,也可以通过建立健全企业的刑事合规体系及整改承诺以达到风险隔离的目的,以便在企业负责人犯罪时据以获得"合规不起诉"的企业刑事责任豁免,确保企业经营不因其员工的犯罪行为而承担连带责任,保证企业的持续经营与发展。

8.企业经营的其他合规风险

包括但不限于:

(1)已发生的合规风险事件;

(2)新的法律、规则和准则的颁布对本行业、本企业经营活动的影响及可能引起的合规风险;

(3)新产品和新业务的开发,新业务方式的拓展,新客户关系的建立或者因客户关系的性质发生重大变化所产生的合规风险;

(4)内部规章制度和业务流程未遵循法律、规则和准则的合规风险;

(5)内部规章制度未覆盖全部业务流程的合规风险;

(6)内部规章制度执行过程的合规风险;

(7)职能机构、分支机构和关键岗位执行授权管理制度的合规风险;

(8)内部、外部审计中所发现的合规风险等信息;

(9)监管部门提示的合规风险等;

(10)其他需要关注的问题。

(三)企业经营合规的重点——刑事合规

一般企业关注的主要法律风险在于合同以及财税方面的问题,主要涉及的是企业的民事责任和行政责任,企业的刑事法律风险往往容易被忽略或重视程度不高,但企业或企业主要负责人面临的刑事责任及其法律后果,往往对公司及其个人的影响是毁灭性的。"刑事法律风险足以让一个企业瞬间瓦解,让企业家的人生顷刻颠覆。"而"预防是最好的保护",通过刑事合规让企业家远离刑事法律风险,是刑事法律服务的一个重要方面。企业刑事合规的尽职调查,通常应关注如下几个方面的问题：

1.公司设立及登记

全面收集公司的工商档案资料，审查公司设立文件如股东协议、公司章程、工商登记信息、股东会决议、工商登记信息的历次变更、注册资本审计报告等，了解是否存在申请公司登记时使用虚假证明文件或者采取其他欺诈手段虚报注册资本且金额巨大，欺骗公司登记主管部门以取得公司登记的情况？审查公司是否存在发起人、股东违反公司法的规定未交付货币、实物或者未转移财产权，是否存在虚假出资、在公司成立后又抽逃其巨额出资，后果严重或者有其他严重情节的情况？

2.公司经营

公司是否制定了相应的业务管理规定，有明确的业务操作流程规定、职责分工、业务授权等，对外经营产品或服务时是否具备相应的资质？是否存在资质过期的情形？公司的负责人、业务人员是否存在单位或个人行贿、受贿或侵占公司资金、财物及挪用公司资金的行为？公司对外支付或收受回扣是否按照法律的规定及时、足额入账并有明确的财务账簿记载？

3.合同管理

公司是否有明确的合同管理制度、专门的合同管理部门、人员及操作流程的管理规定，合同是否有明确的经营行为如货物买卖等相匹配，是否存在超越公司经营范围的合同及接受或对外付款的情况。

4.融资管理

公司是否存在融资、借款方面的管理制度？公司融资及借款是否存在违法的行为？是否存在向不特定公众募集资金的行为及不符合承诺用途、未及时足额还款的情况？是否存在虚构借款、融资用途并造成无法还款的情况？

5.公司财务

公司是否制定了完善的财务管理及内部控制制度、资金管理制度及流程、财务报销制度、印章管理制度、发票管理制度等？是否有明确的财务部门、财务人员及岗位职责规定？是否存在违反财务管理制度的情况及处理情况？发票的开具、接受是否有相应的交易支持？是否存在虚开增值税专用发票、非法制造、出售增值税发票及非法制造发票、专用发票等行为，以及造成国家税款流失的情况？

6.知识产权

公司所使用的专利、商标是否通过合法途径获得？是否属于自有或有明确的许可合同、授权合同等合法依据？公司的技术秘密和商业秘密是否系通过自身努力获得？是否存在假冒注册商标、侵犯他人专利权、侵犯他人商业秘密等行为？为此，应审查公司相应的管理制度、权利证书、合同、支付凭证、发票等，以确认公司在此方面不存在违法犯罪的行为。

7.招投标

公司是否制定有参与招投标方面的规章制度及操作流程的管理规定，内容中是否包含了禁止串标、围标、商业贿赂等的管理规定？在实际的招投标中是否存在与他人串标、围标、泄密、商业贿赂等违法犯罪行为？犯罪行为是否受到了公司及其负责人的指使还是其个人行为？

8.外国及国际组织的“反腐败公约”

对于走出去的企业，即企业存在跨国经营行为、在外国上市或与其他国家开展各种经济合作的，还要考虑企业相关负责人是否存在违反——例如：美国《反海外腐败法》、英国《贿赂法案》、法国反腐败法《萨宾二》（Sapin Ⅱ），以及我国于2003年12月10日正式签署的《联合国反腐败公约》、其他国际组织相关反腐败公约等的规定，否则，当其走出国门时很可能遭遇刑事逮捕或扣留的人身风险。

十一、涉外业务合规尽职调查

（一）涉外合规概述

涉外合规，是指企业开展跨境的货物及服务贸易、投资、金融、技术交易与合作、工程承包、知识产权以及其他相关经营活动时，应符合我国相关法律法规的管理规定，同时还应符合联合国、国际组织、交易国或目的地国家，以及关联国家的规定，符合我国与有关国家缔结或参加的双边条约、多边公约等相关规定的要求，不存在违反这些规定而应受到禁止、限制、处罚、障碍等问题。

涉外合规尽职调查就是由律师或其他相关专业人员对于尽调对象就其所从事的贸易、投资、技术进出口、工程承包、知识产权、融资以及其他跨境经营活动中所涉及的经营行为是否存在违法、违规、并可能就此产生相应的法律风险进行全面的调查、了解及法律风险评估、判断，并就其合规性及存在的合规风险发表律师的专业意见、提出合规整改方案的一项专业活动。

1977年的美国《反海外腐败法》标志着产生了真正意义上的合规业务。依据《反海外腐败法》，美国司法部（DOJ）和美国证监会（SEC）等执法机构可以对任何侵犯了美国国家利益或对美国造成影响的商业贿赂行为行使管辖权，而无论该商业贿赂行为发生在何处，这就是“长臂管辖”原则。违反《反海外腐败法》将面临刑事和民事双重责任。

【案例】德国西门子公司8亿美元巨额罚金案，西门子公司因被控为达成价值10亿美元的合同向阿根廷政府官员行贿1亿美元。行贿人和受贿人均为非美国居民，西门子是德国公司，但美国政府以其公司股票在美国证券交易所交易为由，认定美国《反海外腐败法》适用于西门子，并开出了美国《反海外腐败法》执法史上创纪录的一笔高达8亿美元的罚金。

2012年7月1日，英国《贿赂法案》（The Bribery Act）正式生效。该法被认为是一部全面规制英国本土及海外腐败行为的法律。同美国《反海外腐败法》一样，英国《贿赂法案》也具有广泛的域外适用效力。法案适用于所有与英国有关联的人：对于个人而言，包括英国公民或者在英国的长期居民等；对于企业而言，法案不仅适用于在英国登记注册的企业，也适用于那些总部在其他国家或地区，但在英国开展业务的公司。

近年来，越来越多的国家、国际组织亦在逐步向英美的反海外腐败法看齐。经济合作与发展组织（OECD）《关于反对在国际商事交易中贿赂外国公职官员的公约》是第一个在国际领域对跨国商业贿赂作出约束的国际公约。欧盟也制定了相应的反腐败公约，包括《欧盟刑法反腐败公约》和《欧洲理事会民法反腐败公约》。世界银行、欧洲复兴银行等国际金融组织纷纷加大对反腐败、欺诈行为的联合交叉制裁。我国已签署的《联合国反腐败公约》的适用范围也十分广泛，其犯罪构成没有局限于商业目的的贿赂行为，而是更广泛地针对公共官员贿赂行为的非法性进行认定，因此，中国企业在跨出国门的时候，一定要关注相关的涉外法律，切不可掉以轻心。即使那些身处国内的公司，如果跟英、美、法等国家有千丝万缕的业务联系，也不能忽视这些国家的跨境合规义务，否则，恐有后患！

【案例】2017年11月，原香港特区民政事务局局长、中华能源基金委员会主席何志平和塞内加尔前外长加迪奥（Cheikh Gadio）在纽约被美国司法部逮捕，理由是两人涉嫌代表一家总部位于上海的中国能源公司贿赂过非洲国家高级别官员以获取生意利益，从而触犯了美国《海外反腐败法》。

未来，合规业务的国际化将会成为一个新常态。

为更好地帮助企业开展境外经营，推动企业持续提升合规管理水平，国家发展和改革委员会、外交部、商务部、中国人民银行、国务院国有资产监督管理委员会、国家外汇管理局、中华全国工商业联合会于2018年12月共同制定并发布了《企业境外经营合规管理指引》。

《企业境外经营合规管理指引》(以下简称《管理指引》)，包括总则；合规管理要求；合规管理架构；合规管理制度；合规管理运行机制；合规风险识别；评估与处置；合规评审与改进；合规文化建设九部分，共计30条。该《管理指引》规定，合规是指企业和员工的经营管理行为应当符合有关法律法规、国际条约、监管规定、行业准则、商业惯例、道德规范和企业依法制定的章程及规章制度等要求。

(二)不同类型的涉外合规尽职调查及尽职调查清单

涉外合规尽职调查，首先，应区分不同类型的业务，如对外贸易、跨境投资、国际工程承包、知识产权跨境合作等，因为不同类型的业务所涉及的法律规定、业务要求不尽相同，尽调的内容、流程、方法与路径也存在差异；其次，应明确尽调的目的、用途及重点关注的问题、法律风险点等，以下就不同类型的业务分述尽调的不同要求及尽调清单。

1.对外贸易合规尽职调查

对外贸易包括了货物贸易和服务贸易。对外贸易的合规应确保经营活动全流程、全方位合规，全面掌握关于贸易管制、质量安全与技术标准、知识产权保护等方面的具体要求，关注业务所涉国家(地区)开展的贸易救济调查，包括反倾销、反补贴、保障措施调查等。

由于对外贸易涉及出口国、进口国以及第三方转运国或地区，还可能涉及联合国等国际组织的相关规定，以及不同法域的法律规定、贸易惯例，因此，在开展对外贸易时应对以下内容进行尽职调查：

(1)出口的产品或技术是否存在违反国家货物进出口管理的情形？属于禁止类、限制类或者涉及其他特别管理规定的？

根据《中华人民共和国货物进出口管理条例》(2002年1月1日实施)，纳入进口管理的货物分为“禁止进口的货物”“限制进口的货物”“自由进口的货物”“关税配额管理的货物”。

2005年1月1日施行的商务部《货物进口许可证管理办法》规定，国家对限制进口的货物实行进口许可证管理。根据该《货物进口许可证管理办法》以及《消耗臭氧层物质管理条例》、《机电产品进口管理办法》、《重点旧机电产品进口管理办法》等法律法规，2022年1月1日商务部、海关总署公布了《进口许可证管理货物目录(2022年)》的公告。

2008年7月1日商务部修订施行的《货物出口许可证管理办法》规定，国家对限制出口的货物实行出口许可证管理。2022年1月1日，根据该《货物出口许可证管理办法》《消耗臭氧层物质管理条例》等法律、行政法规和规章，商务部、海关总署公布了《出口许可证管理货物目录(2022年)》的公告。

根据2018年8月28日商务部、海关总署颁布的《货物自动进口许可管理办法》修订案，进口属于自动进口许可管理的货物，收货人(包括进口商和进口用户)在办理海关报关手续前，应向所在地或相应的发证机构提交自动进口许可证申请，并取得《自动进口许可证》。

根据商务部2021年5月10日修订施行的《农产品进口关税配额管理暂行办法》，对部分农产品实施进口关税配额管理。

另外，2021年10月28日商务部公布了《货物出口配额总量》(2022)。出口相关货物需要遵守《出口商品配额管理办法》(2001年12月20日起施行)和《出口商品配额招标办法》的有关规定。

(2)按照《中华人民共和国对外贸易法》和《对外贸易经营者备案登记办法》的规定，从事货物进出口或者技术进出口的对外贸易经营者，是否应当向国务院对外贸易主管部门或者其委托的机构办理备案登记?

(3)根据《对外贸易法》和《与贸易有关的知识产权协定》(TRIPS 协定)以及2002年1月1日起施行《中华人民共和国技术进出口管理条例》，对于企业进行的专利权转让、专利申请权转让、专利实施许可、技术秘密转让、技术服务和其他方式的技术转移是否需要进行技术进出口合同登记管理? 是否存在禁止或者限制进出口的技术的情形? 属于限制进口的技术应当如何办理许可证管理?

(4)国际服务贸易是否存在基于国家安全或违反法律强制性规定的限制或者禁止的情形?

虽然我国目前尚未制定统一的国际服务贸易准入目录，但为维护国家安全、维护社会公共利益或者公共道德、保护人的健康或者安全、保护动物与植物的生命或者健康、保护环境等目的可以对相关国际服务贸易采取限制或禁止性措施。

（5）是否存在违反国家对某些产品出口管制规定的情形？

2020年10月，国家颁布《出口管制法》，对两用物项、军品、核以及其他与维护国家安全和利益、履行防扩散等国际义务相关的货物、技术、服务等物项（统称管制物项）作出了出口管制。

2021年4月28日，商务部发布《商务部关于两用物项出口经营者建立出口管制内部合规机制的指导意见》（以下简称《指导意见》）以及《两用物项出口管制内部合规指南》（以下简称《指南》），首次从实操层面为企业提供了详细的出口管制合规参考。

（6）对于一些特殊产品的出口，如军品，企业是否取得了法律规定的特别经营资质？是属于临时管制还是全面管制？属于出口、"过转通"再出口环节管制或者禁运的哪个管制环节？企业是否取得了相关的许可证以保证出口的合法性？

出口经营者从事管制物项出口，对于依法需要取得相关管制物项出口经营资格的，应当取得相应的资格。商务部、海关总署公告2022年1月1日发布了《两用物项和技术进出口许可证管理目录》，目录包含《两用物项和技术进口许可证管理目录》与《两用物项和技术出口许可证管理目录》，律师可以协助企业审查相关进出口物项和技术是否属于目录范围。

根据2021年4月28日发布的《商务部关于两用物项出口经营者建立出口管制内部合规机制的指导意见》和《两用物项出口管制内部合规指南》，律师应对下列事项进行审查：

①拟定并发布由最高管理者或主要负责人签署的承诺性书面声明；

②明确出口管制内部合规机制的组织机构、人员配置及岗位职责；

③对可能面临的出口管制风险进行全面评估并出具风险评估报告；

④确立出口审查程序；

⑤设置内部举报途径和可疑事项调查流程并制定应急措施；

⑥审查是否有完善的内部审计制度；

⑦审查是否保留了档案资料；

⑧审查是否编制了内部合规机制管理手册。

另外，2021年1月9日，商务部发布《阻断外国法律与措施不当域外适用办法》

（以下简称《阻断办法》），2021年6月10日，十三届全国人大常委会第二十九次会议表决通过了《中华人民共和国反外国制裁法》，明确了违反禁令、执行外国法律的后果及其处罚办法。

（7）质量安全与标准合规。

企业在开展国际贸易时需面临各种适用的标准与法规，需要符合各项质量和生产标准、标记标签、产品质量规范、产品质量安全审查标准等方面的要求。一项产品想要进入其他国家或地区的目标市场并享有竞争力，关键的因素之一在于能否取得国际权威认证机构的认证合格标志，不同市场、不同产品类别需要的认证及标准各不相同，如欧洲共同体对于电气类、机械类、玩具类等产品有CE（Conformite Europeenne），在欧盟市场CE标志属于强制性认证，无论是欧盟内部企业生产的产品，还是其他国家的产品，都必须加贴CE标志才能在欧盟市场自由流通，以表明产品符合欧盟《技术协调与标准化新方法》指令的基本要求。

对于家电类产品有RoHS，全称 The Restriction of the use of certain hazardous substances in Electronical and Electronic Equipment强制性标准。另外，还有美国的UL、中国的CCC、德国的GS、日本的PSE、美国的FCC、澳大利亚的SAA、沙特的SASO、国际标准化组织的ISO9000、德国的VDA、加拿大的CSA、德国的TÜV等强制性标准和认证要求。

（8）关于知识产权保护。

从我国的《对外贸易法》到《联合国国际货物销售合同公约》（CISG），都对知识产权保护作出了明确、具体的规定，企业产品走出国门首先必须关注是否存在侵犯目的地国家的专利、商标、字号、著作权等情形，可以通过相关的网络、专门的调查或咨询机构等查询、了解企业是否存在侵犯他人、其他企业知识产权的情况，同时，为了保护自身的知识产权是否有必要及时向目的地国家申请相关的知识产权保护等。

世界上五个主要的专利局包括 CNIPA（中国）、EPO（欧洲专利局）、JPO（日本）、KIPO（韩国）以及 USPTO（美国），统称为 IP5。自 2008 年以来，这些专利局在专利检索和审查方面的多个领域为实现工作共享而共同合作。专利局之间的工作共享的另一个发展是所谓的专利审查高速路（PPH）。这些合作安排允许专利局利用其他专利局之前进行的审查和检索工作，从而为尽职调查律师查询其他国家的专利情况提供了便利，大大缩短了审查过程所需的时间，降低了查询的成本。

（9）关于贸易救济措施——“两反一保”、反规避。

企业进行对外贸易，是否可能触发目的地国家对其产品发起“两反一保”调查，即反倾销、反补贴及保障措施调查，从而针对性地采取贸易救济措施，这也是企业从事对外贸易必须预先考虑的情形，近年来，中国已经成为全球被提起“两反一保”最多的国家，从以前的纺织品、轮胎到近年来的光伏产品等，给很多企业出口造成困惑及障碍，因此，企业建立一套完善、规范的财务会计制度非常有必要，加强财务管理，完善和规范会计资料，这将有助于争取更有利的计算结果，并在调查中保持主动，尽可能避免因混乱的财会制度导致不利结果。

【案例】笔者曾接受委托为江苏省丹阳市一家生产汽车轮毂的企业的反倾销调查提供法律服务。在接受委托后，笔者跟企业主要负责人开展了深入、细致的沟通，了解到企业财务有两本账，一本是反映企业真实财务状况的财务账簿，另一本是用来应付税务部门的账簿，尽量减少收入、加大成本及开支，将公司的盈利做成负数或基本没有盈利，目的就是少缴税或不缴税。在遭遇反倾销时问题来了，首先，欧盟的核查机构只会相信官方机构或企业公开提交给官方机构的审计报告或财务账簿，因此，只有那本提交税务的账簿能被接受，但由于加大成本与在反倾销中以低成本证明自己低价外销轮毂具有合理性的情形相矛盾，企业就很难说服欧盟反倾销机构了，弄巧成拙，所以，企业财务的合规很重要。

2.跨境投资并购合规尽职调查

中国企业“走出去”在目的国进行投资并购，主要需要关注市场准入、国家安全审查、行业监管、反垄断等方面的合规要求。

（1）市场准入

①市场准入概述

市场准入是指一国允许外国的货物、劳务与资本参与国内市场的开放程度。企业在开展境外投资活动前，应首先对投资目的地的市场准入政策进行了解、分析与识别，以确认在该国开展投资活动存在哪些鼓励、许可、限制及禁止的领域及政策。

②我国市场准入制度

目前我国已全面实施市场准入负面清单制度，国务院以清单方式明确列出在中华人民共和国境内禁止和限制投资经营的行业、领域、业务等，各级政府依法采取相应的管理措施。

2020年版《市场准入负面清单》包含禁止和许可两类事项。对禁止准入事项，市场主体不得进入，行政机关不予审批、核准，不得办理有关手续；对许可准入事项，包括有关资格的要求和程序、技术标准和许可要求等，由市场主体提出申请，行政机关依法依规作出是否予以准入的决定，或由市场主体依照政府规定的准入条件和准入方式合规进入；对市场准入负面清单以外的行业、领域、业务等，各类市场主体皆可依法平等进入。

在外商投资准入方面，2021年版《外商投资准入特别管理措施（负面清单）》明确，境内外投资者统一适用《市场准入负面清单》的有关规定。

③RCEP关于投资市场准入的安排

在投资市场准入方面，RCEP各成员国均采用负面清单模式做出承诺。

对我国来说，这是我们首次在国际协定中纳入非服务业投资负面清单，对制造业、农业、林业、渔业、采矿业5个领域作出高水平自由化承诺，大大扩展了清单内涵，提升了投资政策透明度。

其他各方也均采用负面清单方式作出较高水平的开放承诺。制造业方面，日本、澳大利亚和新西兰除少数敏感领域外，基本全面开放。农、林、渔和采矿业方面，在符合一定条件或要求的情况下，各成员国企业也允许进入彼此市场，上述安排将为各国投资者带来更多的机遇。

④主要投资目的地市场准入政策

美国。在联邦政府层面，美国对外国直接投资实行地点、行业中立的政策。各州和地方政府往往根据当地情况出台吸引或限制投资的具体政策。在联邦层面，航空运输、通讯、能源、矿产、渔业、水电等部门对外国投资者设有一定的限制。

美国对外国直接投资没有专门的审批程序。外国直接投资事宜适用所有设立本土公司的法律、法规，依照相关法规进行办理。外国投资一般无需审批，按照一定的程序直接到所在地区的投资主管部门（一般是州和地方的经济发展主管部门）申报即可，但由美国财政部、商务部等部门组成的跨部门“外国投资委员会”（CFIUS）负责监督审查，如果CFIUS认为某笔涉外并购交易可能影响美国国家安全，有权对该并购进行审查。

欧盟。根据《欧洲共同体条约》规定，欧盟的投资政策决定权由各成员国自行掌握，在不违背有关条约和欧盟法律的前提下，各成员国可根据情况制定各自的投资管理政策。目前，欧委会没有专门的投资及外国投资主管部门和机构，相关职能仍在各成员国。

外商投资准入分为欧盟层面及成员国层面，通常由双边投资保护协定予以确定。在投资协定未涉及市场准入的前提下，则遵循一般性外资政策。目前，中欧已完成投资协定谈判，尚未签署批准生效。成员国层面，中国目前已与欧盟 26 个成员国（爱尔兰除外）签订双边投资保护协定，具体外资准入政策可查询相关投资协定或东道国外资主管部门网站。

英国。英国没有指导或限制外商投资的专门法律，外商或外资控股公司从法律意义上讲与英国公司享有同等待遇，可以从事英国境内的大多数经济活动，除了部分政府所有或政府机构控制的行业，如部分交通和能源领域的经济活动。关于外资股比方面，没有任何经济领域是仅限于英国公民投资或要求英国公民持有多数股份或其他具体持股比例的。

（2）国家安全审查

①国家安全审查概述

近年来，美、英、德、加拿大、欧盟等主要发达经济体先后修改投资法律，收紧对外资的国家安全审查制度，审查对象也逐渐偏向高端制造业、高技术服务业等新兴战略领域，同时纷纷高度重视审查有敏感背景尤其是有外国国有资本背景的外来投资。国家安全审查正成为阻碍全球范围内跨境投资流动的重要手段。据联合国贸易和发展会议（UNCTAD）2020年《世界投资报告》（*World Investment Report 2020*）统计，近年来，部分国家——几乎全部发达国家——出于国家安全考虑，都加强了对战略性产业外国投资的审查。

在此背景下，中国的境外投资正成为各国强化安全审查的重点。据国务院新闻办公室发布的《关于中美经贸摩擦的事实与中方立场》，中国企业成为美国外国投资委员会（CFIUS）滥用国家安全审查的主要受害者。

②国家安全审查机构设立及基本法律框架

在实践中，主要发达国家的相关法律及安全审查制度规定也存在一定的差别，见表2-12。

表2-12 主要发达国家法律及安全审查制度规定

项目	美国	英国	德国	加拿大	日本
审查机构	美国外国投资委员会（CFIUS）	竞争与市场管理局（CMA）投资安全处（ISU）	德国联邦经济事务与气候保护部（BMWi）	创新、科学与经济发展部或遗产部	财务省
基本法律框架	外国投资和国家安全法（FINSA）、外国投资风险审查现代化法案（FIRRMA）、总统行政令	国家安全和投资法2021	对外经济法（2020年修订）、欧盟外商投资审查条例	加拿大投资法、关于投资的国家安全审查条例、投资国家安全审查指南	外汇和外国贸易法

③各国在国家安全审查中考虑要素

总体来看，各国的国家安全审查主要包含如下考虑要素：

—国防安全、军事威胁；

—敏感行业（包括对关键基础设施的影响、对军事应用技术的输送和扩散的影响、对关键技术及其国际优势地位的影响、对能源/关键资源和原材料长期需求的潜在影响等）；

—对国家经济安全的影响，如对产业及商业设施的控制力等；

—对国内竞争的影响，包括产品及产能、供应链的影响；

—对投资者身份、资质（包含对其所属国籍）的审查；

—国家的其他法律或政策一致性审查规定，如税收、环境、社会、文化等；

—对公共利益因素的影响；

—对恐怖主义等因素的审查；

—对国际关系因素的审查等。

④对中国企业的投资建议

各国国家安全审查标准的差异，反映了不同国家对外开放的不同态度，如美国层层限制的标准反映了其保障国家经济安全为重的战略，而英国的谨慎审查干预行为则反映了该国当前自由设立或资本自由流动原则。而通过对审查标准及其政策性的剖析与研究，可以更全面了解一国投资环境，进一步加强项目风险预判和防范。

充满可操作性的国家安全审查制度恰恰意味着目标国家对于外来投资的大门

并未关闭，投资者企业仍可以通过充分的尽职调查、对目标国家的企业法律和管理环境进行合理分析与评估、与目标国家政府以及专业团队进行积极有效的沟通，知悉潜在风险，确定科学投资方式，在兼顾国内法的同时，应对投资过程中国家安全审查，以大大增加海外投资的机会并降低投资风险。

（3）行业监管

①我国境外投资敏感行业

根据国家发展和改革委员会《企业境外投资管理办法》，我国对涉及敏感行业的项目实行核准管理，核准机关是国家发展改革委。

敏感行业包括：武器装备的研制生产维修；跨境水资源开发利用；新闻传媒；以及根据我国法律法规和有关调控政策，需要限制企业境外投资的行业。敏感行业目录由国家发展改革委发布。

②主要投资目的地行业监管政策

美国。在联邦层面，航空运输、通讯、能源、矿产、渔业、水电等部门对外国投资者设有一定的限制，见表2-13。

表2-13　美国联邦各部门对外国投资者的限制

行业	监管政策
航空	限制外国投资者在美境内开展航空运营领域的直接投资。所有美国航空运营商必须处于美国公民的实际控制之下，非美国公民不得在美航空运营商中拥有超过25%的投票权，且该运营商董事长、2/3的董事会成员以及其他管理人员必须为美国公民
通讯	禁止外国经营或控制的公司获得从事通讯传输的许可，同时严格限制外国企业在通讯领域（电话、电报、电台、电视）投资
水电	只有美国公司或国内公司的合伙公司才能在可通航的河流从事水电开发，但不禁止外国控制的美国国内公司从事此类开发
核电	不允许外国公司或外国控制的公司拥有使用或生产原子能的设施
沿海和内河航运	只限美国公司从事沿海和内河航运。在美国境内的航运船只必须是美国制造、在美国注册并由美国公司所有
基础设施	对外国投资进入美国各具体的基础设施领域实行对等原则

欧盟。外商投资行业监管一般由各成员国根据自身情况制定，以德国为例，

下述行业和经营项目需要具有专业知识和个人可信度，并经过行业协会和工商会特殊批准才能开业：银行、保险业；拍卖业；酒店餐饮业和8人以上床位的旅馆；武器、弹药和药品生产及其经销；动物、机油；动力燃油、药品、植物保护剂的批发和零售；手工业经营者需具备行业技师证；货运、客运、出租车及租车业务。从事特殊经营的公司场所除了需要秩序管理部门批准以外，还需建筑监察局、行业监察局批准。

英国。2021年4月30日，英国颁布《国家安全和投资法2021》，基于国家安全考虑，将对外国企业或个人对英国17个关键领域的企业和资产的并购交易进行监管。这17个领域包括先进材料、先进机器人、人工智能、民用核能、通讯、计算机硬件、为政府服务的关键供应商、紧急服务关键供应商、密码认证、数据基础设施、国防、能源、生物工程、军民两用、量子技术、卫星和太空技术、交通运输。按照该法规定，外国企业或个人如果计划或已经行动，拟直接或间接控制英国上述领域内的实体、资产或权益（股权或投票权超过25%），或取得对有关权益的影响力和控制权，都必须提前向英国政府有关部门申报，经批准方可并购，违法将受到民事或刑事处罚。

③对中国企业的投资建议

中方投资者决定进行境外投资前，要充分进行可行性研究，确定投资符合公司业务发展战略，且符合东道国行业监管政策，建议有意境外投资的中国企业先期聘请当地律师事务所或咨询机构进行充分咨询和调研。中方投资者要把目标集中在当地发展上，尽快熟悉东道国的法律环境，严格遵守当地行业相关法律法规，做好国际化、本土化经营。

（4）反垄断

①反垄断概述

反垄断法是市场经济国家调控经济的重要政策工具，制定并实施反垄断法是世界上大多数国家或者地区保护市场公平竞争、维护市场竞争秩序的普遍做法。

为了鼓励企业培育公平竞争的合规文化，引导企业建立和加强境外反垄断合规管理，增强企业境外经营反垄断合规管理意识，提升境外经营反垄断合规管理水平，防范境外反垄断法律风险，保障企业持续健康发展，根据工作实际，国家市场监督管理总局制定了《企业境外反垄断合规指引》供企业参考，以有针对性地建设反垄断合规体系和开展合规工作。

②境外反垄断合规管理制度

企业可以根据业务规模、业务涉及的主要司法辖区、所处行业特性及市场状况、业务经营面临的法律风险等制定境外反垄断合规制度，或者将境外反垄断合规要求嵌入现有整体合规制度中。

部分司法辖区对企业建立健全反垄断合规体系提出了具体指引，企业可以以此为基础制定相应的反垄断合规制度。企业建立并有效实施良好的合规制度在部分司法辖区可以作为减轻反垄断处罚责任的依据。

③境外反垄断合规管理机构

鼓励企业尤其是大型企业设置境外反垄断合规管理部门或者岗位，或者依托现有合规管理制度开展境外反垄断合规管理专项工作。

反垄断合规管理部门和合规管理人员可以按照国务院反垄断委员会发布的《经营者反垄断合规指南》履行相应职责。

企业可以对境外反垄断合规管理制度进行定期评估，该评估可以由反垄断合规管理部门实施或者委托外部专业机构协助实施。

④境外反垄断合规风险重点

1）垄断协议

垄断协议一般是指企业间订立的排除、限制竞争的协议或者采取的协同行为，主要包括固定价格、限制产量或分割市场、联合抵制交易等横向垄断协议以及转售价格维持、限定销售区域和客户或者排他性安排等纵向垄断协议。部分司法辖区反垄断法也禁止交换价格、成本、市场计划等竞争性敏感信息，某些情况下被动接收竞争性敏感信息不能成为免于处罚的理由。横向垄断协议，尤其是与价格相关的横向垄断协议，通常被视为非常严重的限制竞争行为，各司法辖区均对此严格规制。多数司法辖区也对纵向垄断协议予以规制，例如，转售价格维持（RPM）可能具有较大的违法风险。

垄断协议的形式并不限于企业之间签署的书面协议，还包括口头协议、协同行为等行为。垄断协议的评估因素较为复杂，企业可以根据各司法辖区的具体规定、指南、司法判例及执法实践进行评估和判断。

2）滥用市场支配地位

市场支配地位一般是指企业能够控制某个相关市场，而在该市场内不再受到有效竞争约束的地位。一般来说，判断是否具有市场支配地位需要综合考虑业务规模、市场份额和其他相关因素，比如来自竞争者的竞争约束、客户的谈判能力、市场进入壁垒等。通常情况下，除非有相反证据，较低的市场份额不会被认定为具有市场支配地位。

企业具有市场支配地位本身并不违法，只有滥用市场支配地位才构成违法。滥用市场支配地位是指具有市场支配地位的企业没有正当理由，凭借该地位实施排除、限制竞争的行为，一般包括销售或采购活动中的不公平高价或者低价、低于成本价销售、附加不合理或者不公平的交易条款和条件、独家或者限定交易、拒绝交易、搭售、歧视性待遇等行为。在判断企业是否存在滥用市场支配地位时，可以根据有关司法辖区的规定，提出可能存在的正当理由及相关证据。

3)经营者集中

经营者集中一般是指企业合并、收购、合营等行为，有的司法辖区称之为并购控制。经营者集中本身并不违法，但对于具有或可能具有排除、限制竞争效果的，可能被禁止或者附加限制性条件批准。

不同司法辖区判断是否构成集中、是否应当申报的标准不同。多数司法辖区要求符合规定标准的集中必须在实施前向反垄断执法机构申报，否则不得实施；有的司法辖区根据集中类型、企业规模和交易规模确定了不同的申报时点；有的司法辖区采取自愿申报制度；有的司法辖区要求企业不晚于集中实施后的一定期限内申报；有的司法辖区可以在一定情况下调查未达到申报标准的交易。对于采取强制事前申报的司法辖区，未依法申报或者未经批准实施的经营者集中，通常构成违法行为并可能产生严重的法律后果，比如，罚款、暂停交易、恢复原状等；采取自愿申报或者事后申报的司法辖区；又如交易对竞争产生不利影响，反垄断执法机构可以要求企业暂停交易、恢复原状、附加限制性条件等。

⑤应对境外反垄断风险建议

企业可以建立对境外反垄断法律风险的应对和损害减轻机制。当发生重大境外反垄断法律风险时，可以立刻通知法务人员、反垄断合规管理人员、相关业务部门负责人开展内部联合调查，发现并及时终止不合规行为，制定内部应对流程以及诉讼或者辩护方案。

部分司法辖区设有豁免申请制度，在符合一定条件的情况下，企业可以针对可能存在损害竞争效果但也有一定效率提升、消费者福利提升或公平利益提升的相关行为，向反垄断执法机构事前提出豁免申请。获得批准后，企业从事相关行为将不会被反垄断执法机构调查或者被认定为违法。企业可以根据所在司法辖区的实际情况评估如何运用该豁免申请，提前防范反垄断审查法律风险。

企业可以聘请外部律师、法律或者经济学专家、其他专业机构协助企业应对反垄断法律风险，争取内部调查的结果在可适用的情况下可以受到律师客户特权的保护。

综上所述，企业开展对外贸易和跨境投资并购时需要面对多方面的合规法律法规、条约及管理制度的审查，概括总结如下：

1）有形规则：包括但不限于市场准入、贸易管制、国家安全审查、行业监管、外汇管理、反垄断、反洗钱、反恐怖融资、劳动用工等方面的具体要求。

2）无形规则：商业惯例（成文的、不成文的）、风俗习惯（宗教、世俗、民族）、道德规范、环保要求、生态保护。

3）企业内部制度：公司章程、规章制度、操作规范（保密、竞业禁止）、员工培训及管理制度等。

3.国际承包工程合规尽职调查

企业在国际工程承包市场上开展招投标及施工，应当关注的合规问题主要包括投标管理、合同管理、项目履约、分包风险、特定立项、连带风险管理、债务管理、捐赠与赞助以及海外用工工伤认定等方面的合规风险。

（1）投标管理

①投标前调研项目国（地区）基本情况

如企业拟参与对外承包工程的投标活动，律师应提醒其对项目所在国家/地区的基本情况进行全面考察，提前了解相关风险。调研领域包括但不限于以下主要方面：

1）法律监管情况：投标前需对项目地的法律法规予以查明，尤其是当地的强制性法律法规和政策要求，具体如招投标、劳工权益、环境保护、税收、外汇、进出口、海关等方面的规定。

2）政治风险情况：投标前后均需密切关注项目地身处的政治形势，如战争、政变、暴动以及与中国的双边关系等，避免承包工程因前述政治事件中断甚至终止。

3）自然地理情况：投标前需对项目国（地区）的自然地理环境进行初步考察，了解当地的天气特点、地质环境，判断当地是否易发生地震、台风、洪水等自然灾害。如可行,建议此后在相关合同中添加不可抗力、合同终止或中止等条款。

4)市场情况:投标前需对项目地的劳动力用工市场、设备材料供应情况及价格水平、金融市场及汇率变化趋势等环节进行调研。对此,建议通过订立可调价格合同,购买汇率风险保险等手段尽可能降低相关风险。

②投标文件及投标注意事项

拿到招标文件后,建议企业首先核实招标文件的来源渠道是否真实、合规,及时查实标书的有效期,了解招标说明会的举办时间并评估参与该说明会的可能性。其次,再对招标文件中的具体要求进行仔细研读,包括但不限于了解工程的具体工作范围、要求,项目所在国家或地区的币种、汇率,款项的支付条件、支付比例和时点,工期的时间、进度要求,招标图纸包含的含义和特征等。另外,建议企业对项目国(地区)基本情况的调研结果进行充分考虑,在专业人士的指导下选择适当的报价策略。

需要强调的是企业应诚信参与投标活动。对外承包工程的单位不得串通投标,不得向项目所在地政府、政党、政治性组织或者公务人员等提供捐赠或赞助,或实施任何形式的商业贿赂。如有违反,企业不仅可能面临我国法律的追究,还可能面临项目所在国甚至是国际组织等方面的各项制裁。

③投标前的备案程序

随着《国务院关于取消一批行政许可事项的决定》(国发〔2017〕46号)的发布,我国对对外承包工程项目的监管从“投标(议标)核准”转变为“备案”。为此,商务部及其他职能部门发布的《关于做好对外承包工程资格审批取消后有关政策衔接工作的通知》(商办合函〔2017〕390号,以下简称《衔接工作通知》)、《关于做好对外承包工程项目备案管理的通知》(商办合函〔2017〕455号,以下简称《备案管理通知》)以及商务部《对外承包工程资格审批和投(议)标核准取消后常见问题解答》(以下简称《常见问题解答》)中,对该备案程序以及备用金作出了进一步具体规定。

1)备案程序

企业在进行对外承包工程投(议)标前,不再需要取得政府主管部门的核准,但均需办理项目备案手续(无论金额大小)。进行备案手续后,企业可在对外承包工程数据库中自行打印备案回执。目前,质检部门、部分银行以及中国出口信用保险公司在为企业办理对外承包工程项目项下物资材料的检验检疫、保函、信贷、保险等手续时，均要求企业取得备案回执。律师可以协助企业来办理该等备案程序，并对企业办理该等程序时遇到的问题提供相应的法律服务。

办理备案或立项完成后，企业须在系统中填报备案项目的后续中标、签约、实施及完工等各阶段进展情况；在合同生效后，按照《对外承包工程业务统计制度》要求报送统计资料。同时，企业与境外发包方签订合同后，应按规定及时向中国驻项目所在国（地区）使（领）馆经商机构报告，相关驻外经商机构在系统中登记企业项目报告情况。

企业对备案信息的真实性、准确性和完整性负责。商务主管部门对所负责备案的项目信息开展“双随机、一公开”抽查，或根据举报进行调查，对影响重大的项目不定期开展专项检查。发现违法违规行为的，依照《对外承包工程管理条例》予以处理并会同有关部门列入对外投资合作领域不良信用记录。

2）备用金

《衔接工作通知》及《常见问题解答》中明确，开展对外承包工程业务的企业应当自收到中标文件或签署项目商务合同后15个工作日内，对外承包工程企业应到企业注册地的省级商务主管部门指定的银行足额缴存备用金，或确保备用金账户余额不少于300万元人民币。

备用金用于支付对外承包工程的单位拒绝承担或者无力承担的以下相关费用：外派人员的报酬；因发生突发事件，外派人员回国或者接受其他紧急救助所需费用；以及依法应当对外派人员的损失进行赔偿所需费用。备用金使用后，企业应当自使用之日起20个工作日内将备用金补足至300万元人民币。

（2）合同管理

①法律法规

根据国务院2017年修订的《对外承包工程管理条例》（以下简称《条例》）第9条的规定，对外承包工程的单位应当与境外工程项目发包人订立书面合同，明确双方的权利和义务，并按照合同约定履行义务。

根据《条例》第10条的规定，对外承包工程的单位将工程项目分包的，应当与分包单位订立专门的工程质量和安全生产管理协议，或者在分包合同中约定各自的工程质量和安全生产管理责任。对外承包工程的单位应当在分包合同中明确约定分包单位不得将工程项目转包或者再分包，并负责监督。

根据《条例》第16条的规定，对外承包工程的单位与境外工程项目发包人订立合同后，应当及时向中国驻该工程项目所在国使馆（领馆）报告。

若对外承包工程的单位违反上述规定，根据《条例》第21条和第22条的规定，对外承包工程的单位将受到责令改正、罚款、禁止对外承包新工程项目等行政处罚。

因此，律师应仔细了解对外承包的相关法律规定，协助企业根据法律规定制定合法合规的相关合同，并依法完善相应的合同管理事宜。

②对外承包合同的类别

若按照经营方式进行分类，对外承包合同分为工程总承包合同、工程分包合同、合伙承包合同、转包合同和设计合同；若按照计价方式进行分类，对外承包合同分为工程单价合同、固定总价合同和成本加酬金合同。

根据对外承包工程的实际特点，律师可以建议企业根据实际情况选择不同类型的合同形式来降低合同风险。例如，对于工程量变化的可能性以及变化幅度均较大的工程项目，由于其风险量较大，可采用风险转移策略，用单价合同报价方式，将工程量变化的风险转移；对于无法测算成本状况的工程，贸然估价将导致极大的风险，可以用成本加酬金合同，将工程风险转移给建设方。

③对外承包工程的合同风险

在对外承包工程中，防范合同风险在一定程度上可以确保对外承包工程项目的正常运作，避免发生不必要的法律纠纷，从而保证对外承包工程企业的经济利益。具体来看，对外承包工程中的合同风险主要体现在以下几个方面：1）合同无效或被撤销的风险；2）合同条款不完整或不严密的风险；3）合同约定对己方严重不利、不公平的风险；4）双方对合同条款的理解存在差异的风险；5）不遵守合同或违约的风险等。

在审查上述第2）项“合同条款不完整或不严密的风险”时，具体可以从以下几个方面入手：责任划分风险，包括政治风险、经济风险、市场风险、不可抗力风险、自然风险的责任条款；合同价格风险，包括不可调合同的总价和资源的不确定性；合同价款支付风险，包括现汇付款项目的风险、汇率波动风险、延期付款项目的风险、合同价款的分段支付是否合理、合同价款的构成和计价货币等。

④防范合同风险的相关措施

为了有效防范上述合同风险，律师可以协助对外承包工程企业在合同谈判、起草、签订等过程中采取相应的措施。

1）合同谈判

在合同谈判阶段，可建议企业组建具备相应专业知识、法律知识和谈判技能的团队。谈判团队应明确企业期望达成的合同主要内容，认真分析对外承包工程管理中可能出现的问题，将风险通过合同条款在当事人之间进行合理分配；合同条款需规范用语，避免前后矛盾、表意不明或当事人理解不一致的情形发生；要善于发现对方当事人设下的合同陷阱，扫清风险障碍，争取合法权益。

在谈判过程中，团队应就合同内容逐项与对方进行协商，并清晰准确地掌握对方提出的每一项主张的真实含义，根据己方的安排决定是否达成一致，争取有利的合同条件和正当权益，不做无意义的让步。

谈判结束后，团队应与对方就谈判过程中达成一致和未达成一致的合同内容逐项予以确认，并就尚未解决的问题留有进一步协商的空间，为下一步工作做好准备。

2）合同起草

在完成合同谈判之后，就合同内容的起草，除了谈判过程中达成一致的商业性条款，还应注意在合同中加入一些普遍适用的条款，以最大程度降低己方的风险。例如，在合同中约定当地货币与美元或欧元之间的一个固定汇率，并约定超过这一固定汇率的处理办法；在涉及出口管制和经济制裁敏感国家和地区的交易合同中，需要交易相关方在合同中承诺其自身及其直接或间接控制的实体均不存在可能受到外国出口管制和经济制裁执法的情形，承诺其运营符合外国出口管制和经济制裁的相关法律规定，并约定违反该承诺的相关违约责任。对于一些敏感的项目，应在合同中添加更加严苛的保密条款，或者单独签署保密协议作为合同附件。

此外，在合同中还需要明确一些程序性的约定，例如，履约担保程序、现场移交程序、进度付款申请和支付程序、竣工结算和最终结算程序、解除或终止合同程序、不可抗力事件处理程序、索赔程序、争议解决程序等。由于企业可能不熟悉境外法律、司法系统、当地文化背景和当地语言，因此，需要在合同中设置合理的争议解决机制。如可行，可以考虑约定国际仲裁的争议解决方式，而尽量避免约定争议由当地法院进行管辖。

需要提醒的是，由于对外承包工程合同可能涉及不同语言，建议在合同中明确各种不同语言条款的效力顺序。

3）合同签订

在正式签订合同之前，需要对合同内容进行全面的审查，以确保合同内容的真实性、合法性和合理性，尤其是在合同文本由对方提供的情形下。审查的内容可以包括合同适用的法律、约定的工作范围、合同价格、相关责任条款、合同的风险分析及其对策等。如果在审查过程中发现合同内容存在问题，双方应当及时沟通并予以澄清。

双方对合同内容均无异议的，应按照当地法律规定签订书面合同，并对合同所附文件的效力一并予以确认。

（3）项目履约

在项目履约阶段，主要存在以下两方面风险：

一是对当地的法律法规的规定不够了解，导致履约过程中面临出口管制或经济制裁等现实的法律风险。各个国家针对不同类型的对外承包工程项目可能有不同的法规要求，例如，泰国的“外国企业行为法规”规定对外投资涉及对外工程的承包必须确保与当地的公司合作，“政府采购法”也对一些损害泰国利益的行为进行了限制，而工程或建筑类的许可证也只能由泰国人拥有等。

二是合同的履行可能带来的风险。一方面，在项目履约过程中，工程量、工作人员、外界环境等客观条件的变化等均可能引起合同的变更，而合同的变更可能会导致工期拖延、成本增加，从而影响最终的利润。若因合同的履行发生争议，不管是在工程所在国的法院进行诉讼还是选择国际仲裁的方式，相关成本都是巨大的。另一方面，对外承包企业可能不会严格按照合同履约，也不会严格按照合同要求业主履约或追究业主的责任，进而导致合同履约过程中风险事件频发。例如，由于成本控制压力大，项目人员设备不够，加之对外承包企业向业主承诺的工期短，导致项目工期延误严重；或者对外承包企业可能订购了质量与合同要求不符的设备和材料，导致项目发生质量问题等。其他如第三方原因造成的工期延误等情况，也会给施工企业带来法律风险。

【案例】笔者在2021年接触的一个南京企业在印度承包了一个石灰窑的EPC项目。由于这家企业在全球范围内技术比较先进，因此，当印度公司通过招投标仍无法找到合适并满意的承包商后，通过其他客户的介绍主动找到了南京这家企业。双方在2013年签订了一个EPC合同，内容是承包建设两个石灰窑项目，适用印度法。根据企业的建设能力和技术水平，1年内竣工根本没有问题，但实际情况是一直拖到2020年第一个石灰窑仍未完工，对此，笔者也感到很好奇。经过仔细询问，南京企业的项目负责人解释说，当时合同约定选择一家建设方的子公司作为监理公司，合同的每一步进展如设计方案变更、购买原材料、支付进度款等都需要经该监理公司审核批准后才能操作，结果该监理公司在所有事情上都一拖再拖，从而造成了当下的局面，虽然企业很无辜也很无奈，但根据法律规定，企业已经违约，面临2000万元的履约保证金被没收，另外，建设方还向其提起了解除合同的请求以及超过1亿元人民币的索赔金额，理由就是工期被严重延误。这显然就是一个因第三方的原因造成的违约，但根据合同相对方原理，南京企业首先需要对建设方承担违约责任，至于能否向监理公司主张损失，一方面要看双方的合同约定；另一方面要看该监理公司是否具有相应的经济实力。据南京企业负责人介绍，该监理公司就是一个空壳公司，根本无力承担任何责任，这样就会导致南京企业不得不承担由于第三方的责任给自己带来的巨额损失。

三是企业施工过程中及（或）完工后还可能面临环境及生态保护风险、突发事件风险、劳动用工风险、结算风险、外汇短缺与管制风险等。

因此，在项目的履约过程中，一方面需要时刻关注当地法律法规的变化，避免因违反当地法律法规及政策导致项目受阻或难以开展；另一方面要加强项目现场管理，对合同履行的风险进行动态的过程控制，例如，设置专门的合同管理部门或机构，建立相应的管理制度，配备相应的合同管理人员，定期或不定期进行风险排查并及时制定相应的风险应对措施等。此外，还需要加强索赔和反索赔管理工作，采用有效的索赔方案和策略，注重索赔事项的分析与索赔资料的收集、梳理，用法律手段维护自身的合法权益。

（4）分包风险

对外承包工程的单位不得将工程项目分包给不具备国家规定的相应资质的单位；工程项目的建筑施工部分不得分包给未依法取得安全生产许可证的境内建筑施工企业。

分包单位不得将工程项目转包或者再分包。对外承包工程的单位应当在分包合同中明确约定分包单位不得将工程项目转包或者再分包，并负责监督。

（5）特定立项

在与我国无外交关系的国家（地区）承揽的项目、涉及多国利益及重大地区安全风险的项目属于特定项目，企业应在对外承包工程数据库中按照提示向商务部申请特定项目立项。

(6)连带风险管理

境内企业在承揽境外大型工程项目时,常采用联合体投标模式。联合体又可分为合同型联合体和法人型联合体,前者是通过联合体协议的方式设立,后者则是通过合资公司的形式设立。较为常见的是合同型联合体。在合同型联合体的交易模式下,联合体成员对外需要向业主承担连带责任,亦即无论哪一方成员在工程项目中发生违约,业主有权向任意一方成员要求承担全部责任。为了尽可能降低企业在联合体模式下的风险,律师可建议企业从以下几个方面入手:

其一,在选择联合体成员时,应提醒企业首先应对其他成员的主体资格、财务情况、经营能力、涉诉情况、商业信誉等情况进行全面调查并形成调查报告,避免错选当地法律法规所不允许的,或资信情况较差的主体。

其二,在跨国工程项目中,业主常会要求联合体中的牵头方代表联合体提交保函。为了分散保函风险,若条件允许,可建议企业与业主沟通,尽量争取各联合体成员按一定比例分别向业主提交保函。

其三,在联合体协议中,联合体各方应充分利用合同条款,约定合理的责任分担方式,明确违约遭受业主索赔情况下非过错方向过错方充分追偿的权利。另外,联合体协议中还应对责任暂时无法明确的场景下(如无法确定责任方、无法确定责任大小等)如何处理作出决策安排,例如,先根据各方所占合同金额比例承担责任,待责任方及责任大小通过第三方专家等方式得到确认后再在各方之间予以追偿等。

(7)债务管理

对于对外承包工程的单位,其债务可以划分为金融有息债务、商业债务。前者指企业向金融机构借贷而形成的债务,后者指在工程承包的业务活动中企业与相关商业主体之间形成的债务,包括应付账款、预收账款等。

对于金融有息债务,企业应根据实际需要作出合理的借贷安排,合理使用资金。对重大债务资金需作出严格的监管,避免用短期借款从事长期投资项目,避免将贷款资金用于高风险业务。对于所有的金融债务,企业均应进行跟踪监管,确保债务按时还本付息,防止债务逾期。

对于商业债务,企业应对不同性质、不同期限的债务进行分类,优先保障职工工资及社会保障债务、税款债务,在此基础上根据债务的到期时限等因素清偿其他债务。

（8）捐赠与赞助

在对外承包项目活动中，律师应当提醒企业尤为注意捐赠与赞助活动的合规性，特别需要关注捐赠与赞助活动是否可能违反项目所在国（地区）的反贿赂等监管体系。例如，中国企业参与对美国的工程承包项目活动，需要核实相关捐赠行为是否可能构成美国《反海外腐败法》下变相给外国官员非法支付钱款，相关赞助行为是否违反美国反洗钱监管要求等。此外，世界银行也明确将投标过程中向项目所在国政府、政党、政治性组织或者公务人员等提供捐赠或赞助认定为腐败行为。

对此，若企业拟进行捐赠或赞助活动，首先，应对项目国（地区）的反商业贿赂要求进行全面了解；其次，需要对被捐赠或赞助方进行尽职调查，履行当地法律法规规定的审查及审批手续（如有）；再次，在提供捐赠或赞助前，企业应当与接受捐赠或赞助一方签订书面协议，协议中应包括反商业贿赂条款和审计条款；最后，捐赠须明示，对于收付双方财务均须如实记账。总之，对于捐赠或赞助行为，企业不应当期待且实际也不会获得任何形式的回报，否则可能导致商业贿赂的嫌疑。

律师为企业开展对外承包项目提供法律服务，除了前述罗列的合规事宜，还需了解和掌握当地有关劳工管理、环境保护、反腐败、反贿赂等方面的具体法律要求，关注此等方面的合规要求，帮助企业规避相关合规法律风险。

（9）海外用工工伤认定

根据我国《工伤保险条例》第14条第1款第（五）项规定，职工有下列情形之一的，应当认定为工伤：因工外出期间，由于工作原因受到伤害或者发生事故下落不明的。

参考相关案例，许多法院认为，外派员工在外患当地流行病的（例如，派往非洲疟疾高风险地区后发病的），与其特定的工作环境有必然联系，在该地区工作，决定了劳动者感染恶性疟疾的概率也随之增加，因此损害应当认定为工伤。

4.单项合规尽职调查

（1）数据和隐私保护合规尽职调查

数据和隐私保护包括对企业数据保护和对个人信息数据保护。对企业数据保护是指采取相应的硬件、软件系统及其他技术和组织措施，保护企业的各种敏感数据文档不受破坏、窃取、盗用、滥用及其他不法行为的侵害。对个人信息数据保护是指对自然人的姓名、出生日期、身份证件号码、个人生物识别信息、住址、电话号码等个人数据的处理及自由流动采取的相关措施，以保护个人数据隐私及其合法使用。

①法律法规

1）各国及地区关于数据合规的法律规定

国际标准化组织（International Organization for Standardization，ISO）与国际电工委员会（International Electrotechnical Commission，IEC）发布的《ISO/IEC 27701安全技术—对用于隐私管理的ISO/IEC 27001和ISO/IEC 27002的扩展—要求和指南》（以下简称“ISO/IEC 27701”）已成为企业特别是跨国企业衡量内部个人信息和隐私保护合规情况的重要参考。以确保跨大西洋数据传输稳定与合规为目的的《欧盟—美国数据隐私框架原则》，在欧盟与美国政府二十余年博弈之中最终逐步确立，该框架原则以自我认证为核心，将为世界上最为庞大的跨境数据传输场景之一的合规与稳定运行提供支持。最后，以TRUSTe为代表的美国第三方隐私安全认证机制，在参考ISO/IEC 27001与ISO/IEC 27701的基础上，基于多年的认证经验，自行制定了广泛适用于多种隐私与数据安全框架合规的隐私认证规则，凭借广泛的适用性与较高的行业认可度，在隐私安全与隐私管理体系认证领域业务市场中占据了重要地位。此外，关于数据和隐私保护欧盟出台的法律法规主要包括《通用数据保护条例》（GDPR），企业在进行境内外数据传输、境外个人信息获取使用等行为时，需要根据所在国家或地区的相关法律法规，严格遵守数据和隐私保护的规定。

2）我国的三部法规及其主要内容

我国关于数据和隐私保护的法律法规主要包括2017年6月1日施行的《中华人民共和国网络安全法》、2021年9月1日起施行的《中华人民共和国数据安全法》以及2021年11月1日施行的《个人信息保护法》等。

②信息及数据合规

1）信息与数据的概念及关系

所谓信息，是指通过一定的载体、手段、途径及方法，传播、传输、处理具有一定内容的音讯、数字、图像等。而数据则是指那些记录客观事物的、可鉴别的符号，包括数字、文字、图形等。数据是信息的载体，通过对数据的采集、提取、加工、分析可以了解一定的信息，而信息构成了数据的内容。数据经过加工处理之后，就成为信息；而信息需要经过数字化转变成数据才能存储和传输。两者是形式与内容的关系，互相依存。

2）数据合规的重要意义

2020年4月9日，《中共中央 国务院关于构建更加完善的要素市场化配置体制机制的意见》（以下简称《意见》）印发。《意见》明确了要素市场制度建设的方向和重点改革任务，对于推动经济发展质量变革、效率变革、动力变革具有重要意义。其中，《意见》首次将数据作为与土地、劳动力、资本、技术并列的第五大生产要素，并进一步提出加快培育数据要素市场，充分挖掘数据要素价值。

与土地、资本等传统生产要素相比，数据更具有倍增效应。通过高度发达的数字技术，传统物理世界正加速映射数字孪生，从自然资源利用到社会经济运行，从民生到政务，从微观到宏观，一切信息皆通过数字化技术，以数据的形式实时传输与处理。人、物、组织之间的联系与互动以更加有效率的数据和算法驱动，并同步产生和优化价值。数据对提高生产效率的乘数作用凸显，成为最具时代特征新生产要素的重要变化。对企业来说，只有充分发挥数据在商业运营和产业升级中的基础作用，才能够在市场竞争中脱颖而出。对国家而言，只有真正意识到数据的核心价值，并把握住数字经济发展的先机，才能够在新一轮的信息革命中掌握主动权。

与“土地、劳动力，资本、技术”等传统生产要素不同的是，数据是一种在数字经济时代涌现的新型生产要素。我们对于这一新型生产要素的市场化配置规律的认识正处于探索期，对于数据的产权界定、市场配置、保护模式等方面都存在诸多有待探索的议题。数据既是生产要素，同时本身也映射了社会关系，这使得对于数据的利用会产生相关的外部性问题。人自身的行为数据以及人与人之间的互动数据，涉及隐私和个人信息保护；企业与企业的数据，涉及竞争关系或商业秘密；从国家视角出发，涉及数字经济竞争力和数据安全需求。据国际数据公司（IDC）测算，到2025年，我国拥有的数据量在全球的占比将从2018年的23.4%提升到27.8%，成为全球首位。对于数据资源的开放利用，将决定了我国是否能够把握住新一轮国际竞争的主动权，并通过数字产业的发展壮大保障国家数据安全。

③数据合规尽职调查

数据合规的尽调清单一般应包括但不限于数据类型、处理流程、数据收集、数据使用、数据传输、监管原则、监管制度、合规要点、合规对策、应急预案等涉及数据流动的全过程的合规管理，以及对此的监管是否到位，如安全评估、个人信息保护认证等。

在企业“走出去”进行相关经济活动时，如果涉及要将中国公民、企业的信息与数据传输出境及在境外使用，必然会面临数据跨境合规的问题。首先，必须满足中国相关法律法规及行政审批手续的审核；其次，也要面临目的国的司法或行政程序的监管。

5.反贿赂

商业贿赂是在商业活动中违反公平竞争原则，采用给予、收受财物或者其他利益输送等手段，以提供或者获取交易机会或者其他经济利益的行为，具体包括：直接或间接地向公共部门或私营企业的任何人员提议、承诺、给予、授权给予金钱或其他任何有价值物，以不当地影响收受方的正当职责或行为，获取、保持业务或商业行为中的机会以及其他不当利益。

商业贿赂行为根据不同国家和地区的法律，既可能引发民事责任、行政责任，也可能构成刑事犯罪。目前，我国的《刑法》及《反不正当竞争法》、美国《反海外腐败法》（FCPA）和英国《反贿赂法案》（UKBA）等法律均对商业贿赂进行了规制。企业反贿赂合规需坚决遵守东道国或地区所适用的反贿赂法律法规，避免不正当竞争的行为，遵循高标准的商业行为准则，尊重当地的风俗习惯与商业惯例。

6.反洗钱和反恐怖融资

洗钱是指将毒品犯罪、走私犯罪、黑社会性质的组织犯罪、恐怖活动犯罪、贪污贿赂犯罪、破坏金融管理秩序犯罪、金融诈骗罪等犯罪活动的犯罪所得，通过掩饰、隐瞒其来源和性质，并借助各种方式使其合法化的行为。恐怖融资则指恐怖组织、恐怖分子募集、占有、使用资金或者其他形式的财产，协助恐怖组织、恐怖分子以及恐怖主义、恐怖活动犯罪。

当今洗钱的一个重要特点是国际化趋势加强，由此反洗钱的国际化就特别突出。联合国制定的公约对整个世界影响最大，对中国反洗钱立法的影响也是最直接的。从联合国有关洗钱规定的几个公约可以看出，近20年来联合国反洗钱立法经历了一个从起步到完善的过程，而我国反洗钱立法则紧随其后。1988年12月19日，联合国通过了《联合国禁止非法贩运麻醉药品和精神药物公约》（以下简称《禁毒公约》），公约创设性地将洗钱行为确定为犯罪，对洗钱罪的构成要件之规定也比较齐全，还通过“没收”这一措施对洗钱行为的行政措施作出了规定。1999年12月9日，第54届联合国大会通过了《制止向恐怖主义提供资助的国际公约》对洗钱行为作了进一步规定，提出了洗钱犯罪领域的新问题。2000年11月15日，第55届联合国大会通过了《联合国打击跨国有组织犯罪公约》(又称《巴勒莫公约》)，在洗钱方面的规定有了很大突破，明确提出了独立的“洗钱罪”概念，并对其进行了较为完善的规定。

企业境外经营应树立反洗钱合规意识，严格遵守适用的反洗钱相关的法律法规，我国也先后通过了《中华人民共和国反洗钱法》《中华人民共和国反恐怖主义法》《银行业金融机构反洗钱和反恐怖融资管理办法》等，负有反洗钱义务的企业应当树立反洗钱合规意识，依法建立健全反洗钱内部控制、客户身份识别、客户身份资料和交易记录保存、大额交易和可疑交易报告、交易款项汇入汇出管理等规章制度和操作指引，评估企业洗钱风险，并采取相适应的风险管控措施，明确反洗钱合规管理权责，落实反洗钱合规管理责任，对相关岗位员工进行反洗钱培训，加强对反洗钱的监督检查，防范洗钱风险。

7.财务税收合规

企业境外经营需要适应跨境经营国家税收法规和征管环境，企业财税管理人员必须清楚了解所在国的相关法律法规政策以及税收财政，并尽可能熟悉两国的双边税收协定、国际法和国际税收惯例等，加强税收合规管理，规避税收风险，实现税收利益。

十二、资产重组尽职调查

(一)资产重组概述

资产重组是指企业改组为上市公司时将原企业的资产和负债进行合理划分和结构调整，经过合并、分立等方式，将企业资产和组织重新组合和设置，目的是更有效地整合资源，利用资源。

狭义的资产重组仅仅指对企业的资产和负债的划分和重组，而广义的资产重组还包括企业机构和人员的设置与重组、业务机构和管理体制的调整。目前所指的资产重组一般都是指广义的资产重组。从会计学的角度看，资产重组是指企业与其他主体在资产、负债或所有者权益诸项目之间的调整，从而达到资源有效配置的交易行为。

资产重组分为内部重组和外部重组。内部重组是指企业(或资产所有者)按照将其内部资产方案优化组合的要求所进行的重新调整和配置,以期充分发挥现有资产的部分和整体效益,从而为经营者或所有者带来最大的经济效益。在这一重组过程中,仅是企业内部管理机制和资产配置发生变化,资产的所有权不发生转移,属于企业内部经营和管理行为,因此,不与他人产生任何法律关系上的权利义务关系。外部重组,使企业或企业之间通过资产的买卖(收购、兼并)、互换等形式,剥离不良资产、配置优良资产,使现有资产的效益得以充分发挥,从而获取最大的经济效益。这种形式的资产重组,企业买进或卖出部分资产,或者企业丧失独立主体资格,其实只是资产的所有权在不同的法律主体之间发生转移,因此,此种形式的资产转移的法律实质就是资产买卖或称资产并购。

但无论内部重组还是外部重组,都是企业所有权人为了追求企业资产的有效利用,实现资产的收益最大化而采取的一系列调整措施,这是一个内部能量释放的过程,也是一个生产力解放的过程,因此,是否能通过资产重组达成企业所有者的目的,首先取决于对企业在资产重组前期进行的尽职调查。

(二)尽职调查内容

企业开展资产重组,首先需要对企业真实的经营状况、财务状况及资产状况有个比较明确、清楚的了解,这样才能有针对性地制定资产重组方案。资产重组的尽职调查应当包括以下主要内容:

1.明确重组资产的范围

(1)机器设备

机器设备是每一资产并购案中必然包括的主要资产。随着时间的推移,企业会不断地调整产品结构以适应市场及消费者的需要,从而在满足市场需求的过程中获得自身的发展,逐渐形成自己的主营业务、次营业务,并且发现新的市场需求,发展出新的产品和业务;同时,对一些没有市场竞争力的产品就要逐步压缩、减产,甚至逐渐淘汰、不再生产,有时行业的替代及调整也会给迫使企业及时、果断地调整自己的产品结构,否则就要被市场淘汰。在此过程中,企业一些不再需要的机器设备就成了鸡肋,一方面无法再为企业带来收益,另一方面还在不断折旧,甚至时间久了成了一堆废铁;而如果企业能抓住产业集中所带来的机会,及时对这些冗余的机器设备处理，则可以盘活这部分资产将其变现，或者通过资产置换的方式获得自己所需的其他机器设备或资源。因此，首先，应对企业目前的机器设备使用及折旧状况进行详尽的调查，为制订企业资产重组方案提供依据。

（2）房屋建筑物

公司根据自己未来的发展规划及业务结构采购生产设备，同时，也应根据业务发展的需要拟制购买、建造房屋建筑及租赁房产的范围、面积及结构。拟购买、建造及租赁的房屋建筑物的范围、面积及结构应当满足利用所购置机器设备进行生产经营活动的需要，包括厂房建筑物、经营场所、办公室等，因此，应对现有建筑物的状况进行全面的调查、登记、列表，包括目前所有及租赁的房屋、建筑物的详细状况，是否能满足目前的生产需要及未来若干年发展的需要，做好提前规划，也为资产重组提供依据。

（3）公用工程

根据拟购买的机器设备而并购后拟生产的产品、从事的业务及规模拟制购买公用工程的范围。公用工程应当满足生产规模的需要，包括上下水、供变电、污水或污染物的处理、场地、道路、通讯、其他辅助设施等。

（4）土地使用权

根据拟购买的房屋和公用工程的占地情况拟制购买土地使用权的范围。同时查明目标公司取得所有权的方式、用途、剩余年限以及是否存在被政府收回、征收、搬迁的情况，进行相应的成本核算。

（5）知识产权

根据资产并购后投资公司拟安排生产产品或从事业务的需要，在了解目标公司知识产权总体情况的基础上拟制购买知识产权的范围。这里的知识产权包括目标公司的专利权、商标权、著作权、技术诀窍等，也包括目标公司拥有的用电权、取水权、用水权、排污权、用气权等许可权利。对于那些自己所有的知识产权进行全面的梳理，特别是那些自身不用且又具有一定市场价值的，应及时通过许可他人使用、转让的方式实现其价值。

（6）存货

一般情况下投资公司会根据自己并购后拟生产的产品或拟从事的业务确定购买存货的范围，并会坚持与生产或经营无关的存货不能纳入转让的范围，确定需要采购的原材料范围及品种。存货包括原料、材料、燃料、在制品、产成品、低值易耗品、办公家具等。

(7)债权

从原则上说投资公司会排斥受让目标公司的债权资产。但是有时为了维护并购后与经销商的渠道关系,对目标公司的销货应收款会进行有条件的受让。但应对目标公司的债权进行评估,同时,也对自身的债权经过评估后通过出售资产包的方式变现,以免长久不处理变成呆账、坏账。

(8)拟制三项资产明细表

在尽职调查阶段应当根据目标公司资产的具体情况和双方关于转让范围的意见制作固定资产、土地使用权、知识产权三项资产的转让明细表,作为并购及重组谈判和起草相关合同的基础。

(9)拟制存货资产单价明细表

在尽职调查阶段应当提出存货转让单价明细表,列明存货的名称、预估数量、单价,作为双方进一步谈判存货资产转让单价的基础。

资产并购交易的标的是资产,因此投资公司在尽职调查阶段首先必须搞清楚目标公司全部有形资产和知识产权的范围和用途,即目标公司的资产都是用来生产哪些产品或从事什么业务的,并根据了解的情况和自己的并购目的,拟制出并购资产的范围。从企业并购的实务看,关于并购资产的范围,有时在尽职调查前的意向协议中就会做出原则性的约定,并通过尽职调查阶段进一步明确,最终在并购合同或协议中确定。在实务中之所以要首先就目标公司资产的范围进行尽职调查,并在调查的基础上尽早确定,是因为并购资产的范围不仅直接关系到以后尽职调查的范围,而且也是双方谈判并购价格的基础。

2.确定资产的权属

资产并购中双方交易的是资产的所有权,因此,投资公司在尽职调查阶段必须查清并购资产的权属,核查相应的权属证书。由于资产并购是大宗交易,投资公司为了防避风险,关于资产权属问题不能单纯依靠出让方的承诺,还要在尽职调查阶段进行实地查验。如果双方已经就交易资产的范围达成一致,有关资产权属的尽职调查可限制在该范围之内。关于资产权属的尽职调查可根据需要围绕以下几个方面开展:

(1)查验资产的证照

根据我国有关法律的规定,土地所有权、房屋建筑物的所有权、船舶航空器、车辆、商标、专利的权属以登记为权属凭证。因此，在尽职调查阶段可以查验这些资产证照的方法确认其权属。从资产并购的实践看，在资产证照的调查中大致会遇到九种需要处理的情况：

第一，目标公司自建的房产，特别关注那些出于节约税费的目的或者因建设手续不健全的原因未办理房产证的部分，查明其是否存在权属争议及存在哪些法律瑕疵；

第二，原有房产已办产权证，但后来扩建、改建时将两层楼改为三层楼后未变更房产证；

第三，国企改制时继承来的房产、土地使用权或其他证照的房产，企业名称变更后未对产权证作相应的变更；

第四，因拖欠土地使用权出让金未取得国有土地使用权证；

第五，车辆的产权证登记在他人的名下；

第六，土地使用权证、房产证、商标证书、专利证书等在公司名称变更后未作相应的变更；

第七，企业分立、合并重组后未对产权证作相应的变更；

第八，受让取得的资产未取得房产证；

第九，股东非货币出资的资产虽已经移交给公司但未办理产权过户。

目标公司资产在证照上存在的瑕疵真正导致产权争议的并不多，但是如果不在并购之前要求出让方处理，都会给投资公司带来麻烦和相关税费成本。

从企业并购的实践看，如果在尽职调查阶段发现这些问题，就可以要求目标公司在合理的期限内解决这些问题，效果比较好。因为在这个阶段目标公司会有办理的积极性，当地政府也会出于招商引资的目的为补办证照大开绿灯，甚至免除所有的税费。如果等到并购完成以后再办理，目标公司配合的意愿和积极性不强就会造成久拖不决，不仅手续繁杂而且成本也高。

（2）厘清企业改制中的产权关系

在中国企业并购活动中许多目标企业是从国企改制而来的，企业资产是从国企原始取得的，但在一些企业中，改制往往不彻底或产权不够清晰。例如在改制中企业的部分资产和业务通过作价民营化，但还有剩余部分没有作价民营化；某些资产企业只有经营管理权或者托管权，尚未取得所有权。还有的改制文件用词不准确，并未提及或明确产权的转移和转移后的权属。投资公司应当在尽职调查阶段根据目标企业资产原始取得的情况，要求目标企业披露企业改制的有关资料，研读这些文件和资料，如果需要还应当向企业改制的负责部门和国有资产管理部门进行查验并取得相关确认文件。

（3）厘清企业分立、合并中的产权关系

有些目标企业几经合并分立，而分立合并必然会涉及企业资产权属的变更，但是由于这些企业往往由一方所控制或存在其他关联关系，因而往往不重视资产权属的界定。凡是在尽职调查中发现目标公司曾经发生过合并分立的，应当认真厘清分立合并中的产权关系。

（4）租赁资产及融资租赁的资产

有关租赁资产尽职调查的内容包括两项：

①目标公司正在使用的资产中是否有从他人租赁或者融资租赁来的资产及相关合同；

②目标公司的资产是否有租赁他人使用或者无偿提供他人使用的及相关合同。

目标公司租入的资产，其产权为出租人所有的，不能作为转让资产；目标公司出租的资产为目标公司的资产，依法可以转让，但是需要相关合同。而融资租赁则要明确是否到期，租赁费支付情况，取得所有权的条件如何，对价支付是否完成及违约条款。

（5）股东出资资产的权属

在有些目标公司中，股东以非货币资产向公司缴付出资，特别是控股大股东以房地产、机器设备等作价向公司出资。对此投资公司原则上无须过问作价的高低，但是应当通过尽职调查确认其是否有产权不清或界定不明及是否已经过户的情况。

（6）母子公司、兄弟公司资产分属情况

在有些情况下，目标公司一个大院里分别注册登记几家母子公司或兄弟公司，交易双方初步拟定的并购资产，有的可能登记为甲公司所有，有的可能登记为乙公司所有。在这种情况下，投资公司需要在尽职调查阶段厘清并购资产的登记权属，与不同的资产所有者分别订立资产转让合同。有的目标公司一部分并购资产登记在其分公司的名下，在这种情况下，投资公司可以视全部资产为目标公司所有，与目标公司订立一份资产转让合同受让全部资产。

（7）动产的权属问题

从企业并购的实务来看，目标公司动产资产的权属问题主要包括以下五项内容。

第一，目标公司接受委托为委托方加工产品或修理设备，委托方提供的原料、材料、半成品、产成品和修理物等；

第二，目标公司为委托加工商品而交付在外的原材料或委托修理的机器设备；

第三，目标公司购买原材料带进来的尚未返还的包装物；

第四，目标公司为销售产品赊出在外的包装物；

第五，目标公司投入渠道的资产，产权仍属目标公司所有。

在实务中对这类资产多采目标公司披露、投资公司作相应核查的办法予以确认。

（8）是否有产权争议或者诉讼的问题

一方面，通过询问的方式，了解目标公司资产是否存在争议或诉讼；另一方面，应通过网络查询、法院实地了解其是否存在争议或诉讼。

3.鉴定资产的品质和效能

资产并购交易的标的是资产，并购资产的品质和效能直接关系到投资公司投资的目标能否实现；同时也关系到并购后技术改造的投入和资产转让价格的谈判和确定。因此，关于并购资产品质和效能的尽职调查最好由投资公司的相关专家完成，这是因为投资公司的专家对本行业的设备、技术、工艺最了解。同时，最好落实调查的责任人，明确其在调查中承担的责任。关于资产品质和效能的尽职调查主要包括如下内容：

（1）厂房及其设备的新旧程度

厂房机器设备的新旧程度不仅关系到产品的品质和消耗，而且关系到投资后的使用年限进而关系到对投资经济指标的测算。对目标企业厂房及其机器设备判断的误差往往是资产并购中多发的风险，投资公司必须在尽职调查阶段掌握目标公司该资产的真实情况，以便作出理性的抉择，确定合适的购买价格。

（2）工艺技术能否满足并购后产品升级换代的需求

从企业并购实践看，并购后大多需要对目标公司的产品进行升级换代，以便达成投资公司在目标市场上的优势。而这就需要投资者在尽职调查阶段弄明白目标公司的设备、工艺、技术等能否支持投资公司目标的实现。

（3）目标公司资产的生产能力有多大

这直接关系到投资公司单位生产能力的收购成本，也关系到对并购后目标公司经济效益的测算。投资公司必须在尽职调查阶段对目标公司的设计生产能力和实际生产能力作出准确的判断。

(4)目标公司资产的缺项

这主要包括目标公司的资产中是否缺少重要的质量检测设备，如缺少污水处理设备及工程、缺少运输车辆以及生产设备的配套情况和产能“瓶颈”的情况等。资产的缺项不仅影响产品的质量和生产能力，有时甚至直接关系到并购后能否顺利投入生产经营。例如，目标公司没有污水处理工程，虽然并购前可以正常生产，但并购后很可能就会被迫停产，甚至遭遇行政处罚。因此，投资公司应当在尽职调查阶段掌握目标公司资产是否有缺项，影响的项目和程度如何。

(5)并购后为达到预定产量、质量、品种指标需要的投入是多少

从企业的实践看，资产并购后绝大多数需要对目标公司追加投资，仅依靠目标公司原有的资产可能无法顺利实现投资公司并购的目的。但是投资公司应当在尽职调查阶段全面了解目标公司原有资产的情况，并根据这个情况和并购后的经营计划拟定并购后对目标公司资产进行技术改造的计划，明确所需的费用和成本。

4.知识产权的价值

从企业资产并购的实践看，多数情况下并购资产中包括目标公司的知识产权。为此，需要投资公司在尽职调查阶段对目标公司的各项知识产权在并购后的使用价值作出判断，以确定哪些知识产权是业务所依赖的，哪些没有太大的价值，哪些根本不需要，从而确定购买的范围，对那些不需要的如何处理。

知识产权是一种无形资产，跟企业业务密切相关并具有实用性的才有价值，并不是越多越好。例如，投资公司准备在并购后生产自己品牌的产品，目标公司的商标的使用价值就不大。投资公司应当在尽职调查阶段掌握目标公司全部知识产权的信息，并在此基础上进行筛选，对是否受让这些资产、以何等价格受让这些资产、并购后如何使用这些资产作出明智的选择。

5.供销渠道及产品销售情况

资产并购交易的标的虽然是资产，但是取得资产并不是投资公司的根本目的，投资公司的目的是借助这些资产从事经营活动，并通过经营活动占领市场获取利润。因此，在资产并购的尽职调查阶段投资公司有必要进一步了解目标公司的原料、能源、运输资源及渠道和价格；有必要了解目标公司产品的销售渠道和产品在目标市场的销售情况，从而在并购前最终确定并购后的经营方案，最大限度地继承和利用目标公司的供销渠道及产品市场份额。

6.目标企业出让资产的有效程序

目标企业出让资产的有效程序直接关系到投资公司并购交易的安全，所以投资公司应当在尽职调查阶段掌握目标公司出让资产的有效程序，并在操作中督促目标公司履行相关程序。目标公司出让资产的程序问题主要根据资产权属的性质以及企业章程的规定确认。如果目标公司为国有或集体所有制企业，或者国家持有目标公司10%以上的股份，转让资产应当报经当地政府的国有资产管理部门批准，并且其价格应当通过评估并经国有资产管理部门确认，以招拍挂的方式操作；如果目标公司为国有或集体所有制企业，转让资产应当经本企业职工大会或职工代表大会通过；如果目标企业既非国有也非国家持股，转让资产应当根据目标公司章程的规定经公司股东会批准即可；如果投资公司为外国企业除履行上述程序外，并购价格应当经过评估，并购合同应当报经当地商务部门批准。并购程序的有效性关系到并购行为的有效性，进而直接影响投资公司的并购安全。

7.固定资产的账面净值情况

固定资产的原值减去累计折旧为净值，从原则上来说是并购资产的净值多少与投资公司无关，投资公司关注的是以转让价格登记取得的初始成本。但是投资公司在尽职调查阶段在一定程度上了解并购资产中固定资产的净值，对双方协商并购资产中固定资产的价格、判断目标公司对资产转让价格的预期、了解固定资产的构建时间及使用情况等都有所帮助。

8.并购资产是否设立抵押或质押

从企业并购的实践看，大多数目标企业的土地使用权和固定资产都因向银行贷款而抵押给银行。对此，投资公司应当在尽职调查阶段掌握目标公司资产抵押的情况，贷款抵押合同的内容、贷款的数额及还款余额，特别是必须掌握是为目标公司自己的债务抵押还是为第三人的债务抵押。根据我国《物权法》的相关规定，抵押人未经抵押权人同意或者不能以转让价款清除债务的，不能转让抵押资产，否则抵押权人享有物上追及权。对此，投资公司为了防避并购风险，必须查明目标公司资产抵押或质押的情况，并与目标公司及债务人磋商切实可行的解决方案。

9.目标公司在建工程的情况

在并购实务中，凡是建设工程已经目标公司验收合格的，无论其在目标公司财务账目如何登记，一律归为固定资产转让。对在建工程，应当查明情况，掌握合同内容和工程质量、进度及工程款付款进度，并据此与目标公司磋商以转让建设工程承包合同的方法并购在建工程项下的资产。目标公司在建工程项下的资产，不是已经完成的部分工程形成的资产，而是目标公司在建设工程承包合同项下已经支付的款项。

10.目标公司职工的情况

从法律原则上说，在资产并购的情况下，目标公司的职工与投资公司无关，但是投资公司也必须从中国的国情出发，关注目标公司职工的处理方案，特别是在目标公司出售资产后将进入清算程序或停产的情况下。对此，投资公司应当关注目标公司对职工的经济补偿，特别是国企职工转变身份或解除劳动合同的经济补偿，防止因职工得不到经济补偿金而闹事，影响并购后目标公司的生产经营活动。同时投资公司也应当关注目标公司职工的构成，并以此拟定投资并购后职工的聘用方案，使投资公司既不介入目标企业与职工之间的关系，又能以另行订立劳动合同的方法录用目标公司的基本职工。

11.目标公司已经生效但未履行或尚未履行完毕的合同

投资公司应当在全面了解目标公司已经生效但未履行或尚未完毕的合同的基础上，将这些合同分为五类：

第一类：合同的主要权利义务已经履行完毕，处于保修期间的合同，例如工程已经交付并在转让资产之中，但目标公司仍留有保修金。这类保修合同应当以转让的方式处理，以保证投资公司并购后享有保修的权利。

第二类：公司原料、材料、能源等生产资料的采购合同，如果并购后目标公司仍使用这些能源，且合同的条件大致合理，投资公司就应当认同产品的原有销售渠道，同意受让这些合同。

第三类：目标公司产品的销售合同，在一般情况下为了使用目标公司产品的原有销售渠道，投资公司都应当受让这些合同，同时也可以在办理合同转让手续对合同的条款作适当的变更。

第四类：向银行贷款与其订立的借款合同或抵押贷款合同，如果投资公司为了节约现金流，可以考虑以受让这类合同作为支付并购价款的一种方式，实务中可以贷款合同连同抵押合同一并转让。

第五类：除上述四类外单纯构成目标公司债权或债务的合同，投资公司原则上不受应让这些合同。

12.目标公司转供和共用情况

在一些出身国营的目标企业，由于历史的原因会有企业对职工家属房、附属企业、兄弟公司甚至社会转供水、电、气或其他能源的情况，有的目标企业与其他企业共用场地、道路、水源等。这些情况是企业办社会项目的遗留，它们的存在往往增加了目标企业生产经营活动的负担。投资公司应当在尽职调查阶段了解这些情况，并拟制解决方案。从实践经验看，如果在尽职调查阶段发现这些问题，并将其解决作为并购的一个条件，会同目标公司或当地政府共同协商将其处理掉，如果留待并购后处理往往难上加难。

从上述资产并购尽职调查的主要内容可见，资产并购的尽职调查与股权并购的尽职调查存在很大区别。资产并购的进展调查主要围绕资产进行，包括资产的范围、质量效能、所有权和处分权等，而基本不问股东权益和目标公司的核算过程。掌握资产并购尽职调查的内容，对做好资产并购的尽职调查工作具有重要的指导意义。

十三、项目融资尽职调查

项目融资，是指贷款人向特定的项目提供贷款协议融资，对于该项目所产生的现金流量享有偿债请求权，并以该项目资产作为附属担保的融资类型。

专家认为项目融资（project financing）是以特定项目的资产、预期收益或权益作为抵押而取得的一种无追索权或有限追索权的融资或贷款。该融资方式一般应用于现金流量稳定的发电、道路、铁路、机场、桥梁等大型基建项目，目前应用领域正逐渐扩大，例如已应用到大型石油化工、房地产等项目上。它是一种以项目的未来收益和资产作为偿还贷款的资金来源和安全保障的融资方式。

对需要融资的项目进行尽职调查，主要应针对以下方面的内容。

（一）需要融资的项目公司的基本情况

1.工商行政管理局盖章的工商登记最新查询资料原件；

2.经年检的企业法人营业执照副本、组织机构代码证、税务登记证（三证合一）复印件；

3.法定代表人身份证明、法定代表人本人签字样本；

4.法定代表人授权书及其授权代理人的身份证复印件；

5.公司章程（合资、合作企业还需提供合资、合作合同）；

6.验资报告（资产评估报告，如有）；

7.最近一期财务报表和最近3年经审计的财务报告；

8.《公司章程》规定相关事项需董事会或股东大会审议的，提供董事会或股东大会的相关决议、授权书及董事会成员认定书和签字样本；

9.对外担保以及未决诉讼等重大事项声明书；

10.中国人民银行信贷登记系统查询资料、被查询企业授权公司查询的书面授权书；

11.贷款证（卡）复印件及密码；

12.贷款申请书；

13.纳税记录证明文件（核实收入及担保能力）；

14.关系人和关联交易情况说明；

15.项目涉及房地产或土地抵押的，抵押率不超过70%的证明材料（对抵押房产作评估）；

16.项目其他（建设）资金到位方案及落实来源的证明材料；

17.现金流量测算（确定未来还款能力）；

18.公司经营状况；

19.公司的资产状况；

20.经营资质。

（二）项目的基本情况

1.立项情况，包括可行性研究报告、商业计划书、前期规划、项目取得政府批文情况、证照办理情况、已经投入的资金情况、项目预算、项目后续资金准备情况、项目融资计划书等；

2.项目开工建设情况；

3.项目的财务状况，如项目预算、财务报表；

4.项目未来收益预测及保证；

5.项目预售许可证及销售许可证取得情况，销售进展情况。

（三）烂尾楼项目尽职调查的要点

在烂尾楼项目尽职调查工作中，除一般尽职调查内容外，需要着重关注项目

以下方面的情况:

1.项目本身情况

(1)项目前期进展情况,以及项目证照办理情况。

包括国有土地使用权证、建设用地规划许可证、建设工程规划许可证、建筑工程施工许可证、房屋销售(预售)许可证等。是否已完成竣工验收,取得大产权证。

(2)项目土地是否存在有效的土地出让合同,出让金及滞纳金(如存在)是否已缴清。出让金缴纳情况需至国土局进行确认。

(3)项目前期是否已被分割处置,如存在部分已被处置的情况,需厘清是否存在公摊部分或公共区域(如车库、会所等),是否存在潜在的所有权纠纷。例如实践之中可能会出现部分楼号已被法院拍卖给他人的情况。

(4)项目已被抵押的情况,抵押权人及标的金额情况。

(5)项目已被法院查封的情况,包括对土地使用权的查封情况和房屋的查封情况。

(6)项目债权人详细情况,包括债权人名称、债权金额、是否已进入诉讼程序或执行程序等。

(7)项目房屋销售或预售情况,包括:项目房屋销售情况以及办理预售登记的情况;已预售房屋现处于何种状态,例如其中哪些业主因未付银行按揭贷款而涉诉以及诉讼结果?哪些业主要求继续履行合同以及诉讼结果?哪些业主已经与开发商解除房屋预售合同,是否已办理预售登记注销手续?

2.项目原开发商情况

(1)项目原开发商主体资格,是否有效存续。

需要查看营业执照(已与组织机构代码证、税务登记证三证合一)、开户许可证等基础证照是否齐全有效。实践中可能会存在超出经营范围、经营期限以及未按期缴纳税费等情况。

(2)项目原开发商对外债务状况。

(3)项目原开发商对外提供抵押、质押、担保的情况。

3.尽职调查信息获取途径

尽职调查过程中,我们通常会关注项目的预售、抵押、查封等基本情况。如何找到准确的信息获取渠道,对于尽调工作的效率有着至关重要的影响。除向原开发商要求出具相关证明文件,查验相关证照原件以及对项目进行实地勘察以外,还需到政府主管部门进行查询。

（1）房屋预售情况调查

通过登录建委或房地产管理局网站可以查询该企业某一项目预售、销售登记的情况以及注销登记的情况。对于未进行预售登记的房屋销售情况，则需要根据预售合同与开发商进行核实。

（2）对房屋和土地使用权已存在的抵押、查封情况进行调查

①房屋的抵押及查封信息需至各区的房屋登记管理部门查询。

一般情况下，需要项目开发商公司职工携带介绍信（或授权委托书）及公司营业执照（含组织机构代码证）、法定代表人身份证明或者律所介绍信至窗口查询。

②房屋对应土地使用权抵押及查封信息需至国土资源局各区分局档案室查询。

项目开发商公司职工向档案室工作人员出具介绍信（或授权委托书）及公司营业执照（含组织机构代码证）、法定代表人身份证明或律所介绍信，由工作人员进行查询，可以通过拍照、要求打印等方式记录查询结果。

③就房屋和土地的查封问题，一般法院会根据申请执行人的申请向房管部门及国土部门发送协助执行通知书，查封涉诉房屋及房屋相对应的土地使用权。现在部分法院在债权人未申请查封对应土地使用权的情况下会只查封房屋，但根据最高院查封扣押冻结规定，其效力会当然及于对应的土地使用权，即跟抵押一样的原则"房随地"或"地随房"。在一些特殊的情况下，如开发商未取得大房产证，房屋预售也未进行网签备案的情形下，法院可能会直接查封部分或全部土地使用权。

十四、融资租赁尽职调查

（一）融资租赁概述

融资租赁（financial leasing）又称设备租赁（equipment leasing）或现代租赁（modern leasing），指出租人根据承租人对租赁物件的特定要求和对供货人的选择，出资向供货人购买租赁物件，并出租给承租人使用，承租人则分期向出租人支付租金，在租赁期内租赁物件的所有权属于出租人所有，承租人拥有租赁物件的使用权。租期届满，租金支付完毕并且承租人根据融资租赁合同的规定履行完全部

义务后，对租赁物的归属没有约定的或者约定不明的，可以协议补充；不能达成补充协议的，按照合同有关条款或者交易习惯确定，仍然不能确定的，租赁物件所有权归出租人所有。

融资租赁是集融资与融物、贸易与技术更新于一体的新型金融产业。由于其融资与融物相结合的特点，出现问题时租赁公司可以回收、处理租赁物，因而在办理融资时对企业资信和担保的要求不高，所以非常适合中小企业融资。由于融资租赁既帮助企业解决了购买大型设备自己资金不足的融资问题，抓住了市场机会，又为融资租赁企业提供融资业务的渠道，所以近年来融资租赁业务获得了快速的发展和业务增长。

（二）融资租赁尽职调查

融资租赁的法律风险，主要在于租赁物质量存在问题、租赁物降价、承租方违约不按时支付租金等方面，鉴于融资租赁合同期一般较长，因此，如何进行相应的法律风险管理需要专业的律师进行深入的思考，而首先就应当从尽职调查开始。

针对融资租赁的法律风险管理，尽职调查主要从承租企业、租赁资产、担保企业相关情况及租赁资产出售方等方面开展，以下是融资租赁尽职调查资料清单的详细内容，见表2-14。

表2-14　融资租赁尽职调查资料清单

序号	资料类别与名称	备注
一、	承租企业资料	
（一）	基本情况	
1	企业情况简介	包括：历史沿革、隶属情况、机构设置、人员情况、经营情况、企业规模等
2	营业执照（正副本）（新的三证合一）	
3	组织机构代码证书（正副本）	
4	税务登记证（正副本）	
5	公司章程、出资协议、验资报告	
6	企业法定代表人、主要经营管理人员简历、信誉状况及身份证复印件	包括：法人代表证明书及授权书、法人代表签字样本

续表

序号	资料类别与名称	备注
7	股东持股情况，关联企业控股、参股关系图	
8	公司组织机构结构图	
9	公司人员结构情况（员工总数及结构）	职称结构（高级、中级、初级），学历结构（研究生、本科、大专）及年龄结构
（二）	信用情况	
10	主要信贷关系	包括：开户情况（开户日期、开户银行、账户类别）、信用等级、综合授信、信用记录、企业征信报告等
11	贷款卡（复印件）及最新查询记录	
12	主要资产抵押/质押情况	说明抵押/质押资产名称、评估价值、抵押/质押权利人、抵押/质押原因
（三）	经营情况	
13	公司经营及销售情况	主营业务变迁，主营产品结构、技术水平、市场竞争力等经营情况及近3年销售情况介绍
14	本年工作总结和下一年工作计划	包括：企业发展经营计划及重大投资计划
（四）	财务状况	
15	近3年年度审计报告、最近一期财务报表及会计报表附注	
16	长期投资明细表	包括：被投资企业名称、注册资本、股权占比；主要子公司经营情况
17	银行借款明细表	包括：贷款银行、金额、用途、期限、利率、担保方式、还款计划、贷款形态（指是否被列为不良贷款）等
二、	项目及租赁资产资料	
（一）	项目情况	
1	项目基本情况介绍	
2	项目可行性报告及国家相关部门的批准文件（复印件）	
3	环评报告批复（复印件）	

续表

序号	资料类别与名称	备注
4	用地报告批复(复印件)	
5	项目竣工验收报告	
6	项目所在区域市场分析	
7	项目中长期盈利预测	
8	项目其他相关批复	
(二)	租赁资产情况	
9	本项目拟租赁标的资产详细清单	
10	本项目拟租赁标的资产的意向用户购货协议(厂商租赁销售)	
11	拟租赁标的资产的权属证明(售后回租)	证明拟租赁资产所有权归属承租企业、无担保抵质押情况及其他所有权受限情况
12	拟租赁资产初始购买合同及原始发票(售后回租)	
13	承租人售后风险监控操作规范(厂商租赁销售)	承租人将拟租赁资产售出后对终端用户进行管理和监控
14	租赁资产财产保险单正本(售后回租、厂商租赁销售)	签订租赁合同后承租企业须将租赁资产保险受益人变更为租赁公司
(三)	授权情况	
15	承租企业董事会决议及授权	批准采用租赁方式融资并授权管理层
16	担保企业对本项目租赁标的资产提供担保责任的意向函	
17	国资局或上级主管部门批复承租人有权开展售后回租业务(售后回租)	
三、	担保企业资料	
(一)	基本情况	
1	企业情况简介	包括:历史沿革、隶属情况、机构设置、人员情况、经营情况、企业规模等
2	经年检的营业执照(复印件)	
3	组织机构代码证书(复印件)	

续表

序号	资料类别与名称	备注
4	经年检的税务登记证（复印件）	
5	公司章程、出资协议、验资报告	
6	企业法定代表人、主要经营管理人员简历、信誉状况及身份证复印件	包括：法人代表证明书及授权书、法人代表签字样本
7	股东持股情况，关联企业控股、参股关系图	
（二）	信用情况	
8	主要信贷关系	包括：开户情况（开户日期、开户银行、账户类别）、信用等级、综合授信、信用记录等
9	贷款卡（复印件）及最新查询记录	
10	主要资产抵押/质押情况	说明抵押/质押资产名称、评估价值、抵押/质押权利人、抵押/质押原因
（三）	经营情况	
11	公司经营及销售情况	主营业务变迁，主营产品结构、技术水平、市场竞争力等经营情况及近年销售情况介绍
12	本年工作总结和下一年工作计划	包括：企业发展经营计划及重大投资计划
（四）	财务状况	
13	近3年年度审计报告、最近一期财务报表及会计报表附注	
14	银行借款明细表	包括：贷款银行、金额、用途、期限、利率、担保方式、还款计划、贷款形态（指是否被列为不良贷款）等
（五）	授权情况	
15	担保企业董事会决议及授权	同意对本项目租赁标的资产提供担保责任并授权管理层
四、	租赁资产出售方相关资料（如有）	新设备直接租赁、厂商租赁销售

十五、股权质押融资尽职调查

随着多层次资本市场上海和深圳证券交易所以及新三板、各地四板市场的逐步建立与完善，企业通过资本市场获得多种形式的融资渠道也日益呈现出多样化的格局。随着企业走向资本市场，基于中介机构如券商及会计师、律师的介入，企业各个方面得到了规范化的梳理和整改，企业自身的价值也得到了充分的挖掘，股权的价值随着企业信息的公开化、透明化及规范化也具有了公信力，从而为其具备流动性创造了条件，股权的价值也开始被银行、其他金融机构及投资方所接受、认可，这样就为企业通过股权质押融资提供了便利条件并具备了现实的操作可行性。股权质押融资也为企业、个人拓宽融资渠道和银行信贷业务提供了巨大的发展空间。

通过股权质押融资，企业在不需要固定资产抵押且不用稀释股权的情况下就可以获得银行或其他融资方的贷款。对于企业来说，一方面，增加了融资渠道的多样化选择之一；另一方面，也因其灵活性、便利性且相对较小的代价而广受欢迎。

（一）股权质押融资概念

所谓股权质押融资，是指公司以取得现金为目的，通过股票质押融资取得资金用于弥补流动资金不足或解决公司其他方面的资金需求。股权质押融资不是一种标准化产品，在本质上更体现了一种民事合同关系，在具体的融资细节上由当事人双方合意约定。正常情况下，无论股票是否处于限售期，均可作为质押标的。限售股质押，在限售期先于行权时间结束的，应当认定质押合同有效。

（二）股权质押融资的相关法律规定

我国《公司法》并没有对股权质押的相关规定，最早确立中国质押担保制度的是1995年10月1日开始实施的《担保法》，而2007年10月1日开始实施的《物权法》则进一步明确了股权可以质押。另外，1997年5月28日原国家对外贸易经济合作部和原国家工商行政管理局联合发布的《关于外商投资企业投资者股权变更的若干规定》规定，对外商投资企业投资者“经其他各方投资者同意将股权质押给债权人”予以特别确认。

2008年10月，中国证监会颁布了《上市公司股东发行可交换公司债券试行规定》(以下简称《规定》)，允许符合条件的上市公司股东即日起可以用无限售条件的股票申请发行可交换公司债券，以缓解“大小非”股东资金困境，减少其抛售股票的动力。

《规定》明确发债主体限于上市公司股东，且应当是符合《公司法》《证券法》《公司债券发行试点办法》的有限责任公司或者股份公司，公司最近一期末的净资产额不少于3亿元人民币。此外，为保持用于交换的股票作为担保物的信用，《规定》还对用于交换的上市公司股票的资质提出了要求，并且明确了用于交换股票的安全保证措施，防范债券的违约风险。《规定》要求：公司债券交换为每股股份的价格应当不低于公告募集说明书日前20个交易日公司股票均价和前一个交易日的均价。在调整或修正交换价格时，如造成预备用于交换的股票数量少于未偿还可交换公司债券全部换股所需股票的，公司必须事先补充提供预备用于交换的股票，并就该等股票设定担保，办理相关登记手续。

2004年11月2日颁行的《证券公司股票质押贷款管理办法》则明确了证券公司从事股票质押贷款的标准、条件、程序及具体操作办法。

(三)股权质押融资的尽职调查

股权质押融资，即通过股权质押的方式获得来自银行或其他金融机构的贷款，为了确保质押的股权的真实性、合法性及其价值的相当，需要对质押的该部分股权乃至该股权所在企业进行详细的尽职调查，以保证贷款的安全性和可靠性。

股权质押融资针对两类不同的企业，上市公司和非上市公司。上市公司由于其受到相关上市公司严格规范的信息披露要求，很多信息和资料可以通过公开的渠道获得且具有相当的可信度，一般来说难度较小，只需要针对一些重要的方面或可能被忽略的方面进行重点的核查即可；而针对非上市公司的尽职调查，则要困难和复杂许多，如资料及信息的真实性问题、当事人刻意隐藏相关资料的问题等，需要尽调律师以敬业的精神、专业的经验及高度的责任感去认真对待，仔细挖掘。

以下是一份针对上市公司的股权质押融资尽职调查清单的范本，见表2-15。

表2-15　股权质押类融资尽职调查材料清单

序号	材料类别及适用人	材料清单
一	客户基本材料	尽职调查材料应加盖企业的公章
	借款人/保证人	□法人营业执照副本（影印件）；事业单位法人证书（影印件）（经年检合格，执照或证书在有效年限内）
		□法人组织机构代码证书（影印件）
		□法定代表人身份证明（影印件）
		□法定代表人授权委托书、签字样本（原件及影印件）
	借款人/保证人	□贷款证（卡）（影印件）（含年审记录情况和密码）
		□近3年年度及最新一期（最近月报或季报）会计师事务所审计报告和财务报表（资产负债表/利润表/现金流量表/所有者权益变动表/附注），企业成立不足两年提供与其成立年限相当的财务会计报表
		□有限责任公司、股份有限公司、合资合作企业或承包经营企业的董事会（股东会）或发包人同意设立股权质押融资、同意申请信贷的决议、文件或具有同等法律效力的文件或证明
		□公司或有负债及对外担保及未决诉讼情况说明
		□公司基本情况介绍（电子版）
		□公司章程（影印件）
		□律师事务所的法律意见书（或有）
二	授信业务材料（借款人）	□尽职调查材料应加盖企业的公章
	质押方式	□质物及出质人资料
		□缴存保证金额度的意向性文件
		□质押财产的权属证明文件
		□股票名称及持股证明
		□持股数量及性质
		□本次拟质押融资的股票数量
		□持股股票目前的状态（是否已处于质押状态，以及已出质的股票数量，是否处于限售状态等）
		□股份有限公司、有限责任公司、中外合资企业、中外合作企业出质的，须提供董事会（或股东会）关于同意质押担保的文件

续表

序号	材料类别及适用人	材料清单
三	其他说明事项	□融资资金的用途
		□还款来源
		□融资企业的介绍、经营情况分析及实际控制人简介

由此可见，股权质押融资关注的重点还是在于企业经营情况的基本面、债权债务状况及资金用途、还款能力等方面，确保债务履行的及时性、安全性。

除以上上市公司股票质押融资尽职调查的内容外，如果是非上市公司，至少还需要对以下内容予以关注：

1.公司对外质押、抵押、保证等担保情况；

2.公司及股票出质人的银行征信报告；

3.公司固定资产及无形资产权属证、状态；

4.公司及股票出质人涉讼及执行情况；

5.资金用途的具体项目；若是房地产开发项目，则需提供“四证”及进展情况。

通过对股权质押公司的全面细致的尽职调查，以保证股权质押融资还款的安全与保障，是股权质押融资开展的前提及必要条件之一。

十六、担保公司或对外担保尽职调查

对外担保既是专业的担保公司的一项经营业务，也是很多公司为了获得银行贷款、融资而必须提供的一项增信措施，目的是发放贷款的银行或者提供融资的出资方获得一种资金安全的保障。

为了银行顺利地发放贷款，或者是公司能顺利获得贷款方、资金出借方的融资，担保公司需要为其提供保证担保，根据原《担保法》第16条之规定，这种保证担保的方式有一般保证和连带责任保证，两者在保证人承担责任的顺序上和保证生效的条件上存在差别，从而在法律风险上也有所不同。而一般贷款方都会要求担保公司提供连带责任保证担保。

从专业的担保公司角度，担保作为其一项经营业务，公司须最大限度地规避相应的信用风险；而作为为其他公司融资提供担保的非专业公司来说，也要最大限度地减少作为担保方承担的代偿风险，这就需要对被担保方进行尽职调查，以明确其所提供信息的真实性及担保风险所在和大小。

担保公司对被担保方进行尽职调查，一般从以下几个方面进行调查。

（一）被担保方的基本情况

如公司名称、成立时间、地址、注册资本、经营范围；工商登记信息（企业沿革，包括企业近3年主营业务、股权、注册资本等企业基本情况的变动及变动原因简述）、企业类型（高新技术企业/劳动密集型企业）、股权结构、近3年主要业绩及大事记等。

其他还有企业发展方向及战略，经营资质获取情况、企业获得技术和其他证书、荣誉等。

（二）被担保方经营管理情况

包括但不限于管理层人员组成、学历、资历、素质、管理现状评价（对内部组织架构、决策程序、人事管理、财务管理、激励机制、管理薄弱环节等作简要分析说明）。

（三）被担保方产品市场及行业状况

1.企业产品及制造方法介绍：主要介绍企业产品种类、产品用途，属自主生产或是委托加工或其他形式；

2.企业生产状况：主要说明企业生产设备状况，生产管理基本模式和产能状况；

3.产品技术状况：主要说明产品技术来源，技术的先进性表现，生产工艺先进性，技术人员构成，有无产品的技术研发机构等；

4.市场需求及产品发展前景：包括产品的市场占有率，市场发展空间，市场需求状况等，以及企业研究开发成果，新产品生产能力，安全生产状况，环保问题等；

5.产品所在行业分析：行业发展趋势，进入该行业的政策限制、基本条件，行业的周期分析及预测；

6.产品竞争分析：包括企业的主要竞争对手的说明，该企业所在的行业地位，质量管理体系实施情况，企业的主要竞争优势表现；

7.营销策略：主要说明本企业在产品的销售体系建立、价格政策的确立、售后服务模式等方面所采取的措施；

8.主要客户群体分析：说明企业的前十大供应及销售商的情况，分析客户变动原因对企业的影响力。

（四）企业信用情况

企业信用情况、股东信用情况、现有贷款记录，可以到所在地人民银行或企业开户行打印企业征信报告及股东个人征信报告的方式获得。

（五）财务分析

偿债能力分析：分析偿债能力时，不要忽略未在报表中反映的或有负债，如，各种赔款、诉讼未决事项及对外担保等责任引起的负债；

经营能力分析：应注意剔除企业非正常经济业务带来的收益，应着重分析企业的主营业务的获利能力；

成长能力分析：应区分企业增长是由于经营管理水平的提高带来的，还是由于外部经济环境变化或其他原因而产生的；

销售收入分析：应核实销售收入真实情况、涉及销售收入的其他重要情况说明等；

以及上下游情况分析、现金流分析、财务分析综合结论等，见表2-16。

表2-16 财务分析材料清单

指标	序号	项目	前年	去年	今年
			年	年	年 月
偿债能力	1	总资产			
	2	流动资产			
	3	货币资金			
	4	应收账款			
	5	其他应收款			
	6	存货			
	7	固定资产			
	8	总负债			

续表

指标	序号	项目	前年	去年	今年
			年	年	年 月
偿债能力	9	短期借款			
	10	应付账款			
	11	其他应付款			
	12	长期借款			
	13	资产负债率			
	14	流动比率			
	15	速动比率			
经营能力	16	年营业收入			
	17	销售利润率			
	18	应收账款周转率（次）			
	19	存货周转率（次）			
成长能力	20	净资产增长率			
	21	销售收入增长率			
	22	利润增长率			
	23	利润增长额			
销售收入	24	银行流水			
	25	纳税收入			
	26	查看政府数据			
	27	翻阅账簿凭证			
	28	查验出入库单证、销售台账			
	29	对比“三表”数据波动			
	30	核实往来款项			
	31	核实账外收入			

（六）风险性分析

主要包括政策性风险分析、技术性风险分析、经营管理风险分析、市场风险分析、财务风险分析、道德风险分析等方面。

（七）贷款用途及还款来源

可能的贷款用途包括用于补充流动资金、偿还其他银行债务、固定资产投资、股权收购、证券投资及采购原料等，还款来源为销售收入、银行借款、收回短期投资或出售资产、增资扩股及其他。

（八）信用结构方案

信用结构方案是指信用主体各类债务资金占总债务的比例。

由于各类债务资金的风险、投资偏好等不同，形成了信用主体的外部信任度不同，因此，信用结构方案就成为债权人、投资者判断信用主体信用的重要参考。

（九）结论

影响决策的提示：技术方面、销售方面、资产方面、人才方面、管理方面、政策方面。

对于被担保人又称债务人的担保，应当着重从债务人的还款能力角度出发，全面考察构成其还款能力的诸方面要素及其组合，所以现实中还应结合债务人企业的生产经营情况、债权债务、资产状况等各方面的情况进行综合判断。

十七、长期业务合作客户尽职调查

企业在长期的发展过程中，一般会通过对外合作积累一些稳定合作的客户，他们对于企业来说都是必不可少的支持与帮助，为企业发展提供源源不断的资源，通过跟他们的合作，双方都获得了互利共赢的市场机会，在合作中生存，在合作中共同发展，因此，企业一般都会珍视跟这些客户稳定的合作关系。但在企业开展合作的初期都会面临一个互相磨合、建立彼此间信任的过程，在这个过程中往往会面临一些不确定的因素，需要企业引起足够的重视，这就需要对其进行初步的尽职调查以明确未来持续合作的可行性，降低法律风险。

一些知名的跨国公司都会建立自己的客户库，通过前期详尽的尽职调查、各种填表尽可能详细地掌握合作客户的信息，并以此作为准入的门槛，从而确保合作的合格性、可靠性及稳定性。合作客户的尽职调查，目的是通过一些方法和途径尽可能多地了解合作客户的相关信息，如经营情况、负债情况、诚信评价、对外担保情况、未来发展规划、涉讼、仲裁及行政违规情况等，从而形成对合作对象全面、客观的评价与判断，以确定合作的规模、方式、付款方式、注意事项及可能的法律风险。一般而言，对合作对象的尽职调查分为以下几个方面。

（一）合作客户的基本情况

工商登记信息，包括但不限于公司的设立、历史演变、历次变更、增资扩股。

企业基本资料，如营业执照（已与组织机构代码证、税务登记证三证合一）、银行开户许可证、贷款卡、企业征信报告。

公司的经营资质、经营许可证、各类荣誉证书、获奖证书。

（二）行业情况及在行业中的排名情况

行业发展现状、行业未来发展前景及发展空间、行业最新发展趋势、该企业在行业的地位、排名及评价，可以通过行业协会或竞争对手、合作伙伴去了解。

（三）公司股权结构情况

通过对股权结构的分析，确定公司的控股股东、实际控制人。

（四）公司组织结构图及管理架构的职责划分

公司董监高及其组成人员，明确其在公司管理中的职责分工。

（五）企业的经营状况

企业经营的产品或提供的服务，产品结构，产品的可替代性及竞争力，年销售收入及其组成，利润情况，生产技术及工艺先进程度，技术研发的投入及后续改进等。

（六）企业的财务状况

企业近3年的审计报告及最近一期的财务报表。

（七）企业资产状况

包括固定资产如土地、房产、主要生产设备等；无形资产如专利、注册商标、专有技术、著作权、特许经营权等。

(八)企业对外的债权债务情况

企业最新的债权债务情况统计，对外负债及或有负债，债务清偿情况及清偿计划，账龄，负债产生的原因；企业对外债权情况，偿还计划，收回的可能性分析，产生的原因等。

(九)企业对外担保情况

企业资产对外抵押、质押情况，跟其他企业之间互保情况，相关合同和协议。

(十)重大经营合同、贷款合同、担保合同等

审查供应及销售合同、技术研发合同、贷款合同及担保合同(如有)等，了解合同的主要条款是否完备，双方的权利义务设置是否合理，合同履行情况，是否产生过争议及如何解决的。

(十一)企业及控股股东、董监高近3年涉及的诉讼、仲裁及行政处罚情况

由于其中会涉及企业经营中的一些商业秘密问题，所以有些尽量通过公开的渠道去获得；对于一些需要企业配合提供的，则尽量跟企业负责人做好充分的事先沟通，对尽职调查的重要性及必要性作出充分的说明，是为了双方长期、稳定的战略合作。

笔者曾经为一些外资企业在中国的业务发展合作伙伴时做过类似的法律尽职调查，外资企业对于长期客户或称战略合作客户的准入特别谨慎和严格，会设置严格的程序和筛选标准，通过层层递进的尽职调查材料提供、问卷调查的方式首先将不予配合、不够诚信的客户剔除掉，然后确定一定数量的企业入围，进入其客户资料库，一般分为供应商库、采购商库等，分门别类地确立合作客户范围及名单，并且定期进行实地考察、评估，对企业产品进行抽样检验等多种方式，目的就是更好地对合作客户进行事先风险防范与预警、事中过程管理，减少合作中可能产生的各类风险如质量风险、供应风险、财务风险、法律风险等，从而保证自身经营的稳定性、连续性。随着企业外部经营环境的变化，特别是经济一旦走入下行通道时，越来越多的企业面临外部违约或遭遇经济诈骗，为了保证企业正常的对

外经济交往和经营活动，对合作客户的尽职调查显得尤为重要，至少可以在一定程度上防范风险于未然。

十八、资产证券化尽职调查

（一）资产证券化概述

资产证券化是以特定资产组合或特定现金流为支持，发行可交易证券的一种融资形式。通俗而言就是指将缺乏流动性、但具有可预期收入的资产、现金流，通过在资本市场上发行证券的方式予以出售，以获取融资，以最大化提高资产的流动性。这里所指“资产证券化”仅指狭义的资产证券化。

自1970年美国的政府国民抵押协会首次发行以抵押贷款组合为基础资产的抵押支持证券——房贷转付证券完成首笔资产证券化交易以来，资产证券化逐渐成为一种被广泛采用的金融创新工具而得到了迅猛发展，在此基础上，现在又衍生出诸如风险证券化产品。传统的证券发行是以企业为基础，而资产证券化则是以特定的资产池为基础发行证券。在资产证券化过程中发行的以资产池为基础的证券就称为证券化产品。资产证券化（Asset-backed Securitization）是指将缺乏流动性的资产转换为在金融市场上可以自由买卖的证券的行为，使其具有流动性。资产指的是任何公司、机构和个人拥有的任何具有商业或交换价值的财产。资产的分类很多，如流动资产、固定资产、有形资产、无形资产、不动产等。

（二）资产证券化分类

广义的资产证券化是指某一资产或资产组合采取证券资产这一价值形态的资产运营方式，它包括以下四类：

1.实体资产证券化：实体资产向证券资产的转换，是以实物资产和无形资产为基础发行证券并上市的过程。

2.信贷资产证券化：将一组流动性较差的信贷资产，如银行的贷款、企业应收账款，经过重组形成资产池，使这组资产所产生的比较稳定的现金流收益并且预计今后仍将继续稳定，再配以相应的信用担保措施（又称“增信措施”），在此基础上把这组资产所产生的未来现金流的收益权转变为可以在金融市场上流动、信用等级较高的债券型证券进行发行的过程。

3.证券资产证券化：证券资产的再证券化过程，就是将证券或证券组合作为基础资产，再以其产生的现金流或与现金流相关的变量为基础发行证券。

4.现金资产证券化：现金的持有者通过投资将现金转化成证券的过程。

概括地讲，一次完整的证券化融资的基本流程是：发起人将证券化资产出售给一家特殊目的机构（Special Purpose Vehicle，SPV），或者由SPV 主动购买可证券化的资产，然后SPV将这些资产汇集成资产池（assets pool），再以该资产池所产生的现金流为支撑在金融市场上发行有价证券融资，最后用资产池产生的现金流来清偿所发行的有价证券。

过去有很多资产成功进行了证券化，例如应收账款，汽车贷款等，当前出现了更多类型的资产；又如，电影特许权使用费、水电气费应收款单、健康会所会员资格、公园或游乐园门票收入、高速公路收费等，但核心条件是一样的，即这些资产必须能产生可预见的稳定的现金流。

目前我国试点资产证券化的银行有两家，分别是国家开发银行和中国建设银行。事实上，我国资产证券化试点之路颇为漫长。2005年，中国人民银行和（原）银监会联合发布《信贷资产证券化试点管理办法》，随后建设银行和国家开发银行获准进行信贷资产证券化首批试点。在中国人民银行和（原）银监会主导下，基本确立了以信贷资产为融资基础、由信托公司组建信托型SPV、在银行间债券市场发行资产支持证券并进行流通的证券化框架。

目前我国开展资产证券化和贷款转让已势在必行。在2005年中国人民银行和（原）银监会联合发布《信贷资产证券化试点管理办法》后，我国资产证券化经过近六年试点，已经积累了大量的实践经验。

1.根据基础资产分类

根据证券化的基础资产不同，可以把资产证券化分为不动产证券化、应收账款证券化、信贷资产证券化、未来收益证券化（如高速公路收费）、债券组合证券化等类别。

2.根据资产证券化的地域分类

根据资产证券化发起人、发行人和投资者所属地域不同，可把资产证券化分为境内资产证券化和离岸资产证券化。

国内融资方通过在国外的特殊目的机构（Special Purpose Vehicles，SPV）或结构化投资机构（Structured Investment Vehicles，SIVs）在国际市场上以资产证券化的方式向国外投资者融资称为“离岸资产证券化”；融资方通过境内SPV在境内市场融资则称为“境内资产证券化”。

3.根据证券化产品的属性分类

根据证券化产品的金融属性不同，可以分为股权型证券化、债券型证券化和混合型证券化。

值得注意的是，尽管资产证券化的历史不长，但相关证券化产品的种类层出不穷，名称也千变万化。最早的证券化产品以商业银行房地产按揭贷款为支持，故称为“按揭支持证券”（MBS）；随着可供证券化操作的基础产品越来越丰富，出现了资产支持证券（ABS）的称谓；再后来，由于混合型证券（兼具股权和债权性质）越来越多，干脆用CDOs（Collateralized Debt Obligations）概念代指证券化产品，并细分为CLOs、COMs、CBOs等产品。近年来，还采用金融工程方法，利用信用衍生产品构造出合成CDOs。

（三）资产证券化当事人

资产证券化交易比较复杂，涉及的当事人较多，一般而言，主要有以下重要的当事人：发起人、证券化产品投资人、特设信托机构（SPV）、资金和资产存管机构、承销商、投资银行、信用增级机构或担保机构、资信评级机构、托管人及律师等。

除上述当事人外，证券化交易还可能需要金融机构充当服务人，服务人负责对资产池中的现金流进行日常管理，通常可由发起人兼任。

（四）资产证券化的目的和作用

资产证券化的目的在于将缺乏流动性的资产提前变现，解决流动性风险。由于银行有短存长贷的矛盾，资产管理公司有回收不良资产的压力，因此在我国，资产证券化得到了银行和资产管理公司的青睐，中国建设银行、中国工商银行、国家开发银行、信达资产管理公司、华融资产管理公司等都在进行资产证券化的筹划工作和试点工作。

资产证券化的作用在于：

1.利用金融资产证券化可提高金融机构资本充足率。

2.增加资产流动性，改善银行资产与负债结构失衡。

3.利用金融资产证券化来降低银行固定利率资产的利率风险。

4.银行可利用金融资产证券化来降低筹资成本。

5.银行利用金融资产证券化可使贷款人资金成本下降。

6.金融资产证券化的产品收益良好且稳定。

（五）资产证券化尽职调查

1.原始权益人尽调

（1）行业尽调

①所属行业发展阶段：企业能够健康持续发展与企业所处行业环境有着极大的关系，如果企业所处行业属于朝阳行业，那么我们可以给予美好的发展预期；如果企业所处为如高耗能、高污染等夕阳产业，那么企业未来的发展前景将会极不乐观。

②行业发展情况：通过网络、经营管理层访谈或其他渠道，如某些行业研究人员等了解行业的基本情况以及发行人的行业地位，重点关注原始权益人盈利模式、核心竞争优势、市场份额等。

（2）主营业务及财务情况尽调

通过公司访谈及对公司最近3年及一期审计报告或财务报表的审核查验，了解公司近年来盈利能力、负债情况、现金流稳定情况。通过公司三表对重点财务指标进行分析，并尽可能与同行业其他公司指标情况进行横向对比，形成对公司发展能力、偿债能力及盈利能力等的客观判断。如果对公司的财务分析仅停留在三表层面还是不够的，一定要细微观察审计报告中财务附注部分，从中发现公司是否涉及关联交易、对外担保及诉讼事件等。

2.担保人尽调

对于担保人的尽调，除了所处行业及主营业务财务情况尽调外，需额外关注公司是否存在大额对外担保事项。目前，企业之间互保现象非常广泛存在，情况严重，如果担保人涉及了大量对外担保，即使其自身保持了较好的发展和较强的盈利能力，一旦外部环境发生变化，被担保企业因为经营不力或其他原因导致无法按期偿还款项时，担保企业难以置身事外，往往会被拖累。

3.基础资产尽调

企业资产证券化基础资产类型主要有两大类：一类是债权类资产，如小额贷款、应收账款、租赁债权等；另一类是收益权类资产，如路桥收费、供水、热、电收费收益权等。

（1）债权类基础资产

对于债权类基础资产：

首先，要审核原始权益人合同权利的真实性、有效性、合法性和完整性，且原始权益人必须已经充分履行己方义务，确保债务人在法律层面上无任何理由不履行债务责任；

其次，审核债务人有哪些抗辩权，审核抗辩权是为了最大限度地减少未来因债务人行使抗辩权而导致现金流入不稳定因素，如对于汽车租赁债权，承租人除了享受以保证金冲抵最后一期租金外，是否存在其他抗辩权；

再次，要审核基础资产是否附带抵押、质押等担保负担或其他权利限制，如已设置担保负担或其他权利限制，需关注拟采取的解除限制措施的法律效力及生效要件；

最后，要审核基础资产合同的可转移性，债权人是否有权利在无需取得债务人同意的前提下将债权转移，或是否存在第三人享有债权主张权，举个例子，在世贸购房尾款和碧桂园应收账款资产支持专项计划发出来之前，笔者就已接触了类似项目，用某一开发商享有的购房尾款应收账款作为基础资产，然笔者在对合同进行审核时发现，合同中约定开发商获得的应收账款回收款要优先偿还其开发贷，贷款银行享有的这一权利主张事实上限制了基础资产合同的可转移性。

（2）收益权类基础资产

“收益权类资产往往依附于单一的经营实体或独立的实物资产而获取经济利益，譬如路桥收费、水电气公用事业、公园景区、物业租金等，其未来现金流的名义金额无法确定”（引自大公国际评估），所以对于收益权类资产证券化项目，首先，要关注经营主体收益权的合法合规性，如主题公园的经营者，是否合法拥有土地使用权、项目建设及验收文件、安保与消防文件等，再如发电设备的经营者是否有《并网协议》《年度购售电合同》《并网调度协议》等；其次，要关注经营主体的稳定性和可替代性，基础资产未来现金流的稳定流入取决于经营主体持续良好的运营管理，同时，关注收益权的取得是否需要经营主体获得相关部门的授权与行政许可，授权或许可到期时间不得早于产品设计期限，另外，还应结合经营主体所在行业特点分析同类竞争者出现的可能性；最后，要关注未来收益权是否处于抵押状态。

（六）资产证券化涉及的主要法律法规

《信托法》（2001年4月28日第九届全国人民代表大会常务委员会第二十一次

会议通过）；

《信贷资产证券化试点管理办法》（中国人民银行、中国银行业监督管理委员会制定，2005年4月20日公布）；

《信贷资产证券化试点会计处理规定》（财政部于2005年5月16日公布）；

《证券公司资产证券化业务管理规定》（中国证券监督管理委员会于2013年3月15日公布）；

《深圳证券交易所资产证券化业务指引》（深圳证券交易所于2013年4月22日公布）。

十九、PPP项目尽职调查

PPP（Public-Private-Partnership），是一种公私合作模式，是公共基础设施中的一种新的项目融资模式。在该模式下，政府鼓励私营企业、社会资本参与合作，参与公共基础设施的建设。

PPP模式本质上是政府与社会资本合作，为提供公共产品或服务而建立的全过程合作关系，以授予特许经营权等为基础，以利益共享和风险分担为特征，通过引入市场竞争和激励约束机制，发挥双方优势，提供公共产品或服务的质量和供给效率。即建立政府与企业“利益分享、风险共担、全程合作”的模式，形成“政府监管、企业运营、社会评价”的良性互动格局。PPP模式的核心是在公共服务领域引入市场机制，因此，它不仅是单纯的融资方式，也是一种机制和制度设计。

2015年5月，国家发展改革委建立了首个国家部委层面PPP项目库，向社会公开推介了第一批PPP项目；12月，国家发展改革委发布了第二批PPP推介项目，共计1488个项目、总投资2.26万亿元，涵盖农业、水利、交通设施、市政设施、公共服务、生态环境等多个领域。

作为一种基础设施的建设模式，PPP模式是从BOT、BOTT等模式演变而来，但是又有所不同，是在政府特许经营模式下，由政府、社会资本及建设方共同参与的基础设施建设，涵盖了从项目立项、融资到项目建设、运营的全过程，是政府、社会资本及建设方、运营方多方深度介入的一种合作模式，其特点是参与方众多、涉及融资规模大、建设及运营周期长，可想而知，在此过程中涉及民法典、公司法、行政法、投融资法等各方面的法律关系，所以产生的法律风险不但节点多，而且更为复杂，所以，PPP项目中的尽职调查显得尤为重要和必要。

一般的PPP项目尽职调查至少应涵盖以下几个方面的内容。

（一）项目基本文件

1.政府立项批文（包括计委、环保、城建、国土等部门）；

2.可行性研究报告及其批复文件；

3.交易结构；

4.投融资结构及政府相关部门同意项目公开招商融资的批文，是否已有意向投资方；

5.若项目已进行其他法定程序，则需提供相关的证明文件；

6.与城市发展总体规划的匹配性；

7.项目实施机构；

8.项目拟用的工艺、技术；

9.规划用地的使用权证明，现有房产及其他设施的权属证明；

10.建设规划情况；建设期及经营期；

11.项目基本投资情况；如项目总投资、资金来源、投资周期及投资回报、商业模式等；

12.政府是否愿意参股项目公司及如何参与；若参股，由哪个单位代表政府方股东权利；

13.土地征收及清理费（包括失地补偿）费用；搬迁及地上物补偿费用；土地整理费用；电力接入系统（含临电）费用；外部生产供水管线费用；外部生活供水管线费用；外部排水管线费用；厂区外部道路费用。

上述费用总计多少。

此外，有无对投资补助的政策或贷款贴息政策。

14.项目是否已经进驻建设，目前处于哪个阶段；

15.PPP项目享有哪些税收优惠政策；

16.土地系划拨还是出让。

（二）交易结构

1.盈利模式是否已确定：使用者付费，可行性缺口补助。

2.政府承诺确定：在多大范围内不再批准建设类似项目。

3.是否收费及收费标准，价格调整启动机制。

4.各项保证金：履约保函、运营维护保函、采购保证金。

5.相关部门对于本项目的书面文件：各种会议纪要、发改、税务、国土、规划、物价、环保、电力等部门的征求意见函及回复函。

6.项目是否存在其他收费模式，如广告经营权等。

（三）运作方式

运作方式确定：是BOT还是BOTT？

（四）物有所值评价及财政承受能力

1.商业用水电气收费标准；

2.政府前五年的财政收入数据；

3.该项目后期运营工作人员的工资待遇；

4.有无预期收益率；

5.物有所值评价小组成员确定；

6.评审小组、谈判小组成员确定；

7.其他涉及财政的说明。

（五）对社会资本方的要求

1.主体要求：资质、项目负责人；

2.业绩要求确定，有无特别要求；

3.财务要求确定；

4.其他要求。

（六）采购方式选择

1.有无意向社会资本介入；若有，有何资质要求；

2.是否已经选定社会资本，有法定文件支持；

3.是否已经开工建设，项目设计规划；

4.融资意向单位，洽商的会议纪要；

5.资格预审安排，条件及程序的设置，评审标准的确定；

6.公开招标或磋商，PPP 模式的投标形式设置、评分标准设置。项目合同法律安排、融资协议法律安排、保险合同法律安排、建设工程合同法律安排、监理合同法律安排、项目公司股东协议法律安排、公司治理体系法律安排。

（七）保障措施

1.是否设立 PPP 中心或者设立 PPP 项目领导小组；

2.实施程序安排。

（八）时间推进安排

1.工程建设里程碑时间节点设置；

2.如安排了时间节点，如何保证按时推进；

3.其他说明。

（九）项目移交安排

1.移交委员会人员构成确定。

2.移交委员会职责确定：最后恢复性大修的程序、方法和具体要求；性能测试程序、方法和具体要求；移交程序、方法和具体要求；设施及人员等安置清单。

3.设置移交的先决条件：大修、测试结果、年限、设施设备等情况。

4.未完成合同的承继；备品备件；质保期；资料移交包括图纸等建设、运营、维修、保养过程中的资料。保密范畴的确定。

（十）项目实施机构认为需要提供的其他文件和说明

其他兜底性文件和说明（略）。

二十、房地产项目转让与合作开发尽职调查

（一）房地产项目转让

1.概述

房地产开发项目，一般是指已经批准立项，取得完备的土地使用权证，并在土

地上作了一定投资，完成了土地上的“三通一平”和勘探、设计等基础工作，经过报建批准，取得施工许可证，具备开工条件的建设工程项目。房地产开发项目转让，是指权利人将其拥有的建设工程项目转让给受让人，双方就转受让该建设项目确立权利、义务关系的民事行为。

开发商在从事房地产项目开发的时候，会基于各种原因的考量，将进行到一定阶段的建设项目进行转让，有的因为资金链问题，有的是因为销售措施不力导致进展慢，销售周期太长造成资金回笼慢，还有些对于该项目的未来前景不看好等各种原因，总之，通过房地产项目的转让，可以实现资源的有效配置与重组，提高土地、资金的利用率和效率，因此，房地产项目转让是开发商的一种市场行为。

2.尽职调查

房地产项目的转让，从转让形式看可以分为项目公司股权转让和在建工程资产转让两种，这两种转让方式存在转让标的不同、法律风险不同、税率不同及权利义务不同等因素，两者区别很大。资产转让只需要对该块土地及在建工程等相关项目进行评估后双方依据评估价格进行交易价格的磋商并达成一致协议就行了，缺点就是出让方税负很高，所以很多企业为了规避高额的土地使用权转让增值税等往往采取将项目公司股权整体或部分转让的方式，这样的话可以节省一大笔的税金。

房地产项目公司的股权转让，就涉及对项目公司股权的准确估值的问题，为了避免不必要的法律风险及确定合理的转让价格，需要对项目公司进行转让前的尽职调查工作。

（1）应对项目公司的合法存续及经营情况进行调查

①公司的基本资料

公司是否合法设立，是否正常经营，有无因违法经营存在被吊销营业执照、被勒令停止经营的情况，公司股东是否主体适格（实际出资人与登记股东是否一致，出资是否按时足额缴纳），转让标的是否适格（股权有无抵押登记或被查封），对外转让是否合法（是否符合法律及公司章程的程序和实体规定），应到公司住所地公司登记机关查询工商登记信息。

一般作为某个项目开发而设立的公司，其存续时间不会太久，所以相对来说其设立与历史沿革会比较简单。如果设立时间较长，则需要关注其历次变更的合法合规性问题，以确认其是合法存续并有效运营的。

②公司的资质登记及年检情况

各资质等级企业应当在规定的业务范围内从事房地产开发经营业务，不得无资质或超越资质等级进行项目开发。应查询建设行政主管部门公司的资质登记及年检情况，并确定公司具备承担目标房地产项目开发的资质。

③公司的经营情况

如公司年度报告、财务及审计报告、纳税情况等，审查公司对外签署的合同及其履行情况，尤其是公司的对外担保情况。

（2）拟转让项目的主体调查

①审查房地产项目的合法性

如项目的所有权证和批文，包括：

项目的国有土地使用证以及土地使用权转让合同和土地出让金缴纳发票；

项目的建设用地规划许可证或规划意见书；

项目的建筑工程规划许可；

开工证等。

项目所在地的规划情况（包括控制性规划和详细性规划）；

项目的可行性批复；

项目的规范性调查；

项目以前的经济活动的调查。

其他如国有土地出让合同及动拆迁补偿合同、发改委立项文件或可行性方案批复、预售许可证、大产权证或小产权证、规划审核意见书或规划部门对方案的批复、项目各类市政配套部门的征询意见、项目的方案文本、扩展文本或施工图、项目的地质勘探报告、项目的各类验收报告、项目面积测绘资料等。收购项目的报批报建或施工到不同的阶段需提供以上的不同文件，由浅到深到细。

通过以上文件的尽职调查主要是了解：

项目土地取得的来源及合法性，土地使用的时间和原始土地价格的多少，并结合财务调查了解土地款项的支付情况；

项目规划主管部门审批的用途及各类经济技术指标；

依收购项目进展到不同阶段了解所需的相关政府职能部门的审批文件和手续是否完整，是否合法；

如项目工程已实际开工，应了解项目工程的图纸、开工审批手续及政府质检部门阶段的验收报告和工程档案必需的文件图纸，以确保今后竣工验收的合规性。

项目资产权属是否明确、清晰、无瑕疵（如有无抵押登记、是否被查封等），土地使用权是否依法取得、取得方式、出让金是否足额缴纳、土地用途、使用年限及建筑物的占用空间，项目的设计用途等是否符合受让方的投资需求（若不符合需求可否依法变更），相关审批手续是否已经依法办好，如有无取得建设用地规划许可、建设工程规划许可证、施工许可证等。

②审查项目开发情况

是否存在尚未拆迁完毕、需受让方承担拆迁补偿责任的风险；项目规划是否合理、有无超规划的情况；项目的相邻关系是否存在纠纷或者潜在危机（如因采光、日照、通风、建设工地噪声等原因引发纠纷或者诉讼，导致工期拖延和经济赔偿双重损失等）。

（3）项目公司的财务审计

①对项目公司的资产负债表、损益表和现金流量表进行审计（目的是主要审查项目的资产和负债情况；税务情况和债务情况）；

②项目公司需提供原始凭证和账册；

③项目公司的往来账款情况（目的主要是考察项目的采取是否干净）；

④项目公司财务的现金流调查（目的主要是防止项目公司利用财务手段清理债权债务）；

⑤审计项目公司的资金到位和使用情况；

⑥审计项目公司的纳税情况、债务情况以及项目公司的银行账户。

（4）项目转让主体的基本情况

目标公司的情况：股权转让方的主体资格、持有目标公司的股权和转让该股权的意愿；股权受让方的主体资格、受让该股权的意愿；目标房地产项目的情况，包括：项目概况（坐落地点、项目性质、四至、占地面积、有关规划指标等）、土地现状、项目现状（项目报批现状包括规划参数并列明取得的批文，项目动拆迁、开发现状如停建、缓建，项目设计的土地或工程的权利限制情况等）、关于该项目的其他政府批文、法律文件等。

通过对以上情况、资料及信息的尽职调查，可以基本了解项目及主体的基本情况，解决其合法性及掌握项目公司的财务状况，有利于双方就此开展项目转让的实质性谈判，有理有据地确定项目转让的一些基本条件。

（二）房地产项目合作开发

1.概述

所谓房地产项目合作开发，是指合作各方以提供出让土地使用权、资金等作为共同投资，共享利润、共担风险，合作进行房地产项目的建设、开发。

现实中，由于存在多种原因，基于共同的目的及相互需求，企业之间开展项目合作有很多种情况，而合作开展房地产项目开发则有其特殊的地方，因为房地产项目涉及开发公司的资质、土地使用权的问题等，这就决定了房地产项目合作开发具有更大的法律风险。

2.尽职调查

为了准确了解房地产项目合作开发的法律风险并对合作开发后的成本和利益进行准确的评估，在合作开发前期的尽职调查就显得非常重要。

（1）合作各方公司基本资料

需要对合作各方公司的基本情况进行了解，包括但不限于公司的设立及历史沿革、营业执照（已与组织机构代码证、税务登记证三证合一）、公司章程、近两年的审计报告及近期财务报表（资产负债表、损益表及现金流量表）、银行贷款及担保、或有负债、公司股东会关于同意进行合作开发的股东会或董事会决议、房地产开发资质等级证书等，可以通过查询公司的工商登记信息及由公司主动提供的方式、谈话、网络查询等多种方式进行。

合作开发房地产项目，涉及房地产开发公司的资质问题，所以至少有一方必须具有符合开发项目要求等级的房地产开发项目资质。根据住房和城乡建设部《房地产开发企业资质管理规定》对房地产开发企业设定了四个资质等级，分别对不同资质等级的房地产开发企业应具备的流动资金、注册资本数额、从业人员资质、开发经历及规模等问题作出了限制性规定。

（2）项目相关信息

项目合作开发的土地如何取得、何时取得、出让金缴纳情况、取得方式、土地用途及规划情况，是否可以变更用途及其可能性，土地评估报告；合作开发的项目概述，可行性研究报告，投资测算明细等。

（3）项目的批复文件

项目立项批复、项目的水电气、环保、消防、绿化等的批复、项目规划意见书、项目规划设计方案、项目建设用地规划许可证、建设工程规划许可证和施工许可证、拆迁方案、拆迁手续办理情况及拆迁进展情况、项目融资安排等。

通过对以上内容尽可能进行详尽的了解、资料的收集与审阅，以最大限度地保证合作开发的成功率及各方的收益。

二十一、风力发电尽职调查

（一）风力发电概述

风能作为一种清洁的可再生能源，越来越受到世界各国的重视。其蕴藏量巨大，全球的风能估计约为2.74×10^9MW，其中可利用的风能为2×10^7MW，比地球上可开发利用的水能总量还要大10倍。

风很早就被人们利用，主要是通过风车来抽水、磨面等作为简单的加工业的动力源；而现在，人们感兴趣的是如何利用风来发电。中国新能源战略开始把大力发展风力发电作为重点，近年来，大量的投资开始涌入风力发电领域，一方面，跟国家的产业政策倾斜与鼓励有关，世界各国都面临着碳排放每年减排指标的压力；另一方面，风电作为可再生能源具有一次投资、长期收益的特点，而且风力发电本身也存在风力的地域局限性，从这个角度看，风力发电又具有资源的稀缺性。

风力发电是一项系统工程，投资风力发电具有初始投资大、风险大的特点，一旦涉足该领域，如果没有做过充分的尽职调查就会面临大额的沉没成本，甚至会造成投资的巨额损失，所以，风力发电投资项目前期的尽职调查就显得尤为重要。本书主要从投资入股风力发电企业的角度论述尽职调查。

（二）风力发电尽职调查

风力发电尽职调查涉及的方面很多，一般主要从以下几个方面开展调查：

1.某风电公司的设立、演变及存续

（1）某风电公司的设立：

①创立大会会议纪要；

②公司设立申请及批复；

③公司设立时的股权结构；

④公司设立时的验资及审计；

⑤关于公司设立的法律评价。

（2）某风电公司的演变：

①××××年××月××日变更事项及法律评价；

②××××年××月××日变更事项及法律评价；

③××××年××月××日变更事项及法律评价；

④××××年××月××日变更事项及法律评价；

⑤××××年××月××日变更事项及法律评价；

⑥××××年××月××日、××月××日变更事项及法律评价；

⑦××××年××月××日变更事项及法律评价。

（3）某风电公司的存续：

①公司目前基本情况；

②公司现有股东及出资情况；

③公司目前持有的证照；

④有关公司存续的法律评价。

2.某风电公司的组织构架及法人治理结构

（1）公司组织构架。

（2）公司的法人治理结构：

①公司目前的董事会成员、监事会成员及高级管理人员；

②公司章程。

（3）法律评价。

3.某风电公司近年审计及（增资）验资情况

（1）近五年审计情况：

①关于2014年度之审计；

②关于2015年度之审计；

③关于2016年度之审计；

④关于2017年度之审计；

⑤关于2018年度之审计。

（2）历次增资之验资情况：

①关于第一次增加注册资本之验资；

②关于第二次增加注册资本之验资。

4.风电场项目

(1)项目概况：

①某风电公司关于风电场项目的概述；

②关于风电场情况概述之法律提示。

(2)建设情况：

①新建工程情况(一期工程)；

②二期工程情况；

③国债风电××示范风电场项目工程情况(三期工程)。

(3)风电场房屋建筑物及其他配套设施情况：

①控制室及场区配套工程；

②道路基础围栏；

③塔基础护坡；

④变电所车库。

(4)对风电场项目的法律评价。

5.某风电公司的重大资产

(1)土地及房产：

①土地使用权；

②房屋等建筑物所有权；

③关于土地及房产的法律评价。

(2)机器设备：

①风电场的风机设备及配套设备状况；

②车辆状况；

③办公设备；

④关于机器设备的法律评价。

6.某风电公司的业务

(1)公司的经营范围。

(2)公司主要客户及供应情况：

①公司主要客户情况及近三年销售情况；

②公司近三年内与主要客户签订的合同履行情况；

③关于公司主要客户及供应情况的法律评价。

(3)某风电公司持有的许可证和证书:

①电力业务许可证;

②其他荣誉证书;

③关于公司持有相关证书的法律评价。

7.某风电公司所涉借款合同及对外担保

(1)工商银行某市分行贷款:

①借款合同;

②说明及补充担保协议;

③关于××银行贷款(外国政府转贷款)的法律评价。

(2)××银行××分行贷款:

①贷款合同;

②抵(质)押合同;

③关于××银行××分行贷款的法律评价。

(3)某市商业银行贷款:

①人民币借款合同;

②人民币借款保证合同;

③关于××银行××分行贷款的法律评价。

8.某风电的税务问题

(1)某风电执行的主要税种和税率:

①高新技术企业税收优惠;

②国产设备投资抵免。

(2)取得税务方面的荣誉:

①纳税先进企业;

②诚信纳税人。

(3)关于税务的法律评价。

9.其他

(1)某风电的劳动用工:

①某风电劳动用工基本情况;

②关于劳动用工的法律评价。

（2）某风电的重大诉讼、仲裁和行政处罚案件：

①某公司涉及的交通事故；

②某风电可能涉及的其他重大诉讼、仲裁和行政措施。

10.关于某风电重大事项的法律风险提示

（1）关于股权代持；

（2）关于实物出资；

（3）关于法人股东、国有公司、职工持股及持有股份的转让；

（4）关于风电场项目；

（5）关于重大机械设备；

（6）关于重大合同及债务；

（7）关于关联交易；

（8）关于输出电力设备产权分界点；

（9）关于交通事故理赔；

（10）关于重大机械设备保险。

从以上尽职调查清单的内容可以大致分为两部分：风电公司及风电项目本身的情况，对风电公司的尽调侧重于公司本身是否依法设立并有效存续，公司组织架构及法人治理结构、公司业务、资产、负债、资质、税务及劳动用工等方面，其中与行业有关的主要是公司的经营资质及资金保障，以确保风电公司的合法性及是否具备实施风电项目的条件；而对项目的尽调则侧重于项目本身是否有详细的规划，可行性研究报告或商业计划书，是否有资金保障或融资计划及其可行性，是否获得了政府有关部门的审批和许可，项目的工程建设进展等情况。

二十二、矿业权尽职调查中的律师工作实务

随着我国经济发展水平的不断提高，特别是加入世贸组织以后经济的全球化、国际化，综合国力日渐增强，而经济发展的动力，很大程度上来源于资源的推动，由此，我国结合自身特点和国际矿业发展形势，制定了"引进来、走出去"的矿产资源投资开发战略方针，通过加强与国际矿业的沟通、融合，在国际舞台上充分展示了自身的发展水平和潜力。

在此大背景之下，围绕出让、转让、作价入股、合作开发、抵押、租赁等矿业权

的投资流转形式，形成了对各种矿产资源的投资热。实践中，矿业投资人通常需要依靠中介机构的调查来了解和掌握矿业权的有关情况，这给律师提供了一个业务平台和介入矿业市场的机遇，而矿业权尽职调查则是投资矿业的第一步，也是矿业权合作的前提和基础工作。

（一）尽职调查的必要性

在我国现行法律框架下，矿业权是一种通过行政许可设立的用益物权，具有浓厚的行政色彩，矿业权分为探矿权和采矿权，就二者的风险程度而言，探矿权针对的是未探明矿产资源勘查的风险投资，而采矿权是对已探明储量和性状的矿产资源进行开采和获得所开采的矿产品的权利。相较之下，进入矿业产业的起点，从取得探矿权开始的风险要远高于从取得采矿权开始。矿业投资中隐藏着诸多法律风险，是一个高风险的投资活动，因此，矿业投资人委托律师进行专业的法律尽职调查，尤其是针对探矿权显然非常具有必要性。

1.尽职调查可以有效防范法律风险

矿业权的取得基于行政许可，矿业权交易需要满足法定的各种条件，同时还需要履行严格的行政审批程序，尽职调查可以使矿业投资人在投资过程的开始阶段即了解拟投资矿业权的真实性、合法性、有效性、矿业权归属、权利义务瑕疵等重大事项的法律状态，了解哪些情况可能会给矿业投资人带来责任和负担，以及是否可能予以消除和解决及其成本等，厘清相应的法律关系，对可能涉及法律上的情况了然于心，有效防范法律风险。

2.尽职调查可以有效防范经济风险

矿业高风险、高投资的投资特性，使矿业投资人面临诸多风险，甚至可能遭受倾家荡产的损失，直接影响投资人今后的生存和发展。尽职调查可以使矿业投资人在决策时清晰地了解拟投资矿业的勘察资料、地质资料、资源储量探明报告、资源评价分析等详细情况，从而避免在缺少充分信息的情况下做出不适当的决策，造成重大经济损失。

3.尽职调查可以为下一步工作奠定基础

尽职调查是矿业投资过程中一个十分重要的环节，投资人可以委托律师对拟投资矿业涉及的相关事项进行尽职调查，以全面掌握拟投资矿业的相关情况，为下一步谈判策略的拟定及合同谈判奠定基础，从而在合同谈判及合同的拟定中合理设定双方的权利义务，使交易双方在公平、合理、合法的基础上达成最终协议。

（二）尽职调查的主要法律依据

矿产资源的法律体系从纵向上涉及宪法、行政法、民商法、刑法等法律、法规、部门规章、地方性法规规章等；从横向上涉及矿产资源所有权管理、勘查管理、勘查报告和成果资料管理、储量审批及登记管理、规划管理、审批发证管理、监督管理、有偿取得及转让管理、开发资金管理、投资管理等，是用来规范和调整矿产开发资源管理利用过程中不同主体之间的权利义务关系。律师针对矿业行业开展尽职调查工作所依据的一般性法律规范主要有以下几个方面：

1.法律、行政法规

（1）《中华人民共和国矿产资源法》（1986年3月19日公布，1996年8月29日修正并于1997年1月1日实施）；

（2）《中华人民共和国矿产资源法实施细则》（国务院令第152号）；

（3）《矿产资源勘查区块登记管理办法》（国务院令第240号）；

（4）《矿产资源开采登记管理办法》（国务院令第241号）；

（5）《探矿权采矿权转让管理办法》（国务院令第242号）；

（6）《矿产资源监督管理暂行办法》；

（7）《矿产资源补偿费征收管理规定》；

（8）《资源税暂行条例》；

（9）《全国地质资料汇交管理办法》；

（10）《矿产资源储量评审认定办法》等。

2.部门规章、规范性文件

（1）《矿业权出让转让管理暂行规定》；

（2）《探矿权采矿权转让审批有关问题的规定》；

（3）《探矿权采矿权招标拍卖挂牌管理办法（试行）》；

（4）《探矿权采矿权使用费减免办法》；

（5）《矿产资源补偿费使用管理办法》；

（6）《探矿权采矿权使用费和价款管理办法》；

（7）《探矿权采矿权评估管理暂行办法》；

（8）《探矿权采矿权评估资格管理暂行办法》；

(9)《地质勘查单位资格管理办法》;

(10)《探矿权采矿权价款转增国家资本管理办法》;

(11)《关于规范勘查许可证采矿许可证权限有关问题的通知》;

(12)《外商投资矿产勘查企业管理办法》等。

3.地方性法规及地方政府规章

除以上一般性规范外，由于矿产资源的种类具有多样性，针对不同资源还有很多特殊性规范，如黄金、海洋石油、盐业、煤炭、水及放射性矿产等，需在尽职调查中着重关注。

(三)尽职调查的律师工作实务

尽职调查是律师事务所的一项专门业务，是律师对调查目标的相关资料进行审查和法律评价的过程，是由一系列持续活动组成的，不仅涉及信息的收集、整理、归类，还涉及律师如何利用其具有的专业知识及经验去查实、分析、判断和评价有关信息的真实性及其价值。除了一般尽职调查需要了解的事项以外，矿业权法律尽职调查的重点包括以下几个方面：

1.勘查许可证或采矿许可证(以下统称“矿业权证”)的相关情况

(1)矿业权证是通过何种方式(是通过招标、拍卖、挂牌、申请在先、协议等出让方式还是转让方式)取得的，是否真实、合法、有效；如果是拍卖或挂牌取得的，成交价格是否与矿业权出让年限直接挂钩；探矿权证上载明的勘查单位是否具备所需的勘查资质；

矿业权基于行政许可取得，需要获得相关行政部门依法颁发的矿业权证，尤其是对石油和天然气矿产的勘探、开采，须经国务院指定的机关审查同意后，由国务院地质矿产主管部门登记，颁发矿业权证。因此，查明矿业权证的真实性、合法性、有效性；

(2)矿业权证的发证时间以及是否在有效期限内；

(3)矿业权人是否属于矿业权证载明的权利人；

(4)矿业权证载明的勘察范围或矿区范围；

(5)探矿权证上载明的勘察单位是否具备所需的勘察资质；

(6)矿业权证项下的矿业权是否属于国家出资勘查形成；如果是，转让人在获取矿业权时，是否按照评估备案或确认的结果缴纳了矿业权价款；

（7）矿业权证是否通过了上一年度的年度检查；

（8）勘查许可证载明的勘查阶段，探矿权的延续次数及延续阶段，以及是否存在勘查区块面积在下一次申请延续时被缩减的可能；

（9）矿业权是否被政府纳入整合计划、范围，矿业权证是否存在交易完成后无法得到延续的可能；

（10）矿业权是否存在权利负担或限制的情况，是否存在涉诉情况。

依照《矿业权出让转让管理暂行规定》的有关规定，矿业权人可以出租、抵押矿业权，可以与他人合作勘查或开采矿业权，而这类情况的存在会使矿业权投资人的权利受到限制，因此，律师开展尽职调查需查明是否存在上述情况；如有，则需查明租赁合同、抵押合同、合作合同、租赁的期限及条件、抵押权是否依法办理了备案或登记手续、抵押担保的债权范围、合作勘查或开采的期限、条件、合作各方的权利义务，以及该合作事项是否依法办理了审查、备案手续，矿业权是否涉及诉讼或存在司法查封、冻结的情况等，以供投资人决策参考。

（11）可能对矿业权的转让及受让人受让矿业权后产生不利影响的情况。

矿业权是否存在争议；矿业权人是否依法缴纳了探矿权使用费、采矿权使用费、资源税、矿产资源补偿费，及矿产资源有偿使用费和矿山环境治理恢复保证金；探矿权人领取勘查许可证是否已满两年（协议出让的是否满五年），不满两年的，在勘查作业区内是否发现可供进一步勘查或者开采的矿产资源；探矿权人是否完成了法定的最低勘查投入；矿业权人在获得探矿权时的勘查程度以及目前的勘查程度；探矿权系再次转让的，探矿权人是否能够提交比上一次转让更高勘查程度的勘查报告；探矿权人是否存在无故停工六个月以上的情况；探矿权延期后是否存在面积缩减的因素或可能性。

（12）矿业权人是否依法办理了勘查、采矿用地的用地审批手续；矿业权人与土地所有人签署的土地使用合同是否合法、有效；矿业权人是否按照土地使用合同的约定支付了土地使用费；是否存在土地使用合同被土地所有人依法终止或解除的风险。对矿山企业生产占用草原、林地的，是否依法办理相关占用手续。是否编制并严格履行土地复垦方案、水土保持方案等。

（13）与开采特定矿种相关的其他证照和地质资料、勘查报告及资源/储量相关的情况等。

2.与地质资料、资源储量等相关的事项

矿产资源的储量、质量及其开采的经济价值等直接决定了矿业权的价值，探矿权人在勘察过程中形成的各种地质资料，包括坑探资料、钻探资料和取样分析报告等；储量评审中心的储量评审意见及评审备案证明；探矿权人向国土资源部门汇交的各种地质资料和勘察成果等文件资料可以帮助投资人评估、确定矿业权的投资价值，是律师尽职调查必不可少的内容之一。

3.与矿业权人相关的事项

根据相关法律、法规的规定，矿业权人在取得矿业权后仍需履行诸多法定义务，如矿业权人需依法缴纳探矿权使用费、采矿权使用费、资源税、矿产资源补偿费等费用；探矿权人转让探矿权需领取勘察许可证满两年；探矿权人应完成法定的最低勘察投入；探矿权人应按照批准的勘察设计组织施工，各类实物工作量应已完成70%以上并提交了勘察报告；探矿权人不存在无故停工六个月以上的情况；探矿权人不得从事持勘察许可证采矿、非法承包、出租、转让、与他人合作开采等违法行为；探矿权人应按照有关规定汇交矿产资源勘察成果档案资料，不得伪造地质资料或在地质资料汇交中弄虚作假；采矿权人不得越界非法开采；采矿权人应按照规定填报矿产储量表和矿产资源开发利用情况统计表；采矿权人不得未经审查批准擅自出租、与他人合作开采；采矿权人不得采用破坏性开采方法开采矿产资源等这些与矿业权人有关的情况也是律师尽职调查的主要内容。

4.安全生产情况

（1）企业生产是否办理《安全生产许可证》,《安全生产许可证》是否在有效期内,《安全生产许可证》是否存在被扣押、吊销等情形，企业是否被依法责令限期安全整改；

（2）尾矿库建设、运行、闭库和闭库后再利用的安全技术要求是否符合《尾矿库安全技术规程》；是否按照《非煤矿矿山企业安全生产许可证实施办法》的有关规定，为其尾矿库申请领取安全生产许可证；从事尾矿库放矿、筑坝、排洪和排渗设施操作的专职作业人员是否取得特种作业人员操作资格证书；

（3）矿山企业负责人是否取得安全生产资格证书、特殊工种工作人员是否持证上岗；

（4）依法使用、存放民用爆炸物品的，是否办理《民用爆炸物品使用许可证》等相关证照。

除上述情况外，各省区还出台了具体的安全生产规定。尽职调查律师还要结合各地具体情况，审查目标公司是否具备安全生产条件等。

5.环保情况

对环保的调查，包括目标公司的经营产品、经营场地与环保的关系，当初公司设立时《环境影响评价报告书（表）》是否通过环保审查、环保设施竣工后是否通过环保验收、现在目标公司有无违反环保规定；对废气和废水的排放、废物的存储的处置是否合法、有毒危险物质对场地和地下水的污染状况有无受到整改制裁通知。此外，矿山地质环境保护与治理恢复方案是否获得批准、关于环保的投资是否到位等。

综上所述，律师围绕矿权进行详尽的法律尽职调查是矿业投资人进行投资的重要参考依据，随着我国找矿新机制的建立和矿产资源整合的完成，我国矿产资源业发展必将迎来一个新的发展时期，为此展开的法律服务将更加专业、全面、规范，这就要求矿业律师要以更加高尚的职业操守和更加高超的专业技能为整个矿业的发展保驾护航，为矿业投资防范风险。

6.矿业权的涉诉情况

矿业权涉及诉讼案件，或存在与矿业权有关的尚未了结的或可能发生诉讼案件，会影响矿业权人的权利状况，律师尽职调查时应对矿业权涉及的诉讼情况及诉讼资料，如起诉书、判决书、裁定书、调解书等；是否存在司法查封、冻结的情况；矿业权人是否遵守有关法律、法规关于劳动安全、土地复垦、环境保护等规定的情况；是否因为环保、土地、税收、劳动安全、劳动关系等原因受到过或正在接受相应行政处罚等情况进行充分调查。

7.其他可能对矿业权投资人产生不利影响的事项

（1）矿业权可能存在的争议，如该矿业权的工作或矿区范围是否与其他矿业权存在重叠或交叉的情形；该矿业权与其他矿业权是否存在现实的或潜在的矿界争议等。

（2）矿业权人的用地情况，如矿业权人是否依法办理了勘察、采矿用地的用地审批手续；矿业权人与土地所有人签署的土地使用合同是否合法、有效；矿业权人是否按照土地使用合同的约定支付了土地使用费；是否存在土地使用合同被土地所有人依法终止或解除的风险；登记区块是否位于自然保护区、军事管理区、文物保护区等限制性区域。

(四)尽职调查的方式

鉴于矿业权尽职调查的行业特点，在尽职调查方式上与一般的尽职调查相比存在以下需要特别关注的问题。

1.向矿业权登记机关查阅登记资料

按照国务院《矿产资源勘查区块登记管理办法》及《矿产资源开采登记管理办法》的有关规定，矿产资源的勘查、开采根据不同情况由国务院地质矿产主管部门或省、自治区、直辖市人民政府地质矿产主管部门审批登记。律师可以到矿业权登记地的地质矿产主管部门进行查询，了解勘查区块范围、勘查单位的资质、勘查工作计划、勘查合同或者委托勘查的证明文件、勘查实施方案、勘查项目资金来源、开采矿区范围、采矿权申请人资质条件、矿产资源开发利用方案、依法设立矿山企业的批准文件、开采矿产资源的环境影响评价报告以及矿业权变更、租赁、抵押等基本情况。

2.向矿业权所在地政府及相关职能部门了解情况

矿业权所在地政府及相关职能部门是极为重要的信息来源，从当地政府可以了解到有无可能影响矿业权投资人后期发展的诸如征用、搬迁、停建、改建、政策调整等近期或远期计划；矿业权投资人可能享受的当地政府所给予的各种优惠政策；向当地环保部门可以了解矿业权所涉及的环保问题；向土地管理部门可以了解有关占地、用地的情况等。

3.与投资人聘请的其他中介机构沟通

矿业权投资人还可能聘请律师以外的，如会计师、资产评估师、审计师等其他中介机构或矿产资源方面专业人士，以确保更准确地把握拟投资矿业权的整体情况。律师开展尽职调查，应当遵循独立、审慎、专业、避免利益冲突等基本原则，保持与委托人、调查对象及其他中介机构或专业人士的良好沟通和配合，将调查中发现的问题及解决问题的方法及时反馈给委托人。

4.其他

由于矿产资源种类繁多，各类矿产资源具有不同特点，实际工作中还需根据各种资源的种类及特点，调整和增加调查方式及调查内容。

综上所述，律师在对矿业权尽职调查中所查实的事实，是矿业投资人进行决策的主要依据之一。随着整个矿业产业的发展，围绕其展开的法律服务会越来越专业化、全面化和规范化，这就要求律师务必要以高尚的职业操守和高超的专业技能和经验来进行法律分析和评价，为整个矿业产业的发展保驾护航，为矿业投资人防范风险。

二十三、反向尽职调查

反向尽职调查是指被调查主体针对向自己提起尽职调查的主体所进行的尽职调查，反向尽职调查正是基于所谓知己知彼、百战不殆的理念，一方面，为了某种交易的目的，被尽职调查主体应当根据调查主体的要求积极予以配合；另一方面，为了保证自己的交易安全和利益最大化，又需要对交易主体的另一方进行尽职调查，以了解交易对手的目的及其现实状况。

反向尽职调查的范围从公司的财务、法律、业务、行业、团队等，和尽职调查的内容基本相同却有所差别，基本上全面覆盖了尽调对象的所有方面。调查的方法分为内部调查和外部调查，包括各种访谈、求证、查阅等。总之，根据反向尽职调查的目的确定调查的内容及深度，有时也是要把尽调对象翻个底朝天。

根据反向尽职调查的调查对象不同，一般可以分为两种类型的反向尽职调查，一种是作为私募基金的有限合伙企业中LP（有限合伙人）对GP（普通合伙人）的反向尽职调查，另一种是被投资企业对私募基金（PE）的反向尽职调查。

（一）LP对GP的反向尽职调查

PE对企业进行尽调，其实PE自身也会被别人尽调的，通常是被PE基金的投资人（俗称“LP”）尽调。然而目前中国大多数人民币基金的国内LP不去做这样的尽调，因为他们缺乏这样的专业知识，目前市场上基本上找不到这样对PE基金管理人（俗称“GP”）进行尽调的第三方服务机构。但如果要拿到国外成熟LP的钱，或者国内少数专业LP（例如社保基金、苏州创投母基金等）的认可，尽调这一关必须过，而且LP对GP的尽调有专门的套路和方法。

（二）企业对PE的反向尽职调查

企业对PE的反向尽职调查是指“需融资企业对PE机构的反向尽调”。

企业对PE机构的尽调在以前是不太可能的，因为以前基本上还是买方市场，即募资的人是求着投资的人，能给你投钱就不错了，不可能接受融资企业对自己进行尽职调查的。但是这几年中国PE井喷式发展，雨后春笋一般冒出上千家PE都不止，谈判地位也悄然发生了变化，PE投资从买方市场变成了卖方市场，一些优质企业成了PE竞相追逐的投资对象。企业接触的PE多了，慢慢也积累了一些经验，知道不同的PE除了都能提供资金以外还有很多差别，譬如股价估值的方法及结果不同、能接受的市盈率不同，并且不同的PE可以整合的资源也大为不同。可是很多企业家并没有把握好自己的谈判优势，一味地看重价格、市盈率及决策速度等，而没有真正去花时间挑选一个专业的、适合自己的，对企业所处行业及主营业务具有比较深刻的了解和认识，能为企业带来真正价值的投资者。谁给的价格高、决策快是一眼就能看出来的，而哪一家PE更专业更适合更有价值确是需要花时间、花人力、找渠道、用方法去调查了解的，这就是企业家对PE的尽调。

在中国短时间里涌现出来的PE大军里，更是混杂了很多鱼目，甚至“李鬼”式PE，所以企业对PE的尽调在中国就显得尤其重要。引进投资人就像结婚，不能太势利，只考虑价格不顾及其他，感觉固然重要，全面了解更重要。下面就简单地从时间阶段、调查内容、渠道和手段等几个方面简单说说，希望能给企业家起到一个抛砖引玉、开拓思路的作用。

调查PE什么？

调查什么是最重要的。就尽调内容而言，企业对PE的尽调和LP对PE的尽调还是有所区别的。LP最关心的是这家PE是否有稳定团队和核心优势从而能长期赚钱，而企业更关心的应该是这家PE是否更容易相处和更能给企业带来价值。因此，企业需主要针对PE机构的背景面、价值面和行为面进行了解。

1.基本面

（1）PE基金成立的日期、地点、背景或历史沿革；

（2）PE基金注册资本、股本结构及变动；

（3）PE基金组织结构设置、人员构成；

（4）PE基金当前的财务状况；

（5）GP内部的风险管理体系及合规管理体系。

2.对PE团队的考察

（1）团队的稳定性；

（2）人员知识结构及其搭配、专业经验；

（3）核心人员流动性；

（4）核心人员一起工作时间的长短；

（5）核心人员的利益分成方法；

（6）PE基金的决策机制；

（7）团队的人员素质；

（8）教育背景；

（9）职业发展、以往工作经历与业绩；

（10）个人诚信情况、道德品质；

（11）核心成员是否有在一个完整的投资周期内管理某只基金的经历；

（12）团队的治理结构；

（13）PE基金投资项目时的分配方式（当同一GP团队同时募集和管理多个基金时，基金在不同项目间的分配额度）；

（14）GP团队的规模与所管理基金的匹配性（是否存在同一GP团队管理基金过多）；

（15）GP团队业务的专业性（是否在从事PE投资之外还有其他业务）；

（16）GP团队的本地化程度（对所投资区域的熟悉程度，与当地政府的关系）；

（17）团队的投资效率；

（18）GP团队尽职调查的执行能力；

（19）从尽职调查到做出投资决策的时间跨度。

3.对PE投资策略的分析

（1）投资策略的结构特性；

（2）投资策略是否完整、系统；

（3）目前的投资策略（PE关注的行业、地域、企业类型）；

（4）与其他投资于相似市场的基金经理的策略比较；

（5）投资策略的一致性、连续性；

（6）PE基金投资策略的变化情况（如增加了对某一热点领域的投资；某一年份投资额度较大）；

（7）PE基金历史投资组合公司的变动情况（判断其是否偏离了原来的投资策略）；

（8）PE基金未来继续执行现有投资策略的能力；

（9）对目前宏观经济、行业发展、投资项目的看法（如经济周期PE投资市场的影响，对所投公司市场前景的展望）。

4.对PE过往业绩的评估

（1）PE基金的投资业绩；

（2）PE基金的绝对收益情况；

（3）投资业绩的横向比较（与行业内竞争对手的比较）；

（4）PE基金投资业绩的波动性、投资损失率；

（5）PE基金的投资回报与基金经理预测的投资回报的比较；

（6）投资项目的风险控制方法；

（7）PE基金的现金流量；

（8）投资项目现金流入、流出；

（9）基金的内部收益率（投资项目的“J曲线”效应）；

（10）近三年的财务报表分析；

（11）PE基金的估值方法；

（12）采用何种估值方法；

（13）估值方法的合理性。

5.PE投资过程的审视

（1）投资项目的初步分析；

（2）项目的来源；

（3）项目的选择方法；

（4）项目的储备情况；

（5）目前已投资项目的最新进展；

（6）PE基金的管理；

（7）PE投资组合的管理；

（8）PE基金投资过程中的监督；

（9）基金经理在投资过程中的责任担当；

（10）投资项目的尽职调查（查阅PE基金当时相关的尽职调查文件）；

（11）PE基金的报告制度。

6.PE投资结果的评价

（1）投后管理；

（2）在被投资公司中的介入和参与程度（如在投资公司董事会中的席位）；

（3）PE基金给投资组合公司创造的价值；

（4）管理水平的提升；

（5）财务杠杆的降低；

（6）多元化水平的扩张；

（7）PE基金的退出方法；

（8）IPO上市；

（9）并购；

（10）管理层回购；

（11）股权转让。

7.其他需要关注的问题

（1）关于尽职调查需要持续多久

尽职调查时间的长短依赖于PE基金本身的复杂性、地理上的远近、GP团队规模的大小、相关信息的可获取性以及LP自身的知识结构，很难有统一的答案。

（2）关于尽职调查的信息获取渠道

公开渠道主要有政府管理部门、网络、媒体、各种行业协会等。政府管理部门主要是工商局和发改委，因为不管哪种PE基金总是要在工商局注册，5亿元以上的基金又必须在发改委备案。在工商局或发改委基本可以调查出来这些PE背景面的东西，基本上可以过滤掉很多假PE和忽悠型PE。

非公开渠道，包括GP的合作伙伴（会计师和律师事务所），PE的投资人，GP曾投资过的企业、合作伙伴等。非公开渠道里面列的这些机构或个人，应该是了解到PE真实情况的最好渠道，因为他们都和PE有实际的案例合作。

（3）关于尽职调查的方式

从形式上看，包括问卷调查、与基金经理面对面的交流、到投资组合公司现场访谈。

从会谈的方式上看，有正式或非正式会面，单独交流或小组讨论。

（4）关于尽职调查的对象

包含基金的管理团队、被投资公司、与PE有合作关系的律师、会计师、专业的投资人士、PE基金的离职人员等。

（5）关于尽职调查的时机

LP对PE的尽职调查并不是说一定要等到和PE正式谈融资时才开始，提前准备，早些接触，增加相互间的交流与沟通，往往能够挑选到真正适合自己的PE。

企业挑选PE，并不一定是要挑最大的，也不一定要挑最有名的，最适合自己的才是最好的。先想清楚自己要什么，再去找能真正满足自己需求的PE，不仅仅是钱，还有很多其他的东西。多了解几家PE，适当做点尽职调查，才能找到好PE。毕竟是要在一起共事儿好几年的，千万不要重蹈了人类失败婚姻的覆辙："因为不了解而结婚，因为了解了而分手。"

好的PE一定是不怕尽调的，而是欢迎尽调的，因为可以通过尽调向企业展示自己真正的价值。而忽悠的PE一定是忌讳对自己尽调，因为一尽调不就露馅儿了吗？投资与被投资，买股权与卖股权，本来就是一件平等的你情我愿的事，互相尽调就是为了让这件事做得更加和谐。所以，企业家在接受PE对自己尽调的同时，可以大胆地对PE提出反向尽调的要求。

二十四、各类专项尽职调查

（一）知识产权尽职调查

随着知识经济时代的到来，知识产权越来越成为企业的核心竞争力，为了在并购、新三板及IPO中准确了解企业的知识产权状况，需要对企业知识产权进行尽职调查，以准确评估知识产权在企业生产经营中的地位、作用及其价值。

对企业知识产权的专项尽职调查，一般应从以下几个方面进行：

1. ××公司的知识产权

公司的专利（发明、实用新型、外观设计）、注册商标、专有技术、商业秘密、特许经营权、商誉、字号等的：

（1）权利证书、年费缴纳凭证；

（2）每种知识产权取得方式（研发合同、转让合同、转让费或许可费支付凭证等，根据尽调清单的内容，分门别类地放进来）。

2. ××公司的知识产权与业务的关系

（1）公司正在使用的知识产权。

具体应用在哪个方面，哪个产品，近3年产生的效益如何，占公司营收及利润的比例。

（2）跟公司未来业务发展有关的知识产权。

正在研发的知识产权、研发计划、投入、保护措施。

（3）公司未来业务拓展方向及可能涉及的知识产权、律师评价。

3.××公司关于知识产权方面的重大诉讼、仲裁与行政处罚

（1）过去五年内曾经发生的诉讼、仲裁及行政处罚及其律师评价；

（2）现在正在进行的诉讼、仲裁及行政处罚及其律师评价；

（3）未来可能存在潜在法律风险的环节及律师建议。

4.××公司的劳动用工及商业秘密保护

（1）公司已经签订的劳动合同关于知识产权的条款及其评价；

（2）公司相关规章制度关于知识产权保护的规定及其评价；

（3）公司关于知识产权保护的专项制度及其评价。

5.公司在知识产权保护中存在的问题及律师结论和整改意见。

（二）人力资源尽职调查

1.概念

人力资源尽职调查是对企业的人力资源摸底后全面扫描成像，是对企业人力资源管理的系统分析和评估，包括对人力资源战略、组织机构设置、核心人力资源质量、人力资源成本、企业文化、人力资源管理中已有的和潜在的风险及其对企业的影响等进行综合的了解与评估。

在企业的不同发展阶段及面临并购重组、资产重组、挂牌新三板及IPO及企业业务结构调整、经济性裁员等情况时，为了准确了解及评估企业的用工情况、用工成本及职工结构等问题，都需要对企业的人力资源进行尽职调查，目的是完善企业的用工结构，发现潜在的用工风险，从而保证企业用工与企业业务结构、未来发展等的匹配及其合理性。人力资源尽职调查的作用如下：

（1）为并购决策提供人力资源相关的依据；

（2）找出影响谈判议价的人力资源问题；

（3）为做好人力资源整合的准备，为整合规划和决策提供所需信息。

2.人力资源尽职调查的内容

人力资源尽职调查的内容主要包括人员与组织、人员管理和效率、法规遵循

情况和企业文化特质四部分。

(1)人员与组织

包括企业人力资源及其配备的基本状况、组织结构和岗位的设计原则等。主要从组织结构、人员总数和基本素质情况、中高层管理人员和关键人员的基本情况、选聘经理人员的标准、人员选聘程序、岗位和部门之间的标准操作流程等方面考虑。

(2)人员管理与效率

包括人力资源管理结构、薪酬管理、激励制度、培训机制、职工发展计划、职工和组织绩效考核与管理、组织运行效率等。

(3)法规遵循情况

指企业在劳动用工中执行国家及当地的法规情况。与国内企业间的兼并相比,跨国企业间的兼并更重视劳动用工中法律法规遵循情况的调查。跨国公司遵循将母公司的价值理念传递到在中国的子(分)公司中的原则,他们认为,没有严格执行劳动法规会给企业带来严重损害,是巨大的法律风险所在,所以他们高度重视企业的人力资源的合法合规性。

(4)企业文化特质

企业作为组织行为方式,最终在企业文化上得以反映。目标企业的文化适合程度对并购决策以及并购整合的成败起到关键作用。当收购方的要求与目标公司的文化不一致时,收购交易极易失败,所以对目标企业文化特质的深入了解,对于并购成功尤其是并购后的整合起到了非常关键的作用。

企业文化特质调查主要从管理模式、领导风格、沟通和决策模式、团队合作、职工对企业的忠诚度、职工对决策和管理的参与程度、职工表达意见的途径和方式、违纪处理程序和职工投诉或申诉程序、工会组织的作用等方面进行。如果是跨国企业间的兼并,还涉及授权程度和本地化管理程度等。

3.人力资源尽职调查重点关注问题

(1)人才和领导阶层的适当性

包括管理者和部门主管的任期、培训和工作经验。

(2)劳工问题

特别是工会问题的暴露程度。职工的流动性和满意度如何,职工和公司的从属关系的程度如何,尽职调查研究应该检查现存的劳动合同以及之前的合同,以确定合同条款的合法合理性。其他需要研究的证据包括现存的不满意情况，最近的仲裁裁决、不公平的劳动收费，劳工和就业诉讼以及工会地位的历史情况及现实作用。

（3）赔偿金和津贴的适当性

如果并购后需要对职工数量和结构进行适当的调整，则要关注可能需要支付的赔偿金、经济补偿及对于一些高管需要支付的离职补贴等内容，以明确职工结构调整的必要性及其成本的适当性。

（4）与收购公司组织结构和人力资源政策的兼容性等

收购的目的是收购后的整合，发挥并购企业潜在的生产能力和盈利能力，这就涉及目标企业现有人才结构与收购公司人才及组织结构的匹配性与兼容性，包括结构调整的成本。

4.人力资源尽职调查的清单

（1）组织图：组织结构是否与短期和长期的业务需要相一致。

（2）主要的经理人员：

①姓名、职位、年龄、在目前职位上的工作年限、过去的工作经历、教育程度、薪酬水平、是否签订了劳动合同及其主要条款；

②公司的业务是否依赖于某一关键人员；

③是否存在一个既年轻又有工作阅历的人；

④是否正在执行报酬计划以便吸引高素质的人才，相比本行业的其他企业的工资水平是否有竞争力；

⑤公司的主要管理人员或董事是牵涉到诉讼、仲裁或其他司法方面的调查。

（3）职工福利：

①养老金计划；

②分享利润计划，包括红利分配，奖励和补偿计划；

③其他福利、退休金、解雇费；

④假期政策；

⑤认股权、职工持股计划；

⑥退休后的医疗保险和寿险费用；

⑦其他。

（4）工会协议，包括工会名称，对会员的管理（职工数、协议有效期、生效日期、其他重要条款等)。

(5)劳资关系:

①争议及仲裁裁决;

②预期的劳动合同问题;

③收购后可能发生的变化。

(6)企业文化特质调查:

①管理模式;

②领导风格;

③沟通和决策模式;

④团队的专业分工与合作;

⑤职工对企业的忠诚度;

⑥职工对决策和管理的参与方式和参与程度;

⑦职工表达意见的途径和方式;

⑧违纪处理程序和职工投诉或申诉程序;

⑨工会组织的作用;

⑩职工的工作面貌、工作热情和工作的满意程度等;

⑪ 如果是跨国企业间的兼并,还涉及授权程度和本地化管理程度等。

(三)环境保护尽职调查

环境是我们人类生存和发展的基础,是我们需要共同保护的对象。一方面,企业的发展离不开环境提供的资源、能源,劳动力的提供也离不开环境的支持;另一方面,企业的发展又会或多或少地对环境带来破坏和污染,如何在社会经济的发展和环境保护之间求得某种平衡既是各国政府的目标之一,也是科技及立法需要高度关注的目标之一。随着我们环保意识的提高,立法对于企业的环保要求也越来越高,环保成了很多企业特别是一些涉污企业合法经营的红线之一,也是企业走向资本市场如挂牌新三板、IPO不可触碰的红线。

对于企业环境保护方面的尽职调查,则是为了了解企业在生产过程中对于污染的排放、治理情况、排污设备的设置及运作情况的全面了解,目的是了解企业生产的合法合规性,评估企业可持续经营的能力及其成本,是否符合国家有关环境保护的法律法规,并对相关的法律风险作出评估。

以下是对于环保情况所做的一般尽职调查的列表，见表2-17。

表2-17　环保情况尽职调查

<table>
<tr><td colspan="2">单位名称</td><td colspan="2"></td><td colspan="2">单位地址</td><td colspan="2"></td></tr>
<tr><td colspan="2">法人代表</td><td></td><td>环保负责人</td><td colspan="2"></td><td>联系电话</td><td></td></tr>
<tr><td colspan="2">单位环保机构名称</td><td colspan="2"></td><td colspan="2">单位环境监测机构名称</td><td colspan="2"></td></tr>
<tr><td colspan="2">上级政府环保部门名称</td><td colspan="2"></td><td colspan="2">上级政府环境监测机构名称</td><td colspan="2"></td></tr>
<tr><td rowspan="5">考核主要污染物质名称</td><td>废水</td><td colspan="2"></td><td rowspan="5">考核执行标准名称级别</td><td>废水</td><td colspan="2"></td></tr>
<tr><td>废气</td><td colspan="2"></td><td>废气</td><td colspan="2"></td></tr>
<tr><td>噪声</td><td colspan="2"></td><td>噪声</td><td colspan="2"></td></tr>
<tr><td>固废</td><td colspan="2"></td><td>固废</td><td colspan="2"></td></tr>
<tr><td>其他</td><td colspan="2"></td><td>其他</td><td colspan="2"></td></tr>
<tr><td rowspan="7">单位环保设备设施数量</td><td>废水</td><td colspan="2"></td><td rowspan="7">单位环保设备设施资产总值</td><td>废水</td><td colspan="2"></td></tr>
<tr><td>废气</td><td colspan="2"></td><td>废气</td><td colspan="2"></td></tr>
<tr><td>噪声</td><td colspan="2"></td><td>噪声</td><td colspan="2"></td></tr>
<tr><td>固废</td><td colspan="2"></td><td>固废</td><td colspan="2"></td></tr>
<tr><td>监测</td><td colspan="2"></td><td>监测</td><td colspan="2"></td></tr>
<tr><td>其他</td><td colspan="2"></td><td>其他</td><td colspan="2"></td></tr>
<tr><td>合计</td><td colspan="2"></td><td>合计</td><td colspan="2"></td></tr>
<tr><td rowspan="5">确保达标排放重要环保设施名称</td><td colspan="3"></td><td rowspan="5">单位环保从业人员数量</td><td>技术</td><td colspan="2"></td></tr>
<tr><td colspan="3"></td><td>管理</td><td colspan="2"></td></tr>
<tr><td colspan="3"></td><td>监测</td><td colspan="2"></td></tr>
<tr><td colspan="3"></td><td>工人</td><td colspan="2"></td></tr>
<tr><td colspan="3"></td><td>合计</td><td colspan="2"></td></tr>
</table>

续表

项目 \ 达标率/% \ 年份		2016年	2017年	2018年
政府考核主要污染物质的监测达标率/%	废气			
	厂界噪声			
	废水			
单位何时通过了何单位组织的ISO14001环境管理体系认证			如未通过认证是否考虑要建立本单位环境管理体系（规划大体时间）	
上级政府环保部门如何对本单位污染排放进行监控，是否颁发了排污许可证			单位是否通过了上级政府组织的“一控双达标”验收	
单位是否还存在重大未解决的环境问题，近年所需的环境治理投资大体有多少			在污染排放中单位是否执行了地方排放标准，如在执行，请提供复印件	
单位是否有完整的环境管理组织体系，请提供相关机构图			单位是否有采用切削油的生产处理过程	

续表

<table>
<tr><td colspan="2" rowspan="2">项目
数量/吨
种类</td><td rowspan="2">2018年产生量</td><td colspan="3">2018年综合利用情况</td><td rowspan="2">处理处置或综合利用主要途径</td></tr>
<tr><td>数量</td><td>利用率/%</td><td>产值/万元</td></tr>
<tr><td rowspan="10">单位主要固体废弃物处置及综合利用情况</td><td>废砂</td><td></td><td></td><td></td><td></td><td></td></tr>
<tr><td>废炉渣</td><td></td><td></td><td></td><td></td><td></td></tr>
<tr><td>废钢</td><td></td><td></td><td></td><td></td><td></td></tr>
<tr><td>废铁屑</td><td></td><td></td><td></td><td></td><td></td></tr>
<tr><td>废包装</td><td></td><td></td><td></td><td></td><td></td></tr>
<tr><td></td><td></td><td></td><td></td><td></td><td></td></tr>
<tr><td></td><td></td><td></td><td></td><td></td><td></td></tr>
<tr><td></td><td></td><td></td><td></td><td></td><td></td></tr>
<tr><td></td><td></td><td></td><td></td><td></td><td></td></tr>
<tr><td></td><td></td><td></td><td></td><td></td><td></td></tr>
<tr><td>单位是否有铸造生产企业，请提供铸造生产工艺流程图</td><td colspan="6"></td></tr>
</table>

批准：　　　　审核：　　　　制表：

(四)债权债务尽职调查

债权债务的管理是公司资产管理和经营风险管理的重要内容,直接关系到公司的经营效果、资金利用效率和未来发展。通过对企业债权债务情况的尽职调查,可以了解企业在资金使用管理上是否存在制度性缺陷,有利于盘活企业流动资金,提高资金的利用效率,为企业对外借贷提供依据,强化资金管理。

对公司债权债务的尽职调查重点在于以下几个方面:

1.公司基本情况,主要源于工商登记信息;

2.公司经营情况:公司经营的产品与服务,近3年的营销收入,利润及利润率,产品的市场竞争力,未来3~5年业务发展规划,技术研发与增产计划,销售前景,市场占有率等;

3.债权统计情况:借款合同、协议,或者生产经营合同等产生债权的依据,产生的原因,数额,时间段,偿还情况,还款计划及执行情况,保障措施,后续还款的可能性,对公司流动资金的影响程度评估;

4.对外债务情况:产生的原因,合同及协议依据,数额,起始时间,还款进度,与债权方达成的还款计划及让步幅度,偿债替代方案,是否存在抵销的情况与可能等;

5.公司对外担保情况及潜在代偿、损失可能分析,担保合同、协议;

6.公司对于处理债权债务的指导性意见;

7.律师的结论性意见与建议。

二十五、不同行业及业务尽职调查的重点及特点

(一)医疗器械行业

1.概述

医疗器械行业是生物医药领域的重要组成部分,其下主要分高值医用耗材行业(骨科耗材、眼科耗材、血管介入)、体外诊断行业(生化、免疫、分子、POCT)和医疗设备(康复治疗、影像诊断)三大细分赛道。由于医疗器械同药品在产品特点、使用方式和目标群体等方面存在较大区别,因此其适用的监管政策及相应的

监管体系也相对独立。

2.医疗器械行业的监管体系（见表2−18）

表2-18　现行有效的医疗器械行业重要法规

名称	主要内容	最新修正/时间
医疗器械监督管理条例	规范医疗器械产品的注册与备案、生产经营与使用、不良事件的处理与召回等	2020年12月21日
医疗器械注册管理办法	规范医疗器械产品的注册与备案	2014年7月30日
医疗器械临床试验质量管理规范	规范医疗器械的临床试验	2016年3月1日
医疗器械生产监督管理办法	规范医疗器械的生产	2014年7月30日
医疗器械经营监督管理办法	规范医疗器械的经营与使用	2014年7月30日
药品、医疗器械、保健食品、特殊医学用途配方食品广告审查管理暂行办法	规范医疗器械的推广	2019年12月24日
创新医疗器械特别审查程序	规范创新医疗器械的管理	2018年11月2日
关于加强中医医疗器械科技创新的指导意见	规范中医医疗器械的管理	2018年8月30日

3.医疗器械行业尽调的核心关注点

针对医疗器械行业，企业的知识产权方面的核查和关注度明显高于其他行业，仅从法律层面来看，重点关注专利与核心技术的形成过程是否有合作研发或职务发明等情形，是否存在权属的潜在争议；非专利技术的保护措施以及侵权风险；核心技术人员的认定和稳定性问题等。同时，在业务合规性上应关注以下重点：

（1）业务资质、产品注册及备案类别的合规性

《管理条例》明确规定对医疗器械实行分类管理，其中第一类医疗器械实行产品备案管理，第二类、第三类医疗器械实行产品注册管理，医疗器械注册人、备案人应当加强医疗器械全生命周期质量管理，对研制、生产、经营、使用全过程中医疗器械的安全性、有效性依法承担责任。因此，尽调律师应当重点关注企业业务资质获取情况、证书是否在有效期内以及是否存在续期风险，同时注意相关产品申请注册及备案的类别是否准确，是否存在将类别较高的产品按照低类别申报注

册的情况，是否按照产品注册证等相关证件批准的适用范围组织生产、经营与销售。另外，关注企业是否已取得生产经营所必需的相关许可、资质、认证，各产品是否取得了全部必需的批文或注册，是否满足所必需的国家、行业及地方标准规范，境外经营是否满足相应的资质、认证、标准规范等要求，是否均在有效期内且合法有效。

（2）下游客户的经营资质及产品使用单位的资质

关注企业的产品是否存在依照规定禁止向非医疗机构销售的情况；企业是否存在违反规定将相关产品向非医疗机构销售的情况；区分企业销售对象类型并说明各类销售对象是否具备相应资质。

（3）产品质量

产品质量问题既关乎患者群体的生命健康，同时也是企业的生命线。企业在严把产品质量关的同时，是否已建立产品质量的追溯管理机制，是否确保产品销售相关内控制度的有效性，可以降低被监管部门处罚、因质量问题大批量退换货等有可能存在实质性阻碍企业可持续发展的风险。

（4）销售合规性

因生物医药行业是商业贿赂等不正当竞争违规行为的高发领域，故销售的合规与否是几乎所有医疗器械企业绕不开的话题，在尽调过程中无疑会被重点关注。尽调律师应关注企业的销售费用率、销售人员平均工资及奖金、业务宣传费及活动费等指标与同行业其他公司相比是否存在显著差异，或者近年来是否出现过企业员工或经销商因商业贿赂行为被行业惩戒、行政处罚或刑事追究的情形，这些问题都应当引起高度关注。

同时，尽调律师应查证：①企业对相关涉案人员的处置情况；②企业及其经销商在业务经营过程中，是否存在不正当竞争、商业贿赂等违法违规情形；③企业或其员工、经销商或其员工是否存在因商业贿赂行为被立案调查、处罚或媒体报道的情况，企业是否制定了有关防范商业贿赂的内部管理制度，相关制度是否健全并得到有效执行；④企业是否存在其他医务工作人员因收受其员工、经销商或其员工商业贿赂被立案调查、处罚或媒体报道的情况，如有，请详细披露具体情况；⑤企业业务宣传费、业务活动费的主要支付内容中企业及关联方是否与支付对象存在关联关系，是否存在通过业务宣传费、业务活动费进行商业贿赂或不当利益输送的情况；⑥企业实控人大额现金收支的合理性是否存在直接或间接与企业、企业的经销商、供应商、终端医院及其他关联方交易或往来的情形，是否存在商业贿赂行为。

（5）商业秘密

由于医疗器械尤其是高端医疗器械具有高研发投入、长研发周期、多学科交叉等特点，故其知识产权（尤其是专有技术）密集，保护难度较大。商业秘密作为一种知识产权，是医疗器械企业在日趋激烈的市场竞争中维护自身合法权益的核心资产。实践中，因商业秘密的特点及保护机制与传统的专利有较大差别，企业对此即使非常重视也难以做到得心应手。

从刑事角度上讲，随着《最高人民法院、最高人民检察院关于办理侵犯知识产权刑事案件具体应用法律若干问题的解释（三）》和《刑法修正案（十一）》的陆续出台，商业秘密罪的入罪门槛和损失认定方法更加明晰，行为人从“结果犯”变为“情节犯”，也说明在必要情形下现有法律体系对于知识产权的保护力度或违法成本已然提升到了追究刑事责任的高度。

（二）物流行业

当前国际、国内经济形势促使我国物流企业加强兼并收购以提升竞争力。为达成预定的并购目标，收购方必须对目标企业进行法律尽职调查。本书将从收购方的角度分析物流行业法律尽职调查中应重点关注的问题。

根据我国加入世界贸易组织（WTO）的有关承诺，自2005年1月1日起，中国在公路货运、仓储、海上班轮运输、船舶代理及速递服务等方面进一步放开，包括公路货物运输、货物租赁、一般货物的批发、零售及其物流配送，出入境汽车运输公司等，并取消在地域、股权等方面对外资进入的限制，实现了物流领域的进一步对外开放。相对起步较晚的我国物流业，要维持国内市场的经营优势，满足跨国公司一体化物流服务的需求，进而提升全球竞争能力以应对新的机遇和挑战，必须加强本土物流企业间的并购整合。而作为收购方的物流企业要发现和控制并购中的风险，必须对目标企业实施详细的尽职调查。

物流企业的尽职调查，是指物流企业在并购的各个阶段通过委托律师、会计师、财务分析师等独立的专业人士对目标企业的资产、负债、经营、财务、法律关系、机会、风险等方面进行系列调查。一般而言，物流企业的尽职调查通常包括以下四个方面。

（1）行业与市场调查；

（2）法律尽职调查；

（3）财务尽职调查；

（4）人力资源尽职调查。

其中，法律尽职调查属于最基本、最重要的尽职调查，其调查结论对物流企业决定是否并购及确定并购价格意义重大。

所谓物流企业的法律尽职调查，顾名思义，就是作为收购方的物流企业委托从事尽职调查工作的律师利用自己的专业法律知识和尽调经验，对目标企业经营的业务和拥有的资产是否存在法律方面的问题和瑕疵等进行深入、细致的调查、审核。但是，除聘请外部咨询机构设计调查问卷、进行法律审计外，物流企业指派内部法务人员参与整个调查过程同样非常重要。这是因为只有企业内部人士熟悉本企业的业务流程和战略策划，其参与可保证调查结论贴近实际并更具实用性，并为并购成功后的业务、人员整合奠定基础。结合我国的法律实践，我国物流企业并购中的法律尽职调查主要包括以下内容：

1.审查目标企业的主体资格

为了确保并购的合法有效，目标企业的主体资格问题是任何一个法律尽职调查的首要内容。对于物流企业的主体资格问题审查可从以下两方面着手进行：

（1）目标企业是否依法成立并合法存续，包括其设立、变更、股东情况、注册登记、注册资本缴纳情况、是否按时提交年度报告、有无吊销或注销等；

（2）目标企业是否具备从事物流业务的特定资质。

从具体实践来看，物流企业主体资格的审查非常繁杂，由于物流企业必须依靠在全国各地设立的众多分支机构和经营实体来维系正常的业务运转，因此，对每一个分支机构和经营实体都需要按照上述两方面内容进行审查；同时，由于物流行业在实际业务运作中需要众多的特定资质证书，包括国际航空货物运输一级代理、二级代理证书、道路运输许可证、海关监管库证书、海关监管车证书、邮政委托以及物流车辆的登记证、行驶证、驾驶证等，都需要逐一进行核对和审查。

2.审查目标企业的主要财产和财产权利

对于物流企业，对财产和财产权利的审查主要是审查目标企业拥有（购买或租赁）的土地使用权、房产、车辆、其他主要经营设备的情况；审查商标、专利、软件著作权、特许经营权等无形资产的权属（如所有权、被许可使用权等）、有效期限、有无分许可、是否存在有关侵权诉讼等，并核实目标企业的各项财产权利是否存在瑕疵、是否设定了各种担保、权利的行使、转让是否有所限制等，以确保目标企业的财产关系清晰、权利没有瑕疵、不存在法律障碍。在这一栏目下，有三个问题需要重点关注：

（1）物流企业的各个经营实体通常以承租房屋作为业务经营场所，该房屋是否证照齐全、是否符合商业租赁条件，房屋租赁合同中的提前终止条款、违约条款是否存在法律风险等问题应优先考虑；

（2）车辆是物流企业的重要财产和生产工具，目标公司的每一辆自有车辆是否具有充足的证照、保险、是否设有担保，租赁车辆的租赁合同条款都应进行核实；

（3）目标企业如何界定其IT工作人员在日常工作中设计出的软件技术成果，是否合法取得并使用，是否给予足够的奖励与补偿。

3.审查目标企业的重大债权债务情况

法律尽职调查必须调查目标企业的金额较大的应收、应付款和其他特殊的应收、应付款情况（如60天、90天、180天以上的应收、应付款），并调查其合法有效性。其中，对于应收账款的诉讼时效及实现的可能性，应给予特别关注。这是由于目标企业的各种负债在并购成功后通常要由作为收购方的物流企业来承担，这些债务会增加收购方的责任，目标企业甚至可能还会因为一些由于权利义务不清楚而发生争议需要提起诉讼或被提起诉讼，上述情况给收购方的责任增加了不确定性。对于目标企业的重大债权债务情况，通常还需要目标企业对债权债务作出书面承诺。针对目前国内企业通过借记应收账款或其他应收账款挪用企业资金非常普遍的情况，以及部分私营企业或多或少存在的税务问题，在尽职调查中亦应引起注意。

4.审查重大交易合同

对于目标企业的存续与发展具有重要意义的重大交易合同，是法律尽职调查的重要对象，就物流行业而言，这些合同通常包括价值超过一定金额的服务合同、分供方合同、各种标准服务条款和服务保证、与各航空公司签订的包机、包舱服务合同、飞机租赁合同、长期采购合同、大额贷款合同、公司担保合同、融资租赁合同、技术许可合同、代理合同、特许使用合同、关联交易合同等。对这些合同进行审查的目的，是确定上述合同中双方的权利义务是否平衡，目标企业是否处于重大不利的情形中，以确保作为收购方的物流企业在并购完成后不会丧失合同中规定的预期利益。

5.审查目标企业的人力资源情况

收购方在尽职调查中应充分注意到目标企业的人力资源政策、雇用人员的数额，以及目标企业是否对重要人员进行了相应的激励措施、是否存在对此次并购造成障碍的劳动合同等，并就具体情况提出可行的解决方案或规避措施。就物流企业而言，对于董事等高级管理人员的劳动合同的审查显得尤为重要，必须逐一审查其服务协议的主要内容以观察其薪酬水平以及如果将其解聘公司所需要支付的补偿数额；而对于普通职工，收购方只需审查企业的劳务合同范本即可，因为物流行业基层操作职工与高层管理人员收入相差悬殊，企业核心人员的流失可能意味着客户的流失，甚至企业的危机，因此必须慎重。

6.审查目标企业的保险情况

保险对物流企业来说至关重要，企业一般都需要通过保险来防范、分散自己的经营风险。保险情况不仅可以反映目标企业的财产保险意识，还可以反映其产品在市场中的地位。我国物流企业通常会对其所属房产、车辆、仓库、雇员、业务操作进行投保。因此，尽职调查应调查目标企业所保有的所有的保险合同、保险证明和保险单，包括但不限于下列承保险种：①一般责任保险；②汽车责任保险；③财产险、环境保险和其他保险；④董事或经营管理者的责任险；⑤雇员的人身保险。此外，目标企业关于有关保险方案的概述，即包括具体承保人、保险责任限额、免赔额、已支付的保费、已赔付的索赔、上述保险险种是否充分、合适等事项的报告，以及所有保险单下权利的保留、拒绝赔偿的报告和函件，都在尽职调查的范围之内。

7.审查目标企业法律纠纷情况

物流企业的诉讼或仲裁活动意味着对物流企业经营的威胁，直接关系到物流企业的责任和可能导致的损失，因此，尽职调查必须审查目标企业重大诉讼或仲裁的胜诉可能性，以及由此可能产生的法律费用和赔偿费用。此外，除对业务纠纷进行调查外，法律尽职调查还包括对知识产权纠纷、保险纠纷等进行调查。

8.对地方政府行政规章和目标企业内部治理结构制度的调查

如前所述，物流企业是依靠其设立的各个分支机构之间形成的系统网络维系业务运作的，而这些设立在各地的分支机构必须遵循各地方政府制定的地方行政规章。由于作为购买方的物流企业可能难以全部了解这些规章制度，因此同样需要进行尽职调查，其主要调查内容是地方政府、部门对本行政区域内企业的普遍规定和对目标企业的特殊政策，前者包括贸易政策、减免税优惠措施、环境保护、安全卫生等规定；后者包括签发给目标企业及其分支机构的各类证明许可、目标企业及其分支机构违反政府规章而收到的处罚通知、所有提交给政府管理机构的沟通报告等文件。

对目标企业内部治理结构、制度的调查是指对目标企业及其所属分支机构的现有结构形式和其重要文件，包括公司章程、股东会决议、董事会决议、企业内部规章制度等文件的审查，目的是确定并购活动已获得合法授权，不存在程序上、形式上的障碍等，从而确保并购交易的合法性和有效性。

9.对目标企业的其他调查

除以上八个方面的内容之外，所有依据法律尽职调查人员的判断对作为收购方的物流企业来说是重要的、需要披露的目标企业及其分支机构的信息和文件、资料，都需要进行法律尽职调查。如果尽职调查人员对目标企业的答复有疑问，应当以书面形式提出补充资料清单，再次问询，同时要求目标企业以书面形式作出回答或提供进一步的信息。如果目标企业提供的资料不全或情况不详，法律尽职调查人员应要求目标企业作出声明和保证，并对其所有提供文件中的关键问题进行再次核实，包括必要时到目标企业的各分支机构进行现场调查（cite visit）。

以上是一个完整的物流企业法律尽职调查所应包含的主要内容，但在具体的并购活动中，尽职调查人员应考虑并购所处的阶段、目标企业的具体情况等因素制定具体的调查方案，运用各种灵活方法挖掘目标企业的重要信息并依此判断并购中的风险，通过事先察觉风险和法律瑕疵的存在来制订正确的谈判策略、确定公平的并购价格，直至将相关问题在并购协议中妥善处理，为物流企业实现成功的并购奠定基础。

（三）高科技企业

所谓高科技企业，又称“高新技术企业”，根据《高新技术企业认定管理办法》的规定，是指在《国家重点支持的高新技术领域》内，持续进行研究开发与技术成果转化，形成企业核心自主知识产权，并以此为基础开展经营活动，在中国境内

（不包括港、澳、台地区）注册一年以上的居民企业。

一般而言，高科技企业有以下特点：

1.有自己核心的技术并进行持续不断的创新研究。

2.企业的发展及产品主要依赖于核心的技术与人才。

3.企业对知识产权的保护高度重视，一旦知识产权方面遭遇侵权会给企业带来巨大的损失。

根据高科技企业的以上特点，我们在从事高科技企业的尽职调查时，将重点关注以下几个方面：

1.企业的知识产权取得情况及权属情况，如专利、注册商标、专有技术、核心技术与创新，权利证书，年费缴纳情况，在企业使用情况及产生的价值。

2.企业知识产权保护情况。

公司关于知识产权的管理制度，保护机构设置与权限分配，防范侵权对策，知识产权被侵权的情况统计及应对措施。

3.企业技术骨干、技术人才结构，研发水平与能力，对公司文化的认同，劳动合同与薪酬待遇，奖励与激励机制，人才的稳定性问题，有没有相应的股权激励计划等。

4.相关的合同与协议，如技术许可合同，合作开发合同，特许经营协议。

5.公司近三年关于知识产权方面的诉讼、仲裁及行政处罚，以及公司知识产权保护的维权情况。

第五节

诉讼尽职调查要点分析

一、诉讼尽职调查概述

诉讼，俗称“打官司”，是作为公民个人及企业法人维权的司法途径，也是权利救济的最后保障。诉讼的目的，是通过向法院起诉的方式，寻求国家公权力的介入，用私权力无法救济的方法和手段维权。从诉讼维权的流程看，一般包含了两个阶段。

（一）庭审

我国司法体制实行的是“两审终审制”，即当事人的诉讼经过一审和二审后将最终形成生效的司法判决。

（二）执行

在司法判决生效后，如果对方当事人在法定的时间内没有自动履行，胜诉方有权在随后通过向法院提起强制执行申请的方式，再次要求司法公权力介入，通过强制的手段实现自己依法确定的权利及诉讼的最终目的。

大多数的债权债务类诉讼，归根结底都是为了最终实现债权债务的转移、支付或抵消，综上所述，对于当事人来说，通过诉讼要实现的目的有两个：

1.能否胜诉；

2.胜诉后能否获得有效的执行。

因此，根据当事人通过诉讼需要达成的目标，可以将诉讼尽职调查分为两部分内容：

1.分析案件胜诉的可能性；

2.分析胜诉判决的可执行性，可以通过信息收集、查询对方当事人可供执行的财产。

能否胜诉，首先，需要解决的是当事人提起诉讼是否有道理，即通常所说的“找法院说理”，以确定当事人的诉讼请求是否存在获得法律上支持的胜诉理由。其次，诉讼是一种司法程序，诉讼的进行有一整套法律规定的流程、规则，必须严格依法进行，而且当事人要有足够有效的证据构成的证据链足以支持自己的诉讼请求。这种证据的采集、整理及质证也有相应的法律规定，如证据的收集途径、程序首先必须合法，从形式到内容都必须符合法律的要求。再次，质证时必须提交原件，单独的复制件无法作为认定事实的依据。最后，对于质证必须依照法定的程序和方法，以判断其真实性、合法性和关联性，才能最终被法庭采纳，未经法庭质证的证据不能作为认定案件事实的根据。一个案件最终能否胜诉，取决于很多方面的因素，根据2003年12月23日最高人民法院审判委员会第1302次会议通过的《人民法院民事诉讼风险提示书》，当事人起诉存在以下十七种风险：

1.起诉不符合条件；

2.诉讼请求不适当；

3.逾期改变诉讼请求；

4.超过诉讼时效；

5.授权不明；

6.不按时缴纳诉讼费用；

7.申请财产保全不符合规定；

8.不提供或者不充分提供证据；

9.超过举证时限提供证据；

10.不提供原始证据；

11.证人不出庭作证；

12.不按规定申请审计、评估、鉴定；

13.不按时出庭或者中途退出法庭；

14.不准确提供送达地址；

15.超过期限申请强制执行；

16.无财产或者无足够财产可供执行；

17.不履行生效法律文书确定义务。

其中的绝大部分都是相对比较容易识别的诉讼风险，或者说经过简单的谨慎注意就可以解决的诉讼风险，而第八项和第十六项则需要律师以专业的眼光、从专业的角度进行大量的工作才能把握和判断的。

“不提供或者不充分提供证据”的问题往往在于当事人不明白应该提供哪些证据，这些证据对于案件的胜诉能起到什么样的作用，这些都需要律师多次反复地跟当事人进行认真细致的沟通，在沟通中发现案件证据及其线索，启发当事人围绕案件提供证据，这也是律师的一项重要工作和专业性活动。律师只有在从当事人处穷尽了一切案件事实，获得大部分与事实相关的证据，并且构成一个完整的证据链，无论原件还是复制件，在对之进行综合分析、厘清办案思路的基础上，才有可能得出初步的结论，从而也才有可能对当事人诉讼可能存在的法律风险进行初步的评估，这本身就是一项尽职调查工作，可以称为“诉前尽职调查”，或称“诉讼法律风险评估尽职调查”。

一旦当事人通过诉讼的方式获得法院支持，亦即“胜诉”，则第二步就是如何将法庭的生效判决变成现实的权利实现。对于大部分涉及债权的案件来说，胜诉以后需要了解的就是债务人的偿债意向、偿债能力及实现债权的可能及代价的评估。这样的评估需要建立在详细的信息汇总的基础上，例如，对方当事人有哪些财产可供执行，财产属于动产还是不动产，是否存在法律上的瑕疵或限制，有无变现的法律及实际障碍，评估的价值几何，财产上有无抵押担保，是否遭遇其他法院的查封冻结，变现的时间周期及成本多大等一系列问题，需要律师有针对性地开展工作，了解被执行人财产的详细信息，聘请专业的中介机构进行适当的评估，然后才能对执行成功的可能性进行全面的评估，也是对能否达成诉讼的最终目的进行评估，以便当事人衡量诉讼与否或者采取何种维权方式进行性价比的分析，从而才能确保当事人在花费有限代价的基础上保证其判断的准确性和采取维权措施的合理性。

对于一些疑难、复杂或者重大的案件，为了确保诉讼的顺利进行，特别是庭审能按照自己设想的方向去发展，有必要在事先对案件可能的结果有所评估，这样才能做到心中有数，不至于被判决结果搞得猝不及防，因为诉讼一共只有两次审理的机会，一旦错失时机追悔莫及，特别是一审更是整个诉讼流程的关键所在。为了在审判前就能对判决结果有个准确的评估，以帮助当事人作出正确的抉择，有些律所甚至开设了模拟法庭，通过对案件的模拟开庭、对抗演练来发现己方准备不足及证据漏洞，从而丰富和完善应对策略，但所有这些首先是基于信息的充足性、完整性才能形成科学、准确的预判断，而对此开展尽职调查则可以很好地解决这个问题，以合理评估诉讼的法律风险。

二、诉讼尽职调查报告解读

诉讼尽职调查的目的就是在诉前满足当事人对案件判决结果及执行效果的预判断。

首先，通过前期的尽职调查，可以充分挖掘对案件起决定作用的关键证据并评估其对案件结果的决定作用，包括但不限于完整证据链的可能性、关键证据获得及在案件诉讼中的作用等作出适当的评价。

其次，对于判决后的执行，可以通过财产调查及财产线索的获得、可供执行财产数量及质量的分析判断，来确定判决书可执行性及代价，这样有利于当事人作出理性的判断。

以下是一份诉讼尽职调查报告的样本，现对此进行一下解读：

诉讼案件尽职调查报告

本人系借款人赵××的现客户经理，现申请对借款人赵××及担保人于××提起诉讼（本金：壹拾六万元），特此提出本尽职调查报告。

一、贷款形成的基本情况

借款人于2007年1月16日在我行贷款20万元，与我行发生借贷关系，2007年4月14日办理借新还旧续作手续贷款18万元，2007年8月11日又办理借新还旧续作手续贷款17万元，2008年1月25日再次办理借新还旧续作手续贷款16万元，用于养殖业；担保人：于××；期限1年；到期日2009年1月24日，上述贷款由原客户经理崔××负责受理、调查、发放、催收、管理。该笔贷款从2009年12月21日至今未再归还过贷款本息，截至2011年11月4日结欠本息共计209，731.84元。

二、无法偿还贷款的具体原因

贷款之初借款人不曾欠息但自2009年12月21日后的利息借款人借故拒绝归还，据我行工作人员调查借款人有能力偿还贷款本息，拒不偿还贷款存在故意性。

三、已采取的清收措施

该笔贷款自2009年12月21日后一直没有偿还利息，由于和原客户经理无法取得联系，不知原客户经理采取的清收情况，接管后在催收时特别是总行检查组有关人员逐笔核对贷款时我支行又进行了催收，借款人均称无资金偿还本息。

四、已有的证据

1.贷款协议；

2.贷款续作手续及相关说明；

3.催收通知及记录；

4.借款人表示无力还款的回函；

5.借款人财产情况调查结果。

五、借款人及担保人当前的经营情况及财产情况

借款人赵××现从事建筑工程行业预计年收入10万～15万元，有平房3间现估价15万元左右，若遇拆迁占地补偿估计价格会更高；保证人于××经营一家氧气站预计年收入5万～10万元，有平房3间现估价15万元左右，若遇拆迁占地补偿估计价格会更高。二人均有能力归还所欠贷款本息。

六、结论性意见

根据该人现实际情况，结欠我行贷款本金16万元及结欠截至2011年11月4日利息49，731.84元，借款人始终称无资金偿还，我行信贷资产将面临部分或全部损失。为保全我行资产，现特对该人提起诉讼，用法律手段收回该笔贷款，同时震慑其他借款人不主动偿还贷款之意。

律师（签字）：

签字日期：

通过以上尽职调查报告，可以看出其中对于案件的事实、证据进行了相关调查、确认，以及双方互相交涉的证据，借款人有充足的财产可以支付本息的证据等，从而保证了诉讼的胜诉性及判决书的可执行性，因此，在此基础上律师进行诉讼就排除了很多的不确定因素，保证诉讼的效率和成果。

综上所述，诉讼尽职调查应当从以下几个方面入手：

1.双方当事人基本情况介绍。

2.案情简介。来源于己方当事人的口述及被由其提供的证据证明的事实。

3.已有的证据及其分析。

4.已采取的措施及诉前策略。

5.双方可能的办案思路及利弊分析。

6.对方当事人财产线索及财产状况。

7.结论性意见。

针对一些复杂的诉讼案件，律师可以在尽职调查报告的基础上作出更详细、更具体的专业分析，根据相关法律法规，结合相关判例，形成对案件更有说服力的“法律分析报告”，以更专业、更规范的方式形成对诉讼案件的预判断，可以极大地帮助当事人对案件作出深入的思考和判断，这也是诉讼尽职调查的价值所在。

第六节

尽职调查常见问题解析及整改建议

一、尽职调查中的困惑及其对策

律师在开展尽职调查的过程中，会遇到各种情况的发生，面临各种问题，而且每个企业的问题都会各不同相同，这就需要律师在长期的尽调工作实践中不断积累经验，妥善应对并予以解决。

1.当事人不配合，不提供有关资料怎么办？或者对于存在的问题涉及的背景信息不真实完整地披露怎么办？

当事人不积极配合提供尽职调查的资料是律师在尽职调查中经常面临的问题，这是一个循序渐进的过程，需要尽调律师具有足够的耐心、策略和智慧，遵循先宏观后微观、先易后难的方法和路径，先让当事人提供其愿意及同意提供的资料，包括尽调清单上对接人已经理解的内容提供资料和信息，然后随着尽调工作的不断推进，从已有的资料中发现问题、追踪问题，再运用专业的知识和经验，甚至是一些沟通的技巧和方法去说服、引导当事人配合尽调律师的工作，不断推进。

律师就像专业的厨师，高超的厨艺体现在对食材的加工上，而加工美味佳肴首先需要新鲜的食材及配料。企业作为被调查对象，也是掌握和提供尽调资料的主体，没有其配合提供的素材，尽调律师就会陷入巧妇难为无米之炊的境地，所以尽调律师首先需要获得尽调对象对尽调工作有所了解和认可，才会愿意积极配合律师开展这项工作。所以，一旦遇到当事人不积极配合尽调律师工作的情况，首先，必须发现原因和问题的症结所在，了解当事人为何不愿意配合，可能隐瞒了哪些资料和信息，然后经过内部沟通，确定需要当事人配合补充的资料，确定了方法和技巧后再次跟企业的控股股东、实际控制人进行沟通，让他们了解尽职调查的目的和意义所在，如果缺少那些重要的资料，可能会影响当事人通过尽调挂牌新三板、IPO或者通过并购实现资源整合的根本目的，从而影响企业发展的大局，这样才能争取到他们的理解和支持。其次，针对他们不愿意泄露企业隐私包括有关人员的个人隐私问题，律师在开展正式尽调前一般都会签署“保密协议”，同时，还需要律师针对性地与其沟通、解释，根据职业道德和执业纪律的要求，律师不会去泄露企业及个人隐私，即使这些隐私足以让有关当事人承担相应的民事甚至刑事责任，例如常见的企业账外走账偷税漏税的问题，伪造文件的问题等，律师的责任是根据事先确定的尽调规划、目标及其目的，通过对尽调材料的收集、审阅，及时发现企业存在的问题，并尽可能从法律的角度论证其合法合规性，为其提供整改的方案，纠正其错误的做法和违法的行为，帮助企业解决法律风险的隐患。总之，尽调律师应尽量从合法合规的立场出发，同时又要站在当事人的角度为其的利益考虑，才容易为当事人所接受。

笔者曾经在为企业挂牌新三板提供法律服务的过程中遇到了这方面的问题。企业的两个股东都是法人，其中一个是在我国香港注册的公司，而股东正是目前公司的两位实际控制人的夫妻双方，两位内地公民于20多年在我国香港注册公司涉及国家外汇管理的问题，作为律师必须了解其是否存在违规操作的地方，为此，券商和律师多次跟公司老板反复沟通，但老板就是不说，这样律师就无从针对性地提供法律意见，后来，笔者根据掌握的情况该企业挂牌新三板的推动者是公司老板的儿子，是一名从美国留学回来的海归，有着比较超前的现代企业经营意识，觉得这是一个沟通的突破口，遂与其进行了电话沟通，说明了其中的利害关系以及对公司挂牌的利弊关系，首先成功说服了他的配合，并由他劝说父亲放弃顾虑积极配合律师说清了事情的背景，以便于律师提供合法合规的意见，解决了这个问题，所以，找到解决问题的突破口很关键。

2.如何深挖尽调对象有可能刻意隐藏的信息与内容?

前文中提到，律师尽职调查的目的就是围绕尽职调查清单深入挖掘企业的信息，包括但不限于经营信息、财务信息及债权债务等，针对被调查对象刻意隐瞒事实真相的情况，律师要善于发现事情的线索和端倪，从而通过启发式的询问，层层深入，抽丝剥茧，以求发现问题的所在。例如，在涉及企业违法犯罪时，被尽调对象往往会刻意转移话题，这就需要尽调律师首先通过网络查询，了解企业是否存在已了结及在审案件，是否存在执行或被执行的情况等，然后通过对企业的普法宣传，让其认识到必须客观地对待这些问题，对隐瞒事实真相会给企业可能带来的后果和法律风险进行预测，帮助企业端正认识，积极予以配合。

3.律师“尽职”及法律风险的边界在哪里？

所谓“尽职”，意思是律师应当从专业的角度充分尽到自己的责任，穷尽一切可能的办法和途径，对企业的有关情况及信息予以充分的了解和披露。那么，律师的尽职调查中律师“尽职”的边界究竟在哪里，因为确定了律师尽职的边界也就明确了律师在尽职调查中承担法律责任的边界。

作为一项专业的工作，律师在尽调中也会有自己的风险需要防范，需要律师根据相关法律规定的要求，有足够的专业经验和谨慎认真仔细地查阅、核对所有的资料、文件，以避免和防范自身的法律风险。

确定律师尽职调查中“尽职”的边界，防范尽职调查的法律风险，可以从以下几个方面来判断：

（1）针对尽职调查的项目，尽职调查清单的制作是否完备，是否涵盖了该项业务法律意见书中内容的所有方面，特别是有关本次尽职调查目的的主要方面。

（2）对于需要实地考察、实地收集资料的情况，是否律师都亲力亲为了，是否有现场的证据为证。

（3）对于尽职调查的方法、手段和途径，尽调律师是否穷尽了一般情况下可能的办法、途径和措施，是否穷尽了公开渠道的查询，例如网上查询是否覆盖足够，是否通过百度、搜狗、政府公开信息平台查询企业任何可能的负面情况，是否调取政府部门公开文件查询，例如是否调取工商底档，是否前往当地法院查询，是否调取商标副本、专利副本、软件著作权副本等。

（4）对于尽调过程中发现缺页、漏页及应有而未有的内容，律师是否要求被调查对象进行补充了。

（5）对于原件和复制件，律师是否认真、仔细地做了比对，确定两者完全一致。

（6）对于在尽职调查中律师做出专门的律师意见和结论，应当有经过实证的事实和法律依据，并经得起推敲和检验。

（7）对于在尽调过程中发现的法律瑕疵及潜在法律风险是否尽到了足够谨慎的提醒义务；围绕尽调目的提出专业的整改意见和建议。

（8）尽职调查是否及时更新。

一个新三板/IPO项目周期短则一年，长则数年，每次出具法律意见书是否对尽职调查内容进行更新。有些海外并购也是耗时达数年之久，期间政府政策、市场情况都会发生很多变化，需要通过补充尽职调查及时更新相关信息。

例如，最初接触项目时企业并未涉诉，但申报前因某事项牵扯到法院诉讼，我们则必须及时尽职调查发现，切勿遗漏。

(9)底稿是否到位。

毫无疑问，尽职调查工作底稿就是律师的“护身符”“命根子”，如果经办律师不核对底稿无异于裸奔。笔者非常反对资深律师不核对底稿，尤其是签字律师。许多财务造假案例，保荐代表人丢了饭碗就是其不查阅项目细节，依赖于同事的信用背书，遭遇行政处罚也是必然之事。

(10)财务造假是红线！

IPO项目中财务造假，律师一定会受牵连！新三板项目中财务造假，只有核查、底稿落实到位，律师才存在免责的可能。

根据《律师事务所从事证券法律业务管理办法》第14条的规定：“律师在出具法律意见时，对与法律相关的业务事项应当履行法律专业人士特别的注意义务，对其他业务事项履行普通人一般的注意义务，其制作、出具的文件不得有虚假记载、误导性陈述或者重大遗漏。”从北京东易所因欣泰电器IPO财务造假律师被罚案可以看出，证监会和北京一中院均认为律师在法律尽调过程中，应当对会计师出具的审计报告中财务造假情形负有审慎审查的义务和责任。

二、尽职调查中常见问题及其整改建议

笔者在对企业进行尽职调查时，发现由于历史原因和股东对法律的不正确理解，以及故意和疏忽的原因，造成了企业设立、历次增资扩股及经营中存在大量违法违规的问题。如果企业需要走上资本市场如挂牌新三板、IPO，必然面临券商及中国证监会有关机构的合法合规性审查，有些问题必须得到整改。

1.股权代持问题

《最高人民法院关于适用〈中华人民共和国公司法〉若干问题的规定(三)》首次以司法解释的形式对于股权代持做出了相关规定，第25条规定：“有限责任公司的实际出资人与名义出资人订立合同，约定由实际出资人出资并享有投资权益，以名义出资人为名义股东，实际出资人与名义股东对该合同效力发生争议的，如无《民法典》规定的合同无效情形，人民法院应当认定该合同有效。

前款规定的实际出资人与名义股东因投资权益的归属发生争议，实际出资人以其实际履行了出资义务为由向名义股东主张权利的，人民法院应予支持。名义股东以公司股东名册记载、公司登记机关登记为由否认实际出资人权利的，人民法院不予支持。

实际出资人未经公司其他股东半数以上同意，请求公司变更股东、签发出资证明书、记载于股东名册、记载于公司章程并办理公司登记机关登记的，人民法院不予支持。”

总结一下有以下四个方面的含义：

（1）确认股权代持合同不违反法律规定的有效；

（2）股权代持仅对实际股东、名义股东有约束力；

（3）名义股东不得对抗债权人；

（4）名义股东要变成实际股东必须经股东过半数同意。

综上所述，法律对于股权代持的存在持肯定的态度，根据《民法典》有关合同无效的情形除外。但显然，根据以上的情形显示，股权代持存在很多不确定性及潜在争议。首先，合同是否有效，是否存在公务员和军人是公司股东的情形，是否存在违反《外商投资产业指导目录》相关规定的情形；其次，名义股东不顾与实际股东的合同约定擅自处分其权利导致侵犯实际股东的权益时就会发生争议，而且如果不能得到其他过半数股东的认可，实际股东无法取得股东法律上的身份，因此，这种方案的设立很容易产生潜在的纠纷。

新三板和IPO作为资本市场，在选择企业时明确了必须“股权明晰”，即不接受任何形式的股权代持，以保证企业股权的稳定性并避免由于存在名义股东和实际股东之争可能导致的争议产生，这就要求律师在从事尽职调查时必须通过各种材料、沟通等多种方式尽量发现企业是否存在股权代持的情况，并就做出妥善的安排和整改。

笔者在一个新三板项目中，就遇到了这种情况。公司仅有两个股东，一个占股60%，另一个占股40%，而这位占股40%的股东陈××系某著名高校某个学院的副院长，是国内该领域方面的权威，由此也让企业通过他的身份始终在学术、技术等各方面处于行业的前沿和制高点，也带来了源源不断的业务。但根据《中共中央纪委教育监察部关于加强高等学校反腐倡廉建设的意见》（教监〔2008〕15号）（附件3）的规定“（九）加强对领导干部的管理和监督。学校党政领导班子成员应集中精力做好本职工作，除因工作需要、经批准在学校设立的高校资产管理公司兼职外，一律不得在校内外其他经济实体中兼职”。而陈本人在高校的行政职务限定了其在企业持股，为此，笔者建议陈将其在公司的股份转让给了他刚刚研究生毕业的儿子，有券商认为这会涉嫌代持股的问题，但实际上如果转让另外的人倒是有可能代持股，但转给自己儿子本身就是财产一体，不需要代持，最后券商也接受了我们的建议，妥善处理了这个问题，未构成挂牌新三板的障碍。

2.职工持股会及工会持股

1995年到2000年前后国有企业及集体企业改制过程中，产生了大量的职工持股会及工会持股问题。该问题产生的主要原因是：当时的改制鼓励企业职工入股、持股，但是受限于《公司法》及《证券法》的规定，当改制为有限责任公司时，股东人数不能超过50人，当改制为股份有限公司时，股东人数一般不能超过200人，超过200人的为公开发行，需履行相对复杂的审批程序。鉴于此，大批企业采用由职工持股会或工会代为持股的方式。

例如，2000年某国有企业资不抵债、濒临破产，由省政府牵头改制。依据改制方案，该企业全体职工以0对价，接手企业的全部资产与负债。为使企业能够继续经营下去，省政府批准企业全体职工筹资入股，解决企业流动资金问题，全体1200余名职工共筹集资金1500万元入股改制后的企业。改制后企业注册资本为1500万元人民币，由全体职工100%持股。但是受限于《公司法》对股东人数的规定，改制后的企业工商注册时，将股东注册为40名，其中自然人股东39名，法人股东1名。39名自然人代450名职工持股，剩余750余名职工资金出至职工持股会，由职工持股会代为持股。

从持股产生的原因看，职工持股会的持股本质上是一种股权代持行为。对于股权代持，实际上已经获得了我国《民法典》和《公司法》以及相关司法实践的允许，这是一种实际出资人与名义股东之间的委托代理关系，应是合法有效的。另外，根据《最高人民法院关于适用〈中华人民共和国公司法〉若干问题的规定（三）》（2010年12月6日由最高人民法院审判委员会第1504次会议通过，2020年12月23日，最高人民法院审判委员会第1823次会议第二次修正）第24条的规定：“有限责任公司的实际出资人与名义出资人订立合同，约定由实际出资人出资并享有投资权益，以名义出资人为名义股东，实际出资人与名义股东对该合同效力发生争议的，如无法律规定的无效情形，人民法院应当认定该合同有效。”

前款规定的实际出资人与名义股东因投资权益的归属发生争议，实际出资人以其实际履行了出资义务为由向名义股东主张权利的，人民法院应予支持。据此，委托持股行为的合法性已被我国法律与司法实践所认可。

从证监会的监管角度看，其在《首发管理办法》中要求拟上市企业应做到股权清晰，不存在潜在纠纷。股权代持行为使股权不公开、不稳定，致使权属不透明，权利义务关系不清晰，容易产生潜在纠纷。因此，从以往的审核标准看，证监会通常不允许代持行为的存在。

1997年，民政部等四部委发布《关于外经贸试点企业内部职工持股会登记管理问题的暂行规定》。依据该规定，职工持股会依法登记后取得社会团体法人资格，依据国家有关法规和职工持股会章程开展活动。该规定只适用于外经贸行业中按原《公司法》改建为股份有限公司、有限责任公司进行内部职工持股试点的企业。随后，各省、各行业均开始设立职工持股会。但之后国家对于职工持股会的政策逐渐发生了变化。

2000年7月，民政部下发《关于暂停对企业内部职工持股会进行社团法人登记的函》，明确：1998年国务院颁布了新修订的《社会团体登记管理条例》，该条例第3条第3款规定“不属于本条例登记范围的：……机关、团体、企业事业单位内部批准成立、在本单位内部活动的团体”。由于职工持股会属于单位内部团体，不应再由民政部门登记管理。……在国务院没有明确意见前，各地民政部门暂不对企业内部职工持股会进行社团法人登记；此前已登记的职工持股会在这次社团清理整顿中暂不换发社团法人证书。

2000年12月，证监会在给北京市中伦金通律师事务所的《关于职工持股会及工会能否作为上市公司股东的复函》指出，因民政部门不再办理职工持股会的登记，职工持股会不再具有法人资格，不能成为公司的股东。因此，中国证监会也暂不受理职工持股会作为股东或发起人的公司公开发行股票的申请。

2002年11月，中国证监会发布《关于职工持股会及工会持股有关问题的法律意见》指出，停止审批职工持股会及工会作为发起人或股东的公司的发行申请主要是为了防止发行人借职工持股会及工会的名义变相发行内部职工股，甚至演变成公开发行前的私募行为。在民政部门不再接受职工持股会的社团法人登记之后，职工持股会不再具备法人资格，不再具备成为上市公司股东及发起人的主体资格，而工会成为上市公司的股东与其设立和活动的宗旨不符。对拟上市公司而言，受理其发行申请时，应要求发行人的股东不属于职工持股会及工会持股，同时，应要求发行人的实际控制人不属于职工持股会及工会持股。

综上所述，目前职工持股会不再具备法人资格，不能成为公司的股东。职工持股会作为拟上市公司的发起人已经失去了法律依据。

《工会法》第14条规定："中华全国总工会、地方总工会、产业工会具有社会团体法人资格。基层工会组织具备民法通则规定的法人条件的，依法取得社会团体法人资格。"第6条规定："维护职工合法权益是工会的基本职责。工会在维护全国人民总体利益的同时，代表和维护职工的合法权益。工会通过平等协商和集体合同制度，协调劳动关系，维护企业职工劳动权益。工会依照法律规定通过职工代表大会或者其他形式，组织职工参与本单位的民主决策、民主管理和民主监督。工会必须密切联系职工，听取和反映职工的意见和要求，关心职工的生活，帮助职工解决困难，全心全意为职工服务。"依据上述两条规定，工会具有法人主体资格，但同时工会的职责具有公益性特点。

2000年12月，证监会在给北京市中伦金通律师事务所的《关于职工持股会及工会能否作为上市公司股东的复函》指出，工会作为上市公司的股东，其身份与工会的设立和活动宗旨不一致，可能会对工会正常活动产生不利影响。2002年11月，中国证监会发布《关于职工持股会及工会持股有关问题的法律意见》指出，停止审批工会作为发起人的发行申请主要是为了防止发行人借工会的名义变相发行内部职工股，甚至演变成公开发行前的私募行为。工会成为上市公司的股东与其设立和活动的宗旨不符。

根据以上分析，笔者认为，从民商事法律行为的合法性分析，工会持股的合法性不存在问题。但由于证监会尚不受理工会持股的公司上市申请，故PE机构投资应根据项目的具体情况来分析工会持股问题。如果拟在短期内安排目标企业上市，则需要对工会持股问题进行处置。

笔者认为，PE机构尽职调查过程中，应对职工持股会与工会持股的下列问题重点核查：

职工持股会与工会持股的背景、原因、数量、历史演变过程。

持股的法律文件，职工持股会、工会的内部决议。

职工的离退休及死亡情况，离退休及职工死亡后对代持股权的处置及相关依据。

职工对代持股权未来处置的态度、意见。

同时，根据证监会的相关要求，应当对于企业存在职工持股会和工会持股的情形，一律予以清理，以符合IPO合规性要求。

3.经营资质未办理及已到期、即将到期

企业的经营资质是企业合法经营的前提条件，特别是对于一些特种行业，国家出台了专门的资质管理规定，没有资质、资质已到期等都构成了企业的违法经营，因此，企业的经营资质是企业合法经营必须首先考虑的问题。

国家对不同的行业制定差别化的资质管理规定，有些是行业准入门槛，有些是根据企业不同规模、技术人员数量及注册资本的规模规定了不同资质经营不同等级的业务，目的是对一些关系国计民生的行业和业务进行有效的规范化管理，特别是金融业、建筑业、房地产、化工行业等特种行业，一旦没有资质、资质过期或超越资质经营，会对社会经济秩序产生较大的不利影响。因此，在审查企业的经营资质时必须敏锐地发现问题，督促企业及时办理相关资质证书，纠正违法经营的状况。

4.股东占款

在大量的民营企业中普遍存在股东占款的情况，企业的控股股东往往认为公司都是自己创办的，公司的资金就是自己的，只不过是从左口袋换到右口袋而已，因此，根据自己的需要频繁地调动资金出入，甚至长时间不归还，这样冲击了企业资产独立的原则，也不利于现代企业制度的形成，并会直接损害其他中小股东和债权人的利益，所以，这是企业进入资本市场的一条红线，应当及时得到纠正；对于一些股东占款金额较大、占款周期较长的情况，应当要求股东按照银行同期贷款利率支付一定的利息，以还原企业真实的经营状况。

5.知识产权出资未评估

根据《公司法》第48条之规定“股东可以用货币出资，也可以用实物、知识产权、土地使用权等可以用货币估价并可以依法转让的非货币财产作价出资；但是，法律、行政法规规定不得作为出资的财产除外”。明确知识产权可以作为出资，而且规定必须是可以用货币估价并可以依法转让，目的就是让出资具有一定的货币价值属性，以便将来可以用作对债权人承担责任。

笔者在为一些拟挂牌新三板的企业进行前期尽职调查就遇到了以下几种以知识产权出资的情形。

(1)买来专利入股，却没有太大实际使用价值，未给公司创造什么效益，只是为了充足注册资本；

(2)专利入股却没有经过事先评估，股东之间协商了一下就决定了入股价格；

(3)以专利许可公司使用的许可使用费入股，却不转移专利所有权；

(4)以控股股东在以前公司的职务发明专利作为出资入股。

以上是几种知识产权出资入股的常见情形，企业老板认为这么多年过来了，并未产生什么争议，但经过仔细分析，发现其中还是存在一些潜在的法律风险的。

第一种情况：如果买来的专利没有什么实际价值，只是充实公司的注册资本，那就是专利的实际价值被高估了，这样就不符合公司资本充实原则，无法承担起相应的责任，因此，这样的专利只能起到虚增注册资本的作用，根据新三板挂牌的要求，必须转让出去，或者以现金替代该专利的出资，以保证公司资本的充足率。

第二种情况：根据《公司法》第48条第2款的规定，“对作为出资的非货币财产应当评估作价，核实财产，不得高估或者低估作价。法律、行政法规对评估作价有规定的，从其规定”。这也是为了对公司外部的债权人负责的要求，必须由专门的无形资产评估所对其依照法定的程序和方法进行准确的评估，以确定其内在价值，才能作为出资入股；如果入股时没有评估的，则必须在后面补上。

第三种情况：公司使用被许可的专利从事生产经营，如果涉及自己的主营业务，就会因此对客户产生技术上的依赖，可能对公司的业务独立性产生影响，直接触及挂牌新三板或IPO所要求的“五独立原则”，从而对公司未来生产经营带来不确定性，这也是资本市场的明确要求，因此，这种情况最好跟对方协商转让专利的使用权；实在不行，签订长期的独家许可协议，锁定一段时期内专利许可保证，以保障企业业务的连续性不至因此受到影响。

第四种情况：根据《专利法》第6条之规定：“执行本单位的任务或者主要是利用本单位的物质技术条件所完成的发明创造为职务发明创造。职务发明创造申请专利的权利属于该单位；申请被批准后，该单位为专利权人。”“利用本单位的物质技术条件所完成的发明创造，单位与发明人或者设计人订有合同，对申请专利的权利和专利权的归属作出约定的，从其约定。”可见，如果双方有约定，则约定优先；如果个人和单位没有事先约定，则职务发明创造申请的专利属于单位，个人无权处分，包括使用或许可他人使用，更不能以此作为出资，否则，将会给入股的公司带来争议及纠纷，因此，对于职务发明必须仔细审查有关的合同、协议，详细了解其当时的情况，最好发函跟其原单位核实，以避免日后的争议。

6.关联交易

关联交易是笔者在对很多企业进行尽职调查中经常遇到的问题之一。所谓关联交易，是指发生在关联企业之间的业务、资金往来，往往存在利益输送、纳税等方面的考虑因素，所以关联交易会在一定程度上扭曲企业定价的市场化机制，无法真实地反映企业的独立经营能力，在IPO和新三板挂牌时被要求进行处理。

相较IPO的严格来说，新三板对于关联交易持一定的宽容态度，但对于关联交易的必要性、合理性及定价的公允性和比例也有着一定的要求。

（1）必要性：首先，必须对企业存在关联交易的必要性进行论证和说明，这种必要性一般是基于生产、技术、原材料供应和产品销售而产生的，必须不能规避法律法规对其经营资质管理的强制性要求；其次，必须是为了挂牌企业利益最大化的目的，不得存在利益输送等方面因素的考虑和目的。

（2）合理性：通过关联交易的方式，必须是在暂时没有其他办法可以替代的一种过渡性策略，挂牌主体最终还是要通过技术的独立研发、产品的独立销售及原材料的多渠道采购来解决对关联企业的依赖。

（3）公允性：关联交易的一个重要看点就是其定价的公允性，即其产品、技术的取得和原材料采购必须准确地反应市场的供求关系、合理的利润率和其他市场定价因素，不得通过人为定价的办法输送利益。

（4）比例要求：一方面，股转系统对于挂牌主体中关联交易所占的比例没有统一的标准和要求，如不超过20%，但不等于没有比例限制的要求。根据笔者在实际操作中的经验结合各券商自己掌握的比例来看，一般不得超过20%。另一方面，企业应当对于关联交易逐年下降作出适当的安排，如已经开始独立的技术研发、开拓多样化的原材料供应渠道及销售渠道，并承诺逐年降低对关联交易的依赖，这样才能保证符合股转系统的要求。

7.行政处罚

全国股份转让系统2013年6月30日的《全国中小企业股份转让系统股票挂牌条件适用基本标准指引（试行）》（以下简称《挂牌条件指引》）明确要求拟挂牌公司合法合规经营，即公司及其控股股东、实际控制人、董事、监事、高级管理人员须依法开展经营活动，经营行为合法、合规，不存在重大违法违规行为。一般违法违规，并不构成实质性障碍，但“重大”违法违规 已成为监管的红线，根据《挂牌条件指引》规定“重大违法违规情形是指，凡被行政处罚的实施机关给予没收违法所得、没收非法财物以上行政处罚的行为，属于重大违法违规情形，但处罚机关依法认定不属于的除外；被行政处罚的实施机关给予罚款的行为，除主办券商和律师能依法合理说明或处罚机关认定该行为不属于重大违法违规行为的外，都视为重大违法违规情形”。重大违法违规本身难以量化，又涉及工商、环保、海关、安全、质量、税务、消防、土地和房产等方方面面，实务中有时较难把握，但审核时一般重点关注企业违法违规的性质、是否出于主观故意、违规的严重程度、是否造成恶劣的社会影响、企业事后的态度以及事件本身的进展情况等进行评判。

自2015年开始，全国股份转让系统尤其重视拟挂牌公司在报告期内的合法合规性，对涉及环保、质量、安全、土地等审核时趋严；如企业违法违规并非主观故意，且未造成重大社会影响，企业积极改正并采取补救措施，同时监管部门出具证明文件的，一般并不构成障碍，但重大违法违规的监管红线不可挑战。

第三部分

完成尽职调查报告

第一节
尽职调查报告的组织写作

经过初步尽职调查后，律师同时在梳理、熟悉尽职调查过程中所收集的企业资料、信息的基础上制作法律尽职调查报告，对于企业生产经营、财务、债权债务、人力资源等各方面的信息予以真实、完整的披露，从而形成律师阶段性工作成果——尽职调查报告。

尽职调查报告是从事资产证券化、企业并购重组、重大资产转让、债券发行、信托、新三板及IPO等业务的基础性法律文件，是对企业历史及当前经营情况、财务状况及合法合规的全面总结和重要信息披露，也是制作法律意见书的基础和依据。

律师尽职调查在实务中的应用相对较早，但作为一个正式的法律概念出现却是在2001年3月6日中国证券监督管理委员会发布的《公开发行证券公司信息披露的编报规则第12号——律师法律意见书和律师工作报告》(以下简称《规则》)中。《规则》第5条规定："律师在律师工作报告中应详尽、完整地阐述所履行尽职调查的情况，在法律意见书中所发表意见或结论的依据、进行有关核查验证的过程、所涉及的必要资料或文件。"这是我国第一次在法律规范性文件中出现"律师尽职调查"这一概念。目前，尽职调查工作及其报告制作的法律依据目前主要有《律师从事证券法律业务规范(试行)》《律师从事公开发行证券业务尽职调查工作准则》《证券公司中小企业私募债承销业务尽职调查指引》等散见于各种法律法规、规范、准则、指引中的内容，对于律师从事尽职调查的原则、方法、要求、用途等提出明确了的指导意见，也成为律师制作尽职调查报告的参考要求。

一、尽职调查报告制作的原则

1.规范性原则

作为律师尽职调查的结论及工作成果的法律文书，尽职调查报告的制作首先应当遵循规范性原则，规范性原则要求尽调报告具备一定的格式要求，从目录到内容，如一般分为三大部分内容：引言、正文及结论意见，正文作为尽调报告的骨干及核心部分，应当根据尽调目的和法律意见书内容的相关要求，对涉及的问题进行深入、细致的审核、了解与判断，并提供得出结论的来源及其依据。

2.专业性原则

作为法律尽职调查的主体——律师在从事尽职调查的着重点就是从法律的角度来发现问题、分析问题及评估风险，律师的专业知识、经验及水平应当在尽职调查报告中得到充分的体现，如何透过现象看本质，如何从细枝末节中发现问题，并对由此可能给交易或者挂牌带来的法律风险进行评估，并针对性地提出整改意见，充分体现了一名尽调律师的工作态度和专业水平，所以，尽调报告必须体现并遵循专业性的原则，这也是尽调报告制作的一项基本要求。

二、尽职调查报告制作的基本要求

律师尽职调查报告是委托方作出决策的重要依据，因此，律师起草的尽职调查报告应客观、全面地反映目标企业的状况，并对每一项判断的作出都应当有明确且可靠的依据。同时，尽职调查报告还应重点阐述法律问题和法律风险，特别是对法律风险的提示，并对能解决的法律瑕疵给予合法的整改建议。

经过尽职调查活动后，律师针对委托事项起草尽职调查报告，该尽职调查报告主要包括以下几个方面。

（一）开头部分

尽职调查报告的开头部分，律师应针对委托事项的授权及尽职调查的范围进行阐述。

（二）律师应对委托方提供的文件进行声明

律师声明包括委托方提供的文件均是真实、准确和完整的，且所提交文件的复印件与其原件均是一致的；所提交的文件均由相关当事方合法授权、签署和递交；签字、印章均是真实的；所有委托方作出的有关事实的阐述、声明、保证均为真实、准确和可靠的等。

（三）正文

律师应在进行充分核查验证的基础上，对委托事项作出详尽明确的尽职调查报告。其内容主要包括以下几点。

1.目标企业的设立与有效存续

主要针对企业的设立、历史沿革、股权结构、出资验资、股权演变等情况作出阐述，并针对该等事项进行法律评价，对存在的不规范情形及存在的风险提出整改建议。

2.组织架构及法人治理结构

主要针对公司章程、法人组织架构、法人治理结构（包括股东会、董事会、监事会及管理层）的具体情况进行阐述，并针对该等事项是否存在的法律问题及法律风险进行法律评价，对存在不规范情形及存在的风险提出规范建议。

3.业务

主要针对目标企业的经营范围和方式、主营业务、业务变更情况进行阐述，并对目标企业的持续经营是否存在法律障碍或潜在法律风险进行法律评价并提出建议。

4.企业资产及无形资产

主要针对目标企业所有或使用的主要资产状况进行阐述，包括但不限于房产、土地、主要生产设备、车辆等固定资产，以及专利、商标、特许经营权等主要资产是否存在法律障碍进行评价并针对存在的法律障碍提出解决建议。

5.重大债权债务及担保

核查目标企业债权债务及抵押担保情况，并对其合法性及关联性等作出相应的法律评价和法律建议。

6.关联关系及同业竞争

主要针对是否存在关联交易以及对控股股东及其控股的其他公司进行调查，并对持有5%以上股份的关联方的情况进行阐述，对存在关联关系或其他法律风险的状况进行分析并提出整改建议。

同时，对企业与其控股股东、主要股东及董监高设立的其他关联企业之间是否存在相同或类似的竞争业务进行披露，并对是否构成同业竞争进行判断和作出评价。

7.税务

主要针对目标企业税种、税率以及是否存在免征或减免税项目及税费缴纳情况等进行核查并做出法律评价。

8.诉讼、仲裁与行政处罚

包括对目标企业及其控股股东、董监高（董事长、总经理、财务负责人等）或关联企业尚未了结或即将面临的诉讼、仲裁与行政处罚进行核查、披露、阐述，并对其进行法律分析并提出建议。

（四）尽职调查报告的使用范围

明确本尽职调查报告的用途，应注意阐明委托方及授权的相关单位应在限定范围内使用律师尽职调查报告，若超出限定范围使用的，则律师不承担责任。

三、尽职调查报告范本解析

（一）企业债（城投债）发行尽职调查报告

北京市××律师事务所

关于××市城市建设投资集团有限公司

申请发行2014年城投债

之

法律尽职调查报告

目 录

第二部分　正文

第一　发行人的基本情况

一、发行人基本情况

二、历史沿革

三、股权结构、控股股东和实际控制人情况

四、公司组织结构和治理情况（内控制度）

五、公司董事会、监事会及高级管理人员简介

六、发行人的业务及资信状况

七、发行人的独立性

八、关联交易及同业竞争情况

九、发行人的主要财产及资产状况

十、发行人的债权债务及重大资产变化

十一、发行人的税务及环保

十二、发行人的诉讼、仲裁及行政处罚情况

十三、发行人与子公司等投资关系

十四、主要控股子公司情况

第二　发行人基本财务状况

一、发行人财务概况

二、发行人财务分析（营运能力、盈利能力、现金流量、偿债能力）

三、本期债券发行后发行人的财务结构变化

四、发行人最近三年经审计的合并资产负债表

五、发行人最近三年经审计的合并利润及利润分配表

六、发行人最近三年经审计的合并现金流量表

第三　募投公司的基本情况

一、募投公司的概况

二、募投项目的基本情况

第四　筹集资金项目情况

一、本期债券募集资金投资项目概况

二、募投项目的报批及审批情况

三、补充营运资金情况

四、募集资金使用计划与管理规定

第五　偿债保证措施

一、还款来源

二、设立专项偿债资金

三、其他保障措施

第六　发行人的制度规范

一、公司遵循的行业行规以及国家相关规定性文件

二、公司治理制度规范(如《董事会议事规则》等)

三、公司内部控制制度,包括公司的业务管理制度、财务会计管理制度和行政管理制度等

四、公司遵循的财务制度和税务制度

第七　或有事项及其他重大事项情况

第三部分　结论意见

致:××市城市建设投资集团有限公司

××市××律师事务所(以下简称“本所”)接受贵司(以下简称“××城投”或“发行人”)的委托,作为“××市城市建设投资集团有限公司申请发行2014年城投债项目”(以下简称“项目”)之特聘专项法律顾问,指派××、×××律师(以下简称“本所律师”)对发行人××城投、募投项目公司——××市城市基础设施建设和发展有限公司(以下简称“××城市建设”)进行专项法律尽职调查。依据现行有关的法律、行政法规和规章,本所律师现根据尽职调查的结果,出具本法律尽职调查报告(以下简称“本报告”),以供参考。

第一部分　引　言

一、本所律师出具本报告的尽职调查范围与宗旨

本所律师根据××市城市建设投资集团有限公司的委托,对发行人、募投项目公司进行法律尽职调查,调查的范围限于目标公司的主体资格、注册资本、股权结构、审批文件、债权债务、保障措施等内容及程序方面的合法性问题,并据此出具本报告。

二、本所律师出具本报告的调查基准日

调查基准日是以我们结束事实调查为标准确定的。

本报告所陈述的均为截至调查基准日的事实情况。

本报告对相关公司的事实陈述和分析的基准日均为2014年7月18日。

三、本所律师出具本报告的主要法律依据

（一）《中华人民共和国证券法》

（二）《中华人民共和国公司法》

（三）《中华人民共和国担保法》

（四）《企业债券管理条例》

（五）《国务院关于加强地方政府融资平台管理有关问题的通知》（国发〔2010〕19号）

（六）《财政部、发改委、人民银行、银监会关于贯彻国务院加强地方政府融资平台公司管理有关问题的通知》（财预〔2010〕412号）

（七）《国家发展改革委办公厅关于进一步规范地方政府投融资平台公司发行债券行为有关问题的通知》（发改办财金〔2010〕2881号）

（八）《国务院关于加强地方政府融资平台管理有关问题的通知》（国发〔2010〕19号）

（九）《财政部、发改委、人民银行、银监会关于贯彻国务院加强地方政府融资平台公司管理有关问题的通知》（财预〔2010〕412号）

（十）《国家发展改革委办公厅关于进一步改进企业债券发行审核工作的通知》（发改办财金〔2013〕957号）

（十一）《国家发展改革委办公厅关于对企业债券发行申请部分企业进行专项核查工作的通知》（发改办财金〔2013〕1177号）

（十二）其他相关法律、法规、行政规章及规范性文件

四、简称与定义

在本报告中，除非根据上下文应另作解释，下列简称和术语具有以下含义：

“本报告”：指由××律师事务所于2014年×月×日出具的关于××市城市建设投资集团有限公司申请发行2014年城投债之法律尽职调查报告。

“发行人、城投集团、公司”：指××市城市建设投资集团有限公司。

“募投公司”：指××市城市基础设施建设发展有限公司。

“市国资公司”：指××市国有资产经营有限公司。

“××市政府”：指××市人民政府。

“国家发改委”：指中华人民共和国国家发展和改革委员会。

“元”：指人民币元。

五、本所及律师特别申明和提醒

（一）本报告系根据本报告出具日之前已经发生或存在的事实进行的。

（二）本报告所提供的法律意见，系基于出具报告时有效的中华人民共和国的法律、法规和国家发改委、银监会等部门的有关规定。

（三）本报告的分析和判断系基于委托事项所涉及的相关部门、人员所提供的和本所律师自行查阅的资料和信息，以及该资料和信息所反映的有关事实情况。

本所律师假定：相关部门及人员已就委托事项向本所律师提供了合法完整的资料和信息，复印件与原件相符，签名、盖章是真实的，并且是相关部门及人员的真实意思表示，相关部门及人员的陈述和承诺也是真实、有效的。据此确认与本委托事项相关的这些资料和信息的真实性、合法性和有效性。

（四）本报告仅系对目标公司在本期债券下的相关法律事项进行尽职调查后所发表意见，并不针对会计、审计、资产评估等非法律专业事项发表意见。

（五）本所律师遵循本行业公认的业务标准和道德规范，严格履行法定职责，本着勤勉尽责、诚实信用的原则对委托事项所涉主体资格、注册资本、股权结构、审批文件、债权债务、担保诉讼等方面的真实性、完整性、准确性、合法性等进行调查，在此基础上出具本报告。

（六）本报告仅供为发行人发行本期债券提供内部决策参考之用，不得作为其他任何目的和用途使用。

（七）本报告内容不可能穷尽目前的或有风险，可能存在对或有风险的遗漏、偏差描述，特予说明，请发行人予以充分注意和判断。

第二部分　正　　文

第一项　发行人的基本情况

一、发行人基本情况（见表1）

表1　发行人基本情况

公司名称	××市城市建设投资集团有限公司
公司类型	有限公司（国有独资）
住　所	××市××路289号
法定代表人	×××
经营范围	许可经营项目：房地产开发。一般经营项目：投资、融资经营，城市建设

续表

注册资本	××××万元人民币
实收资本	××××万元人民币
工商注册号	×××
组织机构代码证	×××
开户许可证	×××
贷款卡	×××
税　字	×××
成立日期	1998年6月25日
营业期限	永久存续
年检情况	已通过2012年度工商年检

经本所律师核查，××市城市建设投资集团有限公司系合法成立并依法有效存续的国有独资公司企业法人。

二、历史沿革

1.公司设立的基本情况

（1）××市城市建设投资集团有限公司成立于1998年6月25日，设立时的名称为“××市国有资产经营有限公司”，注册资本为39，636.70万元人民币，法定代表人为潘××，住所为××市×××路×号楼，经营范围为投资和经营。

公司由××市人民政府出资组建，出资额为人民币×××元，占公司注册资本的100%。其中以股权划转的财政投资资金×××元，以债权划转的财政贷款×××元，土地使用权×××元。

（2）验资或评估：××会计师事务所1998年6月23日出具了验资报告（×会验〔1998〕51号），截至1998年6月23日，公司已收到其股东投入的实收资本为×××元。

2.第一次工商登记变更（注册资本变更）

2000年3月10日，××国有资产经营有限公司召开第一届董事会第八次会议，参加会议的董事人数和资格等方面均符合公司章程的有关规定，董事会通过了公司注册资本变更调整方案。变更调整后的注册资本为×××万元。

2000年3月14日，××市人民政府同意了公司第一届董事会第八次会议决议，并修改《××市国有资产经营有限公司章程》第七条“公司注册资本为×××万元”，修正后第七条为“公司注册资本为×××万元”。

根据××会计师事务所有限公司于2000年3月15日出具的《验资报告》，投资者投入资本与修改后的章程规定一致。

公司于2000年3月20日在江苏省××工商行政管理局完成了变更登记。

3.第二次工商登记变更（住所变更）

2001年3月6日，××国有资产经营有限公司董事会召开会议，会议就公司变更地址形成了决议，决定将公司住所由原来的“××市×××路二号楼”变更为“××市×××路302号”。

××市国有资产经营有限公司修改了公司章程，并于2001年5月22日完成变更登记。

4.第三次工商登记变更（增资）

2001年5月18日，××市国有资产投资经营有限公司召开第一届董事会第十次会议，参加会议的董事人数和资格等方面均符合公司章程的有关规定，董事会通过了公司注册资本变更调整方案。变更调整后的注册资本为82，228.24万元。

2000年5月21日，××市人民政府同意了公司第一届董事会第十次会议决议，并修改《××市国有资产经营有限公司章程》第七条“公司注册资本为×××万元”，修正后第七条为“公司注册资本为×××万元”。

根据××会计师事务所有限公司于2001年5月21日出具的《验资报告》，投资者投入资本合计×××元，与修改后的章程规定一致。

公司于2001年5月22日在江苏省××工商行政管理局完成了变更登记。

5.第四次工商登记变更（公司名称、住所、法定代表人、注册资本及经营范围变更）

2003年9月3日，××市人民政府对市财政局《关于组建××市城市建设投资有限公司有关问题的请示》作出批复（×政复〔2003〕46号），同意将××市国有资产经营有限公司更名为××市城市建设投资集团有限公司，同时同意××市城市建设投资集团有限公司章程。章程规定××市城市建设投资集团有限公司的公司住所为：××市××路98号，董事长为公司的法定代表人，公司的经营范围为：投融资、经营和城市建设、房地产开发。

2003年9月8日，××市人民政府发布《关于成立××市城市建设投资集团有限公司董事会的通知》（×政发〔2003〕133号），决定成立××市城市建设投资集团公司董事会，委派×××、×××、×××、×××、×××等6人为该公司董事会董事，×××为董事长，×××、×××为副董事长。

2003年9月11日，××市城市建设投资集团有限公司召开第一届董事会第一次会议，参加会议的董事人数和资格等方面均符合公司章程的有关规定，会议决定将公司注册资本增加到××亿元人民币。

根据××会计师事务所有限公司于2003年9月15日出具的《验资报告》，截至2003年9月15日，公司已收到新增注册资本人民币×××元。

2003年9月17日，江苏省××工商行政管理局核准了××市城市建设投资集团有限公司的变更事项，其中包括名称由“××市国有投资经营有限公司”变更为“××市城市建设投资集团有限公司”，住所由“××市××路302号”变更为“××市××路98号”，法定代表人由“×××”变更为“×××”，注册资本由“××万元人民币”变更为“××万元人民币”，经营范围由“投资经营”变更为“投资经营、城市建设、房地产开发”。

6.第五次工商登记变更（法定代表人变更）

2004年6月7日，××市人民政府发布《关于蒋××等同志任职的通知》（×政发〔2004〕132号），决定××市城市建设投资集团有限公司不设董事会，实行总经理负责制，同时决定由×××同志任××市城市建设投资集团有限公司副总经理（法定代表人）。

2004年6月14日，江苏省××工商行政管理局核准了××市城市建设投资集团有限公司的变更事项，将法定代表人由“×××”变更为“×××”。

7.第九次工商登记变更（经营范围变更）

2007年4月12日，××市人民政府向××工商行政管理局出具证明，证明××市城市建设投资集团有限公司经营范围由“投资、融资经营，城市建设，房地产开发”变更为“投资、融资经营，城市建设”。

2007年4月23日，江苏省××工商行政管理局核准了××市城市建设投资集团有限公司的变更事项，将公司经营范围由“投资、融资经营，城市建设，房地产开发”变更为“投资、融资经营，城市建设”。

三、股权结构、控股股东和实际控制人情况

（一）公司目前的股东和持股比例

城投集团目前的股东为××市人民政府，持股比例为100%。

(二)公司的实际控制人

城投集团为××市国有独资公司,是市政府授权的国有资产投资主体。

四、公司组织结构和治理情况(内控制度)

××城投的公司组织架构如图1所示。

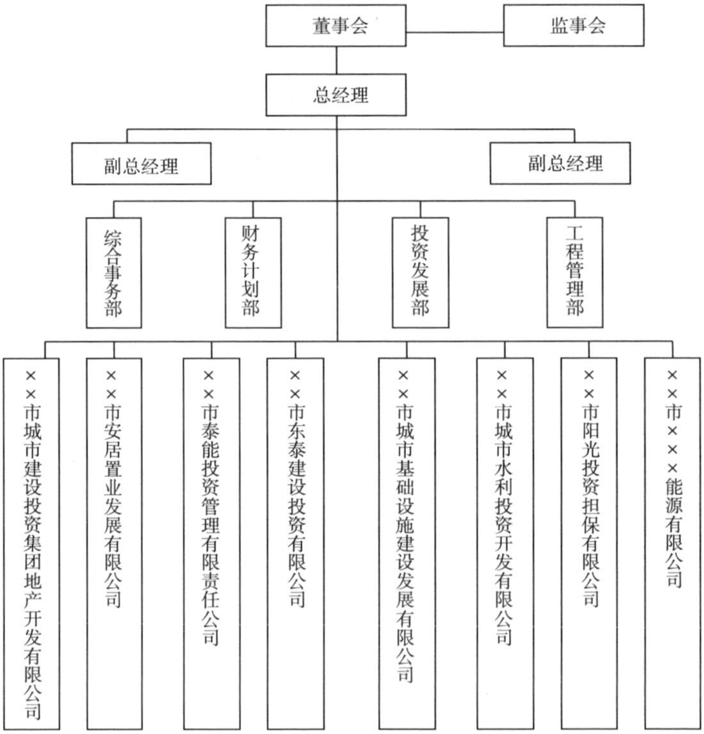

图1 ××城投的公司组织架构

五、公司董事会、监事会及高级管理人员简介

(1)董事长兼总经理:×××,1962年出生,大学学历。

工作简历:现任××市城市建设投资集团有限公司董事长兼总经理,曾任××市财政局经建处处长。

(2)副董事长:×××

工作简历:

(3)财务负责人:×××

工作简历:

六、发行人的业务及资信状况

(一)××城投的业务状况

××城投作为××市基础设施建设主体,主要由公司本部执行投资、融资职能,其下属子公司执行项目建设、开发职能。

××城投的2021～2023年主营业务收入构成如表2所示。

表2 ××城投的2021～2023年主营业务收入构成

单位:亿元

项目	2021年		2022年		2023年	
	收入	毛利率	收入	毛利率	收入	毛利率
基础设施建设	4.96	1.21	6.84	2.00	7.32	2.00
房屋开发	1.74	60.66	5.31	41.46	2.38	61.74
其他	0.11	93.69	0.15	96.61	0.15	98.83
合计	6.81	17.94	12.30	20.21	9.85	17.94

(二)××城投的资信状况

根据××资信评估有限公司2014年6月27日提供的《跟踪评级公告》(联合〔2014〕1015号),××市城市建设投资集团有限公司长期信用等级为AA+,评级展望为稳定。

七、发行人的独立性

(一)公司的资产独立

1.根据××会计师事务所2003年出具的《验资报告》(××内验〔2003〕139号),发行人××亿元注册资金已足额缴纳,未有抽逃出资的情形,公司的资产独立于股东。

2.根据××市城市建设投资集团有限公司提供的材料,公司目前名下的房产、土地有×××,固定资产包括×××,无形资产包括××,以上资产经财务账务处理,纳入公司资产管理范畴。

本所律师认为,××市城市建设投资集团有限公司的资产具备完整性、独立性,为公司所有并实际使用。

(二)公司的人员独立

1.根据本所律师核查,公司的董事、监事和高级管理人员均通过合法程序产生。

2.根据公司提供的材料，公司其他管理人员的任命由相应的职能部门管理，并制定了相应的职务任命流程。

3.根据公司出具的书面声明并经本所律师核查，公司与其职工签订了《劳动合同》，公司建立了独立完整的劳动、人事和工资管理等各项管理制度。

本所律师认为，××市城市建设投资集团有限公司的人员具有独立性。

（三）公司的财务独立

1.公司下设财务部，有会计×人，出纳×人，负责公司日常财务管理、筹资管理和财务分析工作。公司制定了财务管理制度，对财务部门的工作范围及职责进行了规定，确定了公司的资金审批制度，财产管理制度等。公司按照财务会计制度独立核算，开设相关账簿，采用××财务软件进行核算。

2.公司现持有××国家税务总局与××地方税务局分别颁发的《税务登记证》（已三证合一）。本所律师查验了公司纳税申报表及纳税凭证，公司依法独立进行纳税申报和履行缴纳义务。发行人作为单独纳税主体独立纳税。

3.公司《开户许可证》。公司经核准开设了独立的基本存款账户（开户行：××银行××支行，银行账号×××），独立运营资金，未与控股股东及其他企业共用银行账号。

综上，本所律师认为发行人财务具有独立性。

（四）公司的机构独立

发行人系国有独资公司，××市人民政府持有100%股权。公司设立董事会、监事会，《公司章程》对董事、董事会、监事、监事会的职权及议事规则作了规定。根据发行人提供的资料显示，公司下设7个部门，对各部门的职责进行了明确的分工并制定了相应的部门管理制度。公司不存在与股东混合经营及合署办公的情形。

根据发行人的《公司章程》及其提供的资料，本所律师认为，发行人根据《公司法》、《公司章程》的规定及自身的经营需要设置了相应的职能部门，公司亦拥有机构设置的自主权，其机构具备独立性。

（五）公司的业务独立

1.根据××市城市建设投资集团有限公司出具的书面声明？并经本所律师核查，公司主营的房地产开发项目，投资、融资经营，城市建设项目具有直接面向市场独立经营的能力。

2.根据公司出具的书面声明并经本所律师核查，××市城市建设投资集团有限公司不存在同业竞争，也不存在关联交易。

3.公司所经营的主要业务与营业执照所载相符。

本所律师认为，公司的业务完整、独立。

八、关联交易及同业竞争情况

（一）关联交易

1.关联方

参照《企业会计准则——关联方及其披露》，我们认为，如下主体为城投集团的关联方：

（1）持有公司5%以上的股东及其控制企业；

（2）公司现任董事、监事、高级管理人员及其近亲属。

2.关联交易

根据公司出具的书面说明及××出具的××号审计报告，公司与其关联公司之间不存在关联交易。

3.《公司章程》及内部规定中确定的关联交易决策程序

城投公司在《公司章程》、《董事会议事规则》、《关联交易管理制度》中，规定了关联方及关联交易的认定，关联交易定价应遵循的原则，关联股东、关联董事对关联交易的回避制度等，明确了关联交易公允决策的程序，采取必要的措施对公司的利益进行保护。

本所律师认为，城投公司建立了关联交易表决中的回避制度，明确了关联交易公允决策的程序，为关联交易的公允性提供了程序上的保障。

（二）同业竞争

1.根据公司的书面说明，截至××××年××月××日，公司董事、高级管理人员不存在同业竞争情况。

2.为了避免今后出现同业竞争情形，公司董事、监事、高级管理人员均出具了《避免同业竞争承诺函》或其他证明材料。

本所律师认为，城投集团已对关联交易和同业竞争进行了充分披露，无重大隐瞒或遗漏。

九、发行人的主要财产及资产状况

根据××资信评估有限公司2020年6月27日提供的《跟踪评级公告》（联合〔2020〕1015号），截至2013年年底，公司资产总额为××亿元，较2012年增长

15.58%，主要来源于货币资金、其他应收款、存货和无形资产的增加。

从资产结构来看，流动资产占比76.25%，非流动资产占比23.75%，公司资产构成以流动资产为主。截至2013年年底，公司流动资产为196.37亿元，主要由存货、其他应收款和货币资金构成，占比分别为52.01%、39.06%和8.15%。

十、发行人的债权债务及重大资产变化

截至2023年年底，公司债务总额101.92亿元，较2022年年底大幅增长34.76%，其中短期债务增加11.30亿元，长期债务增加14.98亿元。债务结构方面，短期债务占27.27%，长期债务占72.73%。2013年年底，随着债务规模的扩大，公司整体负债水平也进一步上升，资产负债率和全部债务资本化比率分别由期初的49.21%和40.06%上升至52.70%和45.55%。负债水平有所上升。

十一、发行人的税务及环保

（一）税务

1.税种及税率

发行人目前缴纳的主要税种及税率如下：

增值税：××%

企业所得税：××%

教育附加费：××%

城建税：××%

印花税：××%

个人所得税：××%

土地使用费：×元/平方米

房产税：××%×××%

2.依法纳税情况

经初步了解，发行人近两年不存在因税收违法行为被税务部门行政处罚的情形，发行人已向本所律师提供缴税凭证。

（二）环保问题

十二、发行人的诉讼、仲裁及行政处罚情况

××城投的涉诉情况

根据本所律师于××××年××月××日在全国法院被执行人信息查询（http://zhixing.court.gov.cn/search/）及全国法院失信被执行人名单信息公布与查

询（http://shixin.court.gov.cn/）上的独立调查，××城投被执行信息如表3所示。

表3 ××城投被执行信息

序号	立案日期	案号	执行标的	案件状态	执行法院
1	2018年××月××日	（2018）×复执字第××号	×××	已结案	××市××区人民法院
2	2018年××月××日	（2018）×复执字第××号	×××	已结案	××市××区人民法院
3	2017年××月××日	（2017）下执字第××号	×××	已结案	××市××区人民法院

如表3所示，××城投被执行总标的1，184，922.00元，已结案标的1，184，922.00元。

十三、发行人与子公司等投资关系

（一）控股公司（见表4）

表4 控股公司基本情况

公司名称	注册资本/万元	发行人持股比例/%	法定代表人
××市东泰建设投资有限公司	41，000	100	×××
××市玉城置业有限公司	2000	100	××
××市阳光投资担保有限公司	10，000	90	×××
××市建基物资供应有限公司	50	90	×××
××市泰能投资管理有限责任公司	26，703.8	89.16	×××
××市安居置业发展有限公司	2866	61	×××

（二）参股公司

第二项 发行人基本财务状况

一、发行人财务概况

发行人提供的2011年～2013年的三年连审合并财务报表已经由江苏×××会计师事务所有限责任公司审计，并出具无保留意见审计结论。公司自2013年起，实行企业会计准则（2006）编制报表，2011年及2012年数据为追溯调整数据。公司2014年1～7月财务报表未经审计。

由于自2013年起执行新会计准则，致多数会计科目数据产生变动，故以下财务分析主要基于2013年年度财务报表，与2012年的相关比较以2012年追溯调整数据作为比较基数。

2013年发行人拥有9家一级子公司，3家二级子公司，其中有1家二级子公司未纳入合并范围（发行人对于××市建基物资供应有限公司不拥有实质控制权，因此未纳入合并范围）。

截至2013年年底，公司（合并）资产总额257.53亿元，所有者权益（含少数股东权益3.02亿元）121.82亿元；2013年公司实现营业收入9.90亿元，利润总额4.70亿元。

截至2014年3月底（处理4～8月），公司（合并）资产总额263.48亿元，所有者权益（含少数股东权益3.01亿元）122.99亿元；2014年1～3月。公司实现营业收入2.25亿元。利润总额1.41亿元。

二、发行人财务分析

（一）营运能力

发行人系××市国有独资公司，是市政府授权的国有资产投资主体。公司目前的主要经营职能为：资金筹集，受市政府委托，筹措、管理和使用城市建设资金；项目投资，按照市政府批准的城建项目计划，进行项目投资、合资或合作，参与城建项目投资、管理和开发经营；计划监督，按照市政府城建年度计划，进行投资控制和监督拨款等；资产运营，受市政府委托管理和运营国有资产，逐步形成自筹、自借、自用、自还的良性发展机制，不断为城市建设提供财力支撑。

发行人作为××市基础设施建设主体，主要由公司本部执行投资、融资职能，其下属子公司执行项目建设、开发职能。

近年来，公司主营业务收入有所波动，主要由于房屋开发板块波动所致。2013年公司实现主营业务收入9.85亿元，同比减少19.89%，主要由于房屋开发板块收入大幅下降所致。其中，基础设施建设收入7.32亿元，房屋开发收入2.38亿元，分别占当年主营业务收入的74.27%和24.19%。

从毛利率来看，公司基础设施建设板块毛利率较为固定，2013年为2.00%；2012年，由于公司房屋开发收入中保障房收入占比较大，使当年房屋开发毛利率大幅下降，仅为41.46%，2013年为61.74%，公司实现综合毛利率17.94%。

2013年1～3月，公司实现主营业务收入2.25亿元，其中基础设施建设和房屋开发占比分别为93.40%和4.94%。由于基础设施建设板块收入占比很大，2014年第一季度公司毛利率仅为6.10%。

（二）盈利能力

公司的主营业务收入主要来自公司代建市政府项目所获代建收入和房地产开

发业务收入两部分，其中，房地产开发收入和成本则主要来自下属子公司的房地产开发业务。2013年，公司营业收入为9.90亿元，较2012年的12.47亿元有所下降，主要系当年度房屋开发收入大幅减少所致。

从期间费用看，受益于公司较高的管理水平，期间费用占营业收入的比重较低，2012年及2013年公司期间费用（营业费用、管理费用和财务费用合计）占营业收入的比例分别为2.53%和3.00%。

2013年，公司实现投资收益0.70亿元，较上年减少1.44亿元，主要系参股子公司××市深业投资发展有限公司收益减少所致。

近三年，公司营业利润波动下降，2013年为1.64亿元。公司营业外收入是公司利润的重要来源。2011～2013年，公司分别实现营业外收入1.11亿元、1.56亿元和3.09亿元，主要为政府补助收入。同期，公司实现利润总额分别为3.98亿元、5.09亿元和4.70亿元。

从盈利指标看，2011～2013年，公司营业利润有所下降，由2011年的14.17%下降至2013年的13.02%；同期，公司总资本收益率和净资产收益率均呈下降趋势，2013年两项指标分别为1.93%和3.55%。

2014年1～3月，公司实现营业收入2.25亿元，占2013年全年收入的22.73%；同期，公司实现利润总额1.41亿元，营业利润为5.76%。

整体来看，受房地产开发业务影响，公司营业利润规模相应缩小，政府补助为公司利润总额的重要支撑，公司整体盈利能力一般。

（三）现金流量

经营活动方面，2012年及2013年，公司经营活动产生的现金流分别为17.62亿元和17.13亿元，公司销售商品、提供劳务收到的现金10.71亿元和11.47亿元主要为××市财政局拨付的基础设施回购款及房屋开发销售款；其中2013年较2012年增加0.75亿元系公司预收部分房屋销售款及基础设施建设回购款项较2012年增加0.47亿元所致。2012年及2013年。公司收到的其他与经营活动有关的现金分别为6.90亿元和5.59亿元，主要××市政府对公司的补贴及公司与当地企业单位之间的往来款。同期，公司经营活动产生的现金流出主要体现在购买商品、接受劳务支付的现金，该两项款项主要是公司基础设施建设项目投入及房地产开发成本，分别为13.28亿元和12.63亿元。2012年公司经营活动产生的现金流量净额分别为2.64亿元和1.01亿元。

受2013年公司基础设施建设回购款增长影响，2013年，公司现金收入为115.92%，较上年的85.94%大幅增长。

投资活动方面，公司投资活动现金流入主要来源于收到的其他与投资活动有关的现金，2012年与2013年分别为5.45亿元和5.32亿元，主要系与××市政府的往来款项；同期，公司投资活动产生的现金流出分别为13.33亿元和20.38亿元，其中，购建固定资产、无形资产和其他长期资产支付的现金分别为5.82亿元和14.40亿元，2013年较2012年大幅增长主要由于公司新购入土地使用权所支付的土地出让金。2012年及2013年，支付其他与投资活动有关的现金分别为5.31亿元和5.81亿元，主要系公司与××市财政局发生的代垫款项。2012年及2013年，公司投资活动产生的现金流量净额呈净流出状，分别为7.79亿元和14.46亿元。

筹资活动方面，公司筹资活动现金流入主要来源于取得借款收到的现金；现金流出主要反映为偿还债务支付的现金；2012年及2013年，公司筹资活动产生的现金流量净额分别为14.91亿元和16.15亿元。

2014年1～3月，公司经营活动现金流量净额为0.22亿元。公司投资活动延续了以往净流出态势，现金流量净额为-6.24亿元。公司筹资活动净额为-0.14亿元，筹资活动现金流入流出主要为偿还债务支付的现金。2014年1～3月，现金收入比为123.94%。

总体来看，公司经营净现金流有所下降，近年投资活动现金流一直表现为净流出状态，公司存在一定对外筹资压力。

（四）偿债能力

从短期偿债能力指标看，2013年，公司流动比率和速动比率分别为329.56%和162.29%，均较2012年的369.88%和177.41%有所下降；2014年3月底，公司流动比率和速动比率分别为353.05%和169.44%，比上年底略有提高。2013年，公司经营现金流动负债比为1.70%；2012年及2013年，公司经营活动现金流入量分别为短期债务的1.07倍和0.62倍，公司短期偿债能力尚可。

从长期偿债能力看，受利润下降影响，2012年及2013年，公司EBITDA规模有所下降，分别为×××亿元和×××亿元；同期，公司全部债务/EBITDA分别为14.57倍和21.16倍。考虑到近年来××市财政局在资金等方面对公司支持力度较大，分别于2011～2013年划拨其他应收款项回款资金×××亿元、×××亿元、×××亿元，于2012年及2013年将××市财政局的拨款×××亿元和×××亿元增加资本公积。公司长期偿债能力正常。

根据《企业信用报告(2012银行版)》(机构信用代码：××××)截至2014年5月14日，公司无未结清和已结清的不良信贷信息记录，过往债务履约情况良好。

三、本期债券发行后发行人的财务结构变化

目前尚无相关的资料和数据，本所律师不对此发表意见。

四、发行人最近三年经审计的合并资产负债表(见表5)

表5 发行人最近三年经审计的合并资产负债表

单位：万元

资产负债表项目	2013年	2012年	2011年
流动资产	1,963,732.91	1,793,880.75	1,498,193.42
长期股权投资	223,648.45	222,972.63	180,265.81
固定资产	126,759.93	119,317.30	116,616.89
无形资产及其他资产	168,028.00	5661.60	5661.60
流动负债	595,865.29	484,995.30	574,275.51
非流动负债	761,237.96	611,402.70	459,186.63
负债合计	1,357,103.24	1,096,398.00	1,033,462.14
少数股东权益	30,159.15	27,396.81	24,770.11
所有者权益	1,218,195.77	1,131,699.43	869,182.38
资产总计	2,575,299.01	2,228,097.44	1,902,644.52

五、发行人最近三年经审计的合并利润及利润分配表(见表6)

表6 发行人最近三年经审计的合并利润及利润分配表

单位：万元

利润表项目	2013年	2012年	2011年
主营业务收入	98,961.08	124,652.89	68,515.58
主营业务成本	89,466.00	110,535.07	62,521.57
营业利润	16,446.74	35,468.10	28,795.82
利润总额	47,010.96	50,920.22	39,772.44
净利润	43,227.10	45,161.75	38,768.67

六、发行人最近三年经审计的合并现金流量表（见表7）

表7　发行人最近三年经审计的合并现金流量表

单位：万元

现金流量表项目	2013年	2012年	2011年
经营活动产生的现金流量净额	10，133.49	24，611.16	80，340.20
投资活动产生的现金流量净额	−144，639.53	−77，879.10	−64，461.04
筹集活动产生的现金流量净额	161，472.32	149，058.82	−35，125.79
现金及现金等价物净增加额	26，966.28	95，790.88	−19，246.63

第三项　募投公司的基本情况

一、募投公司的概况（见表8）

表8　募投公司的概况

公司名称	××市城市基础设施建设发展有限公司
公司类型	有限公司
住　所	××市××路308号
法定代表人	×××
经营范围	许可经营项目：无。一般经营项目：为市区成片土地前后期的开发配套服务、城市道路、桥梁及地下管网的投资及服务
注册资本	×××万元人民币
实收资本	×××万元人民币
工商注册号	××××
组织机构代码证	×××
开户许可证	×××
贷款卡	×××
税　字	×××
成立日期	1998年××月××日
营业期限	自1998年××月××日至2016年××月××日
年检情况	已通过2012年度工商年检

经本所律师核查，××市城市基础设施建设发展有限公司系合法成立并依法有效存续的有限公司企业法人。

二、募投公司历史沿革

1.公司设立

1998年4月27日，××市城市基础设施建设发展有限公司由××市国有资产管理局和××市房地产总公司出资组建成立，并取得××市工商行政管理局核发的××号《企业法人营业执照》，注册资本为人民币1200万元。根据××市审计事务所1998年4月27日出具的×审所验〔199〕号《验资报告》，公司资产总额×××万元。其中××市国有资产管理局以货币出资×××万元人民币，持有83.3%的股权；××市房地产开发总公司以货币出资××万元人民币，持有16.7%的股权。

2.工商登记变更（见表9）

表9 工商登记变更

序号	变更事项	公司决议	变更登记核准日期	备注
1	1.增加股东；2.增加注册资本（1200万元增至15，364.4万元）	1998年6月28日，募投公司股东会通过决议同意吸收××市国有资产经营有限公司为股东、增加注册资本××万元（土地入股）	1998年7月10日	1.××市土地估价事务所×地估（98）字第119号报告书评估入股土地价值为×××元； 2.××市审计事务所1998年7月10日出具的《验资报告》证实此次增资以实物形式缴足
2	法定代表人变更	2001年1月28日，募投公司股东会通过决议选举×××为公司执行董事兼总经理，免去×××执行董事、经理职务	2001年3月1日	—
3	增加经营范围	2010年6月16日，募投公司通过决议增加以下经营项目：户外灯箱广告、印刷品广告、条幅拱门、CI策划	2001年8月1日	2001年6月26日××市工商行政管理局批准了募投公司广告经营资格

续表

序号	变更事项	公司决议	变更登记核准日期	备注
4	1.变更住所地；2.股权转让	2002年2月28日，募投公司股东会通过以下决议：1.公司住所由××××路9号迁至××××路308号；2.××市国有资产管理局的股份全部转让给××市国有资产经营有限公司	2002年3月27日	此次股权转让根据××市财政局×财办〔2002〕2号文件《××市财政局关于授权管理城市基础建设发展公司股权的通知》办理
5	1.变更法定代表人；2.股东名称变更	2005年7月2日，募投公司股东会通过以下决议：1.免去×××执行董事、总经理职务，选举××为公司执行董事兼总经理；2.变更股东名称	2005年7月7日	股东××市国有资产经营有限公司更名为××市城市建设投资集团有限公司（发行人），股东××市房地产开发总公司更名为××房总置业有限公司，募投公司章程相应作出变更
6	1.股权转让；2.延长营业期限	2006年6月1日，募投公司股东会通过决议同意××市房总置业有限公司将其在募投公司股权无偿转让给××市自来水公司，2006年6月2日，募投公司股东会通过决议将公司经营期限延长至2016年4月24日	2006年3月22日	此次股权转让行为得到××市财政局×财国资〔2004〕2号批准
7	变更公司经营范围	2007年5月22日，募投公司股东会通过决议将公司营业范围变更为：为市区成片土地前后期的开发配套服务、城市道路、桥梁及地下管网的投资及服务，熟地转让	2007年5月30日	变更前的营业范围为：为市区成片土地前后期的开发配套服务、城市道路、桥梁及地下管网的投资及服务，熟地转让。户外灯箱广告、印刷品广告、条幅拱门、CI策划
8	法定代表人变更	2011年10月11日，募投公司股东会通过决议免去××执行董事、总经理职务，选举×××为公司执行董事兼总经理	2011年10月25日	—

第四项　筹集资金项目情况

一、本期债券募集资金投资项目概况

（项目整体情况、总投资××亿元）

该项目路线起自凤凰路交叉处，向南上跨××路、××路、××西路，并与××路设置“双Y”互通，至周山河路落地，利用现状周山河桥，之后一次节点上跨××大桥、××路、××大道和××南路，继续向南高架穿过××高新区并与××高速设置双喇叭互通，最终接入××××线。路线全长××公里。

本项目按照城市快速路标准建设，主线采用双向六车道，辅线采用双向四车道，主线设计速度80km/h，辅道设计速度50km/h。

该项目是2014年××市政府投资建设的重点项目，是××市（2010～2020年）城市总体规划的一个重要板块，是改善城市交通、拓展城市空间、缓解交通拥堵的民生工程项目。

本期债券拟募集资金××亿元人民币，全部用于东风路南段（永定路–宁通高速）快速化改造工程项目建设，该项目是推进××市城乡基础设施建设的组成部分。

二、募投项目的批准和授权

2014年2月20日，《××路南段（××路—××高速）快速化改造项目建议书的请示》（×基建发〔2014〕9号）、（×发改发〔2014〕36号）；

2014年3月4日（×发改发〔2014〕62号）；

2014年4月23日，××市发展和改革委员会核准批复了××路南段（永定路—宁通高速）快速化改造工程（×发改发〔2014〕185号）。

三、董事会决议

四、募集资金使用计划与管理规定

第五项　偿债保证措施

一、还款资金来源

二、担保情况（基本情况、财务情况、资信情况、担保函内容）

（一）基本情况

（二）财务情况

（三）资信情况

根据××资信评估有限公司2014年6月12日出具的信用评级报告（××信

评字〔2014〕798号），发行人××市城市建设投资有限公司主体长期信用等级为AA+，评级展望为稳定。

三、设立专项偿债资金

公司已于××银行××分行签订《偿债账户及资金监管协议》，在××银行××分行设立专项偿债账户，该账户专用于本期债券的兑付工作。公司将切实保障偿债资金按时、足额存入偿债账户，并由××银行××分行对偿债账户进行监管，以确保本期债券本息按期兑付。公司应在本期债券的付息日或兑付日前10个工作日（T−10日）之前，向偿债账户中划入当期还本付息金额，并在本期债券付息日或兑付日前5个工作日内（T−5日）向××银行××分行发出加盖相关账户预留印鉴的划款指令，该银行应根据公司的划款指令，在本期债券付息日或兑付日前3个工作日（T−3）日将当期应付的债券本息划至本期债券登记结算机构制定的账户。

四、其他保障措施

第六项　发行人的制度规范

一、公司遵循的行业行规以及国家相关规定性文件

二、公司治理制度规范

1.根据××市城市建设投资集团有限公司的说明及本所律师审查，公司已经根据《公司章程》等文件，建立了董事会、监事会和经营管理机构，并清晰地界定了其权利和义务；

2.××市城市建设投资集团有限公司现行的《公司章程》明确规定了有关董事会的议事规则内容，公司还专门制定了《董事会议事规则》，作为董事会依法有效行使职权、规范运作的明确指引；

3.××市城市建设投资集团有限公司现行的《公司章程》明确规定了有关监事会的议事规则内容，公司还专门制定了《监事会议事规则》，作为监事会依法有效行使职权、规范运作的明确指引；

4.××市城市建设投资集团有限公司现行的《公司章程》明确界定了公司经理及其他管理人员的权利和义务，公司还专门制定了《总经理办公会议议事规则》，作为总经理依法有效行使职权、规范运作的明确指引。

综上，本所律师认为，发行人具有健全的组织机构，其设置和组成符合有关法律、法规、规范性文件以及公司章程规定。

三、公司内部控制制度

××市城市建设投资集团有限公司以《公司章程》为依据，制定了《财务管理制度》、《投融资管理制度》、《工程项目管理制度》、《项目资金管理制度》、《固定资产管理制度》、《子公司管理制度》、《信息披露事务管理制度》、《关联交易管理制度》，经本所律师审核，以上制度内容没有违反《公司章程》及相关法律法规的规定，合法有效。

本所律师认为，发行人通过合理的制度设计，实现了良好的过程控制，保证公司合法有效地运转。

四、公司遵循的财务制度和税务制度

第七项　或有事项及其他重大事项情况

经调查，截至××××年×月××日，本所律师未发现对发行人构成重大影响的或有事项及其他重大事项。

第三部分　结论意见

综上所述，本所律师认为：

1.发行人××城投是合法成立且有效存续的企业法人，具备本次企业债发行的主体资格。

2.本次募投项目已经获得了×××及其他相关部门的批复，项目的审批程序符合法律的相关规定。

3.项目募投公司为是合法成立且有效存续的独立企业法人，项目立项已获得公司董事会决议的批准，其程序及手续符合《公司法》及公司章程的相关规定，是合法有效的。

4.本次募集资金的目的及用途符合企业债发行的相关法律规定，不存在法律上的障碍。

综上所述，本次企业债发行具备可行性，建议操作。

本报告系初稿，仅供参考，不作证据或其他用途。

以下无正文，后为签署项。

拟挂牌新三板企业尽职调查报告

××市××律师事务所

关于××科技有限公司

改制及公司股票在全国中小企业股份转让系统

挂牌并公开转让

之

法律尽职调查报告

（终稿）

××年××月

地址：

电话：

目　　录

释　　义

本尽职调查报告中，除非文义另有所指，下列词语具有下述含义（见表1）。

表1　尽职调查报告中的词语含义

公司或××	××科技有限公司
××律所或本所	××市××律师事务所
××公司	××有限公司
××材料	××材料有限公司
××包装	××包装有限公司

××市××律师事务所
关于××科技有限公司
改制及全国中小企业股份转让系统
挂牌并公开转让
法律尽职调查报告

致：××科技有限公司

××市××律师事务所（以下简称“本所”）受贵司的委托，以专项法律顾问的身份参与××科技有限公司（以下简称××）改制及全国中小企业股份转让系统挂牌并公开转让工作，对贵公司进行法律尽职调查。

现本所在对公司及相关企业初步尽职调查的基础上，依据《中华人民共和国公司法》（以下简称《公司法》）、《中华人民共和国证券法》（以下简称《证券法》）、《全国中小企业股份转让系统业务规则（试行）》（以下简称《股份转让系统规则》）、《全国中小企业股份转让系统股票挂牌条件适用基本标准指引（试行）》（以下简称《股份转让系统基本标准指引》）等有关法律、法规、规章及其他规范性文件的规定，出具本法律尽职调查报告。

前　　言

一、本所律师进行尽职调查的过程

2015年4月8日，本所律师赴××所在地现场调查。在调查开始前及调查过程中，中银律师向公司提供了尽职调查清单。对调查项目涉及的重要文件、资料及相关信息进行了必要的查询、验证与核实，并就有关问题向公司相关人员作了调查了解。

二、出具本报告的假定

为出具本报告，本所假定：

1.公司提供的相关文件（包括原始书面材料、副本材料、书面陈述或口头证言）均是真实、有效、准确和完整的；

2.公司提供的所有文件上的签字与盖章均是真实的，复印件均与原件一致，副本均与正本一致；

3.公司已经将与本次改制及全国中小企业股份转让系统挂牌并公开转让相关的事实全部向中银披露，无任何隐瞒、遗漏、虚假或误导之处。

对于出具本报告至关重要而又无法得到独立证据支持的事实，中银依赖于有关政府部门、公司出具的证明文件。

三、本所声明

本所仅就本报告出具日以前已经发生的事实进行法律调查，按照律师行业公认的职业道德和勤勉尽责的精神依法就相关问题发表法律意见，本调查报告部分内容依赖于公司提供的审计和评估报告。

正　　文

一、公司的主体资格

（一）公司的基本情况

根据公司最新工商登记资料显示，公司基本信息如下：

营业执照注册号：32010400001××××

名称：南京××科技有限公司

住所：南京市××区××镇××路1号（××县开发区工业园区）

法定代表人：××

注册资本：××××万元

实收资本：××××万元

公司类型：有限责任公司

经营范围：××技术开发；玩具、文具、工艺制品销售；设计、制作广播、印刷品、礼品广告；商品信息咨询、电脑图文设计、摄影、网页制作、软件开发、CI策划；货物运输代理；道路货物运输；仓储服务；货物搬运装卸服务。（依法须经批准的项目，经相关部门批准后方可开展经营活动）

成立时间：2001年××月××日

核准日期：2015年××月××日

（二）××股东及股东出资情况（见表2）

表2　××股东及股东出资情况

序号	股东姓名或名称	认缴出资额/万元	实缴出资额/万元	实缴时间	出资比例/%
1	××	×××	39	2002年6月21日	52.2
			37	2008年9月8日	
			48.4	2011年11月8日	
			715.3	2012年3月2日	
			569.7	2012年12月7日	

续表

序号	股东姓名或名称	认缴出资额/万元	实缴出资额/万元	实缴时间	出资比例/%
2	×××	×××	39.6	2011年11月8日	29.8
			227.7	2012年3月2日	
			267.3	2012年12月7日	
			270	2014年1月15日	
3	×××	×××	36	2011年11月8日	18
			207	2012年3月2日	
			243	2012年12月7日	
合计		2700	2700	—	100

（三）××持有的登记证书

××现持有××市××质量技术监督局颁发的代码为×××的《中华人民共和国组织机构代码证》，有效期自2011年××月××日至2015年××月××日。

××现持有××年××月××日××市国家税务总局、××市地方税务局颁发的××字×××号《税务登记证》。（请公司提供最新《税务登记证》）

××现持有编号为×××、核准号为×××的《开户许可证》，开户银行为××商业银行股份有限公司开发区科技支行，账号：××，发证日期：××年××月××日。

××现持有由××市人力资源和社会保障局核发的社会保险开户证明，发证日期：2013年11月21日，最新的验证日期为2014年××月××日。

××现持有环境保护部颁发的《××安全许可证》，种类和范围：使用Ⅰ类、Ⅱ类、Ⅲ类、Ⅳ类、Ⅴ类××，证书编号：××，发证日期：2013年××月××日，有效期至：2018年××月××日。

××现持有《机构信用代码证》，代码为：×××。

××现持有的《贷款卡》，流水号为：×××。

中银律师认为，××系依法设立、合法存续的有限责任公司。

（四）公司的组织结构图（见图1）

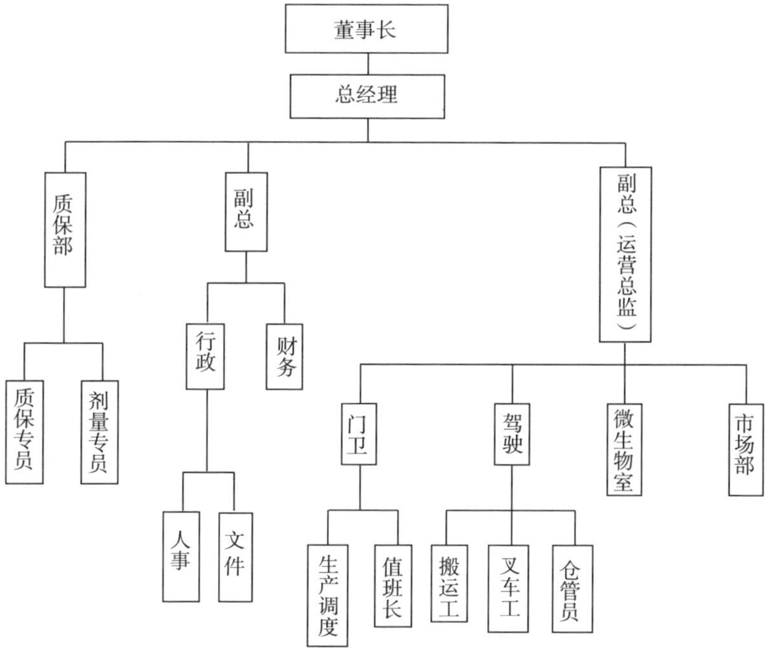

图1　公司的组织结构

二、公司的历史沿革

（一）公司设立信息

2001年3月12日，××市工商行政管理局核准成立××有限公司（以下简称××公司），向××核发《企业法人营业执照》。工商登记主要登记事项如下：

名称：××有限公司

注册号：×××

住所：××市××区××路××号楼五楼

法定代表人：××

注册资本：××万元

企业类别：有限责任公司

经营期限：自2001年××月××日至2011年××月××日

经营范围：设计、制作、代理影视、广播、印刷品、礼品广告；商品信息咨询、电脑图文设计、摄影、网页制作、软件开发、CI策划。

1.发起人协议

2001年1月11日，×××、××两位股东签订《发起人（集资）协议》（以下简称发起人协议），筹备设立××公司。×××为××公司筹建经办人，×××现金出资25万元，××现金出资25万元。根据江苏××会计师事务所出具的××验（2001）×××号《验资报告》，截至2001年××月××日，股东出资已全部到××公司验资账户。《验资事项说明》中记载，股东×××20万元出资委托南京公众信息有限公司出资，股东××20万元出资委托南京××信息有限公司出资。股东×××、××分别与南京××信息有限公司签订了委托付款合同。

律师意见：经本所律师核查，××公司发起人协议内容符合法律规定，股东出资方式符合法律规定，合法有效。

2.公司章程

2001年××月××日，股东制定并签署了《公司章程》。

律师意见：经本所律师核查，××《公司章程》符合法律规定，合法有效。

3.首次股东会、董事会决议

2001年1月8日，股东召开了首次股东会会议，签署了《首次股东会议纪要》，主要内容包括：确定股东出资；讨论通过公司章程；制定公司股东会议议事规则；选举××为公司董事长；选举×××为公司监事；确定公司的组织架构；选举××为公司法定代表人；确定公司管理机构负责人；研究决定公司管理制度。

2001年1月8日，董事×××、××召开了首次董事会会议，签署了《首次董事会议纪要》，主要内容包括：议定公司的管理机构；选举公司法定代表人；研究决定公司管理机构负责人，经理为米××，财务负责人为×××，办公室主任杨×；研究决定公司管理制度；制定本公司董事会议事规则。

律师意见：《公司章程》中约定，公司设股东会，股东会“选举和更换董事，选举和更换由股东代表出任的监事”；公司设执行董事，由执行董事“聘任或解聘公司经理，根据经理提名，聘任或解聘公司副经理、财务负责人”。××公司《首次股东会议纪要》选举××为执行董事、×××为监事的决议符合《公司章程》的规定，合法有效；由于××公司不设董事会，因此不需要选举董事长，《首次董事会议纪要》应为《执行董事决议》，《首次董事会议决议》以上瑕疵，不影响其效力。

4.公司治理结构

××公司首次股东会会议，选举××为公司法定代表人，并且担任公司执行董事，选举×××为公司监事。

××公司首次董事会会议，选举××为董事长，×××为公司经理，×××为财务负责人，××为办公室主任。

律师意见：××公司治理结构符合《公司法》《公司章程》规定，但是对于监事的选任，违反《公司法》关于监事任职的规定。由于公司的后续变更已对该监事完成变更，该法律瑕疵已经消除，而非正在进行之行为，所以无法并且也无必要通过变更登记进行规范。中银律师建议，公司对于监事的选任应严格遵照《公司法》等相关法律法规的规定。

5.房屋租赁合同

2001年1月11日，××公司与××物业管理有限公司（以下简称“××物业管理公司”）签订了房屋《租赁合同》，××公司向××物业管理公司租赁位于××路××号五层的办公用房，面积为200平方米，租赁期限为3年，年租金10万元。××物业管理公司向××公司提供《关于联合建设教学楼协议书》《关于门牌号的说明》，证明其对租赁房屋有处分权。

律师意见：经本所律师核查，××公司租赁房屋行为合法有效。

6.企业名称预先核准

2001年1月10日，××公司取得《企业名称预先核准通知书》，编号为（宁）名称预核内字〔2001〕第××号。经本所律师核查，《企业名称预先核准通知书》上记载信息与发起人协议中记载的信息一致。

律师意见：公司设立行为及程序符合法律规定，合法有效。需要注意的是，2001年3月9日，股东签署的《股东指定办理登记注册委托书》中，委托××办理××公司工商登记注册事宜，但在《代表（代理人）身份证明》中，缺少代理人的身份证明信息。该瑕疵不影响公司设立效力，在此予以提示，旨在建议公司提交工商登记资料时更规范。

（二）公司的历次变更

1.股东、股权、法定代表人变更

2002年6月8日，××公司股东召开股东会，一致同意选举××为××公司法定代表人，并且就股权、法定代表人变更事项修订《公司章程》。

2002年6月17日，××分别与××公司股东×××、××签署了《出资转让协议书》，并对《出资转让协议书》进行了公证。×××将其持有的××公司股权的

66%转让给××，××将其持有的××公司股权的90%转让给××。

2002年6月8日，××公司填写《公司变更登记申请书》，2002年6月20日，××公司委托×××向××市工商行政管理局提交变更工商登记材料。2002年6月21日，××市工商行政管理局核发《公司变更核准通知书》，同意××公司就股权、法定代表人及《公司章程》变更工商登记。

××公司此次工商登记变更后股权结构如表3所示。

表3　××公司此次工商登记变更后股权结构

序号	股东姓名或名称	认缴出资额（万元）	实缴出资额（万元）	出资比例（%）
1	××	39	39	78
2	××	2.5	2.5	5
3	×××	8.5	8.5	17
合计		50	50	100

2.股东变更

2003年6月5日，××分别与×××、××签订了《出资转让协议书》，×××、××将他们在××公司的股份全部转让给××。

2003年6月5日，××公司股东××、×××、××召开股东会会议，一致同意×××、××将其在××公司的全部股份转让给××。

2003年6月18日，××公司股东××、××召开股东会会议，决议修改《公司章程》，由××替代×××出任公司监事，××担任公司执行董事。《章程修正案》中记载，“公司经营方针不变，股东权利义务按原章程不变”。

2003年6月18日，××公司股东会出具《变更申请报告》，向××市工商行政管理局申请变更股东登记。

2003年6月1日，××公司委托×××向××市工商行政管理局提交材料，申请变更工商登记。2003年6月20日，××市工商行政管理局核发《公司变更核准通知书》，同意××公司股东变更。此次工商登记变更后，××公司的股东及股权结构如表4所示。

表4　××公司此次工商登记变更后股东及股权结构

序号	股东姓名或名称	认缴出资额（万元）	实缴出资额（万元）	出资比例（%）
1	××	39	39	78
2	××	11	11	22
合计		50	50	100

3.住所变更

2003年11月2日，××公司出具《变更申请报告》，申请公司地址变更。

2003年11月4日，××公司股东召开股东会会议，一致同意将公司办公地址由××区××路268号五楼迁至××区××路118号。同日，全体股东对公司章程进行了修正。

2003年11月4日，××公司与××市秦淮区人民政府××办事处（以下简称"××办事处"）签订《房屋租赁协议书》，××办事处将××路118号房屋出租给××公司，月租金为800元，租赁期间为2003年11月至2005年11月。同日，××办事处出具《房产证明》，证明被出租房屋的所有人为××办事处，该办事处将房屋租赁给××公司使用。

2003年11月7日，××市工商行政管理局核发《公司迁出核准通知书》，核准××公司迁出；2003年11月10日，××市工商行政管理局××分局核发《公司迁让核准通知书》，核准××公司迁入。

2003年11月10日，××工商行政管理局××分局核发《公司变更核准通知书》，同意××公司经营地址变更。

4.住所变更

2008年5月4日，××公司与×××签订了《房屋租赁协议》，××公司向×××租赁位于××县××镇××路2号的房屋，年租金为1600元，租赁期限自2008年5月4日至2013年5月3日止。史××出具《江苏省村镇工程建设许可证》，证明租赁物的建设通过了××镇建管所的审批。

2008年5月27日，××市工商行政管理局××分局核发《工商行政管理市场主体注册号变化证明》，"××公司已被赋予新的注册号，对照如下：原注册号：×××；现注册号：×××"。

2008年6月12日，××县工商行政管理局向××市工商行政管理局××分局出具《企业迁移登记注册通知函》，同时抄送××公司，同意××公司迁至××县工商行政管理局登记注册。

2008年6月13日，××公司出具《申请报告》，委托××向工商登记部门提交材料，申请公司办公地址迁至××砖墙镇集镇永成路2号。

2008年6月18日，××市工商行政管理局秦淮分局核发《公司迁出核准通知书》，核准××公司迁出，拟迁入××市××县工商行政管理局。

2008年6月27日，××公司全体股东召开股东会，公司股东一致同意，将注册地址由××市××区××路118号变为××县××镇××路2号。

2008年6月27日，××公司全体股东对《公司章程》中的注册地址进行了修正。

2008年6月27日，××公司委托××向××市××县工商行政管理局提交材料，申请公司迁入变更登记。

2008年7月8日，××市××县工商行政管理局核发《公司迁入核准通知书》、《公司准予变更登记通知书》，同意××公司迁址并作工商变更登记。

5.公司名称、地址、增资、经营范围及增加股东变更

2008年9月4日，××公司委托××提交《企业（公司）名称变更预先核准申请事项》，申请企业名称变更。

2008年9月4日，××市工商行政管理局向××市××县工商行政管理局核发《名称变更核准通知书》，“同意××有限公司变更为××材料有限公司”。

2008年9月4日，××公司全体股东××、××召开股东会，作出《章程修正案》，一致同意变更企业名称为××材料有限公司；经营范围为：纸制品加工、生产、销售；摄影服务；网页设计；计算机软件开发；企业营销策划；玩具、文具、工艺品、塑料制品的销售；CL策划；地址为××县经济开发区××路1号。

2008年9月4日，××包装公司向××县工商局出具《承诺书》一份，承诺“将投资南京××材料有限公司（筹），承诺在近期（2008年9月20日前）办理一切手续”。《承诺书》承诺人签字人为×××，××包装公司盖章。

2008年9月8日，××公司召开股东会，参会股东为××、××、×××、南京××包装有限公司（以下简称××包装），全体股东在股东会决议上签字、盖章。股东会决议主要内容如下：(1)变更公司名称：南京××有限公司变更为南京××材料有限公司。(2)变更公司地址：××县××镇××路变更为××县开发区××路1号。(3)变更公司经营范围：变更后的经营范围为：纸制品加工、生产、销售；玩

具、文具、工艺制品销售；设计、制作、广播、印刷品、礼品广告；商品信息咨询、电脑图文设计、摄影、网页制作、软件开发、CL策划。(4)变更公司注册资本：增资至200万元。(法人股东出席股东会的代表缺少授权委托书)

2008年9月8日，拟设立中的南京××材料有限公司(以下简称××材料公司)全体股东就股东会决议事项对《公司章程》进行了修订。

2008年9月8日，江苏××会计师事务所有限公司向××公司出具《验资报告》，《验资报告》记载，××公司增资150万元，已由全体股东于2008年9月8日前缴足。

2008年8月31日，拟设立中的××材料公司与××模具厂签订了《租赁协议》，××材料公司向××模具厂租赁位于××经济开发区松园路1号的房屋，租金为6000元/年，租赁期间为2008年9月1日起至2011年8月31日止。××模具厂出具了《房屋产权证》(××代表拟设立中的××材料公司签字，没有看到授权委托书或其他的授权文件)。

2008年9月8日，××县环境保护局出具《证明》一份，证明拟设立中的××材料公司的“纸制品加工、生产、销售项目经砖墙镇政府证实其实际生产地址不在××本地，故不需我局办理环保审批手续”。

2008年9月8日，××公司委托×××向工商登记部门提交材料，申请办理变更登记。

2008年9月8日，南京市××县工商行政管理局核发《公司准予变更登记通知书》，同意××材料公司设立及变更登记(见表5)。

表5 ××材料公司设立及登记情况

序号	股东姓名或名称	认缴出资额/万元	实缴出资额/万元	出资时间	出资比例/%
1	××	76	39	2001.3.12	38
			37	2008.9.8	
2	××	44	11	2001.3.12	22
			33	2008.9.8	
3	×××	60	60	2008.9.8	30
4	南京××包装有限公司	20	20	2008.9.8	10
合计		200	200	—	100

本所律师注意到:(1)××包装公司向××县工商局出具《承诺书》签字人为×××,加盖的是××包装公司的公章。须与公司确认,此处的签字人是否有权签字。

(2)2008年9月8日,××公司召开股东会,参会股东为××、××、××、××包装公司。××包装公司系法人股东,其应派代表出席此次股东会议。根据股东会决议签字人,本所律师认为,××包装公司此次派法定代表人××出席会议,但是在工商登记资料里,本所律师没看到相关的授权委托文件。

(3)2008年8月31日,拟设立中的××材料公司与××模具厂签订了《租赁协议》,××代表拟设立中的××材料公司签字,但是本所律师没有看到其有权签字的授权委托书或其他的授权文件。

此次变更登记过程中,××存在如上三点法律瑕疵。鉴于以上事实都已终结,且并未因上述瑕疵引发法律纠纷,本所律师认为,如上瑕疵不会对本次拟挂牌股转系统构成影响。本所律师建议:公司未来的工商登记变更,要更规范操作。

6.公司经营期限变更

2011年3月20日,××材料公司全体股东××、××、×××、××包装公司召开股东会,会议一致同意将公司经营期限变更为长期,全体股东对《公司章程》中的经营期限进行了修订。

7.公司名称、经营范围变更

2011年5月18日,××材料公司全体股东召开股东会,作出一致决议,内容如下:将公司名××材料有限公司变更为××科技有限公司,增加公司经营项目:××技术开发;修订《公司章程》。

2011年5月18日,××材料公司出具《企业(公司)名称变更预先核准申请书》,委托×××向工商登记部门提交,申请南京××科技有限公司(以下简称××)的名称预先核准,增加××技术开发业务。

2011年5月18日,××材料公司出具《公司变更登记申请书》,申请名称变更为××,增加××技术开发业务。

2011年5月18日,××市工商行政管理局向××市××县工商行政管理局核发《名称变更核准通知书》,同意××材料有限公司变更为××科技有限公司。

2011年5月18日,××市××县工商行政管理局核发《公司准予变更登记通知书》,同意××材料公司变更为××科技有限公司,增加××技术开发业务。

8.股东、股权变更

2011年11月3日，××包装公司出具《情况说明》：在××科技有限公司股权全部转出，股权转让后，××包装有限公司不再担任××科技有限公司的股东，同意××科技有限公司继续使用该名称。

2011年11月8日，×××与××签订《股权转让协议》，×××将其持有××公司的20.4万元股权全部转让给××，转让价为20.4万元。

2011年11月8日，××包装公司与××签订《股权转让协议》，××包装公司将其持有××公司的20万元股权全部转让给××，转让价为20万元。

2011年11月8日，××公司召开股东会会议，×××、××、××、×××、×××、×××出席了股东会会议。股东会决议内容：同意吸收×××、×××为公司新股东；××将在公司中所持有的44万元股权分别转让给×××36万元股权、××8万元股权；×××将在公司中所持有的60万元股权分别转让给×××39.6万元，转让给××20.4万元股权；南京××包装有限公司将在公司中持有的20万元股权转让给××；免去××公司监事职务，选举×××为公司监事；通过章程修正案。全体到会人员在股东会决议上签字、盖章。

2011年11月8日，××出具《公司变更登记申请书》，委托×××向工商登记部门提交材料，申请股东、股权、监事变更。

2011年11月8日，××市××县工商行政管理局核发《公司准予变更登记通知书》，同意××公司股东、股权以及监事变更。此次工商变更登记后，××公司股东及股权结构如表6所示。

表6　××公司股东及股权结构

序号	股东姓名或名称	认缴出资额/万元	实缴出资额/万元	出资时间	出资比例/%
1	××	124.4	39	2001.3.12	62.2
			37	2008.9.8	
			48.4	2011.11.8	
2	×××	39.6	39.6	2011.11.8	19.8
3	×××	36	36	2011.11.8	18
合计		200	200	—	100

9.注册资本变更

2012年3月1日，××公司全体股东召开股东会会议，作出一致决议，增加注册资本至1350万元，全体股东对《公司章程》进行了修订。

2012年3月2日，××会计师事务所出具《验资报告》，报告中记载，“截至2012年3月2日止，贵公司已收到全体股东缴纳的新增注册资本（实收资本）合计人民币壹仟壹佰伍拾万元，出资方式均为货币”。

2012年3月6日，××出具了《公司变更登记申请书》，委托曹××向工商登记部门提交材料，申请变更注册资本工商变更登记。此次变更登记后××公司股东及股权结构如表7所示。

表7　此次变更登记后××公司股东及股权结构

<table>
<tr><th>序号</th><th>股东姓名或名称</th><th>认缴出资额/万元</th><th>实缴出资额/万元</th><th>出资时间</th><th>出资比例/%</th></tr>
<tr><td rowspan="4">1</td><td rowspan="4">××</td><td rowspan="4">839.7</td><td>39</td><td>2001.3.12</td><td rowspan="4">62.2</td></tr>
<tr><td>37</td><td>2008.9.8</td></tr>
<tr><td>48.4</td><td>2011.11.8</td></tr>
<tr><td>715.3</td><td>2012.3.2</td></tr>
<tr><td rowspan="2">2</td><td rowspan="2">××</td><td rowspan="2">267.3</td><td>39.6</td><td>2011.11.8</td><td rowspan="2">19.8</td></tr>
<tr><td>227.7</td><td>2012.3.2</td></tr>
<tr><td rowspan="2">3</td><td rowspan="2">××</td><td rowspan="2">243</td><td>36</td><td>2011.11.8</td><td rowspan="2">18</td></tr>
<tr><td>207</td><td>2012.3.2</td></tr>
<tr><td colspan="2">合计</td><td>1350</td><td>1350</td><td>—</td><td>100</td></tr>
</table>

10.注册资本变更

2012年12月11日，××公司全体股东召开股东会，一致决议增加公司注册资本，注册资本由1350万元增至2700万元。全体股东在股东会决议上签字，并修订《公司章程》。

2012年12月7日，××会计师事务所有限公司出具《验资报告》，记载“贵公司申请增加注册资本人民币1350万元，由股东××、××、××于2012年12月7日之前缴足，变更后的注册资本为2700万元。经我们审验，截至2012年12月7日，贵公司已收到股东缴纳的新增注册资本（实收资本）合计人民币壹仟叁佰五十万元。股东以货币出资1350万元”。

2012年12月11日，××公司出具《公司变更登记申请书》，委托曹××向工商登记部门提交材料，申请注册资本变更登记。

2012年12月11日，××市××县工商行政管理局核发《公司准予变更登记通知书》，同意××公司注册资本变更登记。此次变更登记后，公司股东及股权结构如表8所示。

表8 此次变更登记后，公司股东及股权结构

序号	股东姓名或名称	认缴出资额/万元	实缴出资额/万元	出资时间	出资比例/%
1	××	1679.4	39	2001.3.12	62.2
			37	2008.9.8	
			48.4	2011.11.8	
			715.3	2012.3.2	
			839.7	2012.12.7	
2	××	534.6	39.6	2011.11.8	19.8
			227.7	2012.3.2	
			267.3	2012.12.7	
3	××	486	36	2011.11.8	18
			207	2012.3.2	
			243	2012.12.7	
合计		2700	2700	—	100

11.股权变更登记

2014年1月15日，××公司全体股东召开股东会，一致同意股东××转让270万元股权给股东××。全体股东在股东会决议上签字，并修订了《公司章程》。

2014年1月15日，××公司股东××与××签订《股权转让协议》，××将其××公司270万元股权，转让给××，转让价格为270万元。

2014年1月15日，××公司出具《公司变更登记申请书》，委托陈××向工商登记部门提交材料，申请××公司股权变更登记。

2014年1月23日，××市××区工商行政管理局核发《公司准予变更登记通知书》，同意××公司股权变更登记。此次变更登记后，公司股东及股权结构如表9所示。

表9　此次变更登记后，公司股东及股权结构

序号	股东姓名或名称	认缴出资额/万元	实缴出资额/万元	出资时间	出资比例/%
1	××	1409.4	39	2001.3.12	52.2
			37	2008.9.8	
			48.4	2011.11.8	
			715.3	2012.3.2	
			569.7	2012.12.7	
2	××	804.6	39.6	2011.11.8	29.8
			227.7	2012.3.2	
			267.3	2012.12.7	
			270	2014.1.15	
3	××	486	36	2011.11.8	18
			207	2012.3.2	
			243	2012.12.7	
合计		2700	2700	—	100

12.股权变更

2015年1月5日，××公司全体股东召开股东会，一致同意股东××将其持有××公司的81万元股权转让给股东××。全体股东在股东会决议上签字，并修订《公司章程》。

2015年1月5日，××公司股东××与股东××签订《股权转让协议》，××将其持有××公司的81万元股权转让给股东××，转让价格为81万元。

2015年1月5日，××公司出具《公司登记（备案）申请书》，委托裴×向工商登记部门提交材料，申请股权变更登记。此次变更登记后，××公司股东及股权结构如表10所示。

表10　此次变更登记后，××公司股东及股权结构

<table>
<tr><th>序号</th><th>股东姓名或名称</th><th>认缴出资额/万元</th><th>实缴出资额/万元</th><th>出资时间</th><th>出资比例/%</th></tr>
<tr><td rowspan="5">1</td><td rowspan="5">××</td><td rowspan="5">1409.4</td><td>39</td><td>2001.3.12</td><td rowspan="5">52.2</td></tr>
<tr><td>37</td><td>2008.9.8</td></tr>
<tr><td>48.4</td><td>2011.11.8</td></tr>
<tr><td>715.3</td><td>2012.3.2</td></tr>
<tr><td>569.7</td><td>2012.12.7</td></tr>
<tr><td rowspan="5">2</td><td rowspan="5">××</td><td rowspan="5">885.6</td><td>39.6</td><td>2011.11.8</td><td rowspan="5">32.8</td></tr>
<tr><td>227.7</td><td>2012.3.2</td></tr>
<tr><td>267.3</td><td>2012.12.7</td></tr>
<tr><td>270</td><td>2014.1.15</td></tr>
<tr><td>81</td><td>2015.1.5</td></tr>
<tr><td rowspan="3">3</td><td rowspan="3">××</td><td rowspan="3">405</td><td>36</td><td>2011.11.8</td><td rowspan="3">15</td></tr>
<tr><td>207</td><td>2012.3.2</td></tr>
<tr><td>162</td><td>2012.12.7</td></tr>
<tr><td colspan="2">合计</td><td>2700</td><td>2700</td><td>—</td><td>100</td></tr>
</table>

（三）关于××公司历史沿革的律师意见

本所律师认为：××公司的历次工商登记变更，提交的材料符合《公司法》等相关法律的规定，合法有效。

需要注意的问题是：

1.在××公司设立之初，由于公司规模较小，未设立董事会，仅设立执行董事履行《公司法》规定的董事会的职责；未设立监事会，仅选举一名股东代表监事。公司历经名称、经营范围、增资、股权变更，变更为××，对执行董事、监事人选分别变更过一次，但均未对公司的三会结构进行变更。因××公司注册资本已达2700万元，公司规模属较大，并且公司拟挂牌股转系统，本所律师建议：公司设立董事会、监事会，就相应事项修订《公司章程》，并进行工商备案登记。

2.本所律师从企业信用系统上查询得知，2015年4月15日，××公司对公司经营范围进行了变更登记。请公司向本所律师提供此次工商变更登记的资料。

三、公司的业务

（一）现时经营范围与主营业务

××向本所律师提供的最新企业法人营业执照记载，公司的经营范围如下：

××技术开发；纸制品生产、加工、销售；玩具、文具、工艺制品销售；设计、制作广播、印刷品、礼品广告；商品信息咨询、电脑图文设计、摄影、网页制作、软件开发、CI策划；货物运输代理；道路货物运输；仓储服务；货物搬运装卸服务。（依法须经批准的项目，经相关部门批准后方可开展经营活动）（请公司提供最新营业执照）

（二）主营业务

根据××公司提供资料及负责人陈述，××主营业务为××技术杀毒、灭菌业务。

（三）经营业务相关证书

1.《××安全许可证》

目前，××公司持有环境保护部于2013年11月25日核发的《××安全许可证》，该证书记载：单位名称：××科技有限公司；地址：江苏省××经济开发区荆山东路12号；法定代表人：××；种类和范围：使用Ⅰ类、Ⅱ类、Ⅲ类、Ⅳ类、Ⅴ类放射源；证书编号：国环辐证[00399]；有效期至2018年9月30日。

2.《高新技术产品认定证书》

根据××公司负责人陈述，公司现正在申请《高新技术产品认定证书》。

3.ISO认证

（1）SGS认证

认证机构：SGS United Kingdom Ltd.；证书编号：×××；认证依据：ISO 13485：2003 EN ISO 13485：2012；核准经营业务：医疗设备××灭菌；有效期限：2014年9月4日至2017年9月3日；复评日期：2017年8月1日前。

（2）SGS认证

认证机构：SGS United Kingdom Ltd.；证书编号：×××；认证依据：ISO9001：2008；核准经营业务：医药卫生产品、食物的灭菌、消毒及巨大分子的改性加工；有效日期：2014年9月4日至2017年9月3日；复评日期：2017年8月1日。

本所律师注意到：××公司于2013年11月25日取得《××安全许可证》，证书上记载公司地址与工商登记地址不一致。本所律师须与公司负责人核查，地址不同的原因，并且与环保部门确认，《××安全许可证》上公司地址与实际经营地址不一致是否可行。

（四）经营范围的变更

根据工商登记资料显示，公司自设立以来，经营范围进行过变更，具体信息详见“二、公司的历史沿革”。

四、公司的股东和实际控制人

（一）公司股权结构及股东基本信息

自2001年3月11日设立以来，××公司的股本及股权结构历经数次变更，详见“二、公司的历史沿革”，目前公司股权结构及股东基本信息如表11所示。

表11　目前公司股权结构及股东基本信息

序号	股东姓名或名称	认缴出资额/万元	实缴出资额/万元	出资比例/%
1	××	1409.4	1409.4	52.2
2	××	885.6	885.6	32.8
3	××	405	405	15
合计		2700	2700	100

（二）实际控制人

××公司的工商登记资料显示，××公司的股东为××、××和××。其中，××股权占比52.2%，系大股东；××是公司的法定代表人，×××系公司的总经理，负责××的日常经营事务管理，鉴于××与×××夫妻关系，本所律师认为××公司的实际控制人为××、×××夫妇。

经本所律师核查××公司工商登记资料及公司负责人陈述，自2002年6月8日至今，××的实际控制人未发生变更。

本所律师认为，××公司近两年实际控制人未发生变更，符合法律的规定。

五、关联交易和同业竞争

（一）关联方

1.股东及实际控制人

股东及实际控制人的基本情况详见本报告“四、公司的股东和实际控制人”

部分。

2.实际控制人投资的其他企业

经本所律师核查，××的实际控制人××、×××除投资设立本公司外，另投资设立其他两个公司，分别为××包装有限公司、××商贸有限公司。经本所律师查询企业信用系统并结合实际控制人提供相关材料，××公司实际控制人对如上两个公司的投资具体信息如下：

（1）××包装有限公司，注册号：××××；注册资本：246万元；股东为：××、×××；法定代表人：×××；成立日期：2002年11月12日；住所：南京××区××村××圩70号；经营范围：许可经营项目：无。一般经营项目：纸制品加工、生产、销售；摄影服务；网页设计；计算机软件开发；企业营销策划；玩具、文具、工艺品、塑料制品销售。营业期限2002年11月12日至2032年11月11日。（未提供最新营业执照及工商变更后的材料）

目前××包装有限公司股权结构及股东基本信息如表12所示。

表12　××包装有限公司股权结构及股东基本信息

序号	股东姓名或名称	认缴出资额/万元	实缴出资额/万元	出资比例/%
1	××	123	123	50
2	××	123	123	50

（2）××商贸有限公司，注册号：×××；注册资本：50万元；股东为：××、×××；法定代表人：×××；成立日期：2009年5月11日；住所：××市××经济开发区松园路1号；经营范围：许可经营项目：预包装食品零售。一般经营项目：家具、办公用品、五金、建材、纸制品、日用百货、家用电器、针纺织品销售。营业期限2009年5月11日至2019年5月10日。（未提供最新营业执照及工商变更后的材料）

目前（截至2014年1月14日）××商贸有限公司股权结构及股东基本信息如表13所示。

表13　××商贸有限公司股权结构及股东基本信息

序号	股东姓名或名称	认缴出资额/万元	实缴出资额/万元	出资比例/%
1	××	32.5	32.5	65
2	×××	17.5	17.5	35

本所律师注意到：××商贸有限公司的注册地址与××的注册地址一致。须进一步与××核实确认，××商贸有限公司是否系借用或租赁××的经营场地；如是，则属于关联交易，那么本所律师须审查借用或租赁合同，以确认该关联交易是否构成显失公平。若××将经营场地无偿借给××商贸有限公司，则构成显失公平的关联交易，需要进行规范，消除关联交易显失公平情形。

3.执行董事、监事和高级管理人员

××现任董事、监事和高级管理人员情况见本报告“九、董事、监事、高管任职及变化情况”部分。

（二）关联交易（其他的关联有依赖于会计师的调查报告）

本所律师向××公司核查是否与关联人存在关联交易，××公司负责人陈述，不存在关联交易。（本所律师还须与××公司就关联交易问题进行进一步问卷调查。）

（三）同业竞争

经本所律师核查，××公司经营范围与××包装公司经营范围存在重合，二者构成同业竞争。

本所律师建议：××公司应在挂牌股转系统前，将××公司与××包装公司间同业竞争情形消除，消除的途径具体如下：1.变更二者之中任一公司的经营范围，使经营范围重合情形消除；2.将实际控制人在××包装公司的投资通过股权转让等方式予以全部撤出。

六、公司的子公司和分支机构

根据××公司提交的材料，××公司不存在子公司和分支机构。

七、公司的主要财产

（一）土地使用权

1.国有土地使用权证

截至目前，××公司持有两份国有土地使用权证，具体信息如下：

（1）编号为：宁高国用（2012）第××号；土地使用权人：××；坐落：××县经济开发区××路12号；地号：25109008023；地类：工业用地；使用权类型：出让；终止日期：2062年3月9日，使用面积4666.0平方米，其中独用面积为4666.0平方米。

（2）编号为：宁高国用（2013）第××号；土地使用权人：××；坐落：××区经济开发区××路12号；地号：25109008049；地类：工业用地；使用权类型：出让；终止日期：2063年7月27日；使用权面积：9958.9平方米，其中独用面积：9958.9平方米。

2.国有土地出让合同

（1）2012年1月10日，××公司与××县国土资源局签订《国有建设用地使用权出让合同》(以下简称合同一)，合同一第四条约定，本合同项下出让宗地编号为No.×××，宗地总面积为4666平方米，出让宗地面积为4666平方米。合同一第八条约定，本合同项下国有建设用地使用权出让价款为675，000元，每平方米人民币144.66元。合同一第十二条约定，受让人同意本合同项下宗地的项目固定资产总投资不低于经批准或登记备案的金额1869万元。本合同项下宗地建设项目的固定资产总投资包括建筑物、构筑物及其附属设施、设备投资和出让价款等。合同一第十六条约定，受让人同意本合同项下宗地建设项目在2012年6月10日之前开工，在2014年6月10日之前竣工。

（2）2013年5月28日，××公司与南京市国土资源局签订《国有建设用地使用权出让合同》(以下简称合同二)，合同二中第四条约定，本合同项下出让宗地编号为No.×××，宗地总面积为9958.9平方米，出让宗地面积为9958.9平方米。合同二第八条约定，本合同项下宗地的国有建设用地使用权出让价款为2，395，000元，每平方米人民币240.49元。合同二第十二条约定，受让人同意本合同项下宗地的项目固定资产总投资不低于经批准或登记备案的金额5229万元。本合同项下宗地建设项目的固定资产总投资包括建筑物、构筑物及其附属设施、设备投资和出让价款等。合同二第十六条约定，受让人同意本合同项下宗地建设项目在2013年10月28日之前开工，在2015年10月28日之前竣工。

3.土地使用权税费缴纳凭证

××公司向本所律师出具税费缴纳凭证，凭证上记载数额共计3,599,999.50元。

2012年3月9日，票据编号No.×××《缴款书》，缴款人××公司，向收款人××县预算外资金管理办公室缴纳国有土地使用权出让金675，000元、土地招标拍卖挂牌出让文件工本费700元、土地使用权交易服务收费3499.5元，总计679,199.5元。

2012年6月11日，票据标号××《汇划补充凭证》，付款人××材料公司，向收款人××经济开发区开发总公司(账户×××)汇款500,000元。

2012年6月11日，票据标号42391338《汇划补充凭证》，付款人××材料公司，向收款人××经济开发区开发总公司(账户×××)汇款25,800元。

2013年5月27日，票据编号No.××《缴款书》，缴款人××公司，向收款人

××县预算外资金管理办公室缴纳国有土地使用权出让金720,000元。

2013年6月8日，票据编号No.××《缴款书》，缴款人××公司，向收款人××县预算外资金管理办公室缴纳国有土地使用权出让金1,675,000元。

本所律师注意到：××公司出具的土地税费缴纳凭证总额超过土地出让合同中记载的3,070,000.00元。请××公司对数据差额作出说明。

（二）房产

××公司向本所律师提供一份房屋产权证，产权证上记载信息如表14所示。

表14 房屋产权证记载信息

产权人	坐落	产权证号	登记时间	规划用途	建筑面积/平方米
××	××区经济开发区××路12号1幢	高房权证新初字第××号	2015.2.11	工业	2103.16

根据××公司负责人陈述，××另有房产，因未竣工验收，还未取得房产证。

律师意见：建议××公司尽快办理房屋产权证。

（三）车辆

截至目前，××公司自有车辆一台，车辆类型：小型普通客车；车辆品牌：江淮牌；车辆型号：××；车辆识别代号：××；发动机号：××。

（四）生产设备

2012年9月24日，××公司与××新技术有限公司（以下简称××公司）签订《设备供应与技术服务合同书》（合同编号：××〔2012〕收第25号，以下简称设备合同），项目名称“××科技有限公司××装置项目”，合同有效期2012年9月24日至2014年12月31日。设备合同第1条1.2.2款约定，比尼公司履行下列设备的设计、制造和供货：产品输送系统、全套非标准工艺机械设备、控制系统及移动监控系统、××监测及安全联锁设备。设备合同第1条第1.3款约定，设备价款与技术服务费共计人民币4,700,000元。

2013年10月14日，××公司与××公司共同签署《南京××科技有限公司BFT-IV型××装置安装验收报告》，验证结果表明装置负荷国家规范，并满足××公司需求。××公司正式接收××装置。

设备合同供货清单（合同附件），见表15。

表15　设备合同供货清单

序号	设备仪表材料名称（型号规格）	单位	数量
（一）全套非标准工艺机械设备			
1	××升降装置	套	1
2	板源架	台	1
3	井盖及护栏	套	1
4	装换源设备及工具	套	1
5	产品××箱	个	70
6	拉线开关	套	1
7	气锁装置	套	1
8	光电开关检测装置	套	1
（二）产品输送系统			
1	××室产品输送系统（BFT–T1）	套	1
2	过渡区产品输送系统（BFT–T2）	套	1
3	贮存区产品输送系统（BFT–T3）	套	1
4	××室安全门	套	2
5	气路系统	套	1
（三）××监测及安全联锁设备			
1	××检测设备（L118D及其附属设备）	套	1
2	微机多路×射线测控仪（BN3201）	台	1
3	货物入口防人光电控制箱（FX–BFT–1）	台	1
4	货物出口防人光电控制箱（FX–BFT–2）	台	1
5	通道口控制箱（FX–BFT–3）	台	1
6	××危险报警灯箱（AL–BFT–2）	台	3
7	地震监测仪	台	1
（四）控制系统及移动监控系统			
1	供电柜（包括：长延时在线式不间断电源SANTAK 3KVA、PLC系统通讯电源、PLC系统驱动电源等）	台	1
2	控制台（包括：SIEMENS PLC主站、CPU模块、电源模块、通讯模块、打印机、烟雾报警系统、流量监测仪表、水位检测仪、压力监测仪、温度检测仪等）	台	1

续表

序号	设备仪表材料名称（型号规格）	单位	数量
3	就地控制盘（包括：SIEMENS PLC远程输入模块站、PLC远程输出模块站、通讯模块、电磁阀组建等）	台	4
4	端子箱（DX系列）	台	3
5	贮存区就地控制箱（JH–BFT–1）	台	2
6	控制软件包（CPT–BFT–IV）	套	1
7	生产监控软件包（IMS–2）	套	2
8	数据服务器（DELLPC服务器）	台	1
9	工作站（DELLPC/液晶显示器）	台	2
10	××室上位机（互为热备DELL PC）	套	2
11	移动电视监控系统（GX系列轻型悬挂输送机及耐××摄像系统）	套	1

××公司自有××设备，但未向本所律师提供生产设备清单。正式尽调时，本所律师须根据清单记载进行现场确认，并向××核查设备上是否有抵押。

（五）财产权利受限情况

1.公司资产抵押情况

根据××公司提供的抵押合同，××公司资产抵押具体信息如表16所示。

表16 ××公司资产抵押信息

序号	抵押权人	抵押人	抵押物	权证编号	抵押期间	担保金额（万元）
1	××县中小企业信用担保有限公司	××	国有土地使用权	宁高国用〔2012〕第××号	2014.8.1—2015.7.25	150
2	××县中小企业信用担保有限公司	××	国有土地使用权	宁高国用〔2013〕第××号	2014.8.1—2015.7.25	250
3	××县中小企业信用担保有限公司	××	国有土地使用权	宁高国用〔2012〕第××号	2015.2.10—2016.2.3	200

2.公司股权质押情况

根据××公司工商登记资料显示，××将其持有的××的股权进行了质押，具体情况如下：

（1）××持有××270万元股权质押设立登记

2014年7月22日，××与张×签订《股权质押合同》。合同约定××将其持有××公司270万元股权质押给张军，“出质人同意将其持有的××科技部分股权质押给质权人，作为出质人为《最高额借款合同》下的出质人履行还款义务的履约担保”。

2014年7月22日，××与张×签订《股权出质设立登记申请书》，委托××向南京市××区工商行政管理局提交材料申请股权质押设立登记。

2014年7月22日，××市××区工商行政管理局核发《公司股权出质设立登记受理通知书》[编号为（××）公司股权出质设立登记〔2014〕第××号]，同意××将其持有××270万元股权出质设立登记。

本所律师注意到：××未向本所律师出具××与张×签订的《最高额借款合同》，本所律师无法确知主债权及270万元股权出质期间。

（2）××持有××400万元股权质押设立登记

2014年10月21日，××（《质押反担保合同》中的“甲方”）与××××投资信用担保有限责任公司（《质押反担保合同》中的“乙方”）签订《质押反担保合同》（以下简称反担保合同），×××作为××配偶在反担保合同上签字。

反担保合同中约定，“根据×保字〔2014〕××号《担保委托合同》，乙方愿意为主债务人××科技有限公司向主债权人（银行）北京银行申请的（大写）贰佰万元融资提供保证担保。为确保一旦发生代偿，乙方有效实现追偿权，甲方愿意以其有处分权的权利（动产、权利）作质押，向乙方提供反担保”。××将其持有××公司400万元股权，质押给南京紫金投资信用担保有限责任公司提供反担保。

2014年10月21日，××出具《股权出质设立登记申请书》，××、南京××信用担保有限责任公司委托王×，向工商登记部门提交材料，申请400万元股权质押设立登记。

2014年10月22日，××市××区工商行政管理局核发《公司股权出质准予设立登记通知书》[编号为（××）公司股权出质设立登记〔2014〕第××号]，同意××将其持有××400万元股权质押设立登记。

（3）××持有××300万元股权质押设立登记

2014年12月5日，××（《质押反担保合同》中的“甲方”）与南京紫金投资信用担保有限责任公司(《质押反担保合同》中的“乙方”)签订《质押反担保合同》(以下简称反担保合同),×××作为××配偶在反担保合同上签字。

反担保合同约定,“根据紫保字〔2014〕××号《反担保委托合同》,乙方愿意为主债务人××包装有限公司向主债权人(银行)邮储银行申请的(大写)柒佰伍拾万元融资提供保证担保。为确保一旦发生代偿,乙方有效实现追偿权,甲方愿意以其有处分权的权利(动产、权利)作质押,向乙方提供反担保”。××将其持有的××300万元股权,质押给××××投资信用担保有限责任公司提供反担保。

反担保合同第二条对反担保期限进行了约定,“本合同的质押权与其债权同时存在。”由于××未向本所律师出具紫保字〔2014〕××号《反担保委托合同》及向邮储银行柒佰伍拾万元的贷款合同,本所律师无法确知该300万元股权质押的终止日期。

2014年12月5日,××公司委托王×向南京市××区工商管理局提交材料进行工商登记,2014年12月16日,南京市××区工商行政管理局核发《公司股权出质准予设立登记通知书》[编号为(××)公司股权出质设立登记〔2014〕第××号],同意××将持有××公司300万元股权质押工商登记。

(4)××持有××300万元股权质押注销登记

2014年12月8日,××公司委托王×对××持有的××公司300万元股权质押进行注销登记,2014年12月16日,南京市××区工商行政管理局核发《公司股权出质准予注销登记通知书》[编号为(01250136-1)公司股权出质设立登记〔2014〕第××号]。

2014年12月8日,××与南京紫金投资信用担保有限责任公司共同出具《主债权消灭证明》,证明“出质人××于2014年1月2日将南京××科技有限公司叁佰万元股权质押给南京紫金投资信用担保有限责任公司。该主债权于2014年12月8日已消灭,出质人、质权人申请注销”。

本所律师注意到:《主债权消灭证明》上记载的出质日期(2014年1月2日),与编号为××公司股权出质设立登记〔2014〕第××号股权出质登记上记载的日期(2014年12月16日)不一致,须与××公司负责人就此事项进一步核实。

律师意见:根据如上股权质押工商登记资料,××公司实际控制人××与×××与南京紫金投资信用担保有限责任公司签订股权质押合同,××与张×签订股权质押合同。实际控制人将其持有××公司共计670万元股权质押给第三方,一旦发生质押权实现的情形，将会导致××公司实际控制人发生变化，直接会影响××公司的正常经营。本所律师建议，××公司与实际控制人关注质押股权担保的主债务的履行，规避主债务违约风险。

八、公司的重大债权债务

（一）金融机构贷款合同

截至目前，××公司与银行有四份贷款合同正在履行，具体信息如下。

1. 2014年7月23日，××公司与江苏省××农村商业银行股份有限公司开发区科技支行签订《流动资金借款合同》[合同编号：高农商行（科支）流借字〔2014〕第××号]，××借款金额为400万元，借款期限为2014年8月1日至2015年7月25日。担保人为××县中小企业信用担保有限公司，担保合同编号为高农商行（科支）保字〔2014〕第××号。

2. 2015年2月10日，××公司与江苏××农村商业银行股份有限公司开发区科技支行签订《流动资金借款合同》[合同编号：高农商行（科支）流借字〔2015〕第0210号]，××借款金额为200万元，借款期限为2015年2月10日至2016年2月3日。担保人为××县中小企业信用担保有限公司，担保合同编号为高农商行（科支）保字〔2015〕第××号。

3. 2014年10月21日，××与北京银行股份有限公司南京分行签订《借款合同》（合同编号：××），××借款200万元。"特别约定：借款人满足本合同约定的放款条件且北京银行收到保证人南京紫金投资信用担保有限责任公司出具的书面《融资发放通知书》后，北京银行才有义务发放贷款。本合同贷款期限约定为2014年10月21日至2015年10月21日，具体以借款借据为准。"

另外，××、×××与北京银行股份有限公司南京分行分别签订《保证合同条件表》，作为保证人为××与北京银行股份有限公司南京分行的《借款合同》（编号为××）担保，担保范围为主合同项下北京银行的全部债权，保证方式为全程保证，保证期间为主合同下的债务履行期届满之日起两年。

4.××与南京银行股份有限公司××支行签订《人民币流动资金借款合同》（合同编号×××），借款金额为300万元，借款用途为采购原材料，借款期间自2014年12月8日起至2016年12月8日止。

××县中小企业信用担保有限公司与××，作为此借款合同的保证人，提供连带责任保证担保，并与南京银行股份有限公司××支行签订相应保证合同。

××县中小企业信用担保有限公司作为出质人，以其所有或依法有权处分的动产或权利提供质押担保，并与南京银行股份有限公司××支行签订相应质押合同。

本所律师注意到：公司共有如上四笔贷款合同，每笔贷款的保证人都包括××县中小企业信用担保有限公司。××实际控制人就其持有的××股权质押给××县中小企业信用担保有限公司，提供反担保。

律师意见：经本所律师初步核查借款合同，确认××借款合同及担保合同合法有效，借款合同在正常履行。对于公司股权质押担保的法律风险提示，详细参考“七、公司的主要财产之（六）之2.公司股权质押情况”。

（二）销售合同

××公司向本所律师出具公司前十销售客户统计表，具体如表17所示。

表17　公司前十销售客户统计

序号	客户名称	销售额	是否签订销售合同
1	马鞍山×××药业	408，390.98	是
2	江苏××	401，374.06	是
3	江苏省××医药生物工程有限公司	347，567.31	是
4	南京××食品厂	288，909.83	是
5	南京××食品科技有限公司	279，719.1	是
6	江西××有限责任公司	250，791	是
7	南京××	221，941.4	是
8	安徽××药用辅料有限公司	182，350	是
9	江西××	168，468.5	是
10	嘉善××科技有限公司	158，795	是

××未向本所律师出具已签订书面合同，仅向本所律师出具空白合同文本。

本所律师注意到：××销售合同文本中对生产加工标准约定较为笼统模糊，就此存在的法律风险，本所律师已向××公司×××总经理提示。×××总经理向本所律师说明：××公司内部有完备的生产确认单，在确认单上详细记载客户加工的标准，并有客户负责人签字确认。本所律师认为，有客户负责人签字或其他方式确认的加工标准，结合销售合同，可以确定每批货物的加工标准，足以防范因加工标准不清而引发的争议或纠纷。

（三）采购合同（见表18）

表18 采购合同

序号	签订时间	供货单位	采购产品名称及规格	钴源活度/数量	合同总价款
1	2013.1.24	上海核新××厂	转让使用中钴-60××源	55根（详见清单）	上海核新××厂支付××公司废源处理补偿费500，000元
2	2013.12.13	中核××技术有限公司	钴-60××源	198752居里左右	3，625，628元（货款3，596，628元，运费29，000元，结算由同兴公司提供钴源结算清单，未有双方盖章确认）
3	2013.12.16	中核××技术有限公司	CN-101工业钴-60放射源（Φ11.1×451.4mm）	待定	以实际结算单为准（技术服务费用29，000元）
4	2014.12.3	北京×××工程技术有限公司	C-188型钴-60放射源（Φ11.1×451mm）	7.4×10^{15}Bq（20万居里）	37，980，00元（货物总价3，760，000元；钴源倒装服务费20，000元；国内运输费18，000元）

（四）钴源回收（见表19）

表19 钴源回收情况

序号	签订时间	回收单位	采购产品名称及规格	回收方式	费用
1	2013.12.16	北京×××工程技术有限公司	钴-60放射源		
2	2013.12.16	中核××技术有限公司	CN-101型工业钴-60放射源	中核××技术有限公司与中国原子能科学研究院签订《废旧放射源回收协议》，由中国原子能科学研究院处理	由××公司承担

九、公司的董事、监事、高管任职及变化情况

（一）执行董事、监事、高管的产生及变化

根据××公司工商登记资料分析，××公司执行董事为××，监事为××。××公司执行董事及监事任职变化详见“二、公司的历史沿革”。

经本所律师核查，××公司执行董事、监事的产生及变更符合法律及《公司章程》的规定，合法有效。

××高级管理人员包括总经理×××、财务（请提供现财务负责人的任职简历）。

（二）董事、监事、高管的简历及任职资格

经初步了解，目前××公司的执行董事、监事、高管具有合法的任职资格，不存在公司法规定的不得担任董事、监事、高管的情形。

1.执行董事基本情况

××，男，1974年×月×日出生，身份证号：×××，中国国籍，无境外永久居留权，专科学历，毕业于南京艺术学院，自2003年至今，任职××包装公司总经理；自2002年至2011年，任职××材料公司执行董事及法定代表人；2011年至今，任职××公司董事长及法定代表人。

2.监事基本情况

××，女，1979年×月×日出生，中国国籍，无境外永久居留权，××学历。身份证号：××。（提供××简历）

3.高级管理人员基本情况

×××，女，1985年×月×日出生，中国国籍，无境外永久居留权，本科学历，毕业于××中医药大学国贸专业。2008～2012年，就职于宁波银行南京分行；2012年筹建××公司，担任总经理助理；2014年担任××公司总经理。

××，男，1940年×月×日出生，身份证号：×××，中国国籍，无境外永久居留权，本科学历，毕业于××大学物理工程专业，1964～1995年，参与国家原子弹建设；1984年获国家核工业部原子弹建设特殊荣誉奖；1994年获国务院特殊津贴；1995～2000年，任职××省农科院原子能所所长，建设主持全国第一家××站–南农××站；1995年被认定为××应用领域研究院；2000～2010年，建设主持运行多个××站，如南航××、杭州××站等；2011年起组建××公司××技术项目，现任××总经理，并自2014年起担任××公司总工程师。

×××，男，1969年×月×日出生，中国国籍，无境外永久居留权，专科学历，毕业于××农业大学公共管理专业。1986~1992年，就职于××省农科院原子能所核仪器室，从事地下水流速流向仪的测定及研发工作；1993年4月~2002年12月，就职于江苏省农科院原子能所热缩管厂，从事车间维修，产品销售；2002年2月~2004年，就职于江苏省农科院××中心运营部副部长；2004~2014年，就职于江苏瑞迪生科技有限公司，南京××中心业务部副部长；2014年至今，任职××公司副总经理。

（本所律师已向××公司提供《董、监、高任职情况调查表》，调查核实公司的董、监、高不存在公司法规定的不得任职情形。请公司将填写完毕的调查表提供给本所律师。）

律师意见：××历次执行董事、监事、高级管理人员的变更符合法律规定，合法有效，不存在法律风险。

十、公司的税务

（一）税种及税率

××目前缴纳的主要税种及税率如下。

增值税：

企业所得税：

教育附加费：

城建税：

印花税：

个人所得税：标准

土地使用费：元/平方米

房产税：

（二）依法纳税情况

本所律师认为：××公司执行的税种、税率符合现行法律、法规和规范性文件的要求，近两年依法纳税，不存在被税务部门行政处罚的情形。

十一、诉讼、仲裁及行政处罚

截至目前，根据××公司负责人介绍，××没有尚未执行完毕的诉讼或仲裁，也未受到任何行政处罚。××于2014年发生并了结了一件诉讼案件，具体情况如下：

2013年11月25日，××县××混凝土有限责任公司（以下简称××混凝土）向南京市××区人民法院提交民事起诉状，请求判令××向××混凝土支付货款

170,452.5元、违约金88,455.25元、律师费10,000.00元，共计268,907.75元。原告起诉的事实与理由如下："2010年12月5日，被告南京××材料有限公司（××前身，以下简称××材料）因承建南京××材料有限公司工程需要，与原告签订一份《商品砼供销合同》，合同约定：原告供应工程所需混凝土，月结70%，2011年春节前结清全部付货款；被告不按照合同履行付款义务，未按时付款部分按日息5‰支付违约金，还需承担原告为追讨货款所产生的律师费、诉讼费等费用。合同签订后，原告按约履行了合同约定的供货义务，共向被告供应混凝土1031.5方，货款总计400,452.5元，被告共支付货款230,000.00元，尚欠170,452.00元。根据合同约定，被告应支付违约金88,455.25元、律师费10,000.00元。"

2014年7月9日，南京市××区人民法院作出编号为[（2014）高商初字第×号]民事判决书，判令"被告××给付原告××混凝土货款××元及相应违约金（自2011年11月27日起至判决生效之日止按月利率2%计算），支付原告××混凝土公司律师费10,000.00元，限于本判决生效后10日内付清。

如未按本判决指定的期限履行给付义务，应当依照《中华人民共和国民事诉讼法》第二百五十三条的规定，加倍支付迟延履行期间的债务利息。

本案诉讼费××元由被告××负担。"

××不服一审判决上诉至南京市中级人民法院，2014年11月14日，南京市中级人民法院作出编号为[（2014）宁商终字第××号]民事调解书，在二审审理过程中，经法院组织调解，双方于2014年11月13日自愿达成以下调解协议：

"（一）××于2014年12月20日前支付××混凝土货款15万元，××混凝土于2014年12月25日前开具38万元的增值税专用发票给××。

（二）如××未按上述第一项约定支付货款，则××混凝土有权申请按照原审判决内容（包括一审案件受理费的负担部分）执行。

（三）一审案件受理费5334.00元由××混凝土负担；二审案件受理费5334.00元，减半收取2667.00元，由××负担。

（四）双方当事人就本案无其他争议。

（五）双方当事人同意本协议自签字之日起生效。"

十二、公司的劳动与社会保险

（一）劳动合同

根据贵司提供的《员工手册》，截至2015年3月6日××共有职工46人，公司与该46名职工全部签订了《劳动合同》。根据××公司提供资料，该46名职工社保缴纳情况具体如下：

公司为其中22人缴纳了社保，8人独立缴纳农保，5人系已退休返聘，1名外聘职工，3名职工由原单位缴纳，5名职工挂靠南京××包装有限公司，另有3名职工社保缴纳信息空白（其中两名处于试用期）。

××公司须向本所律师提供一份已签劳动合同模本，由本所律师核查劳动合同是否存在法律风险。

（二）社会保险

据××公司提供《××市养老保险参保人员（全部或部分）缴费清单》（打印时间为2015年4月8日，缴费时间为2015年3月），××公司为22名职工缴纳了社保。

根据《××市社会保险单位参保缴费证明》（打印时间为2015年4月8日），××在2014年3月～2015年3月，每个月缴纳社保职工人数有变动，最低人数为19人，最高人数为22人。

（三）团体意外伤害保险

根据××提供《团体意外伤害保险被保险人及受益人名单》，××为29名职工投保了意外伤害保险。

（四）住房公积金

××未向本所提供职工缴纳公积金的资料，须与公司核实是否替职工缴纳住房公积金。

本所律师注意到：××有8名职工缴纳农保，1名职工外聘，3名职工原单位缴纳，5名职工挂靠南京××包装有限公司，3名职工缴纳社保信息空白。××在雇佣职工方面存在的法律瑕疵：未替所有职工缴纳社保；人员不独立。如上法律瑕疵不符合相关法律规定，应当规范。

1.社保缴纳规范方案

根据法律规定，法律强制公司为职工缴纳社保。但目前对拟挂牌股转系统的中小企业职工缴纳社保，可以采用如下折中方案规范职工社保缴纳：若聘请的农民工缴纳了农保，可以不替该职工重复开设社保账户缴纳城镇社保，但须将企业应承担的社保费用以工资的形式结算给职工。但该折中方案应当先与企业所在地社保局沟通确认。

2.人员不独立规范方案

××有2名职工社保在原单位，1名挂靠管理公司。本所律师须与××公司核实，该3名职工是否与原单位存在劳动关系。如果与原单位存在劳动关系，又与××签订了劳动合同，则构成重复劳动合同关系。根据法律规定，对与××形成重复劳动关系的职工，如因重复劳动关系给原单位造成损失，××负有连带赔偿责任。本所律师认为，须与××公司进一步沟通确认是否存在重复劳动关系，再确定规范方案。

根据××负责人陈述，××的财务负责人与××包装公司的财务负责人系同一人。本所律师认为，财务负责人系公司的核心岗位，××财务负责人与关联公司负责人同为一人，可能会影响××公司的财务独立性，不符合相关法律规定。

十三、公司的环境保护

1.××安全许可

目前，××公司持有环境保护部颁发的《××安全许可证》，种类和范围：使用Ⅰ类、Ⅱ类、Ⅲ类、Ⅳ类、Ⅴ类放射源，证书编号：国环辐证[00399]，发证日期：2013年11月25日，有效期至：2018年9月30日。

2.环境评估

2012年8月14日，江苏省环境保护厅向××公司出具《关于对南京××科技有限公司新建74PBq(200万居里)钴-60××装置项目环境影响报告书的批复》，同意××公司新建74PBq(200万居里)钴-60××装置项目建设，项目地点位于南京市××县淳溪镇荆山东路12号(××县开发区工业园区内)，项目内容为新建一座钴-60××装置，设计装源活度74PBq(200万居里)，初次装源活度14.8PBq(40万居里)，用于食品、保健品、药品等××消毒、保鲜等。

2015年2月3日，南京市××区环境保护局向××公司出具《南京××科技有限公司××装置技术开发项目配套厂房、综合楼环保预验收意见书》，同意××装置项目所属2#、3#、4#厂房、综合楼通过环保预验收，准予试运行。

2015年4月17日，××省环境保护厅向××公司出具《关于南京××科技有限公司钴-60××装置项目竣工环境保护验收意见的函》(文号：苏环验〔2015〕51号)，该项目工程竣工环境保护验收合格，并要求工程投运后每年1月31日前向发证机关提交上一年度的核技术应用安全和防护状况评估报告。

根据××负责人陈述，××公司××业务生产对周边环境的影响很小，不存在因环境保护产生的违法违规行为。××公司未向本所律师提供××业务投产的《环境评估申报表》,须与公司核实确认是否有遗漏提供。

十四、结论性意见及建议

经本所律师初步尽调,认为××公司符合《公司法》《股份转让系统规则》等相关法律的规定,具备挂牌股转系统的所有条件。对于××存在的法律瑕疵及规范意见,详见本报告的具体内容。

××市××律师事务所

××年×月×日

第二节

律师尽职调查工作底稿的制作

一、工作底稿概述

尽职调查工作底稿是律师在从事尽职调查工作中形成的完整的工作记录，包括但不限于尽职调查的方法、途径、调查人、调查程序及调查内容、获取的所有文件、会议纪要、谈话记录等资料、律师调查的结论性意见，以备将来作为出具尽职调查报告、法律意见书以及政府和行业主管部门对律师业务进行监督、调阅及检查之用，是了解律师是否依法合规并按照公认的法律准则和职业道德开展法律服务，工作底稿的质量是判断律师是否勤勉尽责的重要依据，并在一旦产生问题时明确律师承担法律责任的依据。

《律师从事公开发行证券业务尽职调查工作准则》第7条明确规定了“律师应在尽职调查的基础上形成律师工作报告和法律意见书，同时，应当建立尽职调查工作底稿制度。工作底稿应当真实、准确、完整地反映律师的尽职调查工作”。对律师制作尽职调查底稿提出了明确的要求。

中国证监会《第12号——公开发行证券的法律意见书和律师工作报告》第2条规定“拟首次公开发行股票公司和已上市公司增发股份、配股，以及已上市公司发行可转换公司债券等，拟首次公开发行股票公司或已上市公司（以下简称‘发行人’）所聘请的律师事务所及其委派的律师（以下‘律师’均指签名律师及其所任职的律师事务所）应按本规则的要求出具法律意见书、律师工作报告并制作工作底稿”。第13条“律师在制作法律意见书和律师工作报告的同时，应制作工作底稿。前款所称工作底稿是指律师在为证券发行人制作法律意见书和律师工作报告过程中形成的工作记录及在工作中获取的所有文件、会议纪要、谈话记录等资料”。

工作底稿的八大要素，见图3-1。

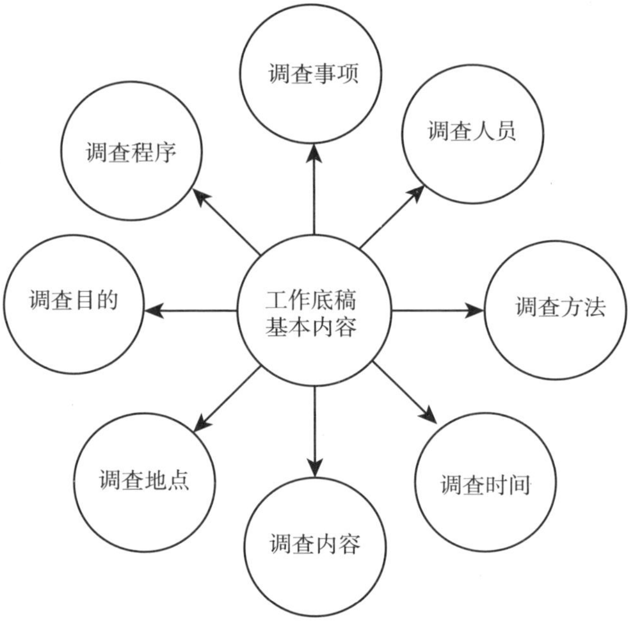

图3-1　工作底稿的八大要素

制作律师工作底稿的现实意义在于：

1.建立工作底稿制度是证券监管部门的要求

2.建立工作底稿制度进行责任划分的依据

根据《最高人民法院关于审理证券市场因虚假陈述引发的民事赔偿案件的若干规定》，注册会计师、律师等中介机构的责任是一般侵权责任，以过错存在为前提。根据司法实践经验，执法或司法部门往往要调阅中介机构的工作底稿，从工作底稿的完备程度或工作底稿记载的内容来判定中介机构是否存在主观过错。因此，工作底稿就成为判断中介机构是否有责任的重要依据。

2016年7月，随着股转系统的快速扩容，对挂牌企业的要求也越来越严格，目前，股转系统的电子化底稿存管制度也正在建立之中，将很快推出。"要求申报前底稿就要完备，防止事后补底稿"将成为股转系统今后对于工作底稿的基本要求。

3.工作底稿是律师出具法律意见的依据

工作底稿是律师出具法律意见的事实基础。法律意见书和律师工作报告是对证券发行人既成事实的法律评价。根据一般的业务流程，应该先有事实，后有法律评价。如果没有工作底稿，法律意见书和律师工作报告的真实程度就难以分辨。

从律师免责和防范风险角度看，工作底稿记载的工作过程与丰富程度可以证明律师是否勤勉尽责、工作是否合乎业务标准，对于在特定情况下确定律师发表的法律意见是否有事实依据具有十分重要的作用。

综上所述，律师开展尽职调查工作中制作工作底稿，是律师尽职调查工作的重要组成部分和必备文件。

二、新三板尽职调查工作底稿范本解析

以下是本所律师在从事公司在全国中小企业股份转让系统挂牌尽职调查时制作的工作底稿范本：

××市××律师事务所
关于××股份有限公司
首次公开发行股票并在××板上市之
尽职调查工作底稿

开始制作时间：××年×月×日

结束制作时间：××年×月×日

致股份有限公司董事会：

本资料清单所涉及材料应由贵公司向我所提供。贵公司提供下述的资料应保证其真实、准确、完整、及时，尤其要确保所披露的财务会计资料有充分的依据。有的资料若无现成的可提供，请尽快收集、整理和撰写，力求详尽完整。所有重要的文件请注明来源并加盖公司章或部门章。

为提高工作效率，在提供文字材料的同时，请尽可能提交电子版本。

贵公司董事会及全体董事应保证所提供的资料及其摘要内容的真实性、准确性、完整性，承诺其中不存在虚假记载、误导性陈述或重大遗漏，并就其保证承担个别和连带的法律责任。

××律师事务所

××年×月×日

承诺保证书

××律师事务所：

股份有限公司（以下简称“我公司”）委托贵所为我公司的股票进入全国中小企业股份转让系统挂牌工作进行法律审查并出具法律意见书。为使贵所律师工作顺利进行，我公司对贵所作出如下承诺保证：

一、我公司为依法成立的股份有限公司，自设立以来依法从事经营活动。我公司实际经营的业务与营业执照上所列的经营范围相一致。

二、我公司向贵所提供的文件材料是真实的、准确的和完整的。我公司向贵所提供的材料中的复印件与原件是完全一致的。上述文件材料上的签名和盖章均是真实的。

三、我公司不存在尚未了结的或可预见的重大诉讼、仲裁或行政处罚案件。

四、除了已提交的文件材料外，我公司没有应向贵所提供而未提供的任何有关重要文件材料，也没有应向贵所披露而未披露的任何重要事实。

五、我公司的企业行为严格按照《公司法》和国家有关部门的规定执行。

六、我公司向贵所提供的文件材料与其上报的文件材料是完全一致的。

七、我公司金额较大的应收、应付款是因正常的生产经营活动发生，合法有效。

八、我公司与其关联方的关联交易属正常的生产经营活动需要，我公司的关联交易不存在损害小股东利益的情形。

九、我公司股东之间及股东与我公司之间不存在股权纠纷的情形。

十、我公司股东持有的我公司股份目前不存在质押的情形。

十一、我公司已建立了健全的股东大会、董事会、监事会议事规则及健全的组织机构，并严格按照该规则规范运作。我公司各部门均独立运作，未依赖于任何股东和其他关联方。

十二、我公司业务发展目标符合国家法律、法规和规范性文件的规定，不存在潜在的法律风险。

十三、我公司股份转让说明书及其摘要不存在虚假记载、误导性陈述或重大遗漏引致的法律风险。

十四、我公司目前没有计划进行资产置换、资产剥离、资产出售或收购等情形存在。

十五、我公司没有因环境保护、知识产权、产品质量、劳动安全、人身权等原因产生的侵权之债，或受到相应的重大行政处罚。

十六、我公司在近两年内不存在违法违规行为。

十七、我公司近两年内不存在资金被控股股东、实际控制人及其控制的其他企业占用的情况，或者为控股股东、实际控制人及其控制的其他企业担保的情况。

十八、我公司承诺并保证，如因我公司违反上述内容而引起贵所出具的文书中有错以致受到行政处罚或第三人索赔或其他损失，我公司愿对此予以澄清并承担经济赔偿责任。

此致

股份有限公司（公章）

法定代表人：

××年×月×日

项目简介

项目基本情况介绍	
股权结构图	
主营业务	
主要资产	
关联方	

工作计划

总体工作计划				
序号	审验内容	是否审验	编号	备注
A	本次挂牌的批准与授权		A-1-1至A-2-8	
B	本次挂牌的主体资格		B-1至B-10	
C	本次挂牌的实质条件		C-1至C-6	
D	公司的设立		D-1-1至D-9	
E	公司的独立性(人员、机构、财务、业务、资产)		E-1-1至E-8	
F	公司的发起人与股东		F-1-1至F-3	
G	公司的股本及其演变		G-1-1至G-6-3	
H	公司的业务		H-1至H-12	
I	关联交易与同业竞争		I-1至I-9	
J	公司的主要财产		J-1至J-11	
K	公司的重大债权债务		K-1至K-8	
L	公司的重大资产变化及收购兼并		L-1至L-8	
M	公司章程的制定与修改		M-1至M-5	
N	公司股东大会、董事会、监事会议事规则及规范运作		N-1至N-12	
O	公司董事、监事和高级管理人员及其变化		O-1至O-5	
P	公司的税务		P-1至P-5	
Q	公司的环境保护和产品质量、技术等标准		Q-1至Q-8	
R	公司的业务发展目标		R-1至R-3	
S	重大诉讼、仲裁或行政处罚		S-1至S-4	
T	公司的《股份转让说明书》法律风险的评价		T-1	
U	公司的劳动人事及社会保障		U-1至U-6	
V	律师认为需要说明的其他问题			

A.本次挂牌的批准与授权

调查事项	本次挂牌的批准与授权	调查人员	
调查方法	1.书面审查； 2.实地调查与见证	调查日期	
		调查地点	

调查目的	公司本次挂牌决策程序是否合法有效
调查内容	1.股东大会是否已依法定程序作出批准挂牌的决议； 2.根据有关法律、法规、规范性文件以及公司章程等规定，上述决议的内容是否合法有效； 3.如股东大会授权董事会办理有关挂牌事宜，上述授权范围、程序是否合法有效。
调查程序	1.核查公司董事会《关于××股份有限公司作为非上市股份有限公司申请进入上海股权托管交易中心/全国中小企业股份转让系统挂牌的议案》《关于授权公司董事会办理本次申请挂牌的议案》，董事会会议通知、表决票、会议决议、会议记录等文件资料原件并取得复印件（加盖公章）； 2.核查公司股东大会《关于××股份有限公司作为非上市股份有限公司申请进入上海股权托管交易中心/全国中小企业股份转让系统挂牌的议案》《关于授权公司董事会办理本次申请挂牌的议案》，股东大会会议通知、签到册、表决票、会议决议、会议记录等文件资料原件并取得复印件（加盖公章）。
调查文件	A-1董事会文件： A-1-1董事会会议通知； A-1-2董事会关于公司挂牌的议案； A-1-3股东会关于授权董事会办理本次挂牌的所有事宜的议案； A-1-4董事会表决票； A-1-5董事会关于上述议案的决议； A-1-6董事会会议记录。 A-2股东大会文件： A-2-1股东大会会议通知； A-2-2公司股东名册； A-2-3股东大会签到册； A-2-4股东大会关于公司挂牌的议案； A-2-5股东大会关于授权董事会全权处理挂牌事宜的议案； A-2-6股东大会表决票； A-2-7股东大会关于上述议案的决议； A-2-8股东大会会议记录。 以上材料需公司加盖公章（骑缝章）。
调查结果	

B.本次挂牌的主体资格

调查事项	本次挂牌的主体资格	调查人员	
调查方法	1.书面审查; 2.实地调查与见证	调查日期	
		调查地点	

调查目的	公司挂牌的主体资格是否适格
调查内容	1.公司是否具有挂牌的主体资格; 2.公司是否依法有效存续,即根据法律、法规、规范性文件及公司章程,公司是否有终止的情形出现。
调查程序	核查下列文件的原件并取得复印件: 1.股份公司设立时的政府批准文件(如有); 2.营业执照(历次); 3.公司章程(历次); 4.发起人协议; 5.创立大会文件; 6.验资报告(历次); 7.评估报告(历次); 8.工商登记资料(去工商局复印整套资料)。
调查文件	B-1股份公司设立时的政府批准文件(如有): B-2-1公司的营业执照; B-2-2公司的主营业务说明; B-3公司的章程及其修正案; B-4发起人协议书; B-5 公司创立大会文件; B-6公司成立时的验资报告; B-7公司成立时的评估报告; B-8公司历年的工商年检资料; B-9 组织机构代码证; B-10 税务登记证。 以上材料需公司加盖公章(骑缝章)。
调查结果	

C.本次挂牌的实质条件

调查事项	本次挂牌的实质条件	调查人员	
调查方法	1.书面审查; 2.实地调查和见证	调查日期	
		调查地点	

调查目的	是否符合申请挂牌的实质条件
调查内容	分别就不同类别或特征的公司,对照《证券法》《公司法》《全国中小企业股份转让系统股票挂牌条件适用基本标准指引(试行)》等法律、法规和规范性文件的规定,逐条核查公司是否符合挂牌的条件。
调查程序	1.核查证明公司依法设立且存续满两年的相关文件并取得复印件; 2.核查证明公司业务明确、具有持续经营能力的文件并取得复印件; 3.核查是否公司治理机制健全,合法规范经营; 4.核查公司是否股权明晰,股票发行和转让行为合法合规; 5.核查公司是否有主办券商推荐并持续督导。
调查文件	C-1 公司营业执照; C-2-1 同意有限责任公司改制为股份有限公司的股东会决议; C-2-2 上述股东会会议记录; C-2-3 上述会议投票数记录; C-2-4 上述会议出席人员名单; C-2-5 上述会议通知单; C-3-1 主营业务说明; C-3-2 会计师事务所出具的《审计报告》; C-4-1《公司章程》; C-4-2《股东大会议事规则》; C-4-3《董事会议事规则》; C-4-4《监事会议事规则》; C-4-5《总经理工作细则》; C-4-6《重大投资决策管理办法》; C-4-7《关联交易管理办法》; C-5 全套工商登记资料; C-6 与主办券商签订《推荐挂牌并持续督导协议书》。 以上材料需公司加盖公章(骑缝章)。
调查结果	

D.公司的设立

调查事项	公司的设立	调查人员	
调查方法	1.书面审查； 2.实地调查和见证	调查日期	
		调查地点	

调查目的	公司的设立程序、发起人资格是否合法合规
调查内容	1.公司设立的程序、资格、条件、方式等是否符合当时法律、法规和规范性文件的规定，并得到有权部门的批准； 2.公司设立过程中所签订的改制重组合同是否符合有关法律、法规和规范性文件的规定，是否因此引致公司设立行为存在潜在纠纷； 3.公司设立过程中有关资产评估、验资等是否履行了必要程序，是否符合当时法律、法规和规范性文件的规定； 4.公司创立大会的程序及所议事项是否符合法律、法规和规范性文件的规定。
调查程序	1.核查发起人协议书、审计报告、评估报告、创立大会文件（通知、决议、会议记录）、第一届一次董事会文件、验资报告。若公司是由原外商投资企业改组为股份有限公司的，应取得相关审批部门的批准文件； 2.检查公司是否发行过内部职工股，是否存在或变相存在职工持股会或工会持股的情形；检查是否存在自然人持股，若有，是否符合中国证监会的规定（如自然人股东人数的限制）； 3.取得发起人或股东的营业执照、年检记录，检查其是否依法存续； 4.取得公司设立时的验资日（评估日）资产负债表和注册登记日（建账日）资产负债表，检查公司在设立过程中，从验资日至注册登记日期间是否发生有关资产、负债、损益的变化； 5.如果公司设立时涉及对原企业债务的处理，检查是否已取得所有大额债权人的同意，是否存在任何争议和金额较大的潜在债务纠纷； 6.若发起人以实物资产出资的，应取得投入的实物资产的明细表，权属证明和资产交接单，检查上述权属证明是否已变更在公司名下，是否存在障碍，上述资产是否不存在基于第三者的抵押、质押、出租等情形； 7.若发起人以股权作为出资的，取得该公司的公司章程、该公司（有限责任公司）其他股东同意该股权出资的承诺函、该公司营业执照、该公司股权变更工商登记表等文件，检查其程序是否合法，是否存在纠纷及风险，若该等股权为中外合资公司中的中方股权，尚需取得原审批部门的批准； 8.若发起人以现金出资的，取得该资金的银行进账单；以债权出资的，取得债权确认证明和债权合同，检查出资是否真实； 9.若发起人以无形资产出资的，取得无形资产的评估报告，并核实交付及权属转移情况； 10.检查发起人协议，以确定无形资产的内容、出资或折股的方式和比例、评估的具体情况等。

续表

调查文件	D-1-1 股份公司发起人协议书； D-1-2 会计师事务所出具的审计报告； D-1-3 公司的资产评估报告； D-1-4 创立大会相关文件(通知、决议、会议记录)； D-1-5 公司的第一届一次董事会会议文件(通知、决议、会议记录)； D-1-6 公司的验资报告； D-1-7 审批部门的批准文件(若由外商投资有限公司改组为股份有限公司)； D-2 公司股东名册； D-3-1 公司发起人或股东的营业执照； D-3-2 公司的工商年检资料； D-4-1 公司验资日(评估日)的资产负债表； D-4-2 公司注册登记日(建账日)的资产负债表； D-5-1 实物出资的明细表； D-5-2 实物出资的权属证明； D-5-3 实物出资的资产交接单； D-6-1 若股权出资，该股权所属公司的公司章程； D-6-2 上述公司的其他股东同意该股权出资的承诺函； D-6-3 上述公司的营业执照； D-6-4 该公司股权变更工商登记表； D-6-5(若该股权为中外合资公司的中方股权)审批部门的批准文件； D-7-1 现金出资的，银行进账单； D-7-2 债权出资的，债权确认证明与债权合同； D-8 无形资产出资的，无形资产评估报告； D-9 发起人协议。
调查结果	

E.公司的独立性

调查事项	公司的独立性	调查人员	
调查方法	1.书面审查； 2.实地调查和见证	调查日期	
		调查地点	

调查目的	公司的业务、资产、人员、机构、财务是否独立于其控股股东及其关联方，具有独立完整的产、供、销系统和面向市场独立自主经营的能力。
调查内容	1.公司业务是否独立于股东单位及其他关联方； 2.公司的资产是否独立完整； 3.如公司属于生产经营企业，是否具有独立完整的供应、生产、销售系统； 4.公司的人员是否独立； 5.公司的机构是否独立； 6.公司的财务是否独立； 7.概括说明公司是否具有面向市场自主经营的能力。
调查程序	人员独立： 1.检查公司董事长是否由控股股东及其控股单位的法定代表人、有实质控制权单位的法定代表人、持股5%以上股东的法定代表人兼任； 2.取得公司总经理、副总经理、财务负责人、营销负责人、董事会秘书、技术负责人等高级管理人员的工资发放表，确认其在公司处领取薪酬；根据董监事高管人员调查表，确认其不在公司与股东单位中双重任职，并且不在与其所任职公司经营范围相同的企业或股东下属单位担任执行职务； 3.取得各股东推荐董事候选人文件、董事会推举高级管理人员的文件或会议记录、股东大会关于董事监事选举的决议和记录、董事会关于高级管理人员任免的决议和记录，检查其程序是否合法合规，以确认控股股东和政府部门不存在干预公司董事会、股东大会作出人事任免决定； 4.取得公司采购、销售、财务部门人员名单及工资发放表，确认其不存在兼职情况。 机构独立： 1.确认公司的机构设置是否独立完整； 2.取得公司生产经营场所和办公场所位置布局图，并实地观察生产和办公场所，确认与股东单位不存在混合经营、合署办公的情形。 业务独立： 1.检查公司采购、销售明细账，确认与关联方账务分离； 2.检查公司与关联方是否存在供应、生产、销售方面的关联交易；若有，是否影响其业务独立性。

续表

调查程序	财务独立： 1.取得公司财务会计人员安排和定岗定职文件，以确定公司财务人员的独立性； 2.取得公司各项财务管理制度（包括对子公司、分公司的财务管理制度）和会计核算流程，确定其独立完整性； 3.分别取得公司与控股股东的银行开户证明，以及上述账户的银行对账单，确认公司不存在与控股股东共用银行账户的情况； 4.检查控股股东的财务公司或结算中心账户，检查公司与控股股东的往来账项，确认公司是否将资金存入上述账户； 5.取得公司国税和地税的税务登记证明、纳税登记表及税收转账专用完税证或税收缴款书，并确认其是否独立纳税； 6.检查公司财务决策程序，并与公司财务人员和审计师沟通（口头交流），调查是否存在控股股东干预公司资金使用情况。 资产完整： 1.检查公司的资产权属明确，独立于控股股东及其关联方，改制过程中无形资产、固定资产的处置独立完整； 2.要求公司填报关联方占用资金、资产及其他资源调查表，并提供相关证明文件； 3.取得公司开户银行资金往来明细账，关注大额资金去向，是否存在与控股股东及其关联方的往来，其资金往来性质如何，确认是否存在控股股东占用公司资金情况； 4.向公司审计师，会计师了解所掌握的公司审计期间所发生的关联方占用公司资金、资产及其他资源的情况；必要时可根据情况要求会计师出具专项说明。人员主要看高管人员及采购、销售、财务部门人员。
调查文件	人员独立： E-1-1 股东单位员工名册； E-2-1 公司总经理、副总经理、财务负责人、营销负责人、董事会秘书、技术负责人等高级管理人员的工资发放表； E-2-2 董事、监事、高级管理人员调查表； E-3-1 各股东推选董事候选人的文件； E-3-2 董事会推举高级管理人员的文件或会议记录； E-3-3 股东大会关于董事监事选举的决议和记录； E-3-4 董事会关于高级管理人员任免的决议和记录； E-4-1 公司采购、销售、财务部门人员名单； E-4-2 公司采购、销售、财务部门人员的工资发放表。 机构独立： E-5-1 公司生产经营场所和办公场所位置布局图； E-5-2 向高管人员与员工的调查笔录； 业务独立： E-6 公司的采购、销售明细账；

续表

调查文件	财务独立： E-7-1 公司的财务会计人员安排与定岗定职文件； E-7-2 公司财务会计制度与会计核算流程的说明； E-7-3 董事会通过的《关于制定公司财务管理制度等有关内部控制制度的议案》； E-7-4 公司与控股股东的银行开户证明； E-7-5 上述账户的银行对账单； E-7-6 公司与控股股东的往来账项； E-7-7 公司的基本存款账户； E-7-8 国税的《税务登记证明》； E-7-9 地税的《税务登记证明》； E-7-10 纳税凭证； E-7-11 原始财务报表； E-7-12 向公司财务人员、审计师的调查笔录； E-8 关联方占用资金、资产及其他资源调查表。
调查结果	

F.公司的发起人与股东

调查事项	公司的发起人与股东	调查人员	
调查方法	1.书面审查； 2.实地调查和见证	调查日期	
		调查地点	

调查目的	发起人和股东的合规性
调查内容	1.发起人或股东是否依法存续，是否具有法律、法规和规范性文件规定担任发起人或进行出资的资格。 2.公司的发起人或股东人数、住所、出资比例是否符合有关法律、法规和规范性文件的规定。 3.发起人已投入公司的资产的产权关系是否清晰，将上述资产投入公司是否存在法律障碍。 4.若发起人将其全资附属企业或其他企业先注销再以其资产折价入股，应说明发起人是否已通过履行必要的法律程序取得了上述资产的所有权，是否已征得相关债权人同意，对其原有债务的处置是否合法、合规、真实、有效。 5.若发起人以在其他企业中的权益折价入股，是否已征得该企业其他出资人的同意，并已履行了相应的法律程序。 6.发起人投入公司的资产或权利的权属证书是否已由发起人转移给公司，是否存在法律障碍或风险。
调查程序	1.检查发起人的主体资格与出资情况； 2.检查公司现有股东的持股数量与出资比例； 3.核查公司的控股股东与实际控制人的情况。
调查文件	F-1-1 自然人发起人的简历（包括出生年月、性别、民族、国籍、身份证号、持有的公司股份数量）； F-1-2 法人发起人的简介（包括注册号、住所、法定代表、注册资本、实收资本、经营范围）； F-2-1 股东持股数量与比例情况表； F-2-2 股东身份证或营业执照； F-3 公司控股股东与实际控制人的情况说明。
调查结果	

G.公司的股本及其演变

调查事项	公司的股本及其演变	调查人员	
调查方法	1.书面审查； 2.实地调查和见证	调查日期	
		调查地点	

调查目的	股本及股份(股权)变更是否合法合规
调查内容	1.公司设立时的股权设置、股本结构是否合法有效，产权界定和确认是否存在纠纷及风险； 2.公司历次股权变动是否合法、合规、真实、有效； 3.发起人所持股份是否存在质押，如存在，说明质押的合法性及可能引致的风险。
调查程序	1.若公司发生过合并、分立、增资或减资而引起的股本变动，取得股东大会决议、政府有权部门批准文件、验资报告、工商变更登记表、营业执照、公司章程等，检查其股本变动是否经过公司股东大会特别决议通过，是否经政府主管部门批准，相应的法定程序是否得到履行； 2.若公司的股权发生过转让，取得股权转让协议、政府主管部门批准国有股权转让的文件、股权转让资金进账单、股权变动工商登记表、股权评估报告或审计报告等，检查股权转让行为是否合法(如发起人股一年内不得转让)，股权转让的计价依据是什么，是否合理公允，股权转让行为是否履行法定程序，若涉及国有股权转让的，是否得到政府有权部门的批准等； 3.若股权转让中涉及内部职工股、工会或职工持股会持股的转让，应取得股权转让协议、划款证明、内部职工及持股会会员清退公告和清退名册，检查清退价格的确定依据及其清退情况，确认是否已履行完有关法定程序，是否不存在纠纷或潜在纠纷。若没有完全清退，应取得公司或政府主管部门关于清退的有关说明，说明未完全清退的原因，并对拟采取的措施和相关责任进行承诺； 4.取得各股东的公司股权登记文件，以及各股东关于该股权是否涉及质押或冻结等情况的书面说明或承诺，若涉及股权质押或冻结等情形的，取得股权质押协议或法院通知书等法律文件，并调查公司的股权是否存在任何因被质押、诉讼等引致的纠纷或潜在纠纷； 5.查阅公司工商登记表，检查公司自设立以来是否发生过公司名称、法定代表人、注册地址、业务范围等方面的变化； 6.取得公司股权变化前后的股东大会决议和记录、董事会决议和记录以及公司章程等，查看因股权结构的变化对公司管理层、业务等各方面的影响；重点是股权转让。

续表

调查文件	若公司发生过合并、分立、增资或减资而引起的股本变动： G-1-1 股东大会决议、会议记录、会议通知、投票记录； G-1-2 政府有权部门批准文件； G-1-3 验资报告； G-1-4 工商变更登记表； G-1-5 公司营业执照； G-1-6 公司章程； 若公司的股权发生过转让： G-2-1 股权转让协议； G-2-2 政府主管部门批准国有股权转让的文件； G-2-3 股权转让资金进账单； G-2-4 股权变动工商登记表； G-2-5 股权评估报告或审计报告； 若股权转让中涉及内部职工股、工会或职工持股会持股的转让： G-3-1 股权转让协议； G-3-2 划款证明； G-3-3 内部职工及持股会会员清退公告和清退名册； G-3-4 公司或政府主管部门关于清退的有关说明（若未清退）； G-4-1 各股东的公司股权登记文件； G-4-2 各股东关于该股权是否涉及质押或冻结等情况的书面说明或承诺函； G-4-3 股权质押协议或法院通知书（若涉及股权质押或冻结等情形）； G-5 公司的工商登记表； G-6-1 公司股权变化前后的股东大会决议和记录； G-6-2 公司股权变化前后的董事会决议和记录； G-6-3 公司股权变化前后的公司章程。
调查结果	

H.公司的业务

调查事项	公司的业务	调查人员	
调查方法	1.书面审查； 2.实地调查和见证	调查日期	
		调查地点	

调查目的	公司是否存在持续经营的法律障碍；公司的经营是否合法、有效；公司的主营业务及变化情况。
调查内容	1.公司的经营范围和经营方式是否符合有关法律、法规和规范性文件的规定； 2.公司是否在中国大陆以外经营，如存在，应说明其经营的合法、合规、真实、有效； 3.公司的业务是否变更过，如变更过，应说明具体情况及其可能存在的法律问题； 4.公司主营业务是否突出； 5.公司是否存在持续经营的法律障碍。
调查程序	1.查阅公司营业执照和年检记录，调查其经营范围和经营方式是否符合法律、法规的有关规定；若涉及特许经营的，取得特许经营证书、批文等，检查是否齐备、有效； 2.要求公司填报境外经营情况调查表（见附表H-1），并提供所有境外经营所需文件、资料，以确定其是否合法、合规、真实、有效； 3.要求公司填报主营业务情况调查表（见附表H-2），取得公司业务收入（分类）的有关数据，分析近三年主营业务的构成及其变化情况，判断公司主营业务是否突出，近三年主营业务是否发生过变化；若有，要求公司说明其发生变化的原因，及发生变化的具体情况，并提供相关文件和资料，检查该变化的合法、合规性； 若公司最近一年一期非经常性损益占利润总额的比重超过20%的，取得独立董事对公司获取经常性收益的能力以及是否具备持续经营能力的书面意见，并检查其依据； 4.取得公司的书面说明，调查公司发行前是否进行过重大资产和业务重组，以及收购兼并，若有，要求公司出具关于重组、购并经过和内容的说明，并提供批准文件、协议、评估报告和审计报告、产权权属证明等所有相关文件，分析重组对公司业务连续性、管理层稳定、财务状况和经营成果的影响； 5.若公司拥有特许经营权，取得特许经营权的批准文件或相关协议，确定特许经营权的期限、费用标准及其确定依据；取得特许经营权申请、批准的有关规定，分析判断其对公司持续生产经营的影响； 6.根据上述调查结果，对公司经营方式、主营业务变更、境外经营和特许经营的风险进行分析，分析公司持续经营是否存在法律、技术、市场等风险和障碍； 注：主营业务突出的标准为公司主营业务收入占总收入的比例不低于70%，主营业务利润占利润总额的比例不低于70%； 7.要求公司填报主要产品（或服务）情况调查表； 7.1公司提供主要产品说明； 7.2现场考察公司主要原材料和能源情况； 7.3抽查公司某个月内的主要产品销售合同、发票、出库单等，了解产品销售数量、价格，以匡算产品销售额；与销售负责人会谈（会谈记录），查阅公司内部文件或会议记录，调查其定价机制和定价策略； 7.4若公司生产存在高危险、重污染情况的，要求公司说明对人身、财产、环境所采取的安全措施，并现场考察其设施，了解使用情况和效果；

续表

调查程序	8.要求公司填报主要客户和供应商明细表（见附表H-3），抽查其中一个供应商和客户的采购（销售）合同、发票，检查其真实性；要求公司出具书面文件，说明其董事、监事、高级管理人员和核心技术人员、主要关联方或持有公司5%以上股份的股东在上述供应商或客户中是否占有权益，若有提供相关证明文件和资料； 9.调查公司近三年是否有因违反有关产品质量和技术监督方面的法律法规而被处罚的情况； 10.与公司质量管理部门会谈（会谈记录），了解公司产品执行的质量技术标准、公司通过的品质认证和安全认证等；取得有关质量合格（或免检）证书、药业企业的GMP认证证书等，确认公司生产经营符合相关的产品质量标准和技术监督标准； 11.与公司质量管理部门会谈（会谈记录）、现场实地考察、查阅公司内部生产管理规定，调查公司主要产品和服务的质量控制情况，主要包括质量控制标准、质量控制措施、产品质量纠纷、质量控制政策、质量管理的组织设置及实施情况； 12.要求公司提供书面说明，说明其生产的核心技术的来源和方式，是否拥有核心技术的所有权，所拥有的核心技术在国内外同行业的先进性；若核心技术为国外（或国内）引进，取得相关合同、协议，检查其真实性、合法性；若核心技术为自己研制开发，取得相关专利证书等； 13.通过与公司生产技术部门人员会谈（会谈记录）和实地考察，了解公司产品生产技术所处的阶段，即处于基础研究、中试、小批量生产或大批量生产的具体阶段； 14.要求公司填报知识产权、非专利技术调查表（见附表H-4），提供专利证书和知识产权权属证明，检查知识产权的真实性、合法性；若有知识产权、非专利技术许可使用情况，取得许可协议；对于合作开发、共同拥有的专利、非专利技术，取得相应的协议、合同； 15.取得公司书面说明，说明其所有或使用的知识产权、非专利技术是否存在纠纷或潜在纠纷，若有，提供相关文件和资料； 16.若公司与其他单位共同进行研究开发，取得相关协议、合同，了解合作协议的主要内容、研究成果的分配方案及采取的保密措施等。
调查文件	H-1 附表H-1：境外企业基本情况与经营活动情况表； H-2 附表H-2：主营业务情况调查表； H-3 附表H-3：主要供应商和客户情况表； H-4 附表H-4：知识产权基本情况统计调查表； H-5 专利证书（包括专利权证书、专利申请受理通知书等）； H-6 技术协议（包括技术许可协议、技术合作协议、技术转让协议等）； H-7 商标证书（包括商标申请受理通知书等）； H-8（访谈笔录）非专利技术（含核心技术）的取得方式及使用情况； H-9（访谈笔录）专利或非专利技术侵权情况及公司具体的保护措施与效果； H-10 公司相关保密制度； H-11 核心技术人员签订的保密协议； H-12 公司历次经营情况的变动情况及相应的决策程序及相应工商资料。 以上材料需公司加盖公章（骑缝章）。
调查结果	

I.关联交易与同业竞争

调查事项	关联交易与同业竞争	调查人员	
调查方法	1.书面审查； 2.实地调查和见证	调查日期	
		调查地点	

调查目的	是否影响公司的独立性及持续经营能力；是否存在同业竞争及其解决方法关联交易及其决策程序。
调查内容	1.公司是否存在持有公司股份5%以上的关联方，如存在，说明公司与关联方之间存在何种关联关系； 2.公司与关联方之间是否存在重大关联交易，如存在，应说明关联交易的内容、数量、金额，以及关联交易的相对比重； 3.上述关联交易是否公允，是否存在损害公司及其他股东利益的情况； 4.若上述关联交易的一方是公司股东，还需说明是否已采取必要措施对其他股东的利益进行保护； 5.公司是否在章程及其他内部规定中明确了关联交易公允决策的程序； 6.公司与关联方之间是否存在同业竞争。如存在，说明同业竞争的性质； 7.有关方面是否已采取有效措施或承诺采取有效措施避免同业竞争； 8.公司是否对有关关联交易和解决同业竞争的承诺或措施进行了充分披露，以及有无重大遗漏或重大隐瞒，如存在，说明对本次挂牌的影响。
调查程序	1.（法人）控股股东（或主要股东）情况调查。 1.1要求控股股东填报控股股东基本情况调查表（见附表I-1），取得控股股东的营业执照、工商登记表及其他相关文件，取得经当地税务部门和财务部门书面确认为上报的其三年一期的财务报告（或审计报告），对调查表内容进行核实验证； 1.2与控股股东的管理层进行会谈（会谈记录），重点关注控股股东是否存在人员、历史包袱过重、财务状况不良、盈利能力不足及发展前景暗淡等问题，取得控股股东拟采取措施和发展规划的说明，确认其独立生存能力； 1.3调查控股股东组织机构设置及对外投资情况，了解其控股子公司和参股公司（公司除外），以及通过托管、输出管理、意向收购或投资的企业的基本情况。 2.若控股股东存在实际控制人（政府除外），调查其基本情况。 3.调查其他股东的基本情况。 4.了解公司的合营企业、联营企业情况。 5.关联个人情况： 5.1要求控股股东的法定代表人及其实际控制人（或法定代表人）、主要投资者个人（持股比例5%以上）、公司的高级管理人员、核心技术人员、核心技术提供者填写关联人关系调查表（见附表I-2），取得其控制企业的营业执照、工商登记表、财务报告（一年一期）及关于其业务和产品的书面说明； 5.2确定公司的董事、监事、其他高级管理人员及核心技术人员是否在关联方单位任职，或上述人士是否由关联方单位直接或间接委派。

续表

调查程序	6.关联关系： 6.1根据以上调查情况，并取得公司董事会关于关联方关系的书面说明，明确各关联方与公司的实质关联关系，包括但不限于与关联方存在的股权关系、人事关系、管理关系及商业利益关系； 6.2通过上述调查，并与公司管理人员会谈（会谈记录），共同确认上述关联方对公司进行控制或重大影响的方式、途径及程度； 6.3根据以上调查情况，分别编制关联交易关联方及关联关系表和同业竞争关联方及关联关系表。 7.是否存在同业竞争： 根据上述调查内容，检查、判断公司与关联方在经营范围、经营业务、产品（或服务）方面是否相同或相近。 8.若公司与竞争方存在相同、相似的业务，应请公司做出解释，并提供充分依据，确认公司与竞争方从事的业务有不同的客户对象、或不同的市场区域、或产品的不可替代性等；如果存在明显细分市场差别，而且该市场细分是客观的、切实可行的，不会产生实质性同业竞争的，则请公司说明并提供相关依据，并对公司与竞争方在产品（服务）的类型、市场定位、销售渠道等方面的市场差别的各项依据进行核查。 9.如存在或可能存在同业竞争，公司与竞争方是否采取了有效措施避免同业竞争： 9.1若公司与关联方客观存在同业竞争，并且公司或关联方采取了或承诺采取相应的措施，应对已采取或承诺采取措施的方式、方法、措施实施的过程和结果，及承诺采取措施的可行性等进行调查；收集相关文件和资料，并填写消除同业竞争措施实施情况表； 9.2请公司说明有无其他有效避免同业竞争的措施和安排，并调查其可行性；取得公司书面承诺，确认公司对解决同业竞争的承诺或措施进行了充分的披露，不存在重大的遗漏或重大隐瞒； 9.3查阅有关避免同业竞争的协议、书面承诺及有关决议和公司章程等，审查其中是否存在损害公司利益的条款。 10.对不存在同业竞争的，取得各主要关联方（主要为控股股东及其实际控制人）避免潜在同业竞争的书面承诺。 11.根据上述调查结果，对公司与关联方之间可能产生同业竞争的风险因素进行分析、判断，对解决同业竞争措施不力的风险因素进行分析、判断，并作为特别风险列示。 12.关联交易决策程序：查阅公司章程、股东会、董事会议事规则，检查公司章程中有关关联交易决策的权力与程序的规定，是否规定关联股东或利益冲突的董事在关联交易表决中的回避制度或做必要的公允声明。获取有关关联交易执行程序、批准程序的规章制度，并检查其内容是否与法律、法规、公司章程及中国证监会有关规定相冲突；确认公司关联交易的决策程序全面、合理，符合国家法律、法规有关规定。 13.关联交易调查。 13.1要求公司填报关联交易调查表，并取得关联交易协议、定价依据、决议等相关文件和资料；

续表

调查程序	13.2抽查公司各类合同，并与审计师沟通（口头交流，笔记），检查是否存在未报或遗漏的关联交易； 13.3审查关联交易的必要性：获取上述关联交易发生的背景资料（包括可行性研究报告、独立财务报告等），了解协议执行情况，判断该等关联交易的合理性、必要性； 13.4审查关联交易的公允性：检查关联交易协议的条款，审查其内容是否公允合理，有无侵害公司利益的条款； 13.5检查关联交易是否履行了法定批准程序：检查上述关联交易是否按上述规章制度履行相应规定程序，重点关注需股东大会批准的关联交易，及向关联方累计年度购买量占其同类业务采购量5%以上或对关联方年度销售收入占其同类业务销售收入5%以上的关联交易，是否存在董事会或管理层越权现象，关联股东是否在作出股东大会决议时回避； 13.6对发生的重大关联交易（指公司与其关联方达成的关联交易总额高于20万元人民币或高于最近经审计净资产值的5%的关联交易）。 14.调查公司为控股股东及其他关联股东提供担保的情况：获取所有担保合同，检查为控股股东及其他关联股东提供担保的有关协议，审查其是否存在不合理、不合规的条款，并关注该等协议是否履行了法定的批准程序。 15. 获取公司与关联方为避免或减少关联交易所签订的协议、承诺和采取措施的说明，检查该等协议、承诺和措施的可行性和实际执行情况。 16.查阅公司就与各关联方签订的且仍然有效的重大协议或合同期满后的处理方式所作出的说明，与公司负责人会谈（会谈记录），讨论其可行性及可能给公司造成的影响。 17.取得公司书面承诺（全体董事签字），确认公司对关联交易进行了充分的披露，不存在重大的遗漏或重大隐瞒。
调查文件	I−1 附表I−1：法人控股股东基本情况调查表； I−2 附表I−2：关联人关系调查表； I−3（调查笔录）公司与其控股股东或实际控制人及其控制的企业有无同业竞争； I−4 避免同业竞争承诺函（公司控股股东或实际控制人和重大关联方）； I−5 关联交易与同业竞争管理办法； I−6 关联交易协议； I−7 关联交易决策程序（董事会、股东会会议资料）； I−8 定价依据； I−9 关联方的相关资料（自然人身份证复印件；法人营业执照、章程及股权结构）。 以上材料需公司加盖公章（骑缝章）。
调查结果	

J.公司的主要财产

调查事项	公司的主要财产	调查人员	
调查方法	1.书面审查； 2.实地调查和见证	调查日期	
		调查地点	

调查目的	主要财产的产权状况（真实性）；主要财产权的取得方式（合法性）； 主要财产所有权或使用权的受限制情况。
调查内容	1.公司拥有房产的情况； 2.公司拥有土地使用权、商标、专利、特许经营权等无形资产的情况； 3.公司拥有主要生产经营设备的情况； 4.上述财产是否存在产权纠纷或潜在纠纷，如有，应说明对本次挂牌的影响； 5.公司以何种方式取得上述财产的所有权或使用权，是否已取得完备的权属证书，若未取得，还需说明取得这些权属证书是否存在法律障碍； 6.公司对其主要财产的所有权或使用权的行使有无限制，是否存在担保或其他权利受到限制的情况； 7.公司有无租赁房屋、土地使用权等情况，如有，应说明租赁是否合法有效。
调查程序	（一）现金与银行存款调查 （二）应收款项、其他应收款、预付账款及坏账准备调查 1.取得应收账款余额和坏账准备明细表； 2.核查是否存在关联公司欠款，是否已单独列示持5%以上股份的股东欠款。对于关联公司欠款，取得相关交易合同，核查交易的合理性及合同的批准情况； 3.取得其他应收款和坏账准备明细表了解往来发生的原因、债务人与本企业的关系； 4.取得并核实其他应收款账龄分析表，核查金额较大的其他应收款的性质和内容； 5.核查是否存在关联公司欠款，是否存在数额较大的公司高管人员欠款。核查是否已单独列示持5%以上股份的股东欠款，是否存在控股股东无偿或有偿占用公司资金的情况； 6.取得预付账款余额明细表； 7.核对是否已单独列示预付持5%以上股份的股东款项； 8.对大额预付账款，核查有关合同及收款单位的资信情况。 （三）短期投资调查 1.取得短期投资明细表。核查公司是否存在违规的短期投资行为。 2.存在委托贷款的，取得委托贷款明细表及委托贷款合同，核查是否按协议规定利率计提利息。若委托贷款金额较大，核查借款方经营状况、信用情况，判断其安全性，并特别关注逾期或延期贷款。 3.若存在委托理财，取得委托理财明细表及委托理财协议，重点核查合法性，包括受托方资格、是否履行恰当的批准程序以及协议内容的合法性等，并根据市场状况、受托方财务及资信情况判断投资风险。

续表

调查程序	（四）存货调查 1.取得存货盘点分类汇总表，了解审计师对存货审计的方法与过程、审计师对存货审计的意见及发现的问题。 2.了解公司是否存在存货抵押贷款、担保或其他对所有权或使用权可能产生限制的情况，如有，核查借款合同、担保合同的条款及还款情况，判断预期债务是否会对公司的正常生产运营构成影响。 （五）长期投资调查 1.取得长期股权投资、长期债权投资明细表； 2.取得对外投资管理制度和有关投资决策的文件、决议、投资合同等； 3.核查长期股权投资和长期债权投资的投资决策程序的合法性； 4.核查累计对外投资是否超过公司净资产的50%（以审计的合并报表为准）； 5.核查被投资单位与公司业务的关联度，关联度低，需要合理解释投资该公司的理由；关联度高，则需要了解关联交易规模及其合理性，是否已充分披露； 6.核查是否存在投资变现及投资收益汇回的重大限制。 （六）固定资产及在建工程调查 1.取得固定资产及累计折旧分类汇总表、关键设备基本情况表； 2.核查房屋产权证、车辆运营或行驶证、船舶船籍证明等所有权证明文件，确定固定资产是否归公司所有；核查是否存在产权纠纷或其他潜在纠纷； 3.了解公司是否存在固定资产抵押贷款、担保、被关联方占用或其他对所有权或使用权可能产生限制的情况，如有，核查借款合同、担保合同的条款及还款情况，判断预期债务是否会对公司的生产保障构成影响； 4.核查是否存在经营性租赁或融资租赁或托管经营固定资产的情况，取得租赁协议或托管协议并核查相关条款； 5.取得在建工程和减值准备明细表。对于重大建设项目，取得建设批准文件、所征用土地的红线图及建设规划许可、现场监理施工进度报告（若有）、建设资金来源等业务资料； 6.实地考察工程现场，核查工程项目的实际完工程度，核查是否存在实际已使用，但未办理竣工结算手续、未进行会计处理的项目；核查是否存在非正常原因导致的停工，是否存在将已停工在建工程建设贷款利息继续资本化的情况； 7.核查新增在建工程是否已履行必要的审批手续并取得相关的批准文件、可行性研究报告等文件资料； 8.核查公司设立之后是否有重大购买、出售、置换资产等行为，取得与上述重大资产变化有关的文件资料，包括协议、方案、审计报告和评估报告、法律意见书、股东大会及董事会决议等； 9.核查购买、出售、置换资产的状况，包括其账面价值、评估价值、该资产的过往运营及盈利情况。核查交易具体实施情况，包括款项支付、资产过户、资产相关的债权债务处理或过户情况、其他安排（如人员安置、土地租赁、收购资产的资金来源等）的执行情况等，核查交易的实施是否存在法律障碍； 10.核查重大资产变化后公司是否具有完善的法人治理结构；核查重大资产变化后当年及次年的利润实现情况、对公司主营业务的影响； 11.分析是否存在下列风险（包括而不限于）及对公司的影响： 11.1重大固定资产或在建工程将停工或报废的风险； 11.2固定资产或在建工程发生重大损失或减值的风险； 11.3因抵押担保而遭受追索查封影响生产经营的风险。

续表

调查程序	(七)无形资产调查 1.取得无形资产,取得有关文件资料以核查无形资产的来源、构成内容和计价依据; 2.核查主要产品或经营业务使用的商标权、其他工业产权、非专利技术等是否已进入公司,对于上述无形资产的处置的相关手续是否已办理完毕,取得权属证明; 3.核查以接受投资或购入方式取得的无形资产的价值是否与验资报告、审计报告、资产评估结果确认书或合同协议等文件相一致,核查其法律手续是否完备; 4.对于单项价值在50万元以上的无形资产,若以评估值作为入账依据的,核查评估机构及评估方法的合理性; 5.核查公司无形资产是否存在权属争议。核查公司的无形资产是否存在许可他人使用、被他人侵占、非法使用的情况以及公司采取的相应措施。
调查文件	J-1土地使用权证书、土地出让合同及土地租赁合同; J-2 房产证、房屋买卖合同及房屋租赁合同; J-3 立项批文、建设用地规划许可证、建设用地施工许可证等; J-4 无形资产(包括专利清单、商标权证书、软件著作权证书、非专利技术、特许经营权等); J-5 固定资产(含设备清单、车、船等); J-6 与取得上述资产相关的合同、凭证等; J-7(调查笔录)走访土地管理部门、房屋管理部门、知识产权管理部门,调查相关凭证是否真实、合法及是否公司实际占有; J-8 上述资产权利是否受到限制,包括是否抵押、为他人提供担保、被法院查封等情形,取得抵押、担保协议及查明被法院查封的详细情况; J-9(调查笔录)金额较大、期限较长的其他应收款、其他应付款、预收及预付账款产生的原因,并取得相关证明材料; J-10(调查笔录)公司是否存在资产被控股股东或实际控制人及其关联方控制和占用的情形; J-11 上述财产的取得、处置等是否需经决策程序(需经决策程序的取得相关会议资料)。 以上资料需公司盖章。
调查结果	

K.公司的重大债权债务

调查事项	本次股票公开转让的实质条件	调查人员	
调查方法	1.书面审查； 2.实地调查和见证	调查日期	
		调查地点	

调查目的	负债的真实性、合法性和有效性；其他应收、应付款是否因正常的生产经营活动发生，是否合法有效；分析负债对公司的影响。
调查内容	1.公司将要履行、正在履行以及虽已履行完毕但可能存在潜在纠纷的重大合同的合法性、有效性，是否存在潜在风险，如有风险和纠纷，应说明对本次发行上市的影响； 2.上述合同的主体是否变更为公司，合同履行是否存在法律障碍； 3.公司是否有因环境保护、知识产权、产品质量、劳动安全、人身权等原因产生的侵权之债，如有，应说明对本次挂牌的影响； 4.公司与关联方之间是否存在重大债权债务关系及相互提供担保的情况； 5.公司金额较大的其他应收、应付款是否因正常的生产经营活动发生，是否合法有效。
调查程序	（一）短期借款与长期借款 1.取得短期借款明细表和长期借款明细表，核查是否已按贷款单位、币种、贷款金额、贷款条件和利率、贷款期限、贷款资金用途等进行列示； 2.对于逾期借款，核查未按期偿还的原因、预计还款期限及是否已办理了延期手续； 3.取得短期借款和长期借款合同，了解大额借款的批准程序，核查借款是否已经授权批准； 4.对于设置了抵押、质押或担保的借款合同，取得相应的抵押、质押和担保协议。 （二）应付款项（应付账款、应付票据、应付工资、应付福利费、预收账款、应付股利、预提费用、其他应付款、应付债券、长期应付款） 1.了解大额应付账款的内容； 2.对公司重大合同的标准、调查的范围和方法进行协调，并共同进行调查； 3.要求公司填报重大合同情况调查表，并取得公司所有正在履行或已经签订尚未履行的重大合同； 4.获得公司全体董事的书面承诺，确认有关公司重大合同的信息均已披露，材料均已提供。 （三）资产抵押、质押和担保情况 1.要求公司填报抵押、质押情况调查表，查阅公司正在履行的所有贷款合同，检查是否存在以公司资产进行抵押、质押贷款的情况，并取得相关文件和资料； 2.要求公司填报对外提供担保情况调查表，并提供担保合同、董事会或股东会决议等相关文件和资料，检查文件是否齐备，是否履行相关规定程序，是否存在管理层和董事会越权情况；

续表

调查程序	3.若公司存在重大或有事项(指涉及金额或12个月内累计金额占公司最近经审计净资产值的10%以上的或有事项),取得独立董事对其是否影响挂牌条件和持续经营能力的书面意见,检查其相关依据,并与会计师沟通,分析上述事项对公司财务状况和经营业绩的影响; 4.取得公司全体董事的书面承诺,确认有关公司所有抵押、质押和对外提供担保的信息均已披露,材料均已提供。 (四)重大销售合同及买卖合同(标的30万元以上) 1.要求公司填报重大销售及买卖合同调查表; 2.取得重大销售合同及买卖合同(包括格式合同样本); 3.了解重大销售合同及买卖合同的履行情况; 4.如因重大销售合同和买卖合同发生争议,了解争议处理情况。 (五)其他合同(租赁、研发、战略合作等) (六)合同管理制度 1.合同审批流程表; 2.格式合同样本; 3.合同管理及执行情况说明。 (七)侵权之债(知识产权、安全、质量等)
调查文件	K-1银行的借款、担保合同(核查原件并取得复印件); K-2 应收账款、应付账款明细表(核查金额较大的其他应收款、其他应付款是否因正常的生产经营活动发生); K-3 200万元以上的授信协议; K-4 200万元以上的借款合同; K-5 30万元以上的购销合同; K-6 其他重大合同; K-7 环境保护局、知识产权局、产品质量监督局的证明(合法,没有侵权行为); K-8 给职工的社保缴纳情况的政府文件、劳动与社会保障局出具的证明文件、缴费凭证等。 以上资料需公司盖章。
调查结果	

L.公司的重大资产变化及收购兼并

调查事项	本次股票公开转让的实质条件	调查人员	
调查方法	1.书面审查； 2.实地调查和见证	调查日期	
		调查地点	

调查目的	公司自设立至今是否有发生重大的资产变化及收购兼并行为，该行为是否履行了必要的法律手续，是否符合相关法律规定；上述行为是否对本次发行构成实质性障碍。
调查内容	1.公司设立至今有无合并、分立、增资扩股、减少注册资本、收购或出售资产等行为，如有，应说明是否符合当时法律、法规和规范性文件的规定，是否已履行必要的法律手续； 2.公司是否拟进行资产置换、资产剥离、资产出售或收购等行为，如拟进行，应说明其方式和法律依据，以及是否履行了必要的法律手续，是否对公司挂牌的实质条件及本规定的有关内容产生实质性影响。
调查程序	1.核查公司的设立以及合并、分立、减少注册资本行为的工商资料及相关决策程序的文件原件并取得复印件； 2.核查公司资产置换、资产剥离、资产出售或收购等情形及相关文件原件并取得复印件； 3.根据公司提供的材料，核查公司有没有进行重大资产置换、资产剥离、资产出售或收购等行为的计划； 4.核查公司股权投资的相关资料，了解其报告期的变化情况，取得被投资单位的营业执照、报告期的财务报告、投资协议等文件。
调查文件	L-1 公司合并、分立、减少注册资本的相关决议； L-2 变更前后的营业执照及公司章程修正案； L-3 公司决策机构对进行资产置换、资产剥离、资产出售或收购做出的决议； L-4 公司进行资产置换、资产剥离、资产出售或收购所签订的协议； L-5 公司进行资产置换、资产剥离、资产出售或收购的定价依据； L-6 公司进行股权投资的相关资料，包括决策机构的决议等，该股权投资在报告期内的变化情况； L-7 公司与被投资公司签订的投资协议以及被投资公司的营业执照、报告期的财务报告等； L-8 拟进行资产置换、资产剥离、资产出售或收购的计划书、董事会决议、股东会决议以及资产情况说明。 以上资料需公司盖章。
调查结果	

M.公司章程的制定与修改

调查事项	公司章程的制定与修改	调查人员	
调查方法	1.书面审查; 2.实地调查和见证	调查日期	
		调查地点	

调查目的	公司的规范性
调查内容	1.公司章程或章程草案的制定及近三年的修改是否已履行法定程序; 2.公司的章程或章程草案的内容是否符合现行法律、法规和规范性文件的规定; 3.公司的章程或章程草案是否按有关制定公司章程的规定起草或修订。如无法执行有关规定的,应说明理由。公司已在香港地区或境外上市的,应说明是否符合到境外上市公司章程的有关规定。
调查程序	核查下列材料原件并取得复印件(盖公司章): 公司章程(草案)(历次); 公司章程(历次); 章程修正案(历次); 董事会会议文件(历次); 相应的股东会会议资料(历次)。
调查文件	M-1 股份公司设立时的公司章程(草案)及正式章程; M-2 相应的股东大会会议资料,包括股东名册、签到册、表决票、会议决议、会议记录等; M-3 章程修正案; M-4 修改公司章程的议案及董事会会议资料; M-5 修改公司章程的股东大会会议资料。 以上资料需公司盖章。
调查结果	

N.公司股东大会、董事会、监事会议事规则及规范运作

调查事项	公司股东大会、董事会、监事会议事规则及规范运作	调查人员	
调查方法	1.书面审查； 2.实地调查和见证	调查日期	
		调查地点	

调查目的	公司三会运作是否规范
调查内容	1.公司是否具有健全的组织机构； 2.公司是否具有健全的股东大会、董事会、监事会议事规则，该议事规则是否符合相关法律、法规和规范性文件的规定； 3.公司历次股东大会、董事会、监事会的召开、决议内容及签署是否合法、合规、真实、有效； 4.股东大会或董事会历次授权或重大决策等行为是否合法、合规、真实、有效。
调查程序	核查原件并取得复印件： 1.近两年来的历次股东大会会议材料； 2.近两年来的历次董事会会议材料； 3.近两年来的历次监事会会议材料； 4.《股东大会议事规则》； 5.《董事会议事规则》； 6.《监事会议事规则》； 7.股东大会或董事会的授权或重大决策； 8.组织机构的设立决议及组织机构图； 9.要求公司填报董事、监事、高级管理人员情况调查表，取得其个人资料及承诺（包括独立董事承诺），对照《公司法》等法律法规和公司章程，确认上述人员的任职资格是否符合有关规； 10.取得公司有关高级管理人员的选聘、考核、解聘的规定或管理办法，检查其合法性及其执行情况； 11.取得公司制定的董事、监事及高管人员薪酬制度，了解高管人员的激励和制约机制； 12.确认公司近两年没有发生重大违法行为，管理风险因素调查； 13.（1）根据上述调查结果，分析判断公司是否存在组织模式和管理制度不完善的风险，若有，主要体现在哪些方面； （2）根据上述调查结果，分析判断公司是否存在大股东控制、发行后主要股东可能变更等因素引起管理层、管理制度、管理政策不稳定的风险；若有，主要体现在哪些方面； （3）分析判断公司是否存在内部激励机制和约束机制不健全的风险等，若有，主要表现在哪些方面。重点关注法人治理结构的搭建和运行情况，以判断其是否规范有效。

续表

调查文件	N−1历次股东大会会议材料; N−2历次董事会会议材料; N−3历次监事会会议材料; 以上材料需公司加盖公章(骑缝章)。 N−4公司章程及草案; N−5《股东大会议事规则》; N−6《董事会议事规则》; N−7《监事会议事规则》; N−8《董事、监视、高级管理人员情况调查表》及其个人资料和承诺; N−9高级管理人员的选聘、考核、解聘规定或管理办法; N−10董事、监事及高级管理人员薪酬制度; N−11股东大会或董事会的授权或重大决策情况的说明; N−12组织机构的设立决议及组织机构图。
调查结果	

O.公司董事、监事和高级管理人员及其变化

调查事项	公司董事、监事和高级管理人员及其变化	调查人员	
调查方法	1.书面审查； 2.实地调查和见证	调查日期	
		调查地点	

调查目的	董事、监事、高经管理人员的任职及变动是否合法合规
调查内容	1.公司的董事、监事和高级管理人员的任职是否符合法律、法规和规范性文件以及公司章程的规定； 2.上述人员在近两年尤其是企业挂牌前一年是否发生过变化，若存在，应说明这种变化是否符合有关规定，履行了必要的法律程序； 3.公司是否设立独立董事，其任职资格是否符合有关规定，其职权范围是否违反有关法律、法规和规范性文件的规定。
调查程序	核查原件并取得复印件： 1.近两年来董事、监事变动的股东大会会议材料； 2.近两年来的高管人员变动监事会会议材料； 3.现任董事、监事、高管的身份证明； 4.现任董事、监事、高管的履历资料。
调查文件	O-1近两年来董事、监事变动的股东大会会议材料； O-2近两年来的高管人员变动监事会会议材料； O-3现任董事、监事、高级管理人员的身份证明； O-4现任董事、监事、高级管理人员的履历资料； O-5董事、监事、高级管理人员的承诺。
调查结果	

P.公司的税务

调查事项	公司的税务	调查人员	
调查方法	1.书面审查； 2.实地调查和见证	调查日期	
		调查地点	

调查目的	公司是否依法纳税；公司是否存在重大税惠依赖
调查内容	1.公司及其控股子公司执行的税种、税率是否符合现行法律、法规和规范性文件的要求。若公司享受优惠政策、财政补贴等政策，该政策是否合法、合规、真实、有效； 2.公司近两年是否依法纳税，是否存在被税务部门处罚的情形。
调查程序	1.核查公司报告期的纳税资料的原件并取得复印件，调查公司及其控股子公司所执行的税种、税基、税率并取得公司的说明，判断公司纳税是否符合现行法律、法规的要求及报告期是否依法纳税； 2.核查公司税收优惠或财政补贴文件的原件并取得复印件，判断公司享有的税收优惠或财政补贴是否符合财政管理部门和税收管理部门的有关规定，调查税收优惠或财政补贴的来源、归属、用途及会计处理等情况，关注税收优惠期或补贴期及其未来影响； 3.走访税务主管部门取得公司是否依法纳税的说明书或证明。
调查文件	P-1报告期的纳税资料（公司及其控股子公司的国税和地税的税务登记证明、纳税登记表及税收转账专用完税证或税收缴款书）； P-2公司及其控股子公司所执行的税种、税基、税率的说明； P-3财政补贴及收款凭证； P-4税收优惠及相关文件； P-5税务主管部门书面证明（无行政处罚）。
调查结果	

Q.公司的环境保护和产品质量、技术等标准

调查事项	公司的环境保护和产品质量、技术等标准	调查人员	
调查方法	1.书面审查； 2.实地调查和见证	调查日期	
		调查地点	

调查目的	1.公司的环保是否合规； 2.公司主要产品的生产和销售情况； 3.公司是否拥有主营业务的核心技术； 4.公司产品标准和质量控制情况。
调查内容	1.公司的生产经营活动和拟投资项目是否符合有关环境保护的要求，有权部门是否出具意见； 2.近两年是否因违反环境保护方面的法律、法规和规范性文件而被处罚； 3.公司的产品是否符合有关产品质量和技术监督标准。近两年是否因违反有关产品质量和技术监督方面的法律法规而受到处罚。
调查程序	1.取得国家环保主管部门的书面证明，确认公司的生产经营活动符合有关环境保护的要求，公司最近两年没有因违反有关环境保护方面的法律法规而被处罚的情况； 2.取得环保主管部门（省级以上）对公司拟投资项目出具的证明或环保评价报告，确认公司拟投资项目符合有关环境保护的要求； 3.与公司进行会谈（会谈记录），并实地考察，了解公司生产过程中三废的排放情况及其他污染情况，取得国家地方有关该行业、企业的排污标准及公司污染排放指标，检查是否在国家规定范围之内； 4.与公司进行会谈（会谈记录），了解公司近三年治理污染采取的具体措施及资金投入，讨论对公司产品成本及未来生产经营的影响，并分析其可能产生的风险； 5.要求公司提供书面说明，说明其生产的核心技术的来源和方式，是否拥有核心技术的所有权，所拥有的核心技术在国内外同行业的先进性；若核心技术为国外（或国内）引进，取得相关合同、协议，检查其真实、合法性；若核心技术为自己研制开发，取得相关专利证书等； 6.通过与公司生产技术部门人员会谈（会谈记录）和实地考察，了解公司产品生产技术所处的阶段，即处于基础研究、中试、小批量生产或大批量生产的具体阶段； 7.通过与公司生产技术部门人员会谈（会谈记录）和实地考察，了解公司主导产品或业务及拟投资项目的技术水平，或所采取的先进生产工艺或技术诀窍、运用的新材料及新的生产手段、节能技术、新的生产组织方式等，取得有关独特工艺和技术的证明资料、社会评价资料、权利资料等； 8.要求公司填报主要产品（或服务）情况调查表； 9.调查公司近两年是否有因违反有关产品质量和技术监督方面的法律法规而被处罚的情况；

续表

调查程序	10.与公司质量管理部门会谈（会谈记录），了解公司产品执行的质量技术标准、公司通过的品质认证和安全认证等；取得有关质量合格（或免检）证书、药业企业的GMP认证证书等，确认公司生产经营符合相关的产品质量标准和技术监督标准； 11.与公司质量管理部门会谈（会谈记录）、现场实地考察、查阅公司内部生产管理规定，调查公司主要产品和服务的质量控制情况，主要包括质量控制标准、质量控制措施、产品质量纠纷、质量控制政策、质量管理的组织设置及实施情况； 12.根据上述调查结果，分析公司经营中可能产生的风险，包括但不限于原材料供应风险、对主要客户依赖的风险、产品价格方面的限制、产品结构方面的风险、市场开发不足或存在销售障碍的风险。
调查文件	Q–1国家环保主管部门的书面证明； Q–2环保主管部门（省级以上）对公司拟投资项目出具的证明或环保评价报告； Q–3公司关于其生产的核心技术的书面说明（来源和方式，是否拥有所有权，在国内外同行业的先进性）； Q–4《主要产品（或服务）情况调查表》； Q–5工商行政管理部门的证明或调查笔录； Q–6当地海关的证明或调查笔录； Q–7 与公司的会谈记录； Q–8 主要产品（或服务）情况调查表。
调查结果	

R.公司的业务发展目标

调查事项	公司的业务发展目标	调查人员	
调查方法	1.书面审查； 2.实地调查和见证	调查日期	
		调查地点	

调查目的	公司是否制定明确的业务发展目标，是否合法规范；公司的业务发展计划是否可行。
调查内容	1.公司业务发展目标与主营业务是否一致； 2.公司业务发展目标是否符合国家法律、法规和规范性文件的规定，是否存在潜在的法律风险。
调查程序	1.取得公司关于发展战略的有关文件及董事会关于发展战略的会议记录和决议，检查是否制定整体经营目标及主要业务的经营目标，其制定程序和内容是否合法规范； 2.要求公司填报业务发展计划调查表，查阅公司的各类详细计划及相关会议记录等： 3.与公司经营决策层、管理层会谈（会谈记录），讨论制定公司发展战略、整体经营目标及主要业务的经营目标、各类业务计划的假设条件和依据，分析公司发展潜力及持续发展能力，整体经营目标及主要业务的经营目标与各类业务计划相互关系等，确定公司制定的业务发展目标和计划是审慎的；分析、讨论业务发展目标是否存在潜在的重大风险。
调查文件	R−1公司关于发展战略的有关文件； R−2董事会关于发展战略的会议记录和决议； R−3《业务发展计划调查表》。
调查结果	

S.公司的重大诉讼、仲裁或行政处罚

调查事项	公司的重大诉讼、仲裁或行政处罚	调查人员	
调查方法	1.书面审查； 2.实地调查和见证	调查日期	
		调查地点	

调查目的	1.调查公司是否披露与股份报价转让有关的诉讼、仲裁及行政处罚事项； 2.与公司有关的诉讼、仲裁及行政处罚事项对财务状况、经营成果、企业声誉、生产经营、未来前景等可能产生的影响。
调查内容	1.公司、持有公司 5％以上（含 5％）的主要股东（追溯至实际控制人）、公司的控股公司是否存在尚未了结的或可预见的重大诉讼、仲裁及行政处罚案件。如存在，应说明对本次挂牌的影响； 2.公司董事长、总经理是否存在尚未了结的或可预见的重大诉讼、仲裁及行政处罚案件。如存在，应说明对公司生产经营的影响； 3.如上述案件存在，还应对案件的简要情况作出说明（包括但不限于受理该案件的法院名称、提起诉讼的日期、诉讼的当事人和代理人、案由、诉讼请求、可能出现的处理结果或已生效法律文书的主要内容等）。
调查程序	1.对涉及公司的诉讼、仲裁及行政处罚事项调查的范围和方法进行调查； 2.要求公司填报诉讼、仲裁及行政处罚事项调查表，取得法院案件受理通知书、判决书、仲裁通知书、行政处罚通知书、委托代理书等相关资料，检查其真实性；与公司管理层进行会谈（会谈记录），讨论上述诉讼、仲裁及行政处罚事项调查表对公司财务状况、经营成果、声誉、业务活动、未来前景等可能产生的影响； 3.取得公司控股子公司和持有公司5%以上股份的主要股东（追溯至实际控制人）、董监高关于诉讼、仲裁事项的书面说明；若有，取得相关文件和资料； 4.确认公司及主要股东、董事、监事、高级管理人员和核心技术人员是否存在前述重大诉讼或仲裁事项，及是否受到刑事诉讼。如有，取得相关文件和资料。 （注：重大诉讼事项是指其所涉及的损害或赔偿金额超过公司流动资产10%或公司董事、监事、高级管理人员受到刑事起诉的诉讼事项，包括公司本部、子公司、公司董事、监事、高级管理人员以及持有5%以上公司股份的主要股东作为当事方的重大诉讼事项。）
调查文件	S-1 诉讼、仲裁及行政处罚事项调查表； S-2 受理通知书、判决书、仲裁通知书、行政处罚通知书、委托代理书； S-3 与公司管理层进行会谈的会谈记录； S-4 公司控股子公司和持有公司5%以上股份的主要股东（追溯至实际控制人）、董监高关于诉讼、仲裁事项的书面说明（若有）。
调查结果	

T.公司的《股份转让说明书》法律风险的评价

调查事项	公司的《股份转让说明书》法律风险的评价	调查人员	
调查方法	1.书面审查; 2.实地调查和见证	调查日期	
		调查地点	

调查目的	《股份转让说明书》是否存在因引用本所法律意见书的相关内容而出现虚假记载、误导性陈述或重大遗漏引致的法律风险。
调查内容	是否参与《股份转让说明书》的编制及讨论,是否已审阅招股说明书,特别对公司引用法律意见书和律师工作报告相关内容是否已审阅,对公司招股说明书及其摘要是否存在虚假记载、误导性陈述或重大遗漏引致的法律风险进行评价。
调查程序	核查《股份转让说明书》
调查文件	T-1《股份转让说明书》
调查结果	

U.公司的劳动人事及社会保障

调查事项	公司的劳动人事及社会保障	调查人员	
调查方法	1.书面审查； 2.实地调查和见证	调查日期	
		调查地点	

调查目的	公司的人事、劳资、福利、社保、住房、医疗制度是否规范、健全；了解公司的职工住房、医疗制度改革及执行情况；了解公司职工情况。
调查内容	1.核查公司的员工名册、劳动合同、工资表及社会保险费用明细表等； 2.核查公司的用工制度、劳动保护制度、社会保障制度、住房制度和医疗保障制度等是否符合当地政府及主管部门的规定； 3.实地考察公司员工工作环境及工作条件等； 4.最后判断公司在劳动人事及社会保险方面是否有重大违法违规行为。
调查程序	1.调查公司在执行国家用工制度、劳动保护制度、社会保障制度、住房制度和医疗保障制度等方面是否存在违法、违规情况； 2.取得公司所在地区政府及主管部门关于企业人事、劳资、福利和社保的有关规定，取得公司有关人事、劳资、福利和社保的内部规定，检查是否符合当地政府及主管部门的规定； 3.取得公司职工住房、医疗制度改革方案，及公司关于住房、医疗制度改革及执行情况的说明； 4.要求公司填报职工情况调查表（见附表U−1）； 5.查阅公司员工名册、劳动合同、工资表和社会保险费用明细表等资料； 6.实地走访公司员工的工作生活场所，抽访部分员工； 7.必要时，走访当地劳动与社会保障部门就公司的劳动人事与社会保险问题进行调查。
调查文件	U−1 公司所在地区政府及主管部门关于企业人事、劳资、福利和社保的有关规定； U−2 公司有关人事、劳资、福利和社保的内部规定，检查是否符合当地政府及主管部门的规定； U−3 公司职工住房、医疗制度改革方案，及公司关于住房、医疗制度改革及执行情况的说明； U−4 职工情况调查表； U−5 公司的员工名册、劳动合同（抽查5份）、工资表及社会保险费用明细表； U−6 员工访谈笔录。 以上资料需公司盖章。
调查结果	

V.律师认为需要说明的其他问题

调查事项	律师认为需要说明的其他问题	调查人员	
调查方法	1.书面审查; 2.实地调查和见证	调查日期	
		调查地点	

调查目的	
调查内容	
调查程序	
调查文件	
调查结果	

第三节

其他法律文书的写作及范本

在尽职调查工作中，为了清楚地显示调查的内容及结果，达到一目了然的效果，笔者根据实践经验并结合尽职调查的目的和要求，制作了大量的表格及示范文本。

示范一

尽职调查前期准备

<table>
<tr><td>序号</td><td colspan="2">准备事宜【按本表所列先后顺序实际操作】</td></tr>
<tr><td rowspan="7">1</td><td colspan="2">跟委托人初步电话沟通，确定：</td></tr>
<tr><td>尽调对象</td><td></td></tr>
<tr><td>关联企业</td><td></td></tr>
<tr><td>具体地址</td><td></td></tr>
<tr><td>尽调目的</td><td></td></tr>
<tr><td>尽调重点</td><td></td></tr>
<tr><td>完成周期</td><td></td></tr>
<tr><td>2</td><td colspan="2">初步了解尽调对象，方法：网络检索、审阅初步资料、电话沟通等。</td></tr>
<tr><td>3</td><td colspan="2">发送初步尽调清单，要求其按清单先准备材料，并确保到现场时材料已准备好。</td></tr>
<tr><td>4</td><td colspan="2">现场工作基本流程：</td></tr>
<tr><td colspan="2" rowspan="2">调取公司内档
【市场监督管理局】</td><td>地址：</td></tr>
<tr><td>携带材料：法人营业执照副本加盖公章+经办人身份证+法人介绍信</td></tr>
<tr><td colspan="2" rowspan="2">打印征信报告
【人行或开户行】</td><td>地址：</td></tr>
<tr><td>携带材料：营业执照副本（原件+复印件）+代理人身份证（原件+复印件）+公章+法人章。</td></tr>
</table>

续表

打印资产情况【不动产中心】	地址【不动产权局】:
	携带材料:
……(视情况添加,先政府部门后尽调单位)	
股东、高管访谈+承诺书	访谈录音+制作访谈笔录,签字+盖章后自行带回。
核查原件、复印件并扫描成电子版	核对复印件印章、骑缝章是否遗漏;比照《尽职调查清单》核对,并打钩确认,保证材料没有遗漏。
……根据每次尽调的特性进行补充或者修改	

示范二

有限公司对外投资情况

1.公司目前存在的对外投资情况

序号	公司名称	成立时间	注册资本金		股权投资			备注
			认缴出资	实缴出资	出资金额	出资形式	占股比例	
1								
2								

2.投资企业的营业执照副本复印件(被投资企业盖章)

3.投资企业的章程及修正案复印件(被投资企业盖章)

4.验资报告复印件(被投资企业盖章)

5.最近一期财务报表(资产负债表、损益表、现金流量表)(被投资企业盖章)

6.投资合同复印件

示范三

公司近五年参与政府采购、招投标的项目

序号	签约时间	合同相对方	项目名称	服务内容	参与方式

示范四

企业新三板问题反馈及整改进度表

（第N轮反馈）

序号	*重点/一般关注问题	补充材料	问题分析	律师整改意见与建议	整改结果及评价
1	个人征信	陈×、张××、张×、谭××个人信用报告	1.陈×，××银行贷记卡，于2011年2月、2012年2月、2012年7月分别逾期一月还款，金额分别为8270元、100元、14366元； 2.谭××，××银行江苏省分行营业部个人住房贷款，于2010年11月、2012年1—3月、7—8月分别逾期一月还款，金额分别为1451元、1452元、1455元、1455元、1455元、1455元	1.由相关银行出具已还款证明，认定不构成个人诚信不良记录； 2.陈×、张××、张×出具承诺书	已于2015年12月15日前全部还清

续表

序号	*重点/一般关注问题	补充材料	问题分析	律师整改意见与建议	整改结果及评价
2	关联企业	券商提示	1.南京市浦口区×××有限公司系陈×弟弟陈×实际控制的企业; 2.其经营范围(许可经营项目:无 一般经营项目:汽车配件、橡胶制品、润滑油、五金电器销售;轮胎销售及售后服务)与宁轮重合	如实披露	
3	关联交易	财务报表	××与××之间存在508万元债务往来未结清	及时还款,由于欠款时间久远,建议按照银行同期贷款利率计付利息	已于2016年1月底前全部结清
4	汽车租赁	汽车承包租赁合同	车辆(苏AB××××、杨××)存在两份租赁协议,分别出租方分别为杨××、南京××运输有限公司		

××律师事务所

制表人:×××律师

日期:××年×月×日

示范五

避免同业竞争承诺函

××公司目前的控股股东、实际控制人××及其他主要股东×××已就避免同业竞争出具以下书面承诺:

截至承诺函出具之日,除已经披露的潜在同业竞争情形外,其本人未以任何方式直接或间接从事与××公司相竞争的业务,亦未直接或间接控制其他与×××股份业务相竞争的企业。

1.在×××股份公司依法存续期间且本人仍然为×××股份公司第一大股东或持有×××股份公司5%以上股份的情况下，本人承诺将不以任何方式直接或间接经营任何与×××股份公司的主营业务有竞争或可能构成竞争的业务，以避免与×××股份公司构成同业竞争；

2.在×××股份公司依法存续期间且本人仍然为×××股份公司第一大股东或持有×××股份公司5%以上股份的情况下，若因本人所从事的业务与×××股份公司的业务发生重合而可能构成同业竞争，则×××股份公司有权在同等条件下优先收购该等业务所涉资产或股权，以避免与×××股份公司的业务构成同业竞争；

3.本人承诺在担任×××公司××期间，不存在利益输送或损害该公司利益的情形，未来承诺不采取导致利益输送或损害该公司利益的任何行为；

4.如因其违反承诺函而给×××股份公司造成损失的，本人同意对由此而给×××股份公司造成的损失予以赔偿，并承担由此而产生的一切责任。

承诺人：

日期：

示范六

高级管理人员声明及承诺书

【说明】

为促进挂牌公司建立良好的公司治理机制和有效的内控制度，督促公司高级管理人员全面理解并遵守有关法律法规及市场规则，树立诚信意识、规范意识和法律意识，股份公司高级管理人员应在本公司股票在全国中小企业股份转让系统挂牌前签署一式三份《高级管理人员声明及承诺书》，其中本人留存一份，送公司董事会存档一份，向全国中小企业股份转让系统有限责任公司报备一份。

高级管理人员签署《高级管理人员声明及承诺书》时，应当由律师见证，并由律师解释该文件的内容，高级管理人员在充分理解后签字。

高级管理人员声明及承诺书

第一部分 声 明

一、基本情况

1.挂牌公司全称：________________

2.挂牌公司股票简称：________股票代码：________

3.本人姓名：________________

4. 别名：________________

5. 曾用名：________________

6. 国籍：________________

7. 拥有哪些国家或地区的长期居留权（如适用）：________

8. 专业资格（如适用）：________________

9. 身份证号码：________________

二、是否有配偶、父母、子女及其配偶、兄弟姐妹及其配偶担任本公司董事、监事或高级管理人员？

是□　　否□

如是，请详细说明。

三、是否在其他公司任职？

是□　　否□

如是，请填报各公司的名称、注册资本、主要业务，以及本人在该公司任职的情况。

四、是否负有数额较大的未清偿到期债务，或者未偿还经法院判决、裁定应当偿付的债务，或者被法院采取强制执行措施，或者受到仍然有效的法院判决、裁定所限制？

是□　　否□

如是，请详细说明。

五、是否曾担任因经营不善破产清算、关停并转或曾有类似情况的公司、企业的董事、监事或者高级管理人员？

是□　　否□

如是，请详细说明。

六、是否曾担任因违法而被吊销营业执照、责令关闭的公司、企业的法定代表人？

是□　　　　否□

如是，请详细说明。

七、是否曾因犯有贪污、贿赂、内幕交易、泄露内幕信息、操纵证券、期货市场、挪用财产、侵占财产罪或者其他破坏社会主义经济秩序罪而受到刑事处罚？

是□　　　　否□

如是，请详细说明。

八、是否曾因违反《证券法》、《非上市公众公司监督管理办法》和《证券市场禁入规定》等证券市场法律、行政法规或部门规章而受到行政处罚或证券市场禁入？

是□　　　　否□

如是，请详细说明。

九、本人是否曾违反相关业务规则受到全国中小企业股份转让系统有限责任公司（以下简称“全国股份转让系统公司”）采取的监管措施或违规处分？

是□　　　　否□

如是，请详细说明。

十、是否因涉嫌违反证券市场法律、行政法规正受到中国证监会的调查？

是□　　　　否□

如是，请详细说明。

十一、本人以及本人的配偶、父母、子女是否持有本公司股票及其衍生品？

是□　　　　否□

如是，请详细说明。

十二、在挂牌公司及其控股子公司业务中，过去或现在是否拥有除前项以外的其他利益？

是□　　　　否□

如是，请详细说明。

十三、是否参加过中国证监会或全国股份转让系统公司组织或者认可的证券业务培训？

是□　　　　否□

如是，请详细说明。

十四、是否已明确知悉作为挂牌公司的高级管理人员，如果对挂牌公司下列信息披露相关违法、违规行为负有直接责任的，将被追究刑事责任：

（一）公司向股东和社会公众提供虚假的或者隐瞒重大事实的财务会计报告，严重损害股东或者其他人利益，或者有其他严重情节的；

（二）公司对依法应当披露的其他重要信息不按照规定披露，严重损害股东或者其他人利益，或者有其他严重情节的。

是□　　　否□

十五、是否已明确知悉作为挂牌公司的高级管理人员，不得利用公司内幕信息直接或间接为本人或他人谋取利益？

是□　　　否□

十六、是否已明确知悉作为挂牌公司的高级管理人员，不得违背对公司的忠实义务，不得利用职务便利操纵挂牌公司从事法律、行政法规和相关规定禁止的行为？

是□　　　否□

十七、除上述问题所披露的信息外，是否存在可能影响本人对上述问题回答的真实性、准确性或完整性而需要声明的其他事项？

是□　　　否□

如是，请详细说明。

本人__________________（正楷体）郑重声明，上述回答是真实、准确和完整的，保证不存在任何虚假记载、误导性陈述或重大遗漏。本人完全明白做出虚假声明可能导致的后果。全国股份转让系统公司可依据上述回答所提供的资料，评估本人是否适宜担任挂牌公司的高级管理人员。

声明人：　　　（签署）　　　日期：

此项声明于　　年　　月　　日在　　　　（地点）作出。

见证律师：　　　（签署）　　　日期：

第二部分　承　　诺

本人__________________（正楷体）向全国股份转让系统公司郑重承诺：

一、本人在履行挂牌公司高级管理人员的职责时，将遵守并促使本公司遵守国家法律、行政法规和部门规章等有关规定，履行忠实、勤勉尽责的义务。

二、本人在履行挂牌公司高级管理人员的职责时，将遵守并促使本公司遵守中国证监会发布的部门规章、规范性文件等有关规定。

三、本人在履行挂牌公司高级管理人员的职责时，将遵守并促使本公司遵守《全国中小企业股份转让系统业务规则（试行）》和全国股份转让系统公司发布的其他业务规则、细则、指引和通知等。

四、本人在履行挂牌公司高级管理人员的职责时，将遵守并促使本公司遵守《公司章程》。

五、本人在履行挂牌公司高级管理人员的职责时，将及时向董事会和董事会秘书报告公司经营和财务等方面出现的可能对公司股票及其衍生品交易价格产生较大影响的事项和《全国中小企业股份转让系统业务规则（试行）》等业务规则、细则、指引和通知规定的其他重大事项。

六、本人同意接受中国证监会和全国股份转让系统公司的监管，包括及时、如实地答复中国证监会和全国股份转让系统公司向本人提出的任何问题，及时提供《证券法》《非上市公众公司监督管理办法》《全国中小企业股份转让系统业务规则（试行）》等法律、行政法规、部门规章、业务规则规定应当报送的资料及要求提供的其他文件的正本或副本，并出席本人被要求出席的会议。

七、本人授权全国股份转让系统公司可将本人提供的承诺与声明的资料向中国证监会报告。

八、本人将按要求参加中国证监会和全国股份转让系统公司组织的业务培训。

九、本人如违反上述承诺，愿意承担由此引起的一切法律责任和接受中国证监会的任何行政处罚与全国股份转让系统公司的违规处分。

十、本人因履行挂牌公司高级管理人员职责或者本承诺而与全国股份转让系统公司发生争议提起诉讼时，由全国股份转让系统公司住所地法院管辖。

承诺人：　　　（签署）　　　日期：

此项声明于　　年　　月　　日在　　　　（地点）作出。

见证律师：　　　（签署）　　　日期：

示范七

规范与关联企业之间资金拆借的承诺函

现承诺如下：

（1）公司从关联企业之间的集团财务管理中退出，不再参与关联企业之间的资金拆借；

（2）停止执行公司制定的《资金贷放作业》制度和子公司制定的《资金贷与他人作业办法》；

（3）将依据《企业会计准则》的有关规定，进一步建立健全公司的财务管理及资金管理制度，规范公司资金的使用管理。

（4）公司未来将通过加大科研开发力度，扩充专业人才队伍等方式进一步提升公司实力，通过积极寻求并开拓有实力的新客户等方法增加营业收入，从而减少对关联方资金的需求。

公司对于短时期内无法减少或消除的关联交易，未来将严格按照已制定的《公司章程》、三会议事规则、《关联交易管理制度》等制度与规定，确保履行关联交易决策程序，降低对关联方依赖风险，最大限度保护公司及股东利益。

承诺人：

日期：

附录一　最新网址查询大全

一、主体信息查询

1.国家市场监督管理总局“全国企业信用信息公示系统”http：//gsxt.saic.gov.cn/

2.国家知识产权局中国商标网http：//www.cnipa.gov.cn，http：//wcjs.sbi.cnipa.gov.cn

3.各省、市级工商局网站

4.商务部业务系统统一平台（企业端）https：//ecomp.mofcom.gov.cn/loginCorp.html

5.备案登记——商务部网站https：//iecms.mofcom.gov.cn/

6.商务部知识产权国别环境指南：http：//ipr.mofcom.gov.cn/hwwq_2/zhinan.html

7.中国服务贸易指南网http：//tradeinservices.mofcom.gov.cn/serviceO_S.shtml

8.中国人民银行征信中心 http：//www.pbccrc.org.cn/

9.应收账款查询—中国人民银行征信中心“中登网”http：//www.zhongdengwang.org.cn/zhongdeng/index.shtml

10.各省、市级信用网

（1）信用中国http：//www.creditchina.gov.cn/

（2）北京市企业信用信息网http：//qyxy.baic.gov.cn/

（3）浙江企业信用网http：//www.zjecredit.org/

（4）信用浙江http：//www.zjcredit.gov.cn/

11.全国组织机构代码管理中心http：//www.nacao.org.cn/

12.建筑业资质查询http：//www.mohurd.gov.cn/wbdt/dwzzcx/index.html

13.国家市场监督管理总局http：//www.sda.gov.cn

14.中华人民共和国生态环境部 http：//www.zhb.gov.cn

15.自然资源部子网站“中国土地市场网”http：//www.landchina.com/

16.国家知识产权局“专利检索系统”http：//www.sipo.gov.cn/zljsfl/

17.中国及多国专利审查信息查询http：//cpquery.sipo.gov.cn

18.中国版权保护中心http：//www.ccopyright.com.cn/cpcc/index.jsp

19.中国证监会指定信息披露网站“巨潮资讯网”http：//www.cninfo.com.cn/

20.和讯网http：//www.hexun.com

21.中国债券信息网http：//www.chinabond.com.cn/d2s/index.html

22.中国银行间市场交易商协会http：//www.nafmii.org.cn/

二、资产信息查询

1.自然资源部http：//www.mlr.gov.cn/

2.自然资源部子网站“中国土地市场网”http：//www.landchina.com/

三、涉诉信息查询

1.中国裁判文书网http：//www.court.gov.cn/zgcpwsw/

2.最高人民法院“全国法院被执行人信息查询系统”http：//zhixing.court.gov.cn/search/

3.最高人民法院“全国法院失信被执行人名单信息查询系统”http：//shixin.court.gov.cn/

4.中国庭审公开网http：//tingshen.court.gov.cn

5.中国法院网“公告查询”http：//www.live.chinacourt.org/fygg/index.shtml

6.人民法院诉讼资产网www.rmfysszc.gov.cn/

7.各省级高院网站

（1）北京法院网http：//bjgy.chinacourt.org/

（2）上海法院网http：//www.hshfy.sh.cn/

（3）浙江法院网http：//www.zjcourt.cn/

8.无讼网 http：//www.itslaw.com

9.江苏失信被执行人曝光平台：http：//sx.jschina.com.cn/

10.北大法律信息网“北大法宝”http：//vip.chinalawinfo.com/

附录二　相关法律法规目录

《中华人民共和国证券法》

《律师事务所从事证券法律业务管理办法》

《律师事务所证券法律业务执业规则（试行）》

《律师从事公开发行证券业务尽职调查工作准则》

《律师从事证券法律业务规范（试行）》

《律师证券业务尽职调查工作指引》

《律师事务所证券投资基金法律业务执业细则（试行）》

《公开发行证券公司信息披露的编报规则第12号——律师法律意见书和律师工作报告》

《律师承办有限责任公司收购业务操作指引》

《保荐人尽职工作调查准则》

《非金融企业债务融资工具尽职调查指引》

《公司债券承销业务尽职调查指引》

《证券公司中小企业私募债券承销业务尽职调查指引》

《证券公司及基金管理公司子公司资产证券化业务尽职调查工作指引》

《全国中小企业股份转让系统主办券商尽职调查工作指引（试行）》

主要参考文献

[1]康奘、谢菁菁编著:《法律尽职调查指要》,中国检察出版社2012年版。

[2]环境保护部环境工程评估中心编:《企业上市、融资环境保护尽职调查工作指南》,法律出版社2015年版。

[3]隋平:《海外并购尽职调查指引》,法律出版社2011年版。

[4]张伟华:《海外并购交易全程实务指南与案例评析》,中国法制出版社2016年版。

[5]张国峰编著:《企业上市典型案例深度剖析:疑难问题与解决对策》,法律出版社2010年版。

[6]中伦文德律师事务所编著:《公司并购实务操作与法律风险防控》,中国法制出版社2015年版。

[7]时文朝主编:《非金融企业债务融资工具尽职调查》,中国金融出版社2012年版。

[8]张国峰:《IPO走向资本市场 企业上市尽职调查与疑难问题剖析》,法律出版社2013年版。

[9]德硕管理咨询:《商业尽职调查实务手册》,中国金融出版社2011年版。

[10]南京市律师协会:《房地产开发法律风险防范》,法律出版社2010年版。

[11]窦醒亚、张花蕾编著:《公司并购实务操作指引》,法律出版社2014年版。

[12]肖金泉、黄启力编著:《并购重组操作指引》,法律出版社2011年版。

[13]窦醒亚、隋平编著:《公司上市实务操作指引》,法律出版社2014年版。

[14]中国人民大学律师学院组编(总主编:徐建、龙翼飞):《公司并购律师实务》,法律出版社2015年版。

后　　记

这是一部尽职调查的经典之作，一本从理论到实务的指导手册！

十年磨一剑！十年的尽职调查心路历程，十年尽调工作中的点点滴滴和深深感悟，汇集成了这部尽职调查的完全手册。

笔者在经历了初次尽职调查时的诚惶诚恐到不断求证尽职调查的边界及秘诀所在，把每次尽职调查工作都当成一次考核，小心翼翼地帮助当事人把握好每一个细节的要求和法律风险的边界，严格把控合规性要求与合理节省整改成本之间的平衡，从尽职调查的目的出发，设计好尽职调查的方案、手段及途径。

一次完美的尽职调查不仅要求律师有深厚的法律理论与实践功底，更要有丰富的尽职调查经验和高度的责任心，才能确保交上一份令当事人满意的尽调答卷。

律师做好尽职调查应当记住以下20句话！

未雨绸缪先沟通，明确目的定方案，
尽调清单要全面，主次分明不可乱；
重点问题重点查，一查到底不能停，
当面沟通问究竟，实地考察躬身行；
方式方法加途径，尽调手段应穷尽，
处处细心留证据，发现矛盾探究竟；
先易后难推进快，扫除障碍往前行，
尽调报告格式化，内容充实须详尽；
下定结论有依据，凡事皆有据查询，
尽调过程需留痕，底稿保您平安行！